광무양안과 진천의 사회경제 변동

Gwang-mu Yangan and Social Economic Change in Jincheon

Edited by Shin Young-ou

이 저서는 한국학술진흥재단의 2002년도 기초학문육성 인문사회 지원사업으로 수행한 "충북 근현대 사회경제 변동 연구 - 광무양안과 향촌사회 자료에 나타난 진천군의 근현대 100년" (KRF-2002-073-AS1009)의 성과물임

광무양안과 진천의 사회경제 변동

신영우 편

혜안

책을 내면서

충북대학교 중원문화연구소는 지난 2002년도에 한국학술진흥재단의 기초학문육성사업의 지원을 받아 '충북 근현대 사회경제 변동 연구-광무양안과 향촌사회 자료에 나타난 진천군의 근현대 100년' 연구를 3년간 진행한 바 있다. 이 책은 그 성과물이다.

조선시기 이래 근현대에 이르기까지 사회경제 활동과 지방 행정의 기본 단위는 郡이었다. 한국사의 저변을 이해하기 위한 지방사 연구는 군단위의 연구로 수렴되지 않을 수 없다. 본 공동연구반은 충청북도의 鎭川郡을 연구 대상지역으로 삼아, 이 지역의 근현대 100년간의 역사를 지방사·농촌사의 시각에서 거시적으로 조망해보았다.

연구의 기본자료는 '光武量案'으로 하였다. 산업화 이전 한국사회의 기본 산업은 농업이었다. 토지의 소유자와 경작자를 파악할 수 있는 양안은 지방 농촌사회의 실상을 파악하는 데 1차적인 자료이다. 양안을 분석대상으로 삼은 연구는 金容燮의 「量案의 硏究」(1960년) 이래 약 반세기의 경륜이 축적되어 온 셈이지만, 지금까지 너무나 방대한 자료의 양 때문에 면단위의 연구를 벗어나지 못하였다. 본 공동연구반은 무모하다는 주위의 우려 속에서도, 1개 군의 양안 전체를 전산화하는 작업에 착수하여, 면단위 연구에서 확인할 수 없었던 군 수준의 복잡다단한 토지소유와 경작의 실태를 파악해보기로 하였다. 다행히 한국학술진흥재단의 지속적인 연구비 지원과 컴퓨터의 뛰어난 성능 덕분에 예전에는 감히 엄두를 낼 수 없었던 작업을 무난히 마칠 수 있었다.

그 외에도 토지소유의 변화를 시계열적으로 파악하기 위하여 일제하에 작성된 토지조사부와 그 이후 1970년대까지 연속성을 지닌 옛 토지대장 그리고 농지개혁 원부를 열람하여 전산화를 진행하였다. 다만 이 작업은 군 전체가 아니라 일부 지역을 선정하여 진행하기로 계획을 세웠다. 너무나 방대한 분량일 뿐만 아니라, 개인의 토지소유권 문제가 관련되어 있는 만큼 모든 자료를 공개적으로 열람할 수 없는 상황이었기 때문이다. 그로 인해 일제 식민지 지배와 해방 후 농지개혁을 거치면서 진천군의 토지소유관계가 변해가는 양상은 면·리단위의 사례연구에 머물 수밖에 없었다. 향후 보다 장기적이며 방대한 공동연구가 요청되는 점이다.

이상의 농업경제사 연구와 함께, 주요 성씨 가문을 중심으로 주민의 사회경제적 지위와 사회활동의 변화를 검토하고, 교통로와 역둔토, 지방군, 지방제도와 향촌사회의 구조를 분석하는 등 사회사 연구를 병행하여 진천군의 지방사를 입체적으로 해명해 보고자 하였다.

진천군은 예로부터 살기 좋은 고장이라 하여 '생거진천'이라고 했다. 『택리지』에는 진천이 "들이 적고 산이 많다. 산골이 겹쳐졌고 또 큰 내가 많다. 그러나 모두 화창한 기운이 있고, 땅이 제법 기름진" 곳이라고 하였다. 이 고장에서 우리의 앞선 분들이 어떠한 삶을 살아오며 한국의 역사를 기름지게 해 왔는지를 조망해 보았다.

  책은 총론 1편과 각론 10편 등 모두 11편으로 구성하였다. 그중 7편은 연구를 진행하며 학술지에 게재하였던 글이며 다른 4편은 이번에 책을 펴내면서 새로 집필한 글이다. 책임연구원 신영우, 공동연구원 김성보, 서태원, 임용한, 최윤오의 연구논문을 수록하였다. 양안 전산화작업의 결과물 중 일부는 부록으로 수록하였다. 진천군의 사회경제 상을 이해하는 데 도움이 되리라 믿는다. 전산화 작업은 컴퓨터공학과의 이충세·임용한 공동연구원이 주관하였다.

  이 공동연구를 진행하면서 관계기관과 많은 분들의 도움을 받았다. 한국학술진흥재단의 연구비가 없었다면 방대한 자료의 입력 자체가 불가능하였을 것이다. 충북대학교 본부와 중원문화연구소는 이 연구를 아무 어려움 없이 진행할 수 있도록 여러 모로 지원을 해주었다. 한석수·이석린 전 중원문화연구소장께 감사드린다. 진천군청은 이 연구에 깊은 관심을 가지고 옛 토지대장의 부분 열람을 허락해 주는 등 자료 조사와 연구에 많은 도움을 주었다. 김경회 전 군수 및 도움을 주신 직원들께 진심으로 감사드린다. 광무양안을 불편없이 이용할 수 있었던 것은 규장각 덕분이다. 농지상환대장 등 농지개혁 관련자료는 국가기록원의 협조를 받아 열람할 수 있었다. 진천군의 역사를 이해하는 데에는 常山古蹟會의 봉원용 전 회장 및 회원 여러분과 진천군 祠宇保存會의 신응현 회장의 구술과 조언이 크게 도움이 되었다. 충북학연구소의 김양식 연구위원도 자료발굴과 연구에 적극적으로 협조해주었다.

고수연, 전일현, 임태영 등 충북대학교 사학과 대학원생들과 여러 학부생들이 연구보조원으로서 광무양안과 토지대장, 농지개혁 자료의 전산화 작업에 수고해 주었다. 신영우 책임연구원의 지도로 향촌사를 주제로 한 대학원 수업에 참여했던 강민식 등 대학원생들도 진천의 향촌사를 이해하기 위해 함께 고민하였다. 이 공동연구 성과가 이만큼 체계와 내용을 갖출 수 있었던 것은 무엇보다도 3차례의 학술회의에서 날카로운 비판을 해준 분들의 덕분이다. 왕현종, 임선빈, 김양식, 김의환, 김선경, 송양섭, 박성준, 우대형, 전호수, 윤훈표, 최영묵, 정두영 등 여러분에게 감사드린다. 잘 팔리지 않을 학술서인데도 선뜻 책의 간행을 허락해주신 혜안출판사 오일주 사장과 이 책을 모양 있게 만들어주신 편집부 여러분께 진심으로 감사드린다.

2007년 7월
집필자 일동

목 차

책을 내면서 5

신영우·최윤오 | 총론 : 근현대 지방 사회경제사 연구의 시각과 방법 - 진천군 양안의 전체 통계 분석을 중심으로 - 17

  1. 들어가는 말 17

  2. 광무양안 연구의 새로운 방법론 모색 19

    1) 광무양안 논쟁과 내재적 발전론 19

    2) 광무양안 연구방법론 21

      (1) 양안 전체 분석의 방법론 시도와 그 성과 21

      (2) '하향분해' 연구의 오류와 농민층 분해의 특징 28

  3. 진천 광무양안 연구의 성과와 촌락 복원 30

  4. 진천 광무양안 연구의 과제 33

제1부 토지소유 변동과 지주·농민 37

최윤오 | 대한제국기 광무양안의 토지소유구조와 농민층의 동향 - 충북 진천군 양안 전체분석 - 39

  1. 머리말 39

  2. 진천의 농업환경과 농민층 동향 42

    1) 농업지대별 농민층 동향 42

    2) 가옥, 물레방아 분포와 주거동향 48

  3. 진천군의 토지소유구조와 농민층 분해 56

1) 농민층의 분해와 소빈농층의 몰락 56
    (1) 농민층 분해 56
    (2) 소빈농층의 몰락 59
  2) 부농 및 지주층의 성장 60
    (1) 부농경영 사례 - 경영형부농 62
    (2) 지주제 경영 사례 - 병작지주와 경영지주 64
 4. 맺음말 70

최윤오 | 대한제국기 진천군 양안의 자작농과 경영지주 75
 1. 머리말 75
 2. 농민층 분해 양상과 농업소득 77
 3. 자작농의 범주와 농업경영 83
  1) 자작농의 범주와 주거 형태 83
  2) 자작농의 토지소유와 경영 89
 4. 경영지주의 소유와 경영형태 93
  1) 가작지주의 소유와 경영사례 93
  2) 경영지주의 직영지 비율과 소득 98
 5. 맺음말 105

김성보 | 진천군의 농지개혁 사례 - 대지주의 대응과 수배농지의 전매 문제 - 109
 1. 머리말 109
 2. 鎭川의 농지개혁 개관 113
  1) 농지개혁 이전 鎭川의 토지소유 문제 113

    2) 진천의 농지개혁 결과 116
  3. 농지개혁을 전후한 지주의 대응 양상 119
  4. 농지개혁 이후 농지전매와 지주의 환수 사례 127
  5. 맺음말 134

제2부 주요 성씨·가문의 사회경제 기반과 동향 137

신영우 | 한말 진천의 平山 申氏家와 토지소유 139
  1. 머리말 139
  2. 平山 申氏家의 논실(老谷) 정착 140
    1) 논실과 노원리 140
    2) 평산 신씨가의 논실 정착 142
  3. 한말·일제 초기 平山 申氏家의 토지소유 147
  4. 맺음말 154

김성보 | 1900~50년대 鎭川郡 梨月面의 토지소유와 사회 변화 157
  1. 머리말 157
  2. 대한제국기의 梨谷面과 月村面 159
  3. 일제하 梨月面의 권력관계와 토지소유 변화 163
  4. 해방 후 이월면의 사회갈등과 농지개혁 172

    1) 농촌사정과 좌우대립 172
    2) 농지개혁과 지방사회 변화 179
  5. 맺음말 186

신영우 | 한말 일제하 충북 진천의 유교지식인 연구 - 洪承憲・鄭元夏・鄭寅
  杓를 중심으로 - 191
  1. 머리말 191
  2. 少論系 陽明學 家門의 鎭川 定着 193
  3. 洪承憲・鄭元夏・鄭寅杓의 官職生活 201
  4. 變革期의 時局觀과 對應 213
  5. 洪承憲・鄭元夏・鄭寅杓家의 土地所有 規模 225
  6. 맺음말 235

제3부 향촌사회와 지방지배구조 변화 239

서태원 | 한말 진천군 역토의 구조와 운용 241
  1. 머리말 241
  2. 역토의 구조 243
  3. 역토 경작자의 경작규모와 형태 251
  4. 맺음말 258

임용한 | 韓末 鎭川郡의 面里구조 261
1. 머리말 261
2. 진천군 면의 구조와 특징 264
   1) 면계의 구조와 변화 264
   2) 邑治의 복원 274
3. 18~19세기 진천군 里制의 변화와 구조 281
   1) 사료와 연구방법 281
   2) 里制의 구성과 변화형태 283
      사례 1) 덕문면 284
      사례 2) 행정면 285
      사례 3) 이곡면 287
      사례 4) 문방면 289
      사례 5) 초평면 291
4. 맺음말 : 18~19세기 面里制의 변화와 그 의미 295

임용한 | 충북 진천의 향촌사회구조와 변동 - 토지소유 및 경작관계를 중심으로 - 301
1. 머리말 301
2. 時主層의 토지 분포 형태 1 - 여러 면에 토지를 분산시킨 경우 304
3. 時主層의 토지분포 형태 2 - 1개면에만 토지를 소유한 경우 316
4. 향촌사회 내부에서의 時主와 作人 관계 321
5. 맺음말 328

서태원 | 충청북도 군제 개편과 지방군의 역할 331
  1. 머리말 331
  2. 청주지방대·진위대의 설치연혁 333
  3. 청주지방대·진위대의 구조 338
    1) 軍兵의 종류와 數 및 品階와 대우 338
    2) 經費와 財源 343
  4. 청주지방대·진위대의 기능 349
  5. 맺음말 354

이충세·임용한 | 부록 : 진천양안의 표 359

찾아보기 431

CONTENTS

Shin Young-ou,   Introduction : Views and Methodology of Modern Regional Social
Choi Yoon-oh   Economic History - Focusing on the Analysis of Total Statistics
                of the Jincheon-gun Yangan

Part I   The Change of Landownership and the Relationship
         of Landlords and Peasants

Choi Yoon-oh   The Landownership and Agricultural Management in Gwang-mu
                Yangan under the Great Han Empire : Focusing on the Whole
                Estimation of the Yangan in Jincheon-gun, Chungcheongbuk-do

Choi Yoon-oh   Independent Farmers and Commercial Landlords in the
                Jincheon-gun Yangan under the Great Han Empire

Kim Seong-bo   A Case Study of Land Reform in Jincheon-gun : Response of
                the Landlords and the Problem of Resale of Distributed Farmlands

Part II   Social Economic Foundation and Tendency
          of the Important Families and Clans

Shin Young-ou   Peongsan Sin Family and the Landownership in the Late Han
                Period

Kim Seong-bo   Land Ownership and Social Changes in Iwol-myeon, Jincheon gun
                from 1900 to 1950s

| Shin Young-ou | A Study of an Confucian Intellectual in the Late Han Period and Under the Japanese Imperialism : Focusing on the Biography of Hong Seung-heon, Jung won-ha, Jung In-pyo |

Part III Rural Society and the Shift of Regional Ruling Structure

| Seo Tae-won | The Structure and Operation of Yeokto at Jincheon-gun in the Late Chosun Dynasty |

| Lim Yong-han | The Myeon-Ri-Je of Jincheon-gun in the Late Han Period |

| Lim Yong-han | The Structure and the Change of Rural Society in Jincheon |

| Seo Tae-won | The Reorganization of Chungcheongbuk-do Local Military System and the Function of Local Military |

Appendix

| Lee Chung-sei, Lim Yong-han | Tables of the Jincheon Yangan |

총론

근현대 지방 사회경제사 연구의 시각과 방법
―진천군 양안의 전체 통계 분석을 중심으로―

신영우·최윤오

1. 들어가는 말

 이 연구는 광무양안, 토지대장 및 농지개혁 원부를 분석하여 한말 이래 일제하, 해방 이후까지 사회경제의 변화를 거시적으로 지방사 연구 차원에서 해명하려는 목적에서 출발하였다. 이를 통해 이 시기 사회경제사 변동의 내적 구조를 밝히는 데 근거 자료로 활용하고자 함이다. 특히 대상지역을 충청북도 진천군이라는 지역으로 한정하면서 시기도 19세기 말 20세기 전반기에 걸친 격동기 사회경제 동향 분석을 통해 이전의 연구에서 시도해보지 못한 방법을 시험해 볼 수 있다는 점에서 소중한 기회가 되었다.
 이 연구의 가장 기본적인 자료는 1900년(광무 4) 量地衙門의 양전에 의해 1901년 작성된 진천군 광무양안이다. 이 자료를 통해 郡단위로 토지소유관계를 파악함은 물론, 더 나아가 진천군이라는 공간(촌락) 복원을 목표로 향촌의 정치행정 및 사회사, 군제사 연구를 진행함으로써 지역사 전체를 분석적으로 검토해 낼 수 있는 방법론과 연구목표를 수립하게 되었다. 하나의 군을 대상으로 하여 다양한 시대의 주제를 포괄하는 사회경제사 연구자들이 합류하고 나아가 전체 양안 자료의 통계를 활용하여 근현대 지방사회 연구의 새로운 모델을 창출하고자 했던 것이다.

이 연구가 '군'단위 연구에 집중한 이유는 바로 서울 중앙 중심의 '거시사'와 촌락 면·리 단위의 '미시사'를 연결해주는 중간 고리로서 군단위 지방사 연구가 진행된 바가 없었고, 이를 계기로 한국근현대사의 지속과 변동의 관계를 서울과 지방, 도시와 농촌의 관계 속에서 해명해 보고자 했기 때문이다. 단순하게 전국규모의 연구성과의 타당성을 검증하기 위한 사례연구로서의 지방사 연구나, 중앙과의 연계성을 무시한 채 지방 내부만을 들여다보는 미시사 연구의 한계를 뛰어넘어, 광무개혁이 추진하는 국가적 목표와 과제가 진천이라는 공간을 통해 구체적으로 드러나고 있었는가를 확인하는 계기를 마련하고자 했다. 이는 결국 중앙 중심의 집권체제 속에서 전개되어 온 한국근현대사의 실체를 진천군이라는 중간층위 연구를 통해 돌파구를 열고 나름대로의 독창성을 확보하려는 시도의 일환이라고 할 수 있다.

이 연구에서 구상한 최종목표로서 진천군 전체의 군현단위 양안분석을 통해 확인하고자 했던 것은 결국 국가단위의 정책 분석이 아니라 진천이라는 지방단위 농민들에게 그들이 소유하고 있던 토지와 촌락이 무엇을 의미하였는가 하는 점에 있다. 이는 결국 광무양안에 나타난 진천의 사회경제 동향과 정치문화 변동 양상을 확인하는 작업이 될 수 있을 것이다. 이 연구에서 마무리할 수 있는 것은 극히 일부에 지나지 않더라도 향후 연속된 작업을 통해 이 연구를 한 단계 더 진전시켜 가야 한다는 점을 확인하면서 미진한 바는 다음 연구를 기약하려 한다.

2. 광무양안 연구의 새로운 방법론 모색

1) 광무양안 논쟁과 내재적 발전론

광무양전사업의 주요한 논점은 1894년 농민전쟁과 갑오개혁을 거치는 과정에서 추진되지 못했던 근대적 토지개혁 논의와 목표가 1898~1904년에 이르는 광무양전사업을 통해 마무리될 수 있었는가 하는 데 있다. 즉 대한제국의 정치경제적 성격이 토지혁명 없는 양전사업으로 추진되게 됨으로써 舊本新參에 입각한 것으로 이해할 수 있는가 하는 점이다.1) 이 같은 점을 중시한 광무양전사업 연구는 이 시기 광무개혁의 특징을 지배층 중심의 마지막 근대화 방략으로 이해할 수 있는 계기가 되었다.

나아가 일본자본주의에 편입되는 과정에서 진행된 일제의 토지조사사업은 토지에 대한 총독부 권력의 직접적인 지배를 관철시키기 위해 강제로 추진된 식민정책의 출발로 보게 되었다. 이러한 사업은 한국을 식민지로서 지배하기 위한 가장 우선적이고 중요한 정책으로 추진되었기 때문에,2) '수탈을 위한 측량'3)으로 이해하게 되었다. 이러한 연구는 한 걸음 나아가 식민지 개발과 수탈이라는 논리가 제시되면서 '개발'을 둘러싼 논쟁으로 진전되지만 식민지 개발과 식민지근대화론의 허구성은 보다 명확해졌다.4) 특히 '개발없는 개발'로 식민지 유산을 다시 한번

---

1) 김용섭, 「光武年間의 量田地契事業」, 『韓國近代農業史研究(下)』, 1968(증보판 1984).
2) 신용하, 『조선토지조사사업 연구』, 한국연구원, 1979.
3) 김용섭, 「수탈을 위한 측량」, 『한국현대사』 4권, 신구문화사, 1969.
4) 고동환, 「근대화논쟁」, 『한국사 시민강좌』 20, 일조각, 1997 ; 역사문제연구소 편, 『한국의 '근대'와 '근대성' 비판』, 역사비평사, 1996 ; 이만열, 「일제 식민지 근대화론 문제 검토」, 『한국 독립운동사연구』 11, 한국독립운동사연구소, 1997 ; 정태헌, 「수탈론의 속류화 속에 사라진 식민지」, 『창작과비평』 가을호, 1997 ; 조석곤, 「수탈론과 근대화론을 넘어서」, 『창작과비평』 여름호, 1997.

총정리하면서 기존의 계량사 연구가 보여준 실증과 계량의 문제점을 체계적으로 지적하게 된 것은 '계량'으로 '역사'를 설명할 수 없다는 것을 잘 보여주었다.[5]

이 같은 입장에서 일제에 의해 이식된 형태의 제도개혁과 달리 대한제국기 양전사업의 역사적 성격은 나름대로의 자주적 토지개혁의 마지막 형태로 다시 한 번 주목하지 않을 수 없게 되었다.

현재 이 같은 접근방법은 광무양전사업의 개혁적 성격 여부를 뛰어넘어 한국 근대화의 출발로 보게 되는 직접적인 배경이 되고 있다.

그러나 1910년의 조선총독부 지배를 계기로 근대화를 설명하는 식민지 근대화론의 경우 조선후기 경제성장과 한말 광무양전사업의 역사적 의의를 부정한다. 한국 근대화란 일본자본주의의 이식에 의해 비로소 성장하게 된다고 보기 때문이다. 이 같은 논리를 통해 1910년 토지조사사업을 획기적인 것으로 이해하고 그 이전의 광무양전사업이 달성하지 못한 과제를 수행한 것으로 보는 것이다. 이러한 이론은 한국사회를 평가하기를 식민지를 거치면서 성장한 특수한 사례로 도식화시키고 있다.[6] 식민지를 거쳤기 때문에 발전했다는 논리의 또 다른 표현방식이기도 하다. 일제하 지식인들이 좌절하는 가운데 받아들였던 패배적인 성장 논리를 21세기에 또 다른 방식으로 반복하고 있었다는 것을 확인할 수 있을 뿐이다.

대한제국기 양전지계사업을 추진한 것은 당 시기 제국주의 외압에

---

5) 허수열, 「'개발과 수탈'론 비판-식민지 산업화와 해방후 산업화의 연관성 비교-」, 『역사비평』 가을호(통권 48호), 1999 ; 허수열, 『개발없는 개발』, 은행나무, 2005.

6) 宮嶋博史의 소농사회론(「東アジア小農社會の形成」, 『長期社會變動』, 東京大出版會, 1994)이나, 李榮勳의 소농사회론(「조선후기 이래 소농사회의 전개와 의의」, 『역사와 현실』 45, 2002. 9)이 그것으로 17세기 이후 20세기 중엽까지의 시기를 설정하는 것이다.

대한 자기 방어적 대응방략의 일환이었고, 그것을 통해 자주적인 민족 국가 건설을 꾀하려 했다. 대한제국기 토지조사사업은 官契를 발급함으로써 소유권을 확정하고 국가가 토지를 통일적으로 파악함과 동시에 일본의 토지침탈로부터 방어한다는 내적 발전론 상에서의 개혁 조치야말로 대한제국 나름대로의 주체적인 대응방략의 또 다른 방법이었다는 것을 확인할 수 있다. 다시 말하면 제국주의 세력의 토지침탈을 막는 가운데, 전국의 토지 장악을 통해 근대적 국가체제를 만들어가던 첫 단계로서의 토지조사사업이라고 할 수 있다.

비록 이때의 농업개혁이 토지혁명을 거치지 않고 진행되었다는 점에서 역사적 한계를 갖지만 후발 자본주의 국가에 있어서 나타나는 지배층 중심의 대응방식이라고 볼 때 그것은 곧 대한제국만이 가질 수 있는 후발 자본주의 입장에서의 개혁논리였다고 할 수 있다. 그것은 비록 일본제국주의라는 외압의 무게 때문에 실패로 돌아갔지만 지배층 중심의 자주적인 근대화 방략이었다는 점에서 새삼스럽게 다시 주목될 수 있을 것이다.[7]

2) 광무양안 연구방법론

(1) 양안 전체 분석의 방법론 시도와 그 성과

본 연구진은 진천군의 광무양안 전체를 분석 대상으로 삼음으로써, 기존의 분석 방법이 갖는 자료상의 한계를 극복할 수 있는 방법을 모색하였고 그 결과 소기의 성과를 거둘 수 있었다. 즉 기존의 연구가 각 지역의 面단위 분석에만 그친데 대하여 이 연구는 1901년에 작성된 진천군 양안 15개 면 전체를 분석하여 농민층의 토지소유구조와 그들의 동

---

[7] 金容燮, 「近代化過程에서의 農業改革의 두 方向」, 『한국자본주의 성격논쟁』, 1988.

향을 면밀히 추적한 최초의 사례연구라고 할 수 있다.

　진천군 15개 면 전체의 광무양안을 전산화하고 분석하여 '군 전체의 토지소유 및 경작현황, 시주 및 작인의 현황, 촌락별·지역별 토지소유 및 주민분포의 특성' 등을 파악함으로써, 1개 면 정도를 사례로 채택하여 분석한 기존 연구에 비해 진천군 전체를 구조적으로 파악할 수 있었다는 점에서 양안연구에 새로운 전기를 마련해 주었다. 이러한 전체 분석의 방법론은 진천의 사회구조에 대한 종합적 인식을 통해 지역사 연구에 새로운 기점을 마련할 수 있을 것으로 기대한다.

　또한 군 전체를 대상으로 하지는 못하였지만 일부 면·리 단위의 토지대장과 농지개혁 원부, 기타 지방사 자료를 분석함으로써 광무양안을 통해 확인된 한말 진천군의 사회경제 상황이 일제하, 해방 이후를 거치면서 어떻게 변동하는지를 파악할 수 있었다.

　이 연구는 우선 15개 면에 대한 전체 분석을 통해 진천군을 본래 그대로 복원한다는 목표를 정했다. 그 첫 번째 과제가 진천군 농민의 농업경영 형태를 군현단위 영역에서 확인하는 것이었고, 두 번째가 진천군의 농업경영을 가능하게 한 촌락구성과 그 복원에 두었다. 이 같은 점은 곧 조선에 있어 지주제 경영이 어떠한 차원에서 이루어지고 있었는지를 밝히고 그것을 촌락복원과 결합시켜 이해하는 것이었다.

　첫 번째의 목표와 관련하여 특히 주목한 점은 지주적 토지소유의 형태를 확인하는 동시에 부농층의 존재를 추출하는 문제이었다.

　과거의 양안 분석은 면단위 차원에 머물게 되면서 지주층의 존재를 축소하였다. 그러나 그들은 부재지주로서 여러 면, 또는 군현을 넘어 전국에 걸쳐 토지소유를 하고 있다는 점이 연대기 자료에서는 확인되었지만 양안에서 확인할 길이 없었다. 전국차원의 양안이 남아 있는 것도 아니고, 군현단위 차원의 분석도 어려운 상황이었기 때문이다.

　그러나 진천군 양안 전체를 분석한 결과 상층농민의 경우 실제 부재지주로서 면 경계를 넘어 5, 6개 면에 걸쳐 대토지소유를 행하는 경우가 많았다.8) 이 같은 부재지주의 분산적 토지소유 형태는 나름대로의 위험 분산책이기도 하지만 이 시기 대토지소유의 존재형태를 정확히 보여주고 있었다. 남변면 중심으로 볼 때 빈농에 지나지 않는 농민도 사실은 타 면, 타 군현에까지 토지소유를 행하고 있는 거대지주로 확인되는 경우가 그것이다.9)

진천군의 지주경영 가운데 경영지주와 부농층의 농업경영을 추적해 보더라도 지주층과 다른 특징을 찾을 수 있었다.10) 부재지주 경영은 면 단위를 넘어 병작제 경영을 행하고 있었지만, 경영지주의 경우에는 주로 주거지를 중심으로 농업경영을 집중시켜가고 있었던 것이다. 이들의 농업경영은 지주경영을 행하는 경우가 있었지만 주로 직영지 경영을 위주로 농업경영을 행하고 있었다.

또한 특이한 경우였지만 궁방전 농민의 경우에도 부농층이나 지주층이 확인되고 있다.11) 궁방전에 속한 농민으로서는 소빈농에 지나지 않지만 이들의 존재를 추적해 본 결과 궁방과의 관계를 통해 권세를 유지할 목적으로 궁방전 작인으로 등록되는 경우였고, 이들의 실제 존재는 중소지주 내지 대토지소유자였던 점이 이 시기 궁방전 경영의 특징으로 다시 확인되게 되었다.

물론 진천지역을 제대로 복원하는 데는 양안만으로는 부족하다. 주변 자료를 보완하는 동시에 그것을 이용하여 양안 연구를 보다 풍부하

---

8) 최윤오, 「대한제국기 광무양안의 토지소유와 농업경영에 관한 연구-충북 진천군 양안 전체분석을 중심으로」, 『역사와 현실』 58, 2005. 12.
9) 최윤오, 「대한제국기 광무양안의 토지소유구조와 농민층의 동향-충북진천군 양안을 중심으로」, 『歷史敎育』 86, 2003. 6 참조.
10) 최윤오, 「대한제국기 진천군 양안의 자작농과 경영지주」, 『韓國史硏究』 132, 2006. 3 참조.
11) 최윤오, 위의 글 참조.

게 만드는 방법이 그것이다. 예컨대 양안의 인물을 추적하여 그들을 확인하는 방법으로서 지주경영 문서가 확인되거나 향안 등이 발견되어 그들의 권력기반을 확인하는 방법이 그것이다. 그러나 진천지역을 여러 차례 답사했지만 그것을 충족시킬 만한 자료를 발굴해 내지 못했다.

또한 토지소유의 주체에 대한 분석을 확장하여 성씨별, 지역별 소유 형태까지 추적하는 방법을 통해 지역민의 토지소유가 어떻게 이루어지고 있었는가를 정리하는 방법도 생각해 보았지만, 성씨별 토지소유를 본적까지 확인하여 정확히 분석하는 것이 불가능하다는 점에서 단순한 성씨분석 방법은 차후의 과제로 미루기로 하였다. 단지 지역별 촌락별 토지소유를 통해 이들의 구체적인 생활공간으로서의 충청북도 진천군 경영형태를 확인하는 작업을 통해 과거로부터 연유한 생활공간을 복원해 내는 방법은 행정구역 확인을 통해 비교적 근사한 결과를 도출해 낼 수 있었다.

이와 같이 광무양안의 토지와 인물(정확히는 時主)에 대한 분석을 통해 당시 농민의 존재형태와 확장된 의미의 지역사를 복원한다는 것은 그것을 단순하게 계량화시켜 숫자로 대치시키는 것이 아니라 지역주민의 생활근거지를 밝히며 나아가 생활사의 전반을 조명하는 계기로 삼을 수 있을 것이다. 이 같은 연구는 100년 전 죽어버린 근현대사의 흔적을 추적하는 것이 아니라 오늘날의 지역사로 재생산할 수 있다는 것을 의미하기도 한다.

두 번째 목표와 관련해서는 진천군의 사회 내부와 운영구조, 사회상, 개인 가문의 변화과정과 같은 사회사 내부의 변화와 발전 양상을 추적하였다. 이는 토지제도사 연구에 한정적으로 사용되어 온 양안의 사료적 가치와 이용도를 확대하려는 시도라는 점에서 기존의 양안 연구를 확대한 새로운 연구가 될 수 있다.

그 중 이곡면의 대표적인 양반가문인 평산 신씨 및 이월면에 대한 연구를 통해 진천군 사회 내부와 운영구조 및 가문의 변화 등을 추적해 보려는 연구는 양안을 이용한 대표적인 사례연구라고 할 수 있다. 즉 이곡면의 평산 신씨는 중앙권력과의 유대관계 및 우월한 경제력을 바탕으로 향촌에 대한 지배력을 행사할 수 있었던 데 비해서, 광무양안에서 거의 찾아볼 수 없었던 방씨가는 이주한 성씨로서 이곡면에서 많은 토지를 구입하고 면장까지 역임하면서 영향력을 확대하였다는 점에서 서로 대비되는 성씨로 조사되었다. 방씨가와 신씨 가문의 대다수는 1945년 해방 이후 이월면이 극심한 좌우대립의 소용돌이에 휩쓸리게 되자 보수 우익의 입장을 취하였다. 1950년대 농지개혁으로 그들의 기반은 더욱 약화되게 되었다.[12]

진천군의 농지개혁에 대해서는 주요 지주와 일부 里단위 사례에 대한 검토를 통해 농지개혁을 전후하여 지주들이 어떻게 대응하였는지를 여러 각도에서 실증적으로 분석하였다. 지주의 소작지 사전 방매, 피분배지주층의 동향 등 농지개혁과 관련한 기존의 쟁점들을 검토하는 한편 분배농지의 轉賣와 옛 지주의 환수 실태에 새롭게 주목하였다. 초평면 금곡리·영구리에서는 농지개혁 이후 분배농지의 절반이 전매되었으며 그 중에는 옛 지주가 환수한 경우도 있음을 새롭게 확인하였다. 부재지주보다는 재촌지주가, 각성바지 마을보다는 집성촌에 속한 지주일수록 분배당한 농지 일부를 환수하는 경향이 높았다.[13]

진천군 이월면 노원리 논실(老谷)마을의 평산 신씨 가문은 집성촌(동족마을) 연구에 중요한 사례를 제시하고 있다. 이들은 진천의 대표적인 양반지주가문으로서, 양안과 족보를 함께 활용하여 그 존재기반을

---

12) 김성보, 「1900~50년대 鎭川郡 梨月面의 토지소유와 사회 변화」, 『韓國史研究』 130, 2005. 9 참조.
13) 김성보, 「진천군의 농지개혁 사례-대지주의 대응과 피분배농지의 轉賣 문제」(본서 수록) 참조.

추적함으로써 동족마을의 농업경영과 거주 형태를 밝혀낼 수 있었다.14) 아울러 학산 정인표와 홍승헌 연구를 통해 官人 출신이 庚戌國恥와 일제 강점기에 살아온 과정과 재산 규모를 광무양안을 통해 밝힘으로써 한말 일제하 충북 진천의 유교지식인의 사회경제 배경에 대한 이해를 넓히는 계기를 마련했다. 특히 학산 정인표는 향리 진천에서 일제 강점기의 오랜 기간을 타협하지 않고, 그의 가치관을 지켜온 지사였다.15)

본 연구의 세 번째 목표는 진천지역의 촌락복원이었다.

진천지역의 촌락복원이라는 것은 단순한 공간 복원을 넘어서 중세 촌락의 구조와 삶의 형태를 복원하고 그것이 격동기를 거치면서 어떠한 변동을 거치는가 하는 점을 추적하는 것이라고 할 수 있다.

양안을 통해 진천의 里 규모와 경계를 복원하고 촌락별 및 지역별 '토지소유 규모·소유자·경영형태'를 보여줌으로써 향촌사회 내부구조를 해명하려 하였다. 비록 촌락구조와 인적구성의 전체 변동양상을 확인하는 데까지 이르지는 못했지만, 진천군의 면리 구조와 그 변동양상을 추적하는 방법을 통해 진천지역의 특징을 추출할 수 있었다. 비록 불균질한 모습이기는 하지만 진천지역의 사족지배와 관련하여 면리제를 중심으로 작동하고 있었다는 점을 발견할 수 있었다. 즉 사족의 촌락지배는 국가권력이나 면리제 운영과 대립하는 배타적이고 영역지배적이며 독립적인 권력이 아니라, 국가권력과 타협해서 그 테두리 안에서 제한적 특혜를 누리는 형태를 보여주는 좋은 사례라고 하겠다.16)

이를 위해 양안에 나타난 진천의 시주, 시작관계를 추적하고 그 특징

---

14) 신영우, 「한말 진천의 平山 申氏家와 토지소유」(본서 수록) 참조.
15) 신영우, 「한말 일제하 충북 진천의 유교지식인 연구-洪承憲·鄭元夏·鄭寅杓를 중심으로-」(본서 수록) 참조.
16) 임용한, 「한말 진천군의 면리구조」, 『호서사학』 39, 2004. 12 참조.

을 추출해 보기도 하였다. 토지집적 방식을 추적해 본 결과 대부분의 지주가 1, 2개 면에 자기 소유지를 집중시켜 놓는 것이 일반적인 형태였고, 그 규모도 5결에서 최대 16결이었다. 이는 토지지배라는 형태로 볼 때 진천군의 지주 중에서 1개 면 이상의 지역에서 영향력을 발휘할 수 있는 인물이 거의 없었다는 것을 말해준다. 이러한 상황은 한말·개화기에 관직과 학연, 가문적 배경이 미약한 향리, 서민 출신의 지주들이 군의 운영과 변화에 참여하기에 장애요인으로 작용했을 것이다. 더욱이 상업과 유통경제가 활발하지 못한 지역에서는 이들의 경제적, 사회적 영향력을 확산시키기는 더욱 어려웠을 것이다.[17]

이 같은 연구를 통해 진천지역의 충청북도 내 역할과 위치는 대한제국기의 지방제도가 일제하 해방공간을 거치면서 왜곡되어 갔다고 하더라도 과거의 전통적인 삶의 형태가 어떠한 변화를 거칠 것인지를 보여주며, 그것을 통해 진천군의 본래 모습을 복원할 수 있는 방법을 모색하고자 하였다. 물론 이는 水路나 陸路 등 교통로 분석을 통해서도 확인된다. 다만 외적 성장이 삶의 질적인 향상으로 연결되지는 못하였다는 점 때문에 구체적인 분석까지는 이루어지지 못했다.

한편 1895년 을미개혁으로 폐지된 충청북도의 병영과 진영 대신 1896년 청주에 창설된 지방대 및 진위대의 구조(군병의 수·재정)와 기능(도적 체포, 을사의병의 진압) 등을 밝힘으로써 진천지역을 둘러싼 방어구조와 그것이 기능했던 진천지역의 군사적 특징을 확인하기도 하였다.[18]

또한 진천의 생활상을 이해하고 복원하는 데 있어 특히 조선시대 교

---

17) 임용한, 「충북 진천의 향촌사회 구조와 변동-토지 소유 및 경작관계를 중심으로-」, 『호서사학』 45, 2006. 12 참조.
18) 서태원, 「甲午改革 이후 충청북도 지방군 청주시방대와 진위대를 중심으로-」, 『韓國史硏究』 136, 2007. 3 참조.

통과 통신을 주목할 필요가 있으며 그것을 驛土 분석을 통해 풀어 보았다. 즉 역토의 종류와 경영, 역이 폐지된 후 소작권 및 소유권을 둘러싼 분쟁 등을 통해 진천지역의 특성이 잘 드러나기 때문이다.[19]

이상의 연구는 결국 식민지 근대화론의 역사상에서 드러난 전통과 식민정책의 단절 양상을 비판하는 데 있다. 기존의 역사적 전통과 특징은 단절이 아니라 내적 구조를 전제로 그 특징이 연속되는 데 있으며, 나아가 충북지역의 전통이 근대화 과정 속에서 어떻게 계승되고 변형되며 나아가 발전되는지를 해명하는 것이 중요하기 때문이다.

(2) '하향분해' 연구의 오류와 농민층 분해의 특징

진천군 전체를 분석함으로써 과거의 양안 분석이 범했던 오류를 수정하는 작업에 들어갔다. 그것은 진천의 경우만 하더라도 15개 면으로 이루어져 있고, 그들도 각각 평야가 많은지, 산간이 많은지에 따라 농업형편이 다를 뿐 아니라 동족마을인지 아닌지, 양반지주들이 많이 거주하는 지역이었는지에 따라 분석 결과가 달리 나타날 수 있기 때문이다. 이런 점을 고려한다면 군현단위 양안분석은 기존 연구의 문제를 바로잡을 수 있는 계기가 될 수 있을 것이다. 그것은 다음과 같은 몇 가지 양상에서도 잘 드러난다.

첫 번째, 양안 분석에 있어 분석 대상을 면단위로 한정함으로써 빠질 수 있는 오류를 지적할 수 있다. 그것은 서양 영주제의 영역지배를 전제로 면단위 지주경영을 추적함으로써 그것을 기계적으로 결합시켜 해석하려 했던 데서 나온 오류였다. 그 결과 면단위 또는 궁방전 연구를 통해 농민층의 하향분화라는 결과를 도출하고 그것을 통해 조선후기 농업경영의 위기와 정체론을 제기한 연구가 있다.[20]

---

19) 서태원, 「한말 진천군 역토의 구조와 운용」, 『호서사학』 39, 2004. 12 참조.
20) 대표적인 경우가 이영훈 교수의 궁방전 연구이다. 하향분화를 통해 양극분화

궁방전 분석이나 지주가 사례 분석의 경우가 그럴 가능성이 높다.21) 이들의 토지는 물론 궁방이나 지주에 의해 소유되지만 그것을 경작하는 작인층의 경우는 주변의 다른 토지를 더불어 경작한다는 것이다. 따라서 이들 작인층이 부농이나 지주층일 가능성을 고려하지 않고 기계적으로 궁방전만을 경작했던 영세농으로 검토해 버리는 오류이다.

두 번째로는 양안 상의 농업경영이 축소되어 나타난다는 점을 주의할 필요가 있다.

지주경영의 형태는 앞에서도 지적했듯이 그들의 부재지주 경영을 밝혀내지 못하고 면단위 중심의 지주경영으로 축소하여 해석하게 된다는 점이 그것이다. 또한 이들 지주층 가운데 토지가 분산되어 있기 때문에 그들의 존재를 소빈농층으로 해석해 내는 경우도 있다.

부재지주층의 존재와 그 토지소유 형태를 다시 검토할 필요가 있다. 기존의 면단위 사례연구에서는 빈농층으로 나타나지만 실제로는 대토지소유자인 경우가 존재하는 것이다. 이는 면단위 양안분석에 있어 면내 토지소유자만을 추적하고 검토하는 통계처리 방식에서 범하기 쉬운 오류이다.

이 같은 점을 해결하는 방법으로서 양안통계의 새로운 방법론을 모색할 필요가 있다. 즉 면단위 사례분석이 갖는 한계를 극복하기 위해 적어도 1개 면과 그 지역을 둘러싸고 있는 주변 4개 혹은 그 이상의 면을 분석함으로써 분석대상이 되는 면의 정확한 농업동향과 농민층 분해 형태를 추적하는 것이다. 본 사례연구에서는 남변면이라는 읍내 지역을 한정하여 주변 북변, 성암, 행정면을 분석하여 상호 관련성을 추

연구를 부정한 연구로는 다음과 같은 글이 있다. 李榮薰,「開港期 地主制의 一存在形態와 그 停滯的 危機의 實狀」,『經濟史學』9, 1985 ; 李榮薰,「開港期 農村社會 再編의 歷史的 意義」,『한국자본주의론』, 비봉출판사, 1990.
21) 최윤오,「대한제국기 광무양안의 토지소유구조와 농민층의 동향-충북 진천군 양안을 중심으로」,『역사교육』86, 2003. 6.

적하고, 나아가 진천군 전체 양안의 농민층 분석을 통해 남변면 농민층의 존재형태를 추적하는 방법을 이용하였다.[22]

이 같은 연구결과를 종합해 보면 실제 하층농민의 영세화 현상은 여러 군데서 발견되며 본 사례연구에서도 확인되지만, 동시에 상층농민의 동향을 확인할 수 있다는 것이다. 이는 기존의 연구가 범한 오류, 즉 영세농민의 하향분화 형태와 별개로 지주, 부농층의 경영은 그다지 많이 확인되지 못한다는 것이다. 이에 비해 주변 면에 걸친 부재지주 경영을 확인한 결과 지주, 부농층이 다수 확인되며 이를 통해 하향분화로 해석할 것이 아니라 양극화 형태가 확인된다는 점이다. 하층분화란 부농층의 상향분화를 발견하지 못했다는 것을 전제로 한다. 예컨대 궁방전 분석을 통해 하향분화를 말하더라도, 이들 농민층은 실제로는 궁방전 또는 지주층과 밀접한 관련을 가진 권세가 또는 부농층일 가능성이 높다는 것을 확인한다면 그러한 결과는 잘못되었다고 볼 수 있다.

이 같은 연구를 통해 농업에서의 부농경영과 이를 통한 농업발달 형태를 확인하는 것이 이 연구의 과제이다. 진천지역이 갖는 특징이 소비시장을 가까이 갖지 못했을 뿐아니라 곡물의 대량생산 역시 한계가 있었기 때문에 상업자본과 결합하여 또 다른 자본가를 발견하기 힘들었다. 이 같은 점은 향후 곡물의 상품화와 관련하여 추적되어야 할 분야로 여기에서는 과제로 남길 수밖에 없다.

3. 진천 광무양안 연구의 성과와 촌락 복원

이 연구에서는 3개년간 충북 진천군의 근현대 100년을 대상으로 연구를 진행함으로써 전체 흐름을 읽어내려 하였다. 그러나 그러한 시도

---

[22] 최윤오, 위의 글.

와는 별개로 해당 자료를 분석해 내는 데 너무 많은 시간이 투여됨으로써 간단한 사례연구로 그것을 대신할 수밖에 없게 되었다. 처음의 목표를 달성하기 위해서는 보다 많은 자료 발굴과 치밀한 연구가 이루어져야 했지만 3년 연구로 제한되어 미진함에도 불구하고 연구를 마무리할 수밖에 없었다.

1차 년도에는 진천군 광무양안 자료를 입력함과 동시에 그것을 복원할 수 있는 방법으로서 답사를 통해 해당 지역의 실정을 확인하고 발굴되지 않은 자료를 찾아내며, 이를 바탕으로 한 기초 분석을 수행하였다. 답사를 통해서는 각 면단위 世居 성씨를 조사해 내고 나아가 자료를 탐색함으로써 근현대 100년간의 사회경제 변동 양상을 추적할 수 있는 자료들을 확인해 나갔지만 집중적인 자료를 발굴하지 못한 채 단편적인 자료를 확인하는 수준에 머물 수밖에 없었다. 무엇보다 가장 큰 문제는 일제하 토지대장 분석을 통해 일제하 진천군의 토지소유와 농업경영을 추적할 수 있었지만, 그 양이 워낙 방대하여 별도의 작업으로 남길 수밖에 없었다는 점이다.

나아가 진천지역이 청주문화권에서 차지하는 지역적 위상을 검토하기 위해 지방행정 자료를 발굴해 낼 수 있었는데, 지역 방어망과 교통로에 관한 자료가 그것이다.

2차 년도와 3차 년도에는 입력된 광무양안 자료와 발굴된 지역사료를 바탕으로 진천지역 농민의 존재형태와 농촌복원을 시도하였다. 2차 년도에는 한말 광무양안의 자료를 바탕으로 연구를 진행하였으며, 3차 년도에는 일제하 해방 후 현대사까지 연장하여 마무리하고자 하였다.

경제사 영역에서는 우선 ① '대한제국기 진천의 토지소유구조와 농민층 분해'라는 주제와 ② '일제강점기 진천의 농업변동과 농민층의 동향', ③ '해방 후 농지개혁과 산업화가 진천의 농촌사회에 미친 영향' 등의 주제를 통해 장기 변동을 추적하고자 하였다. 이 같은 목표는 앞에

서 소개했듯이 「대한제국기 광무양안의 토지소유구조와 농민층의 동향
-충북 진천군 양안을 중심으로」(최윤오), 「진천군의 농지개혁 사례-
대지주의 대응과 수배농지의 전매 문제」(김성보), 「1900~50년대 鎭川
郡 梨月面의 토지소유와 사회 변화」(김성보)로 구체화되었다.

사회사 영역의 연구로는 ① '광무양안의 성씨별 토지소유와 농촌사
회', ② '충북 진천의 평산 신씨가와 토지소유', ③ '한말·일제하 충북
진천의 유교지식인 연구-學山 鄭寅杓의 행장을 중심으로'를 통해 한
말 일제하를 거치면서 향촌내 유력가문의 생활상이 어떻게 존재하고
있었는가를 밝히려 하였다. 물론 이 같은 연구는 가능한 한 진천지역내
주요 성씨 분포를 정리해 내고 아울러 대표적인 유교지식인을 조사해
내는 작업을 목표로 하지만 자료분석의 한계에 부딪치게 되었다.

이에 따라 성씨 분석은 과제로 남길 수밖에 없었고, 대신 경영지주층
을 분석대상으로 하여 새롭게 등장하던 경영지주층을 주목하게 되었다.
「대한제국기 진천군 양안의 자작농과 경영지주」(최윤오)가 그것이고,
이어 「한말 진천의 平山 申氏家와 토지소유」(신영우), 「한말 일제하 충
북 진천의 유교지식인 연구-洪承憲·鄭元夏·鄭寅杓를 중심으로」(신
영우)를 통해 진천군의 대표적인 동족마을과 그 변화양상을 살피는 한
편, 진천군의 대표적인 유교지식인으로서 洪承憲·鄭元夏·鄭寅杓 사
례를 발굴하여 구체화시켰다.

향촌사회 변동과 촌락구조의 변화를 추적하기 위해 군사적 방어망과
교통망을 통해 충북지역의 역사지리적인 위치를 재검토하는 작업도 진
행되었다. ① '충북 진천의 교통로와 역둔토 연구', ② '충북지역 군제개
편과 지방군의 역할'이라는 주제가 그것으로 각각 「충청북도 군제 개편
과 지방군의 역할」(서태원)와 「한말 진천군 역토의 구조와 운용」(서태
원)이라는 논문으로 구체화되었다.

또한 대한제국기까지의 면리구조와 향촌사회 변동 과정을 ① '충북

진천의 지방제도 개편과 권력구조'와 ② '충북 진천지역의 향촌사회구조와 변동'으로 살피려 하였다. 그러한 접근은 결국 일제하 해방공간을 거치면서 변화된 지방의 생활공간을 복원하는 방법이 될 것이다. 이 연구는 「한말 진천군의 면리구조」(임용한)와 「충북 진천의 향촌사회 구조와 변동-토지소유 및 경작관계를 중심으로-」(임용한)라는 글로 구체화되었다. 양안에 나타난 지주와 작인 간의 관계를 추적하여 그들 간의 상호 관계를 통해 촌락복원을 시도하였고 미미하지만 그것이 전체 면리구조의 변동과 결합하는 양상을 분석하게 되었다.

4. 진천 광무양안 연구의 과제

진천 농민에게 있어서 광무양전사업은 또 하나의 소유권 확인 과정이었으며, 광무정권에게 있어 그것은 소유권자 및 경작자를 엄밀하게 파악하여 토지혁명 없이 근대개혁을 추진하는 직접적인 계기가 되었다. 일제하 토지조사사업 역시 '신고주의'를 표방하면서 신고한 토지와 소유권자를 해당 토지에 대한 소유권자로 확정하는 절차를 거쳤지만 그들의 목적은 다른 데 있었다. 신고절차를 거친 토지에 대해 식민지 지배를 확고히 해가는 한편 그렇지 않은 토지에 대한 지배와 침탈 대상으로 재편하고 있었기 때문이다. 일제하 토지대장과 토지조사부 분석은 이 연구에서 진행되지 못하고 과제로 남겼지만, 대신 해방 이후 농지개혁이라는 또 다른 토지개혁이 진행되고 있었다는 사실을 통해 진천군의 농민경제가 어떻게 재편되어가고 있었는가를 확인할 수 있었다.

이러한 흐름을 염두에 두고 시작한 연구였지만 연구결과는 그에 미치지 못한 채 마무리되고 말았다. 애초의 계획은 양안 연구의 연장선에서 일제하 토지대장과 토지조사부, 나아가 해방 공간의 농지개혁 원부를 발굴하여 시계열적으로 그 변화를 추적하려 하였기 때문이다. 그러나 막상 자료를 검토해 보니 일제하 토지대장 연구는 별도의 작업으로 이루어질 것이지 양안 연구의 방법론을 그대로 적용시켜 검토하는 것은 불가능하다는 것을 알았다. 양안 연구는 진천지역 전체를 대상으로 하는 것이었으며 그것을 동시에 토지대장과 비교하기 위해서는 토지대장 전체를 입력하여 비교 검토해야 하는데 아마도 6년 내지 9년 이상 입력을 해야만 그것을 마무리할 수 있을 것 같았다.

따라서 광무양안을 중심으로 한말 일제하 격동기의 진천지역 전체를 복원하는 데 집중하고, 진천의 사회경제적 변화 양상은 일부 지역을 선택하여 시계열적으로 비교 검토하는 사례연구로 마무리할 수밖에 없었다. 이 같은 연구는 향후의 과제로 설정하기로 하였다.

광무양안 연구에 있어 가장 핵심이 되었던 '근대 개혁'으로서의 광무개혁이 양전사업을 통해 어떠한 형태로 진행되었는가를 확인하고, 그것이 진천지역에 미친 영향은 어떠했는가를 확인하는 것이 이 연구의 남아 있는 과제이다.

대한제국기 진천의 사회경제 발전단계와 그 재생산 매카니즘을 해명함으로써, 일제 강점기 이전에 한국의 지방사회가 스스로 전근대적인 사회경제구조에서 점차 벗어나 근대화의 길에 들어서고 있음을 확인하는 연구로 한 단계 진전시켜야만 한다. 여기서 전근대의 극복, 즉 '근대성'의 실현은 진천군의 지방사회가 지켜온 문화적 정체성, 전통생활양식을 전면 부정하는 것은 아니며, 오히려 그것을 계승하되 이를 서구 근대문명과 접목하고 있음을 확인한다.

따라서 이 연구는 근현대 100년간의 충북 진천군의 사회경제사를 해명하는 기본 시각으로서 '내재적 발전'의 시각이 유효한지를 점검하는 기회가 될 수 있었다. 특히 충북 진천군 양안 연구를 통해 지금까지 사례연구로 전락한 지방사 연구를 새롭게 풀어내는 계기로 삼는 동시에,

서울 등 대도시에 비해 다소 낙후한 지방도시의 농업경영 분석을 통해 국가단위의 근대화 정책이 지방을 어떻게 파악해 갔는가를 밝혀내는 계기로 삼을 필요가 있다.

  그것은 곧 중앙의 압력 속에, 그리고 일본제국주의와 미군정 같은 외세의 압력 속에서, 어떻게 진천군 주민들이 자신의 정체성을 지키고 그 바탕 위에서 그 거대한 국제적, 국내적 흐름을 수용하여 자기 것으로 만들어왔는가 하는 내적 역량을 확인하는 작업이기도 하다. 이 같은 연구방법은 향후 자료발굴을 통해 지속적으로 검토할 내용이지만 3년간의 연구기간을 통해 '내재적 발전'의 시각을 지방사 연구에 접목하려 했다는 점에서 1차적인 의미를 두고자 한다.

제1부
토지소유 변동과 지주·농민

대한제국기 광무양안의 토지소유구조와 농민층의 동향
― 충북 진천군 양안 전체분석 ―

최 윤 오

1. 머리말

광무양안(1898~1904년 작성)에 나타난 토지소유구조를 통해 진천군 농민층의 동향을 분석해 보고 그것을 복원하는 것이 본고의 목적이다.

광무양전사업에 대해서는 사례연구가 진행된 바 있지만, 기존의 연구가 각 지역의 面단위 분석에만 그친 데 대하여 본 연구에서는 1901년에 작성된 진천군 양안[1]의 15개 면 전체를 분석하여 농민층의 토지소유구조와 그들의 동향을 면밀히 추적한 최초의 사례연구라고 할 수 있다.[2]

---

1) 『忠淸北道鎭川郡量案』(奎17678), 量地衙門(朝鮮) 編, 15冊, 筆寫本, 1901.
2) 진천군 양안을 이용한 필자의 논문(「대한제국기 광무양안의 토지소유 구조와 농민층의 동향―충북 진천군 양안을 중심으로」, 『역사교육』 86집, 2003. 6)은 진천군 전체를 분석하기 전에 새롭게 시도되었던 양안 연구였다. 진천읍에 해당하는 남변면을 중심으로 주변 3개 면을 동시에 분석하는 새로운 통계처리 방법을 시도하여 보았다. 특히 진천읍 양안과 궁방전의 경작 농민을 결합시켜 분석한 결과 기존의 궁방전 분석 등에서 제시되었던 방법론이 오류임이 드러났다. 궁방전 농민이 대부분 몰락농이며 하향분화로 나타났다는 기존의 연구와는 달리 상당수는 중농 이상의 부농 및 시주층으로 밝혀졌다(112~114쪽 참

동시에 진천군 분석을 단순한 사례연구로 그치는 것이 아니라 지역사(또는 지방사) 차원의 분석을 통해 전체사 연구로 확장하는 방법론을 모색하고자 한다. 이는 진천군의 농민층 동향을 단순한 사례로 검토하고 그치는 것이 아니라 진천군 전체 농민의 살아있는 역사를 복원하는 것을 의미한다. '진정한 의미의 지역사' 연구 방법론을 모색하는 기초자료로 활용해 보려는 것이다.

이 같은 방법론을 통해 소기의 목적을 달성하기 위해서는 광무양안 외에도 많은 자료가 필요할 것이다. 지주경영 문서에서부터 행심책, 깃기 등의 토지문서와 호적, 족보나 향촌자료 등의 자료에 이르기까지 보다 많은 자료가 발굴되어 양안의 공간적, 자료적 한계가 보완될 때 진정한 의미의 지역사 연구가 이루어질 수 있을 것이다. 또한 일제하 토지조사부나 토지대장 분석을 통해 시계열적 한계를 극복할 수 있는 방법이 모색될 필요가 있다.[3]

여기에서는 이 같은 자료들이 확보되지 못한 상태이지만 양안분석을 토대로 지역사 연구의 기초자료로 삼고자 한다.

첫 번째로는 진천이라는 지역의 특징을 추출하기 위해 농업경영 지대를 크게 평야지대와 중간지대, 산간지대로 나누어 살피고자 한다. 동시에 家 소유형태를 추적하여 가옥과 관련된 농민층의 존재형태를 추적해 본다. 이 같은 시도는 농민층의 소유구조를 좀 더 명확히 분석해

조). 이외에도 군현단위 전체를 대상으로 할 때는 더욱 많은 양안 연구방법론이 시도될 수 있지만 기초 연구로 그친다.

3) 진천군청의 도움으로 토지조사부 전체와 토지대장 일부를 복사할 수 있었지만, 토지조사부도 일부만 남아 있어 전체를 복원할 수 없었다(향후 토지조사부나 토지대장과의 연결을 위해 면적 단위를 결부가 아닌 정보로 처리하였다). 이영호 교수의 연구(「대한제국시기의 토지제도와 농민층분화의 양상-경기도 용인군 이동면 「光武量案」과 「土地調査簿」의 비교분석-」, 『한국사연구』 69, 1990)는 면 단위 연구이지만 양안과 토지조사부를 결합시킨 연구로서 참고된다.

내고자 하는 시도의 일환일 따름이다. 예컨대 물레방아 소유 방식을 통해 당시 생산의 현장을 추적하는 것도 진천을 이해하는 접근방법의 하나가 될 수 있을 것이다.

두 번째로는 농민층의 토지소유구조를 통해 빈농층에서부터 소농층, 부농층, 지주층에 이르기까지 각 농민층의 존재형태를 명확히 하는 기초자료로 삼고자 한다.

특히 이들 가운데 소빈농층의 광범위한 존재형태를 통해 이 시기 농민층 분해의 하향화와 지주 부농층의 존재를 확인함으로써 1900년대의 구조적 모순과 그에 대한 농업대책이 어떻게 수립되어야 하는지를 검토하는 기초자료로 이용될 것이다.

세 번째로는 진천 농민층 가운데 선진적인 농업경영 형태를 추적해 보고 나아가 구래의 지주경영은 어떠한 방식으로 변화하고 있었는지를 확인해 보기로 한다.

기존의 연구에서는 面단위 연구에 그쳤기 때문에 지주경영도 축소된 형태로 분석되었을 뿐 아니라 다른 면에 대토지소유를 하던 농민을 빈농으로 추정하기도 했다. 따라서 기존의 연구에서 확인될 수 있는 것은 면단위 농업경영을 행하던 자영농이나 중소지주를 확인할 수 있을 뿐 적극적으로 확대경영을 행하던 부농층이나 지주층을 전혀 발견하지 못할 가능성이 있을 것이다. 이 같은 점에서 진천군 전체의 토지소유구조 분석은 보다 풍부한 자료를 제공해 줄 수 있을 것이다.

1910년 이후 일제의 식민지배와 토지조사사업은 광무양전사업의 모든 것을 부정하였다.[4] 그렇지만 일제에 의해 부정된 광무양안에는 진

---

[4] 광무양전사업을 내적발전의 선상에서 검토한 연구로는 김용섭, 「광무년간의 양전지계사업」(『한국근대농업사연구』하) 및 한국역사연구회 토지대장반(이세영, 이영호, 이영학, 이종범, 최원규, 박진태, 최윤오, 왕현종 공저), 『대한제국의 토지조사사업』을 참고할 수 있다. 한편 반대의 입장에서 일본의 1910년 토지조사사업을 계기로 근대적 소유권과 조세제도가 성립했다는 연구로서 김홍

천 농민들의 모든 것이 들어 있었다는 점을 확인할 수 있을 것이며, 따라서 일제의 의도가 어디에 있었는지를 보다 분명히 할 수 있는 계기가 될 수 있을 것이다.

2. 진천의 농업환경과 농민층 동향

1) 농업지대별 농민층 동향

대한제국기 진천군 전체의 면적은 1901년 진천군 양안의 군 총목에 의하면 전답 結總은 3,682결 16부 4속으로서 田結 1,253결 91부, 畓結 2,428결 25부 4속으로 實田畓結이 3,665결 81부 1속으로 기록되고 있다. 밭이 34.1%, 논이 65.9%이다. 이를 정보로 환산하면 전체 약 7610정보로서 밭은 약 3061.5정보, 논은 약 4550.47정보이다.[5] 논의 비율이 약 60%에 달한다. 1909년 『한국충청북도일반』에 나타난 진천군의 경지면적은 전(밭) 면적은 78,203두락으로 1901년 당시보다 조금 감소했고, 답(논) 면적은 68,230두락으로 역시 반 정도로 감소된 수치로 조사되고 있다.[6]

식 외 공저, 『대한제국기의 토지제도』를 참조할 수 있다.
5) 진천군 2000년도 통계에 의하면 총 1,0194ha, 밭 3,212ha(31.6%), 논 6,982ha(68.4%)로 파악되어 비율면에서 1901년보다 논이 2.3% 늘어났다. 현재의 면적은 10,194정보(=ha)로서 100년 전의 진천 전답 7,610정보에 비해 2,584정보가 늘어났다. 100년 전의 경작면적은 현재 면적의 74.7%에 해당한다.
6) 『韓國忠淸北道一般』(內務部長書記官 神谷卓男, 충청북도 관찰도, 1909(한국지리풍속지총서 274·275권, 경인문화사 재간행) 제6장의 경지면적에서는 1두락을 100평으로 환산하고 있다. 두락당 평균 면적을 200평으로 하지 않고, 150평이 되기도 하고 혹은 70, 80평이 되기도 한다고 해서 대략 1두락을 100평으로 한 것이다. 이에 따르면 전(밭)의 면적은 2606.76정보, 답(논)의 면적은 2274.33정보로 계산되어 실제 면적보다 감소된 것으로 조사되고 있다.

아래의 <표 1>은 이 같은 상황이 개별 농민에게 어떠한 형태로 나타나는가를 잘 보여준다.

<표 1> 1909년 충북 및 청주, 진천군의 농업인구당 소유면적

구분	인구 (명)	답		전	
		두락수	1인당 면적(평)	두락수	1인당 면적(평)
충청북도	502,028	706,917	140.8	1,311,616	261.3
청주	85,006	180,538	212.4	250,000	294.1
진천	33,223	68,230	205.4	78,203	235.4

<표 1>에 따르면 진천의 1인당 경지면적은 논 205.4평, 밭 235.4평을 소유한 것으로 나타난다.[7] 또한 이 시기 진천의 1반보(300평) 당 생산량은 1석5승으로 파악되고 있어,[8] 1인당 14.4두로서 5인 가족 기준으로 72두를 생산했다면 5인의 최저생계에 훨씬 못미치는 숫자였다고 할 수 있다.[9]

광무양안 시기 진천군 전체의 토지소유 및 농민층의 동향을 살펴보기 위해 진천의 농업환경을 세밀하게 나누어 살펴볼 필요가 있다. 이 같은 점에서 진천의 농업경영 지역을 평야지대와 중간지대, 산간지대로 나누어 추세를 살펴본다면 보다 분명한 결과를 얻을 수 있을 것이다. 각 지역마다 서로 다른 형태의 토지소유구조와 농민층의 동향이 나타날 가능성이 높기 때문이다.

아래의 <표 2>는 진천군의 행정구역과 농업지대의 관련성을 나타낸

---

[7] 이 같은 수치는 당시기 일본인의 평균 1인당 소유면적 334평(답181평, 전153평)보다 조금 높은 것으로 기록하고 있다. 위의 책 참조.
[8] 당시 일본의 1반보당 수확은 쌀이 1석5두2석(1석은 10두), 보리가 1석2두8승, 밀이 7두8승이라고 하여 조선의 1.5배 생산규모로 보았다. 위의 책 참조.
[9] 1인의 농부가 1년 먹는 양은 대략 160kg으로 환산된다(1인×150g×3끼×365일=164kg). 쌀로만 환산한다면 5인 가족은 80kg 쌀 10가마가 필요하다.

다.

<표 2> 진천군의 행정구역 변천과정과 농업경영지대

변천 지명	대한제국기 행정구역	1914년 행정개편	농업경영지대
鎭川邑	남변면, 북변면, 행정면, 성암면 (덕문, 이월면 일부)	郡中面	평야지대 (서부는 중간)
德山面	덕문면, 방동면, 산정면, 소답면	萬竹面	평야지대 (동부는 중간)
梨月面	이곡면, 월촌면 (만승, 방동, 덕문면 일부)	이월면	평야지대 (서부는 중간)
草坪面	초평면, 산정면, 문방면 (덕산, 문백면 일부)	초평면	중간지대 (서부는 평야)
文白面	문방면, 백락면 (덕문면 일부)	문백면	중간지대 (북부는 평야)
栢谷面	백곡면 (행정면 일부)	백곡면	산간지대
廣惠院面	만승면 (경기 음성, 죽산군 일부)	광혜원면	산간지대 (일부 중간, 일부 평야)

진천군의 행정구역을 살펴보면 대한제국기 15개 면이 현재의 7개 면으로 통합되어 변천된 것을 알 수 있다.10) 이러한 7개 면은 크게 3개의 농업지대로 분류할 수 있다.11)

3개의 농업지대는 평야지대와 산간지대 그리고 중간지대로 나눌 수 있다.

---

10) 행정구역 변천은 『진천군 양안』을 기준으로 『新舊對照 朝鮮全道府郡面里洞 名稱一覽』(1917) 鎭川郡 편과 『鎭川郡誌』, 『常山誌』(『국역 常山誌』, 상산고 적회, 2002) 등을 참고하였다.
11) 3개 농업지대의 구분은 진천군의 1994년 분류 방식을 따른다(『진천군장기종 합발전계획 종합보고서』, 진천군, 1994, 142쪽 참조). 이에 따르면 평야지대(진 천, 덕산, 문백, 이월, 만승, 초평 등 군의 동부에 위치한 6개 면), 중간지대(덕 산, 초평, 문백, 이월, 진천 등 군의 중앙 및 남부에 위치한 5개 면 일부), 산간 지대(진천, 백곡, 이월, 만승 등 군의 서부에 위치한 4개 면의 일부지역)로 나 누고 있다.

<그림 1> 1994년의 진천군 농업지대 (평야지, 중간지, 산간지)

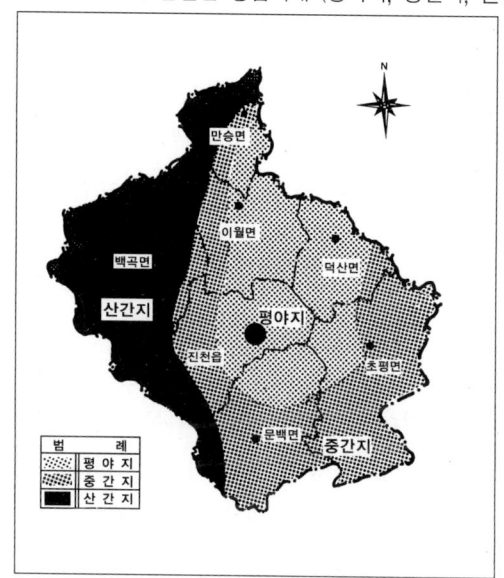

<그림 1>은 1994년의 상황이지만 당시 농업지대를 이해하는 데 참고된다.

평야지대는 진천평야 일대를 가리키며 질 좋은 쌀이 생산되는 지역이다. 진천평야는 진천읍의 북동부 대부분과 이월면, 덕산면 대부분, 초평면 서부, 문백면 북부, 광혜원면 일부를 포함하는 지역이다. 대한제국시기의 행정구역으로는 주로 남변면, 북변면, 행정면 등 현재의 진천읍 일대와 이곡면, 월촌면 등 현재의 이월면 지역, 소답면, 방동면, 덕문면 등 현재의 덕산면과 초평면 서부지역 그리고 문방면 등 현재의 문백면 북부와 초평면 서부지역이 중심을 이루며 북쪽으로는 만승면 동부(현재의 광혜원면)까지 넓게 분포되어 있다.

중간지대는 진천읍을 남쪽에서 둘러싼 형태이나, 초평면, 문백면의 대부분과 진천읍 서남부, 이월면 서부, 만승면 일부 지역을 포괄하며 해발 101~250m 정도의 농업지대이다. 대한제국 시기의 초평면, 백락면, 성암면과, 이곡면 서부, 만승면 일부 지역이다.

　산간지대는 해발 250m 이상의 지역으로서 주로 진천군 서부 산악지대이다. 현재의 백곡면과 진천읍 남부, 문백면 일부 및 광혜원면 서부 지역이며, 대한제국 시기의 백곡면과 성암면, 백락면 일부, 만승면 서부 지역이다.

　대한제국기 농업지대에 따른 각각의 농민층 동향을 살펴보면 아래와 같다.

　평야지대의 대표적 형태인 <표 3>의 덕문면이나 이곡면은 다른 지역보다 농민층의 형편이 나은 편이다.[12] 덕문면의 하층 빈농의 비율은 52.8%, 이곡면은 58.7%로 전체 75.0%보다 훨씬 낮다(<표 10> 참조).[13]

　덕문면과 이곡면이 모두 평야지대로서 농업이 발달했기 때문으로 보인다. 여기에서는 다른 지역보다 지주제 비율이 높다. 5정보 이상의 지주를 보면, 이곡면에서는 61명(6.9%), 덕문면에서는 44명(5%)으로 상대적으로 훨씬 많고 비율도 높다. 이곡면에는 특히 평산 신씨를 중심으로 한 동족마을이 발달했고 지주경영도 다른 지역보다 확대된 형태로 나타난다. 진천지역의 2개 서원 중 백원서원이 건립된 지역이다. 이곡면의 경제를 배경으로 서원 유림들의 활동이 다른 지역보다 활발했을 것으로 보인다.

---

[12] 이하의 표는 모두 진천군 양안을 다시 15개 면으로 나누어 농민층 동향을 살핀 통계이다.

[13] 농민층의 존재를 빈농과 소농, 부농, 지주층으로 구분한 것은 일제하 농업경영상의 계급구성을 참고한 것이다. 이 시기 상농, 중농, 하농을 각기 부농과 소농(중농), 빈농으로 구분한 것이며 특히 부농 가운데 지주층을 별도로 구분하였다. 이세영·최윤오, 「대한제국의 토지소유구조와 농민층 분화-충청남도 온양군 일북면·남상면 양안을 중심으로」, 『대한제국의 토지조사사업』, 1995, 430~439쪽 참조.

<표 3> 평야지대(덕문면, 이곡면) 농민층 동향

구분 (단위 : 정보)	덕문면 토지현황	인원	비율	농민	이곡면 토지현황	인원	비율
0	0	156	18.0	빈농	0	91	10.3
0~0.5	73.01	302	34.8		85.97	426	48.4
0.6~1	111.41	158	18.2	소농	82.04	117	13.3
1~1.5	89.67	75	8.6		77.57	63	7.2
1.6~2	68.29	40	4.6	부농	78.93	46	5.2
2.1~3	128.57	52	6.0		94.94	39	4.4
3.1~5	153	41	4.7		151.12	38	4.3
5.1~10	191.37	28	3.2	지주	258.42	38	4.3
11~20	191.89	14	1.6		202.98	15	1.7
21~50	66.03	2	0.2		205.14	7	0.8
51~100	0	0	0.0		89.79	1	0.1
계		868	100			881	100

평야보다 산이 많은 지역의 농민층 분해 상황을 보면 사정은 다르다. 다음 <표 4>의 초평면은 중간지대로서 약간의 구릉지대이다. 빈농층의 비율이 54.7%에 달한다. 지주층의 비율은 4.8%로 비교적 높은 편이다. 초평천을 끼고 발달한 농업 때문이다. 이 지역은 용천리 양촌마을, 영구리 어은마을, 용기리 등의 지역에 동족마을이 발달했으며 특히 경주이씨 등의 씨족이 유명하기 때문에 지주제의 비율도 다소 높은 곳으로 나타난다. 초평면에는 소론계 영수 최석정을 독향한 芝山書院이 세워져 진천지역 소론계 유림의 향론을 주도하기도 했다.

산간지대인 <표 5>의 백곡면의 하층민 비율은 66.1%로서 높은 편이며, 지주층의 존재도 2.2%에 불과하다.[14]

---

14) 백곡면의 경우 전체 지역이 산간에 해당하더라도 빈농층 비율이 낮고 지주층도 많이 나타나고 있는 것은 백곡천을 끼고 농업이 발달했기 때문으로 보인다.

<표 4> 중간지대(초평면), 산간지대(백곡면) 농민층 동향

농민	구분 (단위 : 정보)	초평면 토지현황	인원	비율	백곡면 토지현황	인원	비율
빈농	0	0	106	12.7	0	148	10.5
	0 ~ 0.5	77.25	351	42.0	143.83	786	55.6
소농	0.5 ~ 1.0	115.54	157	18.8	154.68	217	15.3
	1.0 ~ 1.5	90.89	74	8.9	129.08	105	7.4
부농	1.5 ~ 2.0	51.37	31	3.7	89.99	53	3.7
	2.0 ~ 3.0	115.04	46	5.5	95.18	41	2.9
	3.0 ~ 5.0	117.71	31	3.7	131.08	34	2.4
지주	5.0 ~ 10	179.41	27	3.2	134.32	18	1.3
	10 ~ 20	112.94	9	1.1	99.47	8	0.6
	20 ~ 50	106.96	4	0.5	98.36	4	0.3
	50 ~ 100	0	0	0.0	0	0	0.0
	계		836	100		1414	100

위의 표를 통해 농업지대에 따른 농민층의 존재형태를 비교하여 보았다. 보다 엄밀하게 추적하기 위해서는 15개 면 전체의 통계를 제시할 필요가 있지만, 대표적인 지역만을 분석하였다. 보다 더 정확한 농민층의 존재형태를 추적하기 위해서는 각 농민층의 구체적인 소유와 경영면적을 분석할 때 가능하다.

2) 가옥, 물레방아 분포와 주거동향

진천군 양안에 등장하는 가옥의 총계는 6,723家이다.[15] 전체 호구를 판단할 만한 자료가 없고 양안의 기록 역시 호구 통계를 담고 있지 못하기 때문에 단지 가옥 분포와 농업 인구를 통해 진천군의 농업사정을 추정할 뿐이다.

---

15) 인구통계는 한말의 인구통계를 통해 검토되어야 하는데, 한말 진천군 호적은 현재 남아있지 않으며 일본 내 도서관 자료목록에서도 발견되지 않는다. 각 면에 남아 있는 일제하 民籍簿와 除籍簿 분석을 통해 추적되는 방법이 있지만 시기적으로 차이가 있어 정확한 숫자를 얻기는 쉽지 않다.

1901년의 광무양안의 등장인물을 이들과 직접 비교하기에는 자료의 성격에 차이가 있지만 가옥 6,723채와 농업인구 13,588명(<표 9> 참조)을 배경으로 진천군의 농민층동향을 검토해 보자.

1872년의 진천현 지도에 따르면 총 5,169호에 남녀 7,185구로 나타난다.16)

1909년의 통계에 따르면 진천군 15면의 호는 7,457호, 인구는 33,223명으로 나타난다.17) 이 중 농업인구는 총 6,402호에 30,427명을 차지하고 있고, 상업인구는 665호에 2,096명, 기타 390호에 720명으로 조사되고 있다.18) 충북지역 내 관료를 지낸 자는 총 2,450명 중 257명으로 청주군 541명, 문의군 980명에 이어 3위를 차지하고 있으며, 유생은 총 15,015명 가운데 6,400명을 차지해 가장 많은 유생이 거주하고 있었던 것으로 나타난다.19)

이러한 통계를 통해 1872년의 5,169호가 1909년에는 총 7,457호로 늘어났으며 광무양전 시기의 호구수는 대략 6,500호 전후로 추정할 수 있다. 단지 양안 상의 가옥 6,723채와의 연관성은 밝힐 근거가 없기 때문에 이 같은 숫자를 중심으로 추정만 할 뿐이다.

농민층의 숫자는 크게 차이가 난다. 1872년의 7,185명이 1901년의 양안에는 13,588명 정도로 파악되며, 1909년에는 33,223명으로 늘어나고 있다. 이 같은 인구증가가 가능한지 밝힐 수 있는 근거가 없기 때문에 정확한 비교는 어렵다. 단지 양안 상의 등장 인물을 배경으로 가옥소유 현황을 검토하여 그 추세를 밝힐 수 있을 뿐이다.

양안 상의 인물 13,588명의 실체는 명확치 않다. 양안 상의 농업인구

---

16) 『鎭川縣地圖』(奎10409), 1872.
17) 『韓國忠淸北道一般』, 제4장 民籍.
18) 위의 책, 제4장 農商其他.
19) 위의 책, 제4장 官紳儒生.

가 실제 농업인구 전체를 포괄하는지, 또한 양안 상의 토지소유자가 농가세대를 대표하는 존재인지에 대해서는 양안을 통해 밝힐 수 없기 때문이다.[20] 단지 양안의 13,588명과 1909년의 33,223명의 비율을 통해 양안의 등장 인물이 진천인 2.44명을 대표하는 것으로 환산한다면, 호별 농업인구 4.75명과 크게 차이가 나기 때문에 농가세대라고 보기는 어렵다.[21] 다만 13,588명이 해당 토지와 결합된 농업경영 단위의 대표 인물로 보고 전체 추세를 밝히는 데 이용하려 한다.

<표 5>의 진천군의 1909년 조사에 따르면 농업에 종사하는 인물은 충북 전체 인구 50만 4,885명 가운데 47만 6,348명(94.3%)가 농업인구이며, 15,996명(3.2%)가 상업인구, 기타 12,541명(2.5%)의 비율로 조사되고 있다.

<표 5> 1909년의 농업인구 비율

구분	농업		상업		기타		합계	
	호수	인구	호수	인구	호수	인구	호수	인구
충청북도	112,420	476,348	4,035	15,996	2,895	12,541	119,350	504,885
청주	19,372	81,994	347	1,455	318	1,557	20,037	85,006
진천	6,402	30,427	665	2,096	390	720	7,457	33,223

* 출전 : 『韓國忠淸北道一般』(內務部長書記官 神谷卓男, 1909)

---

20) 양안상의 토지소유주는 농가세대를 대표하는 경영주체가 아니지만 소유주체라는 점에서 당시의 현실을 반영하고 있다는 점을 전제로 분석되어 왔다.
21) 1901년 양안상의 인물 13,589명과 1909년 농업인구 30,427명은 2배 이상 증가된 형태로 조사되고 있다. 갑자기 2배 이상으로 늘어났을 가능성은 없을 것이며, 오히려 양안의 13,589명은 농가의 세대주는 아니지만 해당 토지를 대표하는 소유주가 될 수 있다. 이들이 만일 거느린 식구를 대표하는 농민이 될 수 있다면 세대주가 되겠지만 증거는 없다. 1901년 진천군 양안의 호수 6723호 (1909년 통계는 6402호)가 호주를 의미한다고 해도 큰 차이는 없지만 양안의 인물 13589명을 세대주로 보기에는 문제가 있다. 왜냐하면 진천의 호별 농업인구 4.75명(30427명/6402호)과 비교하여 2.44명은 너무 적게 나타나기 때문이다.

<표 5>의 진천 통계를 보더라도 비슷한 추세가 나타난다. 진천의 전체 인구 33,223명 가운데 농업인구는 30,427명으로 91.6%에 달하며 호수로 보면 약간 낮아 총 7,457호 가운데 6,402호(85.9%)에 이른다. 호당 농업인구는 4.75명으로 나타난다. 상업인구는 충북 전체의 비율보다 약간 높은 6.3%(2096명)로 나타나며, 나머지가 2.1%(720명) 정도이다.

이러한 추세를 배경으로 양안 상의 농민층 동향을 살펴본다면 농가 호수를 중심으로 한 분석보다 정확치는 않지만, 토지소유자로서 그리고 농업노동력을 대표하는 인물이기 때문에 그들을 중심으로 그 동향을 살피는 것도 하나의 방법이 될 수 있을 것이며 그 추세를 살피는 데 유용할 것이다.

아래의 <표 6>은 가옥 소유주 1,911명의 6,723호에 대한 소유현황이다.[22]

<표 6> 가옥소유와 토지소유 현황

가옥소유현황			토지소유현황		비고
가옥수(家)	인원(명)	비율(%)	면적(정보)	(평균소유)	
1	299	15.6	289.98	1.0	빈농층
2	749	39.2	665.43	0.9	
3	223	11.7	308.10	1.4	소농층
4	153	8.0	269.57	1.8	부농층
5	110	5.8	233.27	2.1	
6~10	223	11.7	698.14	3.1	
11~20	124	6.5	733.19	5.9	지주층
21~30	18	0.9	167.48	9.3	
31~40	10	0.5	186.88	18.7	
41~50	2	0.1	59.35	29.7	
51~60	0	0.0	0	0.0	
61~	0	0.0	0	0.0	
계	1911	100	3611.39	1.9	계

---

22) 진천군 양안의 총계에는 6,723호로 나타나며 驛土 등에 설치된 가옥까지 포함하였다.

이를 통해 당 시기 진천 사람들의 거주형태를 살펴 볼 수 있다. 1채를 소유한 인원이 299명으로 15.6%에 지나지 않고, 대개는 그 이상의 가옥을 소유하고 있다. 2채를 소유한 인원이 749명(39.2%)로 가장 많다. 11채 이상 20채까지 소유한 인원도 124명(6.5%)이나 된다. 이들의 소유면적을 보더라도 대개 1정보 이상을 소유한 자들로 나타난다. 11채 이상을 소유한 경우는 평균 5.9정보를 소유한 지주층으로 나타난다.

31채 이상을 소유한 농민은 대부분 대토지소유자들로 나타난다. 아래의 <표 7>은 이들 대토지소유자들의 거주현황과 토지소유의 특징을 보여준다.

<표 7> 진천 농민층의 30채 이상 가옥소유자 현황

인물	가옥소유	초가	와가	가옥소재지	소유(정보)	토지분포	비고
이경팔	40	150		이곡면 梨谷垈	49.01	행정,이곡,월촌,소답면	A
안대복	36	146		산정면 下九洞	42.49	산정,초평,소답,덕문,방정면	
조태복	32	142		초평면 畵巖垈	20.06	초평,문방,방동면	
김의경	32	152		(借家)	11.42	초평,백락,백곡,이곡면 일대	
이종태	44	144		(借家)	8.92	방동,산정면	B
홍순필	35	160		(부재지주)	7.76	방동면	
이순칠	34	155		관원, 借家	4.53	남변,북변면	
박승덕	33	118	10	초평면 竹峴	12.97	초평면	
김씨위토	34	96		[백락면]	6.39	백락면	C
관아	42	174		[남변면]	1.23	남변면	D
장양역	57	348	30	[이곡면]	89.79	이곡면	E
태랑역	31	102		[백락면]	38.08	백락면	

<표 7>에서 볼 수 있는 특징은 A부류의 지주는 진천군에 거주하면서 30채에서 40여 채의 가옥을 소유하고 있다.[23] 또한 토지 역시 여러

---

23) 이종범 교수의 사례연구(「20세기초 自營(小)地主의 農業經營과 農民生活-

면에 걸쳐 소유하고 있으며 대단히 넓은 토지를 경영하는 자들이다. 특히 이경팔, 안대복은 진천군 최대의 지주로서 40정보 이상을 소유, 경영하고 있다. 이중 김의경은 가대를 소유하지 않은 채 가옥을 빌려 살고 있는 자로 나타난다. 별도의 가옥을 소유하고 있을 것으로 추정되나 진천군에는 보이지 않는다.

다음의 B부류가 주목되는데 이들은 토지를 집중시켜 경영하는 자들로 보인다. 박승덕의 토지 12.97정보 가운데 대부분의 토지(12.39정보)를 병작제로 경영하고 있지만 한 곳에 모든 토지를 집중시켜 관리의 효율성을 꾀하고 있다. 박승덕의 가옥에 거주하는 인물 31명은 모두 박승덕의 토지를 차경하는 작인이다. 가옥을 대부분 작인에게 대여하고 있다.[24]

특히 이순칠은 진천 관아의 대지에 거주하는 형태로 나타나고 있어 관원이 아닌가 추정된다. 별도의 가옥을 빌려 2채에 거주하는 것으로 나타나고 있다. 홍순필의 경우는 부재지주로 보인다. 방동면에 대부분의 토지를 갖고 있지만 거주지를 알 수 없다. 인접한 음성군에 거주할 가능성도 높다.

C부류는 위토라는 명목으로 34명의 인물에게 가옥을 빌려주고 있어 김씨 집안의 가세를 알 수 있다. 위토는 총 6.39정보에 달하며 백락면 일대(현재 문백면의 봉죽리를 중심으로 은탄리, 태락리, 도하리, 계산리 일대)에 넓게 분포해 있다. D부류는 남변면에 위치한 관아의 가옥을 보

求禮郡 吐旨面 五美洞事例, 『學林』 16, 1994. 12)에 의하면, 오미동 류씨가의 가대소유는 곧 가옥소유를 의미하며 대부분의 작인 농민들은 가옥을 소유하지 못한 것으로 나타난다. 본 연구에서도 이러한 입장에서 분석을 진행하고 있다.

24) 거주인 가운데 11명은 박씨라는 점에서 동족마을에 함께 거주하는 친족들로 보인다. 동족마을의 소유구조와 경영형태는 추후 별도의 연구로 진행될 예정이다.

여주며 총 42채의 가옥이 1.23정보의 토지에 지어져 있다. E부류는 역답에 위치한 가옥으로 주로 역졸 또는 역답을 경작하던 작인들이 거주했던 것으로 추정된다. 태락역에 31채, 장양역에 57채가 있다.

다음으로 이 지역 물레방아[舂] 70개의 소유형태를 통해 농민층의 동향을 살펴보자. 70개의 물레방아는 김종재, 신석숭 2인이 각각 2개씩을 소유하고 있는 것을 제외하고는 모두 1개씩 소유하고 있는 것으로 나타난다. 총68명의 농민이 70개의 물레방아를 소유하고 있다.

방아는 곡물의 껍데기를 제거하는 도구로서 인력으로 찧는 것으로는 목매방아(木磨), 절구방아(臼舂), 디딜방아(踏舂) 등이 있고, 축력을 이용하는 것으로는 연자방아, 수력을 이용하는 것으로는 물방아(水舂), 물레방아(水車舂) 등이 있다.25) 목매방아나 절구방아는 가장 간단한 형식이기 때문에 빈농들도 소유할 수 있었다. 그에 비해 디딜방아는 별도의 공간이 필요했고 소농이나 부농 이상이 소유했던 것으로 보인다. 또한 연자방아나 물레방아는 부농 이상 지주층이 소유하고 운영했을 것으로 보인다. 방앗간을 설치하여 운영하였으며 연자방아는 소를 이용할 수 있는 재력가가 소유할 수 있었기 때문이다. 인력으로 하는 것보다 능률이 2배 이상이기 때문에 한 마을에 하나 정도는 설치하여 운영되었다고 한다.26) 물론 소유주는 방아 삯을 받거나 품앗이로 대신 일을 해주기도 했다. 물을 이용한 방아는 물의 수량에 따라 설치하는 것이 달랐다. 풍부하면 쌍방아까지 설치했다고 한다.27)

---

25) 진천군의 방아[舂] 현황에 대해 자세히 알 길이 없지만 인접한 충북 음성군의 방아에 대해 조사한 『舂雜記』(윤병준, 1976)가 도움이 된다.
26) 위의 책, 연자방아.
27) 『韓國忠淸北道一般』 제6장 농업에 따르면 진천군의 제언은 12개(충북 전체 70개)로 총 60,212평에 물을 공급하며, 洑는 78개가 설치되어 17,205평에 물을 대고 있다고 한다. 개인적으로 보를 설치한 숫자도 5개에 이르는 것으로 파악되고 있다.

이들의 물레방아 소유 현황을 살펴보면 대개 아래 <표 8>과 같다.

<표 8> 물레방아 현황 (단위 : 정보)

구분	소유면적	물레방아 소유현황	비율%
빈농	0~0.5	24	34
소농	0.5~1.5	9	12
부농	1.5~5.0	22	31
지주	5.0 이상	15	21
계		70	100.0

여기에서 주목되는 것은 0.5정보 이하의 토지를 소유하고 있는 빈농층 24명이 물레방아 24개를 소유하고 있다는 점이다. 소농층 9명 역시 마찬가지로 9개의 물레방아를 이용하여 자신의 생계를 유지하고 있다. 소빈농이 물레방아 33개를 소유하여 전체의 46%에 이른다는 점은 농업경영보다는 물레방아를 이용하여 쌀을 찧어 주고 그 대가로 생계를 이어가는 농민이 나타났다는 것을 보여준다.

<표 8>의 부농층 가운데 22개의 물레방아는 김종재, 신석승을 포함하여 총 20명이 소유하고 있는 것으로 나타난다.

지주층 가운데 20정보 이상을 소유하고 있는 자는 3인(신갑균, 정도원, 조백만)이고 10정보 이상을 소유하고 있는 자는 4인(김변옥, 김진관, 신정만, 임석범)이다. 신갑균은 이곡면 노곡리에 거주했으며 무과에 급제했다. 부친은 1894년 농민전쟁 때 서호순무사였던 申正熙이며 신정희의 부친은 강화도 조약을 체결한 申櫶이다. 형제로는 慶均, 慧均이 있다. 신경균은 월촌면을 비롯하여, 이곡·만승면에 4.73정보의 토지소유를 하고 있다. 모두 노곡리 평산 신씨 동족마을에 거주했던 무신 가문의 인물들이다. 전형적인 양반지주라고 할 수 있다. 정도원, 조백만은 각각 성암면과 소답면에 거주했던 것으로 추정되며, 특히 정도원은 鎬

店도 운영했다. 정인원이라는 인물이 가옥을 소유하고 있는데 정도원과 밀접한 관련이 있는 친족으로 추정된다. 놋그릇 만드는 일과도 관련이 있을 정도의 상인지주라 할 수 있다.

3. 진천군의 토지소유구조와 농민층 분해

1) 농민층의 분해와 소빈농층의 몰락

(1) 농민층 분해

아래의 <표 9>는 진천군 양안 15면의 등장인물 13,588명에 대한 소유와 경영 분해표이다.

위의 13,588명의 인물은 100년 전 진천에서 활동했던 인구라 할 수 있다. 이들을 모두 전업농이라고 할 수는 없지만 모두 농업과 관련을 맺고 있다. 무토지소유자(a칸의 빈농 4,098명)도 포함시킨 숫자로서 농업인구의 상당수를 차지하고 있다는 것을 알 수 있다.

표에 나타난 농민층의 존재형태를 토지소유면적과 경작면적을 기준으로 상농과 중농, 하농으로 3분하여 검토해 볼 수 있다. 1.5정보 이상을 상농, 1.5~0.5정보를 중농, 0.5정보 이하를 하농이라 3분하여 볼 수 있다. 더 그것을 세분해 보면 상농을 5정보 이상의 지주층과 1.5~5정보까지의 부농층으로 나눌 수 있다. 중농은 1.5~0.5정보의 농민층으로 소농층의 범주에 포함되며, 그 이하의 하농은 0.5정보 이하의 영세 빈농이라 할 수 있다.[28]

---

28) 이세영·최윤오, 앞의 글, 1995 참조.

대한제국기 광무양안의 토지소유구조와 농민층의 동향 57

<표 9> 진천군 농민층의 소유·경영 분해표 (단위 : 정보)

경영 소유		A 0	B 0.1 -0.5	C 0.5 -1.0	D 1.0 -1.5	E 1.5 -2.0	F 2.0 -3.0	G 3.0 -5.0	H 5.0 -10	I 10 -20	J 20 -50	K 50 -100	총계
a	0	11	3279	554	155	51	36	7	4	1			4098
b	0.1 -0.5	1330	3495	765	309	118	77	22	4	1			6121
c	0.5 -1.0	235	216	701 ㉱	245	109	79	21	3				1609
d	1.0 -1.5	89	78	101	237	72	69	27	㉮	1			674
e	1.5 -2.0	35	36	29	54	83	57	26	2				322
f	2.0 -3.0	33	38	29	37	52	101	35	6				331
g	3.0 -5.0	31	36	24	17	21	39	47	10				225
h	5 -10	13	28	15	13	16	18	25	10 ㉯	1			139
i	10 -20	1	11	8	4 ㉰	7	4	11	3	1			50
j	20 -50	2	3	2	1	2	1	4	3				18
k	50 -100	1											1
총계		1781	7220	2228	1072	531	481	225	45	5	0	0	13588

*1정보=9168양전척(≒3000평)

㉰는 지주층 범주이며 ㉯는 지주층 가운데 직영지 경영을 확대하던 경영지주층, ㉮는 자신의 차경지 확대를 통해 경영을 확대하던 경영형 부농층이다. 이들은 궁극적으로 좌측 상단의 소빈농층 ㉱와 대립관계를 유지할 수밖에 없는 층이다.

㉰부분은 5정보 이상의 토지소유자들로서 중소지주 이상의 대토지소유자들이다. 이들은 h에서 i, j, k에 이를수록 토지집적을 중심으로 병작

경영을 선호하며 경영보다는 구래의 지주경영 방식에 의해 소유지를 확대하던 층이라고 할 수 있다.

㉓에서 ㉯에 이르는 우하 방향 대각선의 농민은 소유와 경작면적이 같은 자작농으로서 4,686명(34.5%)에 달한다. 물론 이들 가운데 0.5정보 이하의 소유와 경영을 행하던 농민은 하층빈농으로 자작농으로 분류하기는 어렵다. 이들 가운데 eE(83명), fF(101명), gG(47명)는 자작을 중심으로 부를 축적한 건실한 부농층(자작농)으로 주목된다.

5정보 이상을 소유하던 h, i, j 농민 가운데 직접 경영의 비율이 30%를 넘는 층을 경영지주층으로 분류할 수 있다. 이들은 병작경영에 만족치 않고 직접경영을 통해 지주제를 확대하는 경우라고 할 수 있다. hF(18명), hG(25명), hH(10명) 및 iG(11명), iH(3명), iI(1명)은 직접경영을 행하는 비율이 적어도 30%가 되는 지주층이다. 머슴노동력 혹은 고용노동력으로 자신의 토지경영을 확대하던 층이라고 할 수 있다.

즉 ㉯층은 지주층 가운데 자신의 소유지 경영에 있어 선진적인 농법과 임노동 고용을 통해 경영을 확대하려는 층으로서, 주로 직영지를 확대하면서 병작지를 축소해 가던 경영지주로 주목된다. 이들 가운데 hH, iI에 해당하는 자작경영은 지주경영으로서 특이한 형태로 보인다. 지주경영이 아니라 소유지 대부분을 직접 경영하는 형태로 100%의 자경이라 할 수 있다.

대각선을 중심으로 위쪽 농민들은 소유면적보다 차경한 면적이 많은 자소작농으로서 적어도 소유면적과 경작면적을 합해 1.5정보 이상이 넘는 경우는 경영확대를 꾀하던 적극적인 농민층으로서 소농(또는 중농)층에 포함시킬 수 있다. 이들 가운데 e, f, g칸의 1.5~5정보 소유자들로서 ㉮부근에 위치한 농민들은 차경지를 합하여 5정보까지 경작하는 자들로써 적극적으로 경영확대를 꾀하던 경영형부농층으로 주목할 수 있다. 상품화폐경제와 유통경제를 이용하여 광작경영을 행하던 농민층이다.

㉱부분의 빈농층은 이 시기 몰락농민층의 전형으로 볼 수 있다. 특히 a칸의 無田無佃 농민의 상당수는 대체로 토지를 소유하지 못한 농민층으로 보인다. 영세농 가운데 소유토지는 없고 차경만 행하던 순소작농의 비율로서, a의 우측 칸(A~K) 4,098명(30.2%)에 달한다.

이들 가운데 1.5정보 이상을 차경하는 E~K까지의 99명은 생계를 유지할 만한 소득을 올릴 수 있는 존재로서 소농의 존재로 볼 수 있다.

(2) 소빈농층의 몰락

다음의 <표 10>은 진천군 농민층 분해의 양상 가운데 특히 영세농의 존재 비율이 높은 것을 잘 보여준다. 0~0.5정보까지의 빈농이 75.0%정도까지 나타나 진천군의 농업형편 가운데 빈농이 차지하는 비율이 대단히 높음을 보여준다. 농업 외의 상업이나, 기술직 등 여타 직

<표 10> 진천군 전체의 토지소유와 농민층 분해

구분 (단위 : 정보)		농민층 구분	인원비율1		토지비율2	
			인원	%	면적	%
a	0	빈농	4098	75.0	0	16.0
b	0 ~0.5		6121		1208.82	
c	0.5~1.0	소농	1609	16.8	1148.15	26.1
d	1.0 ~1.5		674		824.67	
e	1.5 ~2.0	부농	322	4.8	554.34	17.9
f	2.0 ~3.0		331		799.53	
g	3.0 ~5.0		225		853.94	
h	5.0~10	지주	139	3.2	931.89	40.0
i	10 ~20		50		665.83	
j	20 ~50		18		490.08	
k	50~100		1		89.74	
	계		13588	100.0	7567.0	100

업을 통해 생계를 유지하는 농민층까지 포함하더라도 비율이 높다.[29] 특히 산간지대를 포함하는 농업지대가 존재하기 때문에 영세농이 다수 존재할 것이라는 점을 고려하더라도 높은 편이다.

충북지역의 특징이 가난한 양반이 많고 빈부의 격차가 다른 지방보다 크다고 전해지고 있다. 왜냐하면 대다수의 거대지주는 대개 서울이나 다른 지방에 거주하던 부재지주층이 많기 때문이다. 이러한 점을 고려하면 진천의 소빈농층의 비율이 높은 이유를 짐작케 한다.

a의 빈농층은 토지를 갖지 못한 자들이다. 또한 b~d에 이르는 소빈농층 역시 소토지소유자들로서 최하층에 속하는 존재들이다. 이들 가운데는 경작지를 확대하여 부농이 되고자 노력하던 자들(소농경영을 확대하던 e~k까지의 농민)은 항상 소빈농으로 전락할 수밖에 없던 층이라고 할 수 있다.

0.5정보 이하의 소빈농층의 인원비율은 75%에 달하며 이들의 토지소유 총계는 전체의 16%에 지나지 않는다. 지주층의 인원비율은 3.2%에 지나지 않지만 토지소유 총계로 보면 40%에 이른다. 인원비율로 보면 하향화의 추세이지만, 토지소유 비율로 볼 때 지주층의 소유는 상향화 형태로 나타나고 있다. 소빈농층을 합하면 토지소유 면에서 42.1%이며 지주층이 40%이다. 부농층은 17.9%에 지나지 않으니, 가운데가 잘룩하게 들어간 양상이다.

2) 부농 및 지주층의 성장

진천군 양안의 분석은 농민들의 토지소유 형태를 면단위를 넘어 군

---

29) 충남 온양군 일북면의 경우는 0.5정보 이하의 빈농이 75%, 남상면의 경우 80.5%라는 비율로 나타나고 있어 영세화의 정도는 크게 다르지 않다. 단 이 경우의 통계는 면 단위 양안만을 대상으로 했기 때문에 더 확대되어 나타나고 있다(이세영·최윤오, 위의 글 참조).

현 전체를 대상으로 하기 때문에 토지소유구조가 자세하게 드러난다. 부농층이나 지주층의 토지소유와 경영형태는 대부분 면단위를 넘어 경영확대를 꾀하고 있었다. 곡물을 상품화하려는 지주 부농층의 욕구는 당시의 상품화폐경제를 적극적으로 이용하고 있었던 것이다.

우선 <표 11>의 1909년도 충청북도 경작자 현황을 통해 광무양전 시기의 부농과 지주층의 존재형태를 추적해 보자.30)

<표 11> 1909년 충청북도의 경작자 현황

구분	지주	자작	자소작	소작	합계(戶)
충청북도	4024	11897	26285	60210	102416
청주	2940	1430	3820	10550	18740
문의	118	154	547	3230	4049
회인	37	270	400	1170	1877
옥천	73	592	1393	3432	5490
영동	59	867	1755	3296	5977
황간	23	214	835	2075	3147
청산	6	173	744	1296	2219
보은	139	576	1039	4241	5995
진천	69	744	1624	3565	6002
청안	112	731	1087	1788	3718
음성	147	747	3520	3044	7458
괴산	38	1156	1165	2532	4891
충주	156	1984	4297	10111	16548
연풍	13	214	428	1223	1878
단양	18	294	843	2133	3288
청풍	26	629	1017	1643	3315
제천	43	706	1074	2806	4629
영춘	7	416	697	2075	3195

<표 11>은 진천 농가 6,002호의 경작 상황을 보여준다. 지주층은 전체 농가의 1.2%, 자작농가는 12.4%, 자소작농은 27.1%, 소작농은 59.3%

---

30) 『韓國忠淸北道一般』 第6章 農業 耕作者調. 73면. 총 농가호는 6402호이지만 6002호를 대상으로 정리하고 있다.

이다. 충청도 전체의 평균치에 가깝다. 한편 부농층은 자작농 혹은 자소작농 가운데서 확인될 수 있을 것이다. 따라서 부농층을 검출해 내기 위해서는 별도의 작업이 필요하다.

(1) 부농경영 사례-경영형부농

우선 진천군 양안에 나타난 부농층의 토지소유구조와 경영형태를 추적하면 일반 농민과 다른 그들만의 역동적인 경영형태를 확인할 수 있을 것이다.

농민의 경영형태를 추적하기 위해서는 소유면적과 경영면적을 결합시켜 각 농민층의 농업경영면적을 확인해야 한다. 즉 차경지는 생산량의 1/2 정도를 확보한다는 점에서 소유지의 절반으로 환산한다면 경영면적 환산이 가능하다.[31]

<표 12> 진천군 농민의 경영분해표

구분		농민(명)		경영(정보)		평균경영 면적
		인원	비율	면적	비율	
빈농	0~0.5	9426	69.4	1586.18	20.9	0.17
소농	0.5~1.5	3022	22.2	2585.09	34.0	0.86
부농	1.5~5.0	1032	7.6	2491.22	32.8	2.41
지주	5.0~	108	0.8	932.72	12.3	8.64
계		13588	100	7595.21	100	0.56

<표 12>에 의하면 1.5정보 이상 5정보 이하의 부농층의 농업경영은 자신의 가족 노동력을 기반으로 하여 임노동을 고용하여 경영확대를

---

[31] 농민의 생산물은 (소유면적-대여면적)+(대여면적/2)+(차지면적/2)에 해당하는 면적에서 생산되는 량으로 환산할 수 있다. 물론 타조제는 1/2에 해당하는 지대를 매개로 하지만, 도조제의 경우는 그보다 낮기 때문에 일률적으로 계산하면 오차가 생긴다. 다만 농업경영의 추세를 파악하기 위해 차경지를 소유지의 1/2로 환산하여 계산한다.

꾀하던 형태라고 할 수 있다. 이들 부농은 1,032명(7.6%)이 존재하며 평균 2.41정보를 경영하고 있다. 이들 부농이 경영확대를 통해 생산한 양은 진천군 전체 7595.21정보 가운데 2491.22정보(32.8%)에 해당하는 생산량이다. 이들은 <표 9>의 eE(83명), fF(101명), gG(47명) 칸의 자작부농층과 그 경영범주를 넘어 경영확대를 꾀하던 부농층이라고 할 수 있다.

경영형부농층은 이들 가운데 차경지 경영확대를 통해 적극적으로 부농경영을 행하던 농민층이다. 이 같은 경영형부농층은 <표 9>의 ㉮부분(회색 배경 부분)에 해당한다. 이들 eE, fF, gG 대각선의 우측상단 부분에 해당하는 층이야말로 자작경영을 기반으로 차지경쟁을 통해 경영확대를 꾀하던 층이라고 할 수 있다.

<표 12>의 기준에 의해 환산하면 전체 경영면적이 3정보[32] 이상인 부농층은 98명이다(경영면적이 4정보 이상인 경우로 한정하면 31명 정도가 된다). 인원비로는 0.7%(에서 0.2%)에 해당한다. 이들의 경영을 통해 생산되는 양의 비율로는 대략 5% 미만이다. 따라서 진천군의 경영형부농층은 적게는 31명에서 많게는 98명 정도로 추정된다.[33]

이중 특히 e, f, g칸에 속하지는 않지만 a, b, c, d 칸의 소빈농 가운데 적극적으로 경영확대를 꾀하는 층도 주목할 필요가 있다. 이들의 경영확대는 자신의 소유를 기본으로 차경지를 확보하여 평균경영면적 3정

---

32) 조선후기 경영형부농층은 2결 이상을 광작하는 층으로 환산되고 있다(金容燮, 「朝鮮後期의 經營型富農과 商業的農業」, 『(증보판) 朝鮮後期農業史硏究 II』, 一潮閣, 1970 참조). 따라서 2결의 면적은 비옥도에 따라 다르지만 3정보에서 4정보에 해당한다.
33) 이들 농민층에 대한 정확한 경영분석은 각 농민의 소유지와 경영지의 생산량을 추적했을 때 가능하다. 이러한 분석은 추후 별도의 작업을 통해 검토할 예정이다. 모든 농민층의 토지소유와 경영면적이 의미하는 것을 정확하게 추적하기 위해서는 각 토지의 생산량을 추적하여 소득단위를 분석했을 때 가능하나.

보 이상을 경영하는 층이다. 소농가운데 dG(27명), dI(1명), cH(3명)는 물론이고, 빈농 가운데 bH(4명), bI(1명)과 aH(4명), aI(1명)이 그들이다.

한편 부농층 가운데 평균경영면적을 3정보로 제한하지 않고 소유면적 1.5정보 이상의 부농층을 대상으로 그들의 역동적인 농업경영을 추적한다면 더 많은 사례가 확인될 수 있을 것이다. 단지 이들의 존재는 끊임없이 지주층으로 성장하여 새로운 계층으로 성장해간다는 점에서 유동적이다. 부농층의 존재는 농업개혁의 추진세력으로 각 시기마다 확인되며 농업발달의 원동력이 되고 있다는 점을 1901년의 양안에서도 확인할 수 있다.

(2) 지주제 경영 사례-병작지주와 경영지주

진천군의 1909년도 조사에 의하면 진천군의 100석 이상을 추수하는 지주층은 다음 <표 13>과 같다.[34]

진천군의 100석 이상의 지주는 충북 전체 207명 가운데 9명에 지나지 않는다. 청주, 충주, 괴산, 영동의 20명 이상에 비하면 숫자가 적다고 할 수 있다. 『韓國忠淸北道一般』에 의하면 1909년의 1두락(100평)당 미곡 생산량을 3두5승으로 보았기 때문에 100석(1000두)을 생산하기 위해서는 285.7두락(9.52정보) 정도를 소유해야 한다. 대략 10정보를 경작하면 100석의 생산이 가능하며 20정보는 200석을 생산하는 지주로 볼 수 있다. 진천의 대지주층은 따라서 20정보를 소유하는 정도로 파악하고 있다.

---

34) 『韓國忠淸北道一般』 참조.

<표 13> 1909년의 충청북도 100석 지주 현황

구분	100석~	150석~	200석~	300석~	400석~	500석~	700석~	1000석~	계(명)	최다지주(석)
전체	138	21	30	9	1	5	1	2	207	3000
청주	24	1	3	2				1	31	1000
문의	1	6	8			2			17	500
회인	4	1							5	180
옥천	7	1	2						10	370
영동	9		4	2	1	3	1	2	21	3000
황간	5								5	115
청산		1							1	150
보은	13		1	1					15	300
진천	3	2	4						9	256
청안		1							1	170
음성	4	1		1					6	300
괴산	18	1	2	2					23	365
충주	27	1	3	1					32	389
연풍									0	0
단양	6	1							7	150
청풍	7	1							8	170
제천	6	2	3						11	215
영춘	4	1							5	150

1901년의 광무양안에서는 10정보 이상의 지주층이 더 많이 등장한다.[35] <표 9>에 의하면 10정보 이상의 지주는 총 69명으로 파악되고 있다. 1245.6정보를 소유하고 있어 전체 토지 7,567정보의 16.5%를 소유하고 있다. 이들 가운데 20정보 이상의 대토지소유자는 17명이다.[36]

---

35) 1909년의 조사와 광무양안의 조사내용의 차이에 대해서는 그 원인을 알기 어렵다. 단지 1909년의 일본인의 조사내용에 문제가 있을 것이라는 점이 통계상에서도 나타나고 있어 그러한 이유로 추정할 뿐이다.

36) 1901년의 대지주 숫자와 1909년의 그것이 차이가 있지만, 그 이유를 정확히 알기는 어렵다. 다만 1909년의 통계는 논농사만을 기준으로 100석 지주를 조사했기 때문에 훨씬 적은 숫자가 나온 것이라고 할 수 있다. 1901년의 양안통계는 전, 답을 모두 합한 것이기 때문에 1909년의 통계와 차이가 난다.

<표 14>를 통해, 20정보 이상의 대토지소유자 17명을 중심으로 지주층의 토지소유구조와 경영상의 특징을 검토해 보자.

<표 14> 20정보 이상의 대토지소유자 명단 (단위 : 정보)

소유주 (면적 순)		전답 (정보)	가옥 호 / 칸		거주지 (대주=가주)	전답위치 (면 단위)
1	李景八	49.01	40	150	이곡면 梨谷垈	행정, 이곡, 월촌, 소답면
2	安大福	42.49	36	146	산정면 下九洞	산정, 초평, 소답, 덕문, 방정면
3	韓圭卨	33.66	12	45	-	월촌, 남변, 북변, 이곡, 소답, 방동면
4	申橺	30.71	29	121	이곡면 老谷里垈	남변, 북변, 덕문, 행정, 초평, 백곡, 이곡, 만승면
5	閔泳駿	27.83	30	87	-	성암, 소답, 만승, 문방면
6	李宗建	26.62	30	110	백곡면 大明洞上垈	성암, 남변, 북변, 백곡, 만승, 월촌, 소답, 방동면
7	趙伯萬	26.31	11	34	-	소답면
8	金眞達	24.25	-	-	-	남변, 북변면 외
9	鄭一春	23.54	12	46	-	덕문면 외
10	鄭道源	22.92	10	52	-	성암, 방동, 백락, 월촌, 행정면
11	蔡奎鳳	22.75	23	88	남변면 邑, 산정면 金垈坪, 성암	남변, 북변, 방동, 산정, 초평, 성암, 행정, 이곡, 만승, 월촌, 소답면
12	蔡奎進	21.66	8	43	남변면 읍, 산정면 금대평	남변, 방동, 산정, 초평, 소답면
13	申甲均	20.83	15 (1)	78 (30)	이곡면 노곡리垈	이곡, 만승, 월촌, 소답면
14	閔元植	20.68	26	126	백곡면 상백南逸里	남변, 북변, 문방, 성암, 백곡면
15	申喆凞	20.35	7	33	-	백곡, 이곡, 만승, 월촌
16	趙昌鎬	20.22	11	58	산정면 後寺洞	산정면
17	趙太福	20.06	32	142	초평면 畵巖垈	초평, 문방, 방동면

① 병작지주 사례

진천군 최대의 지주는 이경팔로서 이곡면(梨谷垈)에 거주하면서 행정, 이곡, 월촌, 소답면의 토지 49.01정보를 소유 경영하고 있다. 가옥은 모두 40채를 소유하고 있으며 이들 가옥은 주로 행정면(長管里)과 이곡면(梨谷, 馬山洞)에 위치한다. 이경팔과 관련된 통계를 통해 가옥에 사는 인물이 모두 40명이고, 또한 이경팔의 작인으로 등장하는 인물은 102명에 이르는 것을 알 수 있었다. 작인 가운데 이경팔의 가옥에 기거하는 자는 모두 14명이다. 모든 작인이 이경팔의 가옥에 전세들어 사는 것은 아니었다. 이경팔은 14명을 통해 가옥으로부터 텃도지를 받았을 것이며 이 같은 수입 역시 적지 않았을 것이다.

이경팔의 토지 49.01정보 가운데 98%에 해당하는 대부분의 토지(48.14정보)를 병작제로 경영하고 있다. 대표적인 형태의 병작지주라고 할 수 있다. 대부분의 토지는 행정면 석화동평(현재의 장관리 일대)과 1km 남짓 떨어진 이곡면 이곡평(현재의 사곡리 은행정 일대) 부근에 집중되어 있다. 월촌, 소답면의 토지는 규모가 적다. 따라서 이경팔과 같은 지주의 병작경영은 경작지를 집중시켜 관리의 효율성을 기하고 있다는 점에서 특징적이다. 최대의 지주로서 토지를 가능한 한 집중시키고 있다는 점에서 경영상의 특징이 보인다.

이경팔과 같은 병작지주로서는 안대복, 신귀,[37] 이종건, 채규봉, 채규진, 신갑균, 민원식,[38] 조창호, 조태복이 있으며 이들 역시 수개 면에 걸쳐 토지를 갖고 있으며 가옥도 10채에서 40채를 소유하고 있다.[39]

이외에 20정보에 못 미치기는 하지만 잘 알려진 인물로 이상설의 지주경영도 주목된다.

이상설은 초평면 金谷에 거주하며 초평면과 월촌면 일대의 토지를 경영하던 지주층이다. 이준 열사 등과 함께 1907년 헤이그 만국평화회

---

37) 신씨의 지주경영에 대해서는 노곡리 동족마을에 대한 연구가 진행 중이다.
38) 민원식은 대표적인 친일파로서 20.68정보를 소유한 대지주였다.
39) 그 외 일제 강점하에서 크게 성장한 초평면 金谷 중심의 金永龜의 경우도 주목되지만 광무양안에서는 소유규모가 크지 않다.

의에 참석하여 일본 침략의 부당성을 세계 만방에 알리려 했던 인물이다. 충북 진천에서 출생하여 1894년 문과에 급제한 후 여러 요직을 거치며 의정부 참찬에 이르렀지만 1905년 을사조약 이후 고국을 떠난다.[40] 양안 상에는 초평면 금곡에 거주 가옥이 있었으며 20칸 기와집에 살고 있었던 것으로 나타난다. 그의 토지소유는 19.64정보에 이르며 전답의 위치는 거주하던 초평면에 5.98정보가 있고 나머지는 서로 인접한 월촌면(6.91정보), 남변면(3.2정보)과 북변면(3.55정보) 3면에 걸쳐 분산되어 있다. 이경팔 만큼 토지 집중도가 높지 못하다.

② 부재지주 사례

이들 지주층 가운데 한규설은 대표적인 부재지주라고 할 수 있다.

이들은 대체로 서울에 거주하거나, 청주 등에 살면서 토지를 관리한다. 이 같은 부재지주 경영은 대개 중간관리인으로서 마름(舍音)을 두고 경영을 확대한다. 또한 이들 역시 전답이 위치한 면리에 가옥 수십 채를 소유하고 있다. 자신이 垈主로 있으면서 家主들에게 가옥을 대여하는 경우이다. 가주들은 단순한 전세호나 挾戶의 존재로서 가옥을 빌려 거주하는 자들이며 대개 소작인일 가능성이 높다.

한규설의 토지를 살펴보면 주로 월촌면에 집중되어 있으며 가옥 12 채 역시 월촌면에 있었다. 월촌면에 경영을 집중하고 있다는 점은 부재지주로서 쉬운 일이 아니다. 명문대가로서의 지위가 그러한 지주경영을 가능케 하지 않았나 싶다.

을사조약 체결 때 끝까지 반대하여 파면된 韓圭卨의 지주경영은 관리로서 진천의 토지를 간접적으로 경영했던 형태이다. 그는 1920년 李

---

40) 이후 블라디보스토크를 거쳐 간도의 용정촌에 가서 瑞甸書塾을 세워 교육을 통해 항일정신을 고취하였다고 한다. 아마도 이 같은 사정 때문에 토지를 처분했을 것이며 이후 그의 토지는 진천에서 찾기 어려웠다.

<표 15> 한규설의 토지소유와 가옥

면 \ 전답	전답 (결-부-속)	전답 (정보)	가옥	칸수
남변면	1-43-1	2.41		
북변면	1-35-3	2.12		
방동면	33-0	0.69		
이곡면	26-3	0.52		
월촌면	14-42-1	27.07	12	45
소답면	43-1	0.85		
계	18-22-9	33.66	12	45

商在 등과 함께 조선교육회를 창립하고 이를 民立大學期成會로 발전시킨 인물이다. 그의 아들 한양호에 의해 1926년 경성여상(1951년 서울여상과 문영여중 분리)이 창설되면서 교육계와 인연을 맺게 되는데 아마도 진천의 토지 역시 그 때 처분되었을 것으로 보인다. 문영학원 교장 한상국의 증언에 의하면 진천 외에도 파주, 금곡에 토지를 소유하고 있었지만 대부분 학교 설립 때 매도했고 지금은 시흥시 과린동에 학교 소유의 산이 남아 있다고 한다.41)

③ 경영지주 사례

경영지주는 직영지 경영을 확대하여 지주경영의 효율성을 꾀하려는 층이라고 할 수 있다.

<표 9>에 의하면 hF(18명), hG(25명), hH(10명) 및 iG(11명), iH(3명), iI(1명)이 그들이다. 소유면적만을 기준으로 환산한 결과이다. 직접 경영을 행하는 비율은 지주경영면적 가운데 적어도 30%가 넘는 경우를 대상으로 하였다.

이중 iH(3명)의 경영형태를 중심으로 경영지주의 특징을 살펴보자.

---

41) 그에 관한 문서는 6·25 때 불타 없어졌다고 한다. 한규설의 후손인 한상준 박사(한양대 명예총장) 역시 그러한 사정을 증언하고 있다.

<표 16>의 김진관은 월촌면 城坪에 거주하며 소유 토지는 모두 월촌면에 있다. 그가 직영지 비율을 70.4%까지 높일 수 있는 배경이 된다. 3.73정보만 대여하고 있고 나머지 8.88정보를 직접 경영하고 있다.

<표 16> 경영지주 사례(단위 : 정보)

구분	소유	대여	차경	경영	직영비율
김진관	12.61	3.73	0	8.88	70.4
심정택	12.78	6.94	0.07	5.91	46.2
이순복	14.3	10.91	4.91	8.3	58.0

심정택은 월촌면 防築下에 거주하며 백락면과 월촌면에 토지를 나누어 갖고 있다. 그렇지만 그의 직영지 비율이 46.2% 정도인 것은 백락면 토지는 모두 병작을 주고 있고, 월촌면의 거주지 부근 토지는 모두 직접 경영하고 있기 때문이다.

이순복은 이곡면 松峴 前坪의 驛土에 거주하며 동시에 인근 월촌면과 성암면에도 가옥을 빌리고 있다. 그의 토지는 이곡면과 인근 북변면에 집중되어 있고 그 외에는 조금 떨어진 방동면과 산정면에 분포되어 있다. 그의 토지 14.3정보 가운데 10.91정보를 대여했지만 거주지 부근의 이곡면 토지를 집중적으로 차경함으로써 경영확대를 꾀하고 있다. 직영지를 확대하는 것은 아니지만 거주지 부근의 차경지를 통해 그 효과를 노리는 것이다.

4. 맺음말

진천군 양안의 토지소유구조를 통해 진천지방의 토지소유구조와 진천 농민층의 분해 상황을 살펴보았다. 광무양안의 기록은 비록 몇 가지

한계에도 불구하고 진천군 전체 15개 면의 농민층 동향을 처음으로 제시하여 분석했다는 점은 양안분석 방법론의 또 다른 형태라는 점에서 새로운 의미를 부여할 수 있다. 다만 전체 지역을 다루게 되면서 일부 면단위 통계처리를 했던 다른 지역의 연구와 비교를 하지 못한 채 마무리할 수밖에 없었고, 충주지역 전체를 대상으로 한 연구가 마무리되는 대로 비교 검토할 것을 기약하는 바이다.

진천군의 농민층 분해 역시 이 시기 다른 지역과 마찬가지로 빈익빈 부익부 현상이 심화된 형태로 나타나고 있었다. 충북지역의 특징이 가난한 양반이 많고 빈부의 격차가 다른 지방보다 크다고 전해지고 있으며 진천도 예외는 아니었던 것 같다. 왜냐하면 대다수의 거대지주는 대개 서울이나 다른 지방에 거주하던 부재지주층이 많기 때문이다. 이러한 점을 고려하면 진천의 소빈농층의 비율이 높은 것을 다소라도 이해할 수 있다.

진천군의 농업지대를 평야지대와 산간지대, 그리고 중간지대로 나누어 살펴본 결과 농민층의 토지소유 경영과 밀접한 관련이 있음이 발견된다. 평야지대일수록 부유하며 산간지대일수록 소빈농층이 다수 존재한다. 가옥소유나 물레방아 소유를 통해서도 농민층의 분포가 두드러지는데, 대토지소유자들의 경우 30~40채의 가옥을 소유하며 작인에게 가옥을 빌려주고 있었다.

진천군 토지분포 역시 면단위를 넘어 군단위로 확산하여 검토한 결과 다양한 형태의 농업경영을 확인할 수 있었다. 면단위에서는 발견할 수 없던 부농경영이나 지주경영의 특징을 명확히 확인할 수 있었다. 특히 부농층이나 지주층의 토지소유를 추적해 본 결과 선진적인 경영형태일수록 토지를 집중시키고 있었다는 점이 확인되었다.

한편 진천군 농민층의 동향에서 두드러지는 것은 0.5정보 이하를 소유한 하층빈농(75.0%)의 비율이 높다는 점이다. 이를 통해 토지로부터 이탈되어 가고 있었던 당시 진천 농민들의 형편을 살필 수 있었다. 단지 이들의 존재를 추적할 근거가 없어 확인할 바가 없지만 이들은 농업 외에도 상업이나 기술직 등의 다양한 직업을 찾고 있었던 것으로 보이며, 비록 토지면적이 생계에 전혀 도움이 되지 않더라도 소유하려 하고 있었다는 점이 농민의 특징인 것 같다.

부농층의 농업경영의 경우는 이들의 비율이 높지 않지만 선진적인 농업경영을 통해 새로운 계층으로 등장하고 있음을 확인할 수 있었다. 경영형부농이나 경영지주층의 검출은 이 같은 점에서 의미가 있다. 이들은 지주로 성장하거나 또 다시 소빈농층으로 전락하는 중간지대로 존재하고 있었다.

지주층의 농업경영 역시 토지소유를 집중시키는 방법을 통해 경영의 효율성을 제고시키고 있다. 진천 지주의 특징 역시 다른 지역처럼 병작경영을 행하고 있었으며 20위까지의 지주 중 대다수가 병작을 채택하고 있다. 병작제 경영을 보여준 사례로서 최대 지주로 등장했던 이경팔의 토지소유는 대단히 높은 집중성을 보인다. 이 시기 지주제의 또 다른 특징이라고 할 수 있다. 이하 중소지주보다 더 큰 집중성을 보이고 있는 것이다. 한규설과 같은 인물의 부재지주 경영은 여타 부재지주에게서 볼 수 없는 토지 집중도를 보이고 있다. 그러나 대부분의 부재지주의 경우는 면 경계를 넘어 5~6 혹은 10여 면에 걸친 토지소유를 보여 주고 있기 때문에 관리 면에서 비효율적이다. 진천에 살지 않고 청주나 서울에 거주하면서 거대한 토지를 소유하고 경영하기 때문이다. 구래의 지주경영을 벗지 못한 경우가 많다고 할 수 있다. 개별 지주가의 추수기가 발굴되지 못하여 보다 심층적인 연구가 진행되지 못한 점이 아쉽다.

향후 각 농민층의 구체적인 경영형태를 자료발굴을 통하여 별도로 추적할 예정이며 여기에서는 소빈농층과 부농층, 지주층 분석을 통해 전체적인 개괄에 그쳤다. 예컨대 경영형부농층과 소빈농층의 존재, 경영지주층과 자작농의 존재, 대지주층과 시작농민과의 관계 등을 세밀하게 분석하여 그들의 상호관련성을 추적할 수 있다.

진천군 양안에 나타난 농민층 분해의 특징은 하향화와 상향화 추세를 통해 두드러진다. 인원 비율로 보면 하향화의 추세가 강한 형태로 나타나지만, 토지소유 비율로 볼 때 상층농의 토지소유가 전체에서 차지하는 비율이 높기 때문에 지주나 부농층의 상향화의 추세를 무시할 수 없다. 소빈농층의 토지소유는 총 42.1%에 불과하며 지주층의 소유가 40%를 차지한다. 부농층은 17.9%에 지나지 않으니, 가운데가 잘룩하게 들어간 형태이다(<표 10> 참조). 소빈농층의 하향화 추세와 지주층의 상향화 추세가 결합된 형태라고 할 수 있다.

양안이 갖는 가장 커다란 한계는 시주로 등장한 인물 13,588명의 실체이다. 1909년의 진천군 인구를 33,223명으로 파악하고 있는 것을 보면, 1901년의 광무양안 상의 13,588명과 너무 차이가 크다. 약 2.44배로 늘어났다고 볼 수는 없고 양안 상의 13,588명이 당시 농가세대를 대표하는 소유주로 보기에는 문제가 있지만 해당 토지를 포함하는 농업경영 단위의 대표로 볼 수 있다. 이러한 점을 감안하여 양안 상에 등장하는 인물을 중심으로 토지소유와 경영의 추세를 확인하는 방법도 여전히 유용하다고 본다. 단지 그들의 실체에 대해서는 주변 자료를 통해 연구가 보완되어야겠지만 후일을 기약할 수밖에 없다.

100년 전의 양안기록을 통해 확인해 볼 수 있었던 것은 진천군 농민 전체 삶의 일부에 지나지 않는다. 진천군 농민의 시기적 경영변화나 지역의 차이에 따른 양상을 비교 검토하면서, 나아가 등장인물에 대한 정치적·사회적 존재형태를 밝힐 때 본 연구의 의의가 되살아날 것이다. 실태분석에 그치고 각 농민층의 존재형태를 밝히지 못한 것은 본 연구의 한계가 되겠지만, 향후 세밀한 접근을 통해 진천군 농민의 다양한 존재형태를 추적할 예정이다. 물론 규장각 중심의 자료 뿐 아니라 개인적으로 소장하고 있는 문서까지 모두 정리하여 보다 풍부한 연구를 행할 때 보다 치밀한 분석이 이루어질 것이다. 이때 비로소 진천 사람들의 삶을 정확히 복원할 수 있는 진정한 의미의 지역사 연구가 될 것이다.

대한제국기 진천군 양안의 자작농과 경영지주

최 윤 오

1. 머리말

광무양전사업(1898~1904)의 결과물인 광무양안을 통해 당 시기 진천군 농민의 자작농과 경영지주 형태를 추적해 봄으로써 새롭게 등장하는 부농층의 유형을 파악하고자 한다. 군현단위 농민층 전체의 존재형태를 밝힐 수 있는 자료는 양안밖에 없다.[1] 비록 양안이 농민층의 존재를 추적하는 데 있어 자료상의 한계가 있다고 하더라도 해당 지역 전체 농민층의 존재를 그대로 드러내 주는 자료는 양안밖에 없다는 점에서 귀중하다.

진천군 15개 면 전체를 대상으로 분석한 결과 기존의 사례연구에서는 확인할 수 없는 유형을 발견할 수 있었다. 여기에서는 진천군 양안에 등장하는 농업인 13,588명의 경영형태 가운데 자작농의 유형을 추적하면서 나아가 직접경영을 중시하던 경영지주층을 추적해 볼 예정이다. 경영지주층이야말로 직영지 경영을 극대화시켜 경영합리화를 꾀하던 계층이기 때문이다.

자작농의 경영방식에 대한 사례분석은 이루어진 적이 없다. 개별적

---

1) 진천군 양안 전체를 대상으로 농민층의 동향을 추적한 연구(최윤오, 「대한제국기 진천군의 토지소유구조와 농민층 분해」, 『역사와 현실』 58, 2005. 12)를 통해 전체적인 구조를 검토할 수 있다.

인 사례가 남아 있는 경우는 있지만 전체 형태를 확인하기는 어렵다. 이들은 대개 자신의 토지를 소유하고 경작하는데 머물지만 경영방식이나 존재형태에 대해서는 정확히 드러난 바가 없다. 본 연구에서 다루는 자작농의 범주는 소농층의 근간을 이루는 농민으로서의 자작농을 말하지만, 최하층 빈농이나 지주층의 경우는 제외하고자 한다. 따라서 자작농의 범주는 자작 소농, 자작 부농까지만 포함한다. 다만 자작하던 빈농층은 생계를 유지하기 어려운 최하층 빈농이기에 자작농의 범주에서 제외하며, 또한 자작농 가운데 상층 지주는 경영지주의 범주로 구분하여 별도로 분석하고자 한다.

경영지주의 경영형태는 조선후기의 새로운 지주층으로 주목되고 있으며 그 경영방식이 자작농의 전통적인 방식을 이용하여 경영확대를 꾀했다는 점에서 함께 검토될 필요가 있다.

경영지주는 지주경영 가운데 발견되는 독특한 경영형태로서 자작 경영이 중심이 된다는 정도로 알려져 있지만 아직 충분한 사례연구가 이루어지고 있지는 않다. 양반지주 가운데서도 농업생산에 직접 참여하는 가운데 企業農的이고 資本主義的인 농업생산방식을 지향하는 경영지주가 분석된 바 있다.[2] 兩班土豪家들 가운데서도 당시 상품경제의 발달에 적응하기 위해 지주경영과 직영지 경영을 혼합한 경영방식을 시도하고 있었던 것으로 검토되기도 했으며,[3] 구례군 토지면 오미동 사례를 분석한 연구에서는 자영(소)지주의 농업경영을 구체적으로 보여주고 있다.[4] 경영지주 형태가 임노동을 이용하고 있었다는 점을 주목

---

2) 金容燮,「羅州 李氏家의 地主經營의 成長과 變動」,『震檀學報』42, 1976(『韓國近現代農業史研究』, 1992에 재수록) ; 金容燮,「朝鮮後期 兩班層의 農業生産-自作經營의 事例를 중심으로」,『東方學志』64, 1989.

3) 李世永,「18·19세기 兩班土豪의 地主經營」,『韓國文化』6, 1985 ; 李世永,「대한제국기 농촌사회경제구조의 변화-1900~1903년 경기도 광주군 북방면을 중심으로」,『韓國文化』16, 1995.

하여 경영지주의 경영확대 형태를 추적한 연구도 있다.5) 지주경영 가운데 적극적이고 동태적인 지주경영 형태로서 서민지주가 주목된 바가 있어 비교되지만6) 경영지주와는 다르다. 이들 서민지주 경영 가운데는 경영지주의 모습도 보이겠지만, 전통적인 병작경영을 행할 뿐 아니라 상업자본을 바탕으로 상인지주로서의 지주경영도 발견될 수 있기 때문이다.

본 연구는 진천군 농민경영 가운데 자작농민과 경영지주층을 추출하여 그들의 자작경영 중심의 농업경영방식을 분석해 보고 나아가 그들의 존재형태를 추적해 보고자 한다.

2. 농민층 분해 양상과 농업소득

진천군 농민의 존재형태를 정확히 분석해 내기 위해서는 광무양안상의 토지와 농민의 결합 방식을 보다 면밀하게 추적해 낼 필요가 있다. 특히 토지소유와 경영형태를 통해 각 농민층의 존재형태를 유형화하고 나아가 그들의 농업소득 수준을 밝혀낼 때 보다 정확한 농민의 존재형태를 밝힐 수 있을 것이다.7) 이 같은 과정을 통해 군현단위 농민의

---

4) 이종범, 「20세기초 自營(小)地主의 農業經營과 農民生活 – 求禮郡 吐旨面 五美洞事例」, 『學林』 16, 연세대, 1994.12 ; 이종범, 「한말·일제초 土地調査와 地稅問題 – 전라남도 구례군 토지면 오미동을 중심으로」, 『대한제국의 토지조사사업』, 1995.
5) 최윤오, 「18·19세기 농업고용노동의 전개와 발달」, 『韓國史硏究』 77, 1992.
6) 허종호, 『조선봉건말기의 소작제 연구』, 사회과학원출판사, 1965, 제3장 ; 허종호, 『조선토지제도발달사2』, 과학백과사전종합출판사, 1992, 제2장.
7) 현재의 농업소득이란 한국표준산업분류표상의 농업소득 중 작물재배로 발생하는 소득을 말한다. 즉, 벼, 과수, 인삼, 엽초, 약용작물, 참깨, 들깨, 땅콩, 호프 등을 재배하여 얻은 소득을 말한다. 여기에서의 농업소득이란 자작인 경우에는 재배소득을 전부 차지하고, 소작인 경우에는 소득의 1/2만 차지한다는

토지소유와 경영, 소득수준을 분석해 냄으로써 이 시기 등장하는 새로운 경영기법과 농민층의 존재를 추적하는 것이다.

우선 소유와 경영 분해표를 통해 농업경영 유형을 살펴보고, 이어 농업소득 수준을 기준으로 진천 농민층의 소득을 측량하는 방식을 통해 양자의 특징과 차이를 비교하기로 한다.

아래의 <표 1>은 진천군 양안 15개 면의 경작자 13,588명의 소유와 경영형태를 도표로 그려낸 농민층 분해표이다.8) 이들 가운데 전체 농민층의 농업동향에 대해서는 별도의 분석이 필요하다.9) 여기에서는 특히 자작농민 만을 중심으로 검토하기로 한다.

<표 1>의 대각선에 나타나 있는 aA(11명), bB(3495명)가 0.5정보까지의 빈농이며 cC(701명), dD(237명)가 소유자 1.5정보까지의 자작 소농이다. eE(83명), fF(101명), gG(47명)이 자작 부농이다. 이들 자작농들은 소유면적 전체를 가족노동력 또는 노비, 임노동을 통해 경작하던 자작농이라고 할 수 있다.

자작농이란 자신의 소유토지를 자신의 가족 노동력으로 경작하던 농민으로서 비교적 안정적인 농법을 구사하고 있었다. 비록 자작 빈농은 폭넓은 범주에서는 자작농의 유형에 포함시킬 수 있지만, 최하층 빈민으로서 자작농의 범주에 포함시키기에는 지나치게 가난하다. 자신의 생계를 토지에서 유지할 수 없으며 자신의 노동력을 판매함으로써 생계

점을 기준으로 하여 해당 토지면적을 가상의 농업소득으로 환산한 것이다. 동시에 논과 밭의 소득을 구분해야 하지만 작물재배의 실상을 알기 어렵기 때문에 구분하여 반영하기 쉽지 않다. 동시에 해당 토지에서 생산된 소득을 환산해야 하지만 불가능하기 때문에 자작과 소작 만을 구분하여 경향성을 추적하고자 했다.

8) 이하의 통계는 모두 『忠淸北道鎭川郡量案』(奎17678)의 분석을 기반으로 한 것이다.
9) 진천농민 전체의 지주경영 및 부농, 소농, 빈농 경영에 대한 분석은 별도의 연구를 통해 분석될 예정이다.

를 유지해야만 하는 쁘프로층이라고 할 수 있다. 몰락농민으로서 임노동자라고 해도 될 정도의 농민층이다.

<표 1> 진천군 농민층의 소유 경영 분해표 (단위 : 정보)

소유		경영	A 0 -0.1	B 0.1 -0.5	C 0.5 -1.0	D 1.0 -1.5	E 1.5 -2.0	F 2.0 -3.0	G 3.0 -5.0	H 5.0 -10	I 10 -20	J 20 -50	K 50 -100	총계
a	빈농	0 -0.1	11	3279	554	155	51	36	7	4	1			4098
b		0.1 -0.5	1330	3495	765	309	118	77	22	4	1			6121
c	소농	0.5 -1.0	235	216	701	245	109	79	21	3				1609
d		1.0 -1.5	89	78	101	237	72	69	27		1			674
e	부농	1.5 -2	35	36	29	54	83	57	26	2				322
f		2.0 -3.0	33	38	29	37	52	101	35	6				331
g		3.0 -5.0	31	36	24	17	21	39	47	10				225
h	지주	5.0 -10	13	28	15	13	16	18	25	10	1			139
i		10 -20	1	11	8	4	7	4	11	3	1			50
j		20 -50	2	3	2	1	2	1	4	3				18
k		50 -100	1											1
총계			1781	7220	2228	1072	531	481	225	45	5	0	0	13588

*1정보=9168양전척(=3000평) *1ha=100a=10000m2= 1정보(약3000평)
**자료 :『忠淸北道鎭川郡量案』(奎17678. 이하 같음)

이들 자작 빈농을 포함하여 자작 소농이 차지하는 비율이 크다는 것은 위의 표를 보더라도 잘 드러난다. 좌측 상단 부분의 dD까지의 농민층이 그들이다. 자작 부농은 e, f, g에 해당하는 토지소유 농민으로서 경영면적은 각기 E, F, G에 해당한다.

또한 자작농과는 구분되는 지주층으로서 h, i, j, k의 지주층 가운데 다수의 토지를 직접 경영하는 지주층도 아울러 주목될 필요가 있다. 이들의 경영형태는 지주 자작 또는 지주 직영 형태로서 소유면적이나 경영방식에 있어 가족노동력을 넘어서서 노비나 임노동층을 이용하기 때문에 자작농의 그것과 구분된다. 다만 경영방식에 있어 자작농의 직접 경영 형태를 확대시킨 형태로 나타나고 있다는 점에서 家作地主의 경영형태로 검토하면서 그 특징을 찾아 내고자 한다.

이들 지주층의 자작 경영, 또는 가작 경영 형태는 구래의 병작제를 이용한 지주경영과도 구분된다는 점에서 경영형 지주에 해당한다. 이들 경영형 지주를 여기에서는 경영지주로 구분하여 검토할 예정이다. 경영지주층은 자신의 직영지 확대를 배경으로 새로운 농법과 임노동 활용을 통해 경영합리화를 꾀했던 계층이라는 점에서 주목되어 왔다.

경영지주층은 h, i, j, k에 해당하는 5정보 이상의 토지를 소유하고 있는 지주층 208명 가운데 30% 이상을 직영하는 농민층을 그 대상으로 한다. 이들이야말로 소유지 가운데 30% 이상을 직영지 경영으로 소득을 확대하던 경영지주층이라고 할 수 있다.

한편 지금까지의 연구가 단순히 소유와 경영만으로 분석함으로써 실제 소득을 얼마나 확보할 수 있었는지를 간과하였다는 점에서 소득 수준을 별도로 계산할 필요가 있다. 소득 수준에 대한 분석을 통해 농민층의 소유와 경영이 갖는 의미를 재해석할 필요가 있다는 의미가 된다. 이는 곧 농민들의 잉여생산물을 분석해 내는 방법이라고도 할 수 있다.

그 방법의 하나가 비록 완전치는 않지만 양안만의 자료를 바탕으로 농업소득 단위를 환산해 내는 방법이다. 자신의 토지를 자신의 노동력으로 경작한다면 소득은 자신의 잉여생산물 전체이지만, 대여를 한다면

1/2만을 확보할 수 있다는 점을 기준으로 소득단위를 환산해 낼 수 있을 것이다. 차경을 하는 농민의 경우도 마찬가지다. 다만 병작 외에도 도지법 등이 존재하기 때문에 정확히 추적하려면 이같은 변수를 고려해야 하지만 농업관행을 참고하여 1/2로 환산하여 계산하려 한다.

이와 같은 방법으로 그린 표가 아래의 농업소득표이다.

<표 2> 진천 경작인 13,588인의 소유와 농업소득표 (단위 : 정보)

소유		경영	A 0	B 0.1 -0.5	C 0.5 -1.0	D 1.0 -1.5	E 1.5 -2.0	F 2.0 -3.0	G 3.0 -5.0	H 5.0 -10	I 10 -20	J 20 -50	K 50 -100	총계
a	빈농	0	11	3833	206	36	4	6	1	1				4098
b		0.1 -0.5		5298	662	126	21	11	2	1				6121
c	소농	0.5 -1.0			351	941	240	61	13	3				1609
d		1.0 -1.5				224	324	90	33	2	1			674
e	부농	1.5 -2.0				58	69	127	61	7				322
f		2.0 -3.0					76	74	158	22	1			331
g		3.0 -5.0						44	89	88	4			225
h	지주	5.0 -10							12	97	30			139
i		10 -20									44	6		50
j		20 -50										16	2	18
k		50 -100										1		1
총계			11	9482	2091	871	421	383	222	82	22	3	0	13588

<표 2>는 <표 1>과 달리 우하향 대각선 쪽으로 집중되어 있다는 것을 알 수 있다. 자신의 소유에 기반을 둔 자작농의 욕구는 최대한의 잉여생산물 확보였다. 따라서 자신의 소유토지에 버금가는 잉여생산물 확보를 위해 토지를 차경하는 것을 알 수 있다. 자작 소농에게는 1.5정보까지의 소유와 그에 걸맞는 소득을 확보하기 위해 노력하며, 그것으로는 생계 유지가 어렵기 때문에 타인의 소유지를 확보하여 소득을 극대화시키는 것을 볼 수 있다. 그것이 자작 빈농, 소농의 E, F, G, H에 해당하는 소득으로 나타난다. 자작 부농층의 경우도 마찬가지로 자신의 소유토지 1.5정보에서 5정보에 만족치 않고 더 많은 토지를 차경하여 잉여생산물을 극대화시키고 있다. 그것이 자작 부농의 소득을 증대시키고 있으며 F, G, H에 해당하는 부분이 그것을 잘 보여준다.

　지주층의 경우를 보더라도 이같은 현상은 마찬가지로 두드러진다. 앞의 표에서 보았듯이 소유면적만을 기준으로 할 때는 가작지주(hH, iI)의 경우 11명에 지나지 않지만, 최대의 잉여생산물 확보를 목표로 경영확대를 꾀하던 지주(hH, iI, jJ)를 보면 38명으로 증가한 것을 볼 수 있다.

　자작농의 경우 자신의 소유토지를 기반으로 최대한의 잉여생산물을 확보하기 위해 집약적 농법을 채택하는 것뿐만 아니라 임노동 고용을 통해서라도 경영확대의 방법을 모색하고 있다는 것을 알 수 있다. 따라서 이 시기 농민층의 존재형태는 소유토지의 기준으로 분석해서는 그 전모를 알 수 없으며, 토지를 소유하기 위해 끝없이 차경을 행하고 그것을 기반으로 소득을 증대시켜 간다는 점을 고려할 때 농민층의 존재형태가 보다 명확해질 수 있다는 것이다. 특히 자작농민의 존재형태는 특히 소득을 기준으로 환산할 때 보다 정확히 파악될 수 있을 것이다.

3. 자작농의 범주와 농업경영

1) 자작농의 범주와 주거 형태

자작농, 또는 자영농은 중세국가의 물적 토대이다. 이들은 소농민층의 핵심이며 지주제의 발달 과정에서 분해되어 지주로 상승하거나 작인농민으로 전락하기도 한다. 반대로 이들은 지주층의 몰락과 작인농민의 상승으로 자영농의 존재로 되돌아오지만, 조선후기 농업생산력 발달과 상품경제의 진전으로 분화의 범위가 크다. 양극화의 소용돌이에 휩쓸리면서 이전의 어느 시기보다 더 광범위하게 몰락해 가는 가운데 부농층이 성장하는 한편 농민층의 몰락은 더욱 가속화되고 있었다.

자작농의 범주는 소농층에 속하면서 소농경제의 기간을 이루는 계층이다.

본래 소농층에는 이들 자작농뿐 아니라 자기 소유지의 부족을 타인의 토지로 보충하여 경영하는 자작 겸 소작농, 자신의 소유토지 외에 대다수의 토지를 타인의 토지로 경영하는 소작 겸 자작농, 그리고 모든 토지를 타인의 토지로 보충하는 순소작농이 포함된다. 그러나 자작농 외에는 대개 자신의 소유 외에도 타인의 소유지를 경작하기 때문에 별도의 분석 방법이 필요하다. 여기에서 분석하는 자작농은 소농민층 가운데 자신(가족 포함)의 노동에 근거하여 자신의 소유를 경작하는 자작농이다.[10]

소농층에 포함될 수 있는 자영농은 부세관계를 통해 중세국가와 연

---

10) 자작농 창출사업의 동기와 방법은 국가와 시기에 따라 다르지만 토지편중의 모순을 해결하고자 근현대사회로 이행하는 과정에서 지속적으로 시도되었다. 유럽 각지에서는 19세기 후반부터 20세기에 걸쳐 소작농민에게 토지를 분배하여 이들을 자작농화하려는 자작농 창출사업이 전개되었다. 한국의 경우에도 1949년 6월 제정된 농지개혁법에서 3정보를 한도로 정하여 실시된 농지개혁이 그 목적에 있어서 자작농 창출사업과 크게 다를 바 없다.

결되고 있으며 자신의 노동에 기초한 사적소유자이다. 물론 이때의 중세국가는 왕토사상을 배경으로 모든 천하의 토지를 왕토로 擬制하고 있기 때문에 부세를 부과하여 토지에 긴박시키고 있다. 만일 자영농이 토지로부터 유리하게 되면 제반 권농책을 반포하여 토지에 긴박시킬 수 있는 방법을 모색하게 된다. 그렇지만 이들 자영농은 제반 요인에 의해 몰락하면서 지주제와 결합하거나 다시 자영농으로 성장하는 봉건적 분해에 휩쓸리는 가운데 중세 말에 이르면 분화가 가속화한다. 순소작농은 지주층과 지대관계로 맺어진 무전 농민이며 동시에 국가와 부세관계를 통해 토지에 긴박된 존재이기에 자작농과 구분된다. 중간적인 형태로서의 자작 겸 소작농이나 소작 겸 자작농 역시 국가의 통제를 받는 소농층임과 동시에 지주와 관계를 맺고 있는 존재라는 점에서 자작농과 다르다.

　조선 초 과전법의 반포를 통해 자영농을 확보하고 국가의 기반을 공고히 하고자 했던 것은 이상적인 국가를 건국하려던 신흥사대부층의 최급선무였다. 私田을 혁파하고 왕토사상에 입각한 公田을 확보하고자 했던 것은 국가재정을 확충하려던 조선왕조 건국세력의 지상목표이기도 했다. 이 같은 봉건국가의 자영농 확보책은 조선시기 내내 토지개혁론이라는 정책과 구호를 통해 시도되고 있었다.

　직전법을 획기로 소유권에 입각한 토지지배 방식이 전면화된 이후에는 세원을 확보하기 위해 평시에는 불가능하다고 생각하던 토지개혁보다는 타협안으로서의 양전사업에 의존하게 되었다. 지주제가 발달한 상황을 인정하고 그것을 전제로 토지를 소유하던 起主를 파악하여 量案에 올리고 그들에게 전세를 부과하게 된다. 국가의 입장에서는 세원을 명확히 하여 전세를 부과하는 방법을 통해 농민을 토지에 긴박시켰던 것이다. 18세기 초의 경자양전사업과 19세기 말의 광무양전사업은 중세국가의 토지긴박정책을 보여주는 사업이다.

자영농의 존재형태를 추적하는 것은 기존 사회경제사 연구의 과제이기도 했다. 자영농이야말로 국가의 권농정책에 의해 보호되던 농민이었고 물적 토대였기 때문이다. 이 같은 자영농의 존재 가운데 자작농의 토지소유와 존재형태를 추적하는 방법이 있다. 그것은 진천의 광무양안을 대상으로 각 농민층의 소유와 경영형태, 그리고 주거 방식을 검토해 냄으로써 그들의 존재를 명확히 하는 것이다.

우선 자작농민의 존재형태를 살피기 위해 1909년 충청북도의 경작자 현황을 참고할 필요가 있다.

<표 3> 1909년 충청북도의 경작자 현황 (단위 : 戶)

구분	지주	자작	자소작	소작	합계
충청북도	4,024	11,897	26,285	60,210	102,416
*진천	69	744	1,624	3,565	6,002
청주	2,940	1,430	3,820	10,550	18,740
문의	118	154	547	3,230	4,049
회인	37	270	400	1,170	1,877
옥천	73	592	1,393	3,432	5,490
영동	59	867	1,755	3,296	5,977
황간	23	214	835	2,075	3,147
청산	6	173	744	1,296	2,219
보은	139	576	1,039	4,241	5,995
청안	112	731	1,087	1,788	3,718
음성	147	747	3,520	3,044	7,458
괴산	38	1,156	1,165	2,532	4,891
충주	156	1,984	4,297	10,111	16,548
연풍	13	214	428	1,223	1,878
단양	18	294	843	2,133	3,288
청풍	26	629	1,017	1,643	3,315
제천	43	706	1,074	2,806	4,629
영춘	7	416	697	2,075	3,195

* 출처 : 『韓國忠淸北道一般』, 第6章 農業, 耕作者調, 73쪽

위의 <표 3> 가운데 진천은 총 농가호수 6,002호 가운데 지주는 69

호(1.2%), 자작농가는 744호(12.4%), 자소작농은 1,624호(27.1%), 소작농은 3,565호(59.3%)로 조사되고 있다. 충청도 전체의 자작농 평균치 11.6%보다 조금 높다. 여기에서 보이는 자작농가 744호, 12.4%는 소유면적 모두를 스스로 자작 경영하던 농민층이다.

 1909년에 제작된 위의 표가 무엇을 근거로 만들어졌는지 모르는 상황에서 비교하는 것은 위험할 뿐 아니라 분류 기준의 지주, 자작, 자소작, 소작이라는 4구분 방식도 엄밀하지 못할 수 있다. 뒤에서 보겠지만 소유면적과 경영면적만을 기계적으로 환산할 때 농민의 소득이 정확히 나타나지 못할 가능성이 높기 때문이다. 게다가 19세기 말 광무양안의 통계는 위의 표처럼 戶단위가 아니라 경작자 중심이기 때문에 농가세대별 농업경영의 실상을 파악하는데 무리가 있다. 단지 1909년의 상황을 조사한 위의 표가 1900년 경의 광무양안 통계와 일치하리라 기대하지는 않지만 대체의 경향성을 보여준다는 점에서 참고하고자 할 따름이다.

 광무양안의 시주로 등장하는 경작자를 농업경영의 대표로 파악하는데는 한계가 있지만 그들을 대상으로 부세를 부담시키기 때문에 조세부담자가 토지소유자와 일치하는 것은 사실이다. 광무양전사업 시기에 이르면 이들 시주를 중심으로 토지소유자에 대한 기초조사를 한 뒤 최종적으로 토지소유자에게 매매문기를 제출하도록 하여 地契를 발급하기도 했다. 이러한 지계 발급과정은 시주의 소유권이 국가에 의해 공인되는 과정이라고 할 수 있으며 이전의 관행을 배경으로 추진된 사업이라고 할 수 있다.[11] 여기에서는 이 같은 한계를 전제로 자작농의 동향

---

11) 시주의 소유권이 농가 1세대의 소유현황을 나타내는가는 알 수 없다. 代錄이나 分錄, 合錄 등의 경우를 고려하여 농민층분화를 추적한 사례연구가 있지만, 전체의 경향성을 밝히는 데는 큰 지장이 없다. 이 같은 입장의 연구로는 「광무양안과 시주의 실상-충청남도 온양군 양안을 중심으로」;「대한제국기 토지소유구조와 농민층 분화-충청남도 온양군 일북면·남상면 양안을 중심

을 추적하려 한다.

아래의 표는 진천군 양안에 존재하는 농민 가운데 자작농만을 추출하여 도표로 그린 것이다.

<표 4> 자작농과 가작지주의 주거현황 (단위 : 명)

구분 (단위 : 정보)			자작농		垈主			家主		
			인원	(%)	垈主	(%)	(貸家)	(借家)	家主	(%)
(빈농)	a	0-0.1	11	(0.2)	1	0.1	0	6	7	0.3
	b	0.1-0.5	3495	(74.6)	704	36.9	349	837	1192	55.7
자작소농	c	0.5-1.0	701	(15.0)	334	17.5	228	323	429	20.1
	d	1.0-1.5	237	(5.1)	249	13.1	176	138	211	9.9
자작부농	e	1.5-2.0	83	(1.8)	91	4.8	66	50	75	3.5
	f	2.0-3.0	101	(2.2)	239	12.5	197	79	121	5.7
	g	3.0-5.0	47	(1.0)	196	10.3	167	52	81	3.8
가작지주	h	5.0-10.0	10	(0.2)	91	4.8	76	8	23	1.1
	I	10.0-20.0	1	(0.02)	1	0.1	1	0	0	0.0
	j	20.0-50.0	0	(0.0)	0	0.0	0	0	0	0.0
	k	50.0 -100	0	(0.0)	0	0.0	0	0	0	0.0
계			4686		1906		1260	1493	2139	

<표 4>는 a~k까지의 소유규모를 기준으로 각 소유 단위를 똑같은 단위로 경영하는 농민층을 대상으로 한 것이다. 예컨대 e의 자작 부농은 1.5~2정보를 소유하며 똑같은 단위 면적을 경작하는 부농이다. 이같은 구분 방식을 이용하여 자작하는 농민층을 다시 빈농, 소농, 부농과 지주로 구분한 것이다.[12]

으로」(이세영·최윤오, 『대한제국의 토지조사사업』 수록)의 사례연구가 있다.
[12] 여기에서의 빈농, 소농, 부농, 지주의 구분은 다시 하농, 중농, 상농으로 구분할 수 있는데, 빈농을 하농, 소농을 중농, 부농과 지주층을 상농으로 구분하여 농민층 분해 형태를 추적하기도 한다. 예컨대, 이세영·최윤오의 글(「대한제국기 토지소유구조와 농민층 분화 – 충청남도 온양군 일북면·남상면 양안을 중심으로」, 『대한제국의 토지조사사업』, 1995, 430~435쪽)에서는 이러한 방법을 이용하였다.

빈농의 범주에 포함된 a, b농민은 0.5정보 미만의 토지를 소유하며 그 정도의 토지를 경작하는 농민으로서 3,506명(4,686명의 74.8%, 전체 농민 13,588명의 25.8%)에 달한다. 이들의 경우는 0.5정보의 소유만으로 생계를 이어가는 농민층으로서, 자작농이라고 하기보다는 오히려 하층 빈농의 범주로 포함시켜야 적당할 것이다.13)

자작농의 범주는 따라서 소농과 부농에 해당하는 c~g의 농민이다. 0.5~1.5정보까지의 토지를 소유하고 경작하는 자작 소농(c, d)은 938명 (4,686명의 20.1%, 전체농민 13,588명의 6.9%)이며 1.5~5정보까지의 자작 부농(e, f, g)은 231명(4,686명의 5%, 전체농민 13,588명의 1.7%)이다. 그 외 5정보 이상의 가작지주(h, I, j, k)의 형태는 11명(4,686명의 0.22%)으로 나타난다.

자작 소농 938명의 경우 전체 인원의 20.1%를 차지하지만, 가대 소유는 전체 30.6%, 가옥 주거는 30%에 이를 정도로 높은 편이다. 자작 부농의 경우는 가대 소유나 주거 형태가 더욱 안정적이다. 인원수로는 5%(221명)에 지나지 않지만 가대 소유비율은 27.6%에 이르며, 가옥 소유 역시 13%에 이른다. 지주층의 경우 0.22%에 지나지 않지만 가대지의 4.7%를 차지하고 있다는 점에서 소농층보다 훨씬 넓은 가대지와 가옥을 소유하고 있는 것을 보여준다.

자작 소농 및 자작 부농 1,169명은 전체 농민 13,588명의 8.6%에 해당한다. 자작농민의 비율이 낮은 편이다. 대한제국기에 이르러서도 농민층의 존재는 대부분 하층 빈농으로 존재하며 부농(그리고 지주)이 상층부에 위치하는 형태이다. 자작농은 농민층 분해의 온상으로서 상향분화와 하향분화의 출발점이다. 그러나 자작농민이 8.7%에 이른다는 것

---

13) 이들 하층 빈민은 자작농이 아니기 때문에 자작농에 포함시키면 안 된다. 따라서 이 같은 형태의 빈민을 포함시켜 '자작농중심체제' 등으로 분석해서는 안 될 것이다.

은 농민층 분해가 진전될 대로 진전되어 대부분 몰락하거나 빈농의 형태로 존재하기 때문에 적은 비율로 나타나고 있다는 것을 보여준다. 그에 비해 자작 빈농이 74.8%를 차지하고 있다는 것은, 이미 최하층 빈민으로 전락한 농민이 다수를 차지하고 있으며 비록 충북 진천군 사례이지만 자작농민의 몰락은 극대화되어 대다수가 자작농이라고 할 수 없을 정도의 최하층 빈민으로 존재하고 있다는 점을 보여준다.

2) 자작농의 토지소유와 경영

중세국가의 자영농에 기반을 둔 소농경제는 사회개혁론의 목표였다. 이러한 토대가 무너질 때 정전론에 기반을 둔 토지개혁론이나 부세제도 개혁론이 다시 거론되며 국가 차원의 권농정책이 논의되는 것이다. 소농경제는 지주제 발달로 인한 토지불균과 그로 인한 농민층 몰락을 막는 방법으로 제시되기도 했으며, 동시에 소농경제를 안정시킬 수 있는 방법론으로 추구된 이상적인 사회이기도 했다.

그렇지만 소농은 중세적인 성격의 것이었고 불안정한 형태로 존재할 수밖에 없으며, 지주제가 발달하는 한 끝없이 분해되고 있었다. 특히 조선후기에 들어서면서 자영농은 소농경제가 더욱 빠른 속도로 해체하는 가운데 토지없는 無田 농민으로 전락하게 된다. 지주제의 발달은 이같은 자영농의 해체를 기반으로 이루어지고 있었다.

아래의 <표 5>는 이 같은 농민층 분해를 군현단위 차원으로 확대하여 분석한 표로서, 진천농민 13588명 가운데 자작농의 토지소유와 그것에 기반을 둔 소득 상황을 나타낸 것이다.

<표 5>는 자작 소농 및 자작 부농 그리고 가작지주의 토지소유와 그에 따른 소득단위를 잘 보여준다. 소득 단위는 소농이나 부농, 지주층의 소유와 경영형태를 좀 더 명확하게 추적하기 위해 도입한 기준이다.

<표 5> 자작농과 가작지주의 토지소유 및 소득 현황

구분		소유		소득 단위		증가	(비율)
		인원	(비율)	인원	(비율)		
(빈농)	a	11	0.2	11	0.2	0	0.0
	b	3495	74.6	5298	75.8	1803	51.6
자작소농	c	701	15.0	941	13.5	240	34.2
	d	237	5.1	324	4.6	87	36.7
자작부농	e	83	1.8	127	1.8	44	53.0
	f	101	2.2	158	2.3	57	56.4
	g	47	1.0	88	1.3	41	87.2
가작지주	h	10	0.2	30	0.4	20	200.0
	i	1	0.02	6	0.1	5	500.0
	j	0	0.0	2	0.0	2	+α
	k	0	0.0	0	0.0	0	0.0
계		4686	100	6985	100.0	2299	

즉 소유와 경영을 단순하게 대비시키는 것보다, 각각의 소유와 경영에 따른 잉여소득을 정확히 환산하는 것이다. 자신의 소유를 자신의 노동에 기초하여 농사를 짓는다면 잉여소득은 해당 토지소유만큼 확보되겠지만, 자신의 소유라고 하더라도 타인의 노동에 기초하거나, 자신의 소유가 아닌데 차경하여 자신의 노동으로 경작한다면 해당 소유토지의 1/2만 잉여소득을 확보할 수 있다.

자작 소농의 경우 소유면적만으로는 각각 701명과 237명이지만 소득 단위로 환산하면 941명과 324명으로 증가한 것을 알 수 있다. 각각 34.2%와 36.7%가 증가했다.

이 같은 자작 소농의 증가형태는 자작농의 경영이 갖는 특징을 잘 보여줄 수 있다. 자작농은 자신의 토지를 자신의 노동력으로 경작함으로써 수익 분배 상 가장 유리하다. 모든 잉여생산물을 자신이 가질 수 있기 때문이다. 따라서 제반 소작농과의 갈등도 존재하지 않으며 자신의 계획에 따라 경영을 합리화시킬 수 있기 때문에 가장 선호하는 경영이 될 수 있다. 토지에 대한 애착은 자신의 토지의 지력을 유지시키면서 토지를 개량하는 데 가장 앞장 설 수 있으며, 생산력을 극대화하기 위해 집약적인 토지이용법을 채택하는 경향이 크다.

따라서 소유면적만으로 환산할 때보다 소득단위로 환산할 때 그 증가폭이 크게 나타나는 것은 집약적 농법에 익숙하고 선진적인 농법에 자신을 가진 자작농이라면 자신의 소유면적을 넘어 토지 임대를 통해 잉여생산물을 확보하려는 의지가 강하다는 것을 보여주는 징표라고 할 수 있다.

자작 부농층의 경우 자작농이면서 상농 경영을 추구했던 자작 상농으로 볼 수 있다. 자작 부농의 경우 소득은 소농에 비해 증가한 폭이 더 큰 것을 알 수 있다. 자작 부농은 소유면적으로는 231명(83명+101명+47명)이지만 소득단위로 환산해 보면 373명으로 증가한 것을 알 수 있다.

이들 가운데 자작 상농 47명의 토지소유와 경영형태를 별도의 표로 그린 것이 아래의 <표 6>이다.

<표 6> 자작 상농의 토지소유와 경영 및 소득 (단위 : 정보)

자작농 (47명)	소유		경영		소득 단위
	소유	(대여)	(차지)	경영	
	175.65	37.6	36.9	174.95	175.4
평균	3.74	0.80	0.79	3.72	3.73

47명의 소유는 총 175.65정보이고 평균소유는 3.74정보이다. 이들은 평균 0.8정보를 대여하고 0.79정보를 차경하여 3.72정보를 경영한다. 대여 면적은 거의 차경을 통해 대치시키며 자경 면적을 유지하고 있는 것을 알 수 있다. 따라서 자작 상농의 경우 소득단위는 거의 자신의 노동에 기초한 토지소유를 기준으로 하고 있다는 것을 알 수 있다.

이들의 주거형태는 아래의 <표 7>에 잘 나타나 있다.

<표 7> 자작 상농의 가대 소유 및 주거현황 (단위 : 家)

자작농	垈主		家主	
	垈主	(貸家)	(借家)	家主
(47명)	196	167	52	81
평균	4.2	3.6	1.1	1.7

47명의 평균 家垈 소유는 4.2채(家)이다. 이 가운데 3.6채를 대여하고 1.1채를 빌려 평균 1.7채의 가옥에 거주하고 있는 것으로 드러난다. 이들 가운데 10채 이상을 소유하는 자작농의 토지소유와 주거현황을 보여주는 것이 아래의 <표 8>과 <표 9>이다.

<표 8> 가옥 10家 이상 소유 자작농의 소유경영 (단위 : 정보)

자작농 (10명)	소유		경영		소득 단위
	소유	(대여)	(차지)	경영	
	32.83	10.95	8.03	29.91	31.38
평균	3.28	1.10	0.80	2.99	3.14

<표 9> 가옥 10家 이상 소유 자작농의 주거현황 (단위 : 家)

자작농 (10명)	垈主		家主	
	垈主	(貸家)	(借家)	家主
	159	152	8	15
평균	15.9	15.2	0.8	1.5

가옥을 10채 이상 소유하고 있는 자작 상농의 소유는 3.28정보로서 전체 47명의 경우와 유사하지만 가대지를 많이 소유하고 있다는 점에서 특이하다. 이들은 평균 15.9채를 소유하고 있으며 대부분 가옥을 임대하고 있다. 가옥을 통해 수입을 꾀하는 경우라고 할 수 있다. 이러한 경우 텃도지를 받았다고 할 수 있지만 양안에 나타나지는 않는다. 일반적으로는 소작농에게 임대하고 텃도지를 받는 관행이 현재까지 존재하지만, 자작농의 경우는 병작경영을 하지 않기 때문에 주로 동족마을에

서 친족들에게 임대하는 경우로 추측해 볼 수 있다.

이러한 자작 상농의 토지소유와 주거형태를 정리해 보면 몇 가지 특징이 드러난다.

우선 ① 소유와 경영면적이 거의 일치한다. 그리고 ② 일부 대여를 하는 경우 부분적으로 차지를 함으로써 소유, 경영면적을 일치시킨다. ③ 평균 家垈地를 4.2채(家) 갖고 있으며, 家主로 거주하는 곳은 평균 1.7곳에 해당한다. 자작 상농의 경우 자작농 가운데 지주경영을 하는 층을 제외하고는 가장 부유하다.

이들 자작 상농과 달리 가작지주의 경우는 경영형태가 단순하지는 않다. 대개의 경우 토지를 대여하거나 차경하더라도 거의 자경 토지를 근거로 경영확대를 행하고 있으며, 경영방식 역시 병작경영이 아니라 가속(노비 또는 비부 등), 임노동 경영을 통해 직접 경영을 행한 것으로 보인다.

<표 5>의 가작지주의 경우 i층은 1명에서 6명으로 증가했고, j층은 2명이 새로 추가된 것으로 드러난다. 이들의 증가폭은 대단히 크다. 지주층 가운데 해당 소유면적만으로 추적해 보면 가작지주의 존재가 드러나지 않지만, 소득단위로 환산하면 자작 소농, 자작 부농보다 훨씬 커다란 증가폭을 보이고 있다. 이들이야말로 경영합리화에 최선을 다하던 가작지주층으로서 경영형 지주층이라고도 할 수 있다.

4. 경영지주의 소유와 경영형태

1) 가작지주의 소유와 경영사례

가작지주란 5정보 이상의 토지를 경영하던 지주층 가운데 직영지 경영의 비율을 높여 경영확대를 꾀하던 지주층을 말한다. 이들의 지주경영은 대개 지주의 가작형태로 불리며 그 주체를 가작지주라고 할 수 있는데, 구체적인 경영방식에 대해서는 검토된 바 없다. 이들은 소유면적만을 기준으로 볼 때 아래 <표 10>과 같이 단순하게 나타난다. 양안에 기록된 소유면적과 경영면적을 단순하게 합산하여 볼 때 표시된 11명(표 1의 hH, iI)이 그들이다. 경영지주의 다양한 유형을 살펴보기에 앞서 이들 가작지주의 토지소유면적과 경영형태를 검토하여 이들과 경영지주와의 관계를 살피는 근거로 삼기로 한다.

<표 10> 가작지주의 소유면적과 경영 및 소득형태

가작지주	면적 (정보)	인원 (명)	소유		경영			소득 단위
			5~10 정보	(대여)	(차지)	경영	비율(%)	
h	5~10	10	67.73	17.42	12.69	63	93.2	65.4
		(평균)	6.77	1.74	1.27	6.30	93.1	6.54
I, j, k	10~	1	13.41	1.78	0	11.63	86.7	12.52
계		11	81.14	19.2	12.69	74.63	92.0	77.92

<표 10>에서 볼 수 있는 가작지주는 h(5~10정보) 지주의 경우 총10명으로서 평균 6.77정보를 소유하고 있고 평균 6.3정보 정도를 경영하고 있는 것으로 나타난다. 대여나 차경면적의 평균은 각각 1.74정보와 1.27정보뿐이고 나머지 대부분은 직접 경작하고 있다. I, j, k(10정보 이상) 지주의 경우는 1명으로서 13.41정보를 소유하고 있고 대여한 1.78정보를 제외한 나머지 11.63정보를 모두 직접 경영하고 있다. 지주 자자의 경우는 모든 토지를 직접 경영하고 있기 때문에 농업소득은 다른 어떤 경우보다 높다고 할 수 있지만 농업경영만으로 볼 때 대단한 경영능력이라고 할 수 있다. 이러한 가작지주의 경우는 임노동 고용을 얼마나 효율적으로 하느냐에 따라 농업의 성패가 이루어진다고 할 수 있다.[14]

---

14) 자작농의 단점으로는 많은 자본을 토지에 고정시킴으로써 영농에 사용할 경

<표 11>은 가작지주의 평균 가대지 소유와 거주 현황을 도표로 나타낸 것이다.

<표 11> 가작지주의 평균 가대지 소유와 거주 (단위 : 家)

가작 지주	면적 (정보)	인원 (명)	垈主		家主	
			垈主	(貸家)	(借家)	家主
h	5~10	10	91	76	8	23
			(평균) 9.1	7.6	0.8	2.3
I, j, k	10~	1	1	1	0	0
계		11	92	77	8	23

<표 11>의 가작지주는 h(5~10정보) 지주의 경우 평균 9.1채를 소유하고 있으며 2.3채에 거주하고 있다. 나머지 7.6채를 대여하고 있고 경우에 따라 가옥을 빌리기도 한다. I, j, k의 경우는 1명에 지나지 않으며 가대지 1곳을 소유하고 있으며 그것마저 대여하고 있다. 이 경우는 가주로 나타난 곳이 없기 때문에 진천군에 거주하지 않는 것으로 보이며, 아마 진천 부근이나, 충주 혹은 서울에 거주하는 부재지주일 것으로 추정된다.

<표 12>는 가작지주 11명의 구체적인 농업경영과 농업소득을 도표로 그린 것이다. <표 10>에서 설명한 가작지주를 인물별로 표시한 것이다.

이들 가작지주의 특징은 대여나 차지 면적이 극히 적다는 점이다. 대부분 해당 소유면적만큼 경영을 시도하고 있어 전형적인 경영지주의 특징을 보여주고 있다. 자신의 토지를 대여하지 않고 거의 그대로를 자

영자본의 부족을 가져올 수 있다. 따라서 집약경영도 충분한 실현을 보지 못하는 점 때문에 농업기술상 피하기도 한다. 또한 소토지 소유의 자작농이 전 농가의 약 70% 이상을 차지할 때는 농민의 생활안정을 기대하기 어렵다고 한다.

작하고 있다.

<표 12> 가작지주의 경영 및 소득 수준 (단위 : 정보)

구분	지주층	소유		경영			소득
		소유	대여	차지	경영	*비율%	단위
1	姜文琮	7.76	2.5	1.12	6.38	82.2	7.07
2	金大賢	7.76	2.71	0.1	5.15	66.4	6.46
3	金周景	8.16	2.37	0.16	5.95	72.9	7.06
4	金振玉	6.07	1.93	1.83	5.97	98.4	6.02
5	李萬石	9.36	5.2	1.21	5.37	57.4	7.37
6	李奉得	5.03	0.22	4.7	9.51	189.1	7.27
7	李順必	6.53	1.14	0.79	6.18	94.6	6.36
8	李元七	6.45	0.48	1.55	7.52	116.6	6.99
9	鄭同元	5.02	0.56	1.23	5.69	113.3	5.36
10	蔡奎應	5.59	0.31	0	5.28	94.5	5.44
11	韓百釗	13.41	1.78	0	11.63	86.7	12.52

이들 지주층 가운데 직영지 비율이 가장 낮은 5번과 가장 높은 6번을 비교해 보자.

5번의 이만석은 11명 가운데 직영지 비율이 가장 낮다. 9.36정보를 소유한 이만석은 5.2정보를 대여하고 경영면적은 5.37정보에 지나지 않는다. 대여면적이 자신이 소유하는 토지의 55.6%에 이를 정도로 크다. 5~10정보 사이의 소유와 경영면적을 보이는 지주층 가운데 경영면적이 57.4%에 이른다는 점에서 여타 병작지주와 다르다. 자가경영면적의 비율이 57.4%에 이른다.

6번의 이봉득은 11명 가운데 직영지 비율이 가장 높다. 소유면적은 5.03정보이지만 4.7정보를 차경하여 총 9.51정보를 경영하고 있다. 지주로서 차경면적이 이같이 크다는 것은 다른 병작지주와는 아주 다른 경영형태를 보여주고 있다. 경영능력이 아주 뛰어나다고 할 수 있다. 자가경영면적의 비율이 189.1%에 이르는 농민으로서 老農의 전형적인 형태라고 할 수 있다.

<표 13>은 이 같은 가작지주의 가대지 소유와 거주형태를 정리한 표이다. 대부분의 토지를 자작하던 지주층의 가대지 소유와 경영형태를 잘 보여준다.

<표 13> 가작지주의 가대지 소유와 거주형태 (단위 : 家)

구분	시주	垈主		家主	
		垈主	(貸家)	(借家)	家主
1	姜文琮	28	26	0	2
2	金大賢	3	1	0	2
3	金周景	17	15	1	3
4	金振玉	9	8	1	2
5	李萬石	7	6	1	2
6	李奉得	4	3	0	1
7	李順必	6	3	1	4
8	李元七	10	9	2	3
9	鄭同元	0	0	2	2
10	蔡奎應	7	5	0	2
11	韓百釗	1	1	0	0

1~11번의 지주층을 소유면적에 따라 표시했지만 가대지 소유와 거주형태는 각기 달리 나타나고 있음을 알 수 있다. 이 중 1번의 강문종은 가장 많은 대지를 소유하고 있다. 28필지의 대지 가운데 대부분을 대여하고 자신은 2군데 가옥에 이름을 올려 거주하고 있음을 보여주고 있다. 앞의 <표 12>에서 보듯이 강문종이 소유한 토지는 7.76정보이며 대여한 면적은 2.5정보에 지나지 않는다. 대여한 2.5정보의 토지는 작인에게 대여한 토지와 가옥 모두를 포함하는 면적이다. 강문종의 가옥을 임대한 家主를 양안에서 다시 추출해 보면 모두 25명에 달한다. 강문종이 2채에 거주하고 있고 김순보라는 인물에게도 2채를 임대하고 있다. 나머지 25명이 강문종의 가옥을 1채씩 임대하고 있다.15)

3번의 김주경은 17채, 8번의 이원칠은 10채를 소유하고 있지만 각각 3채에 거주하고 있고 나머지는 모두 임대하고 있다. 9번의 정동원은 가대를 갖고 있지 않은 부재지주로 보이며 2채를 빌려 거주하고 있다는 것을 보여준다. 11번의 한백쇠는 가대를 갖고 있지만 임대하고 자신은 진천군에 거주하고 있지 않다. 백쇠라는 이름이 호명일 가능성이 크기 때문에 본명을 찾는다면 진천에 거주하고 있는지의 여부를 확인할 수 있을 것이다.

이 표에서 특이한 것은 대개 垈地를 갖고 있지만 가옥을 임대하는 경우가 보인다는 점이다. 3, 4, 5, 7, 8, 9번이 그러한 경우이다. 1채 혹은 2채를 빌리고 있는데 원거리에 있는 토지를 경작하기 위해 임대하는 경우로 보인다.

지금까지 살펴본 가작지주의 사례는 다음에 살펴볼 경영지주와 다르지 않다. 도표 상에 나타난 11명은 경영지주의 그것과 거의 일치하며 경영지주의 여러 유형 가운데 하나라는 점에서 전체를 대상으로 체계적으로 재검토할 필요가 있다.

2) 경영지주의 직영지 비율과 소득

자작농의 경영기법은 경영지주에게서 그대로 확대되어 나타난다. 경영지주는 직영지 경영을 최대한으로 확보하는 가운데 잉여생산물을 극대화시키고자 하였다. 따라서 경영지주는 앞에서 살펴보았던 지주의 자작경영 형태는 물론, 30% 이상의 직영지 경영을 하던 지주층까지 포함하는 범주로 검토될 필요가 있다.

---

15) 25명의 이름은 다음과 같다. 姜文進, 姜玉汝, 金敬敦, 金敬文, 金順甫, 金元化, 金春敬, 南廷武, 文敬發, 申敬叔, 申致泳, 吳敬一, 吳汝集, 元原中, 柳成西, 李敬五, 李明叔, 李明在, 李聖云, 李順韶, 李岩伊, 李彩送, 李春實, 李致福, 曹元實.

경영지주는 조선후기에 들어서면서 새롭게 성장하는 지주층이라고 할 수 있다. 이들은 자작을 중시하면서 일부 토지만을 대여하고 있었다. 자작지는 주로 임노동 고용을 통해 합리화시키고 있었다는 점에서 경영의 선진성을 확인할 수 있다.16) 이 같은 경영지주가 출현하기 이전에는 대개 노비나 머슴, 또는 고용노동을 부분적으로 이용하는 형태가 혼합되어 나타나고 있었다.

이 같은 지주경영의 조선후기적 형태로서 주목되는 것이 許筠(號 : 蛟山, 1569~1618)이 말한 豪民17)이다. 豪民은 이 시기 士大夫 계층이자 동시에 재야의 정치세력이었으며, 허균 자신일 수도 있었다. 이들의 농업경영은 바로 17세기에 재지의 양반지주층이 주도하는 호민적 농업경영으로서,18) 향후 대한제국기의 농민층 가운데서도 발견된다. 호민의 경영은 양반 자신의 자경 차원을 넘어 스스로 僕從(노비·고공)을 거느리고 작인에게 병작을 시키는 지주경영이었다. 즉 100畝를 경작한다면 30畝 정도는 종복을 거느리며 자경을 행하고, 나머지 70畝는 작인에게 병작시키는 것이었다.19) 이러한 비율로 경영하되 호민의 종복이 모두 10명이라면 60석 정도는 있어야 1년을 꾸릴 수 있다고 하였다.20)

즉 호민이란 2~3결 정도의 토지를 경영하며 종복 10명 정도의 가계를 꾸리는 중소지주 규모임을 알 수 있다. 호민론에 보이는 자작 겸 지주의 농업경영은 조선후기의 임노동 경영을 통해 자작지 경영을 행한 경영지주의 초기적 형태를 보이고 있다. 허균은 대략 30%의 비율로 자작지 경영을 말하고 있으며 자작지에 대한 집중적 경영을 통해 생산성

---

16) 최윤오, 「18·19세기 農業雇傭勞働의 전개와 발달」, 『韓國史硏究』 77, 1992.
17) 許筠, 『閑情錄』 治農.
18) 金容燮, 『朝鮮後期農學史硏究』, 1988, 125~133쪽 참조.
19) 許筠, 『閑情錄』 治農 總論 種穀.
20) 許筠, 『閑情錄』 권16, 治農 種穀, "如主從十人 非六十石不可 故視田地多寡 以處便宜 如田有百畝 則使業種自耕三十畝 其餘佃人種之可也".

을 확보하고자 한 것으로 보인다.

　대한제국기 경영지주 역시 허균의 호민론에서 보이는 경영합리화 방법과 무관하지 않다. 이들을 확인하기 위해 소유면적 기준으로 지주경영을 행하던 농민층(표 2의 h, I, j, k의 5정보 이상의 지주 208명) 가운데 30% 이상을 직영하는 자들을 뽑아 검토하고 그들의 농업소득을 추적해 보기로 하자.

　이 같은 결과, 아래의 <표 14>처럼 직영지 비율에 따라 지주경영 형태가 여러 가지로 나타나고 있다는 것을 잘 알 수 있다. 각각의 경영지주가 추구하는 비율에 따라 소유와 경영면적의 조합이 달라지고 있다. 또한 이 같은 결과 농업소득이 달라지는 것은 물론이며, 그러한 결과를 농업소득 비율이 잘 보여주고 있다.

<표 14> 경영지주의 직영지 비율과 소득 (단위 : 정보)

직영 비율		인원	소유		경영			농업소득	
			소유	(대여)	(차경)	경영	*비율%	계	비율%
30%이상	a	16	129.63	88.93	3.31	44.01	34.0	86.86	67.0
40%이상	b	11	82.04	47.55	2.23	36.72	44.8	59.41	72.4
50%이상	c	6	47.7	30.1	8.93	26.53	55.6	37.13	77.8
60%이상	d	10	60.96	25.56	3.45	38.85	63.7	49.93	81.9
70%이상	e	7	49.46	17.68	4.37	36.15	73.1	42.83	86.6
80%이상	f	5	37.15	6.91	1.71	31.95	86.0	34.56	93.0
90%이상	g	7	39.84	5.32	15.92	50.44	126.6	45.16	113.4
계		62	446.78	222.05	39.92	264.65	59.2	355.88	79.7

　<표 14>의 첫째 칸의 직영지 비율을 30%에서 90%까지 나누어 살펴본 결과 다양한 경영합리화 방법이 존재하고 있다는 것을 알 수 있다. 62명 가운데 30~40% 정도의 비율로 직영지를 경영하는 경영지주 a가 16명으로 가장 많다. 다음이 40~50%의 비율로 직영지를 경영하는 지주 b가 11명으로 나타나고, 그 다음이 60~70% 정도를 직영하는 지주

d가 10명이다. 70%, 80%, 90% 이상을 직영하는 지주 역시 각각 7명, 5명, 7명으로 적은 편이 아니다.

이 같은 소유와 경영의 조합을 농업소득으로 환산하면 직영지 비율과 비례하는 것을 알 수 있다. a의 경우는 전체 소유 129.63정보 가운데 30~40%를 직영한 결과 86.86정보의 면적에서 생산되는 농업소득 전체를 확보할 수 있다. 이 같은 a부류는 자신의 소유토지에서 67%를 농업소득으로 회수할 수 있다는 결과가 위 표의 농업소득 비율이다. b 이하 역시 마찬가지로서 90% 이상을 직영하는 g의 경우가 농업소득 113.4%로 가장 높다. 자신의 토지소유 이상으로 소득을 올리는 경우라고 할 수 있다. 이들 전체를 평균하여 보면 62명의 소유면적 446.78정보 가운데 264.65정보를 경영함으로써 59.2정보를 직접 경영한다. 그 결과 자신의 소득을 79.7%까지 올리고 있다. 구래의 병작지주가 모든 토지를 대여하여 50% 전후의 소득을 올리는 것에 비하면 상당히 높은 소득을 올린다고 할 수 있다.

경영지주에 관한 사례연구는 아주 드물지만, a와 같은 경영사례로서 오미동 류씨가의 농업경영 사례를 참고할 수 있다.[21] 오미동 류씨가의 雲鳥樓는 토지면 오미리 명당에 자리잡고 있는 대표적인 가옥으로 1776년 무관 柳爾胄(1726~1797)가 지은 가옥의 사랑채로 잘 알려진 양반 가옥이다. 류씨가의 1776년 이후의 농업은 수차례 매매, 상속을 거쳐 1900년 경에 이르면 답 140두 8승락, 논 42두 5승락으로 모두 183두락 3승락에 이른다. 1911년 경에는 97두락 3승으로 축소된다. 이후 인근의 임야를 대량 매득하지만 농업경영은 97두락 정도로 유지되고 있다.

이 같은 류씨가의 1900년 전후의 농업경영을 살펴보면 '流來家作'이

---

21) 이종범 교수의 글(「20세기초 自營(小)地主의 農業經營과 農民生活-求禮郡 吐旨面 五美洞事例」, 『學林』16, 1994. 12) 참조.

라 하여 오래전부터 직영하던 농지가 답 44두락, 전 5두락이나 되었다고 한다.22) 이 같은 직영지 경영의 비율은 류씨가의 농업경영 중 답의 면적만을 비교해 보면 총 138두 8승락 가운데 44두락, 즉 31.7% 정도에 해당한다. 아래의 <표 15>는 직영지 비율을 잘 보여주고 있다.23)

<표 15> 오미동 류씨가의 직영지 비율

구분	소유(畓)	직영(畓)	직영 비율	비고(총면적)
1900년	138두8승락	44두락	31.7%	183두3승락
1911년	84두8승락	19.5두락	23.0%	104두8승락
1914년	77두8승락	17두락	21.9%	94두 1합락

<표 15>의 류씨가의 직영지 경영은 일반적으로 발견되는 형태로서 노동력 동원이 관건이었다. 류씨가의 노동력 동원은 가옥 임차인과 고용노동을 이용하고 있었다.

가옥 임차인들이란 류씨가의 家垈에 借家하여 들어와 살던 농민들에게 텃도지 대신 戶役을 부과하는 방식으로 노동력을 동원하는 경우였다. 이들 농민들은 1년에 춘추 각 4일씩 평균 8일 정도의 노동력을 제공하고 있었으며 벌목 외에 대개는 移秧, 芸草, 刈禾, 刈麥, 牟耕 등의 농업노동에 종사하고 있었다.24) 이들의 노동력 외에 류씨가에서 동원한 농업고용 노동력은 1907년의 경우 총 162명으로 기록되고 있다.25) 이들 노동력 동원의 내력을 살펴보면, 6월 芸草에 일고 3명, 來去役(품앗이) 13명, 7월 2차 芸草에 洞役(마을의 공동노동) 약 15명,26) 3차 芸

---

22) 1898년, 1899년, 「秋收冊」(이종범, 위의 글, 10쪽에서 재인용).
23) 이 표는 위의 글의 각주 11)의 표와 <표 6>을 참고하여 다시 작성한 것이다.
24) 戶役 수취에 관해서는 위의 글, <표 4> 참조.
25) 위의 글, <표 5>를 다시 정리한 것이다.
26) 洞役은 마을의 공동노동 형태로서 15냥5전(두락당 5전씩 31두락)을 지급하고 있는데, 평균 1명당 1전씩의 고가로 환산해 보면 약 15명 분의 노동량이 된다.

草에 일고 8명, 래거역(품앗이) 3명, 9월과 10월 打租에 雇只 40명, 일고 70명을 동원하여 모두 162명에 해당하는 노동력을 동원하고 있었다.

따라서 류씨가의 농업고용에 동원된 노동력은 머슴(賣身) 2명이 전체 노동을 맡는 동시에 洞役, 來去役(품앗이) 등에 동원되며, 집단적으로 청부계약을 통해 노동력을 이용하던 雇只노동으로써 40명과 필요할 때마다 日雇 노동력을 고용하고 있었으니, 이들 모두의 노동력을 합하면 연인원 162명의 고용노동력을 이용하고 있었다는 것을 알 수 있다. 이들의 노동력이 직영지 경영의 핵심을 이루었다고 할 수 있다. 경영지주의 직영지 경영은 임노동에 있다고 할 수 있음을 잘 보여준 사례이다.

이러한 비율로 b, c, d, e, f, g의 순으로 점차 농업소득 비율이 커지는 것을 알 수 있다. 직영지 면적이 클수록 농업소득이 커지는 것은 당연한 결과이겠지만 그것을 경영하는 것이 관건이라고 할 수 있다. 부지런할 뿐 아니라 농법에 밝고 각 단계마다 임노동을 제 때 투여하지 않으면 이 같은 지주경영을 행하기 어렵기 때문이다.

아래의 <표 16>은 경영지주의 가옥 소유현황을 잘 보여준다.

<표 16> 경영지주의 직영지 비율과 가옥 소유현황 (단위 : 家)

직영 비율		인원	垈主		家主		비고 (가주/인원)
			家垈	평균소유	(貸家)	(借家)	家主	
30%이상	a	16	126	7.9	111	12	27	1.7
40%이상	b	11	54	4.9	46	3	11	1
50%이상	c	6	35	5.8	31	8	12	2
60%이상	d	10	51	5.1	40	5	16	1.6
70%이상	e	7	50	7.1	43	8	15	2.0
80%이상	f	5	49	9.8	44	1	6	1.2
90%이상	g	7	36	5.1	28	13	21	3
계		62	401	6.5	343	50	108	1.7

<표 16>에서 알 수 있듯이 62명의 경영지주가 소유하는 가대는 총 401필지(401채)로서 평균 6.5필지를 소유하고 있는 것으로 나타난다. 대개의 경우 가대를 임대하고 자신들은 총 108채(평균 1.7채) 정도의 가옥에서 거주하고 있음이 비고란을 보면 잘 나타나 있다. 가대를 소유하고 있는 경영지주들의 경우 대개의 가옥을 임대하고 있고 1.7채 정도의 가옥에서 거주하고 있다는 것을 의미한다. 임대한 가옥은 대개 소작인이나 친척들에게 임대하고 현물(텃도지)이나 노동력(勞役, 戶役)을 지대로 받아 운영하고 있었다. 가옥을 임대하여 들어온 농민들은 대개 토지도 없는 빈한한 농민이 많았지만, 가옥도 소유하지 못하는 형태로 추측된다.

앞에서 살펴보았던 오미동 류씨가의 경우 1902년에는 거대한 저택 운조루를 포함하여 총 20채의 가옥을 소유하고 있는 것으로 밝혀졌다.[27] 오미동의 총 농가는 1911년의 경우 34호이며, 7호만이 가대를 소유하고 있었다. 나머지 5필지는 기타 5명이 소유하고 있었다. 가대 33필 가운데 류형업, 류제표가 각기 18필지, 10필지를 소유하고 있어 오미동은 류씨가에 의해 마을을 이룬 곳이라는 것을 알 수 있다. 토지의 9할 이상이 이들에게 집중되어 있는 것처럼 가대 역시 2인에게 집중되고 있는 것을 알 수 있다. 오미동의 경우 가대 없는 농가는 27호에 이르는데 이들 농가가 가옥을 소유하기는 어려웠다고 한다. 가대 없는 농민들 가운데 류제혁 1인 만이 가옥을 소유하고 있음을 확인할 수 있을 정도였다.

위의 <표 16>과 비교해 보면, a부류(직영지 30%)에 속하던 경영지주가 평균 6.5필지의 가대를 소유하고 있지만 류씨가의 류형업, 류제표가 18필지와 10필지를 갖고 있어 류씨가의 오미동 주거 형태가 다소 우

---

27) 이종범, 앞의 글, 8쪽.

세한 형태로 나타난다. 물론 이들 경영지주가 거주하는 가대와 가옥은 1~2채로 제한되지만 가대나 가옥의 소유는 대개 5~10필지 정도로 나타나고 있다.

이들 경영지주의 가대 소유는 일반적인 병작지주보다 작으며 중소지주 정도의 크기로 확인된다. 예컨대 진천군 지주 가운데 가장 많은 토지를 소유하고 있는 이경팔의 경우 전답 49.01정보, 가대(가옥) 40필지를 소유하고 있으며, 안대복은 전답 42.49정보, 가대(가옥) 36채를 소유하고 있다.[28] 지주의 가대와 가옥 소유는 농업경영의 연장선에서 이루어지고 있음을 알 수 있다. 왜냐하면 가옥을 지어 임대하고 텃도지를 받으며 농번기 때 노동력을 제공받을 수 있었기 때문이다. 물론 작인에게도 임대하는 경우도 예상할 수 있다.

5. 맺음말

본 연구에서는 진천군 전체 농민 13,588명 가운데 특히 자작농의 농업경영 형태를 추출하여 분석해 보았다. 이 같은 시도는 자작농의 농업경영 형태가 가장 안정적이며 농업소득 면에서도 잉여생산물 전체를 확보할 수 있다는 점 때문이다. 또한 경영지주는 자작농 가운데 직영지 비율을 높여 농업소득을 올리려 했던 농민층으로 확인되었으며, 새로운 농법과 임노동 고용을 통해 경영을 합리화하려던 지주층일 가능성이

---

[28] 양안 상의 가대, 가옥 소유가 20필지 혹은 40~50필로 나타나는 경우 이를 모두 지주의 소유라고 예상은 하지만 단정할 수 없다. 오미동 류씨가의 경우를 보면 가대 소유자가 대개는 가옥 소유자로 나타난다는 점이 그렇기 때문이다. 오미동의 경우 가옥을 임차하여 들어온 농민들은 거의 영세 빈농으로서 2칸 내지 3칸 정도의 초가집도 소유하지 못한 상태였기 때문이다. 다만 류씨가의 사례가 특수할 수 있다는 점을 전제로 예외적인 형태를 인정해야 할 것이다.

높다는 점이 밝혀졌다.

 자작농의 경우 자신의 소유토지를 기반으로 최대한의 잉여생산물을 확보하기 위해 집약적 농법을 채택하면서도 가족노동력을 기본으로 적극적인 경영확대의 방법을 꾀하고 있었다.

 자작농은 자신의 토지를 자신의 노동력으로 경작함으로써 수익 분배상 최대의 수익을 올릴 수 있다. 모든 잉여생산물을 자신이 확보할 수 있기 때문이다. 따라서 제반 소작농과의 갈등도 존재하지 않으며 자신의 계획에 따라 경영을 합리화시킬 수 있다는 점에서 유리하다. 토지에 대한 애착 때문에 자신의 토지의 지력을 유지시키면서 토지를 개량하는 데 가장 앞장 설 수 있으며, 생산력을 극대화하기 위해 집약적인 토지이용법을 채택하는 경향이 크다.

 자작농의 경우 토지소유와 경영방식에 따라 다시 빈농, 소농, 부농으로 나누어 볼 수 있다. 다만 자작 빈농의 경우는 농업경영 방식에 있어서는 자작농 방식이지만 계급적 지위는 빈농을 넘어서지 못한다. 따라서 이들을 포함하여 자작농의 비율을 환산한다면 농민 전체의 존재형태를 제대로 파악할 수 없기에 제외시킬 필요가 있다. 자작 소농과 자작 부농이 자작농 가운데 중심을 이루며, 가작지주의 경우는 경영지주에 포함시켜 지주경영의 새로운 경영형태로 별도로 분석하였다.

 따라서 자작농의 범주는 0.5~1.5정보까지의 토지를 소유하고 경작하는 자작 소농 938명(4,686명의 20.1%, 전체농민 13,588명의 6.9%)과 1.5~5정보까지의 토지를 자경하던 자작 부농 231명(4,686명의 5%, 전체농민 13,588명의 1.7%)을 합한 것으로, 전체농민 13,588명의 8.6%에 지나지 않는다고 할 수 있다.

 자작 상농은 자작 부농의 특징을 그대로 드러내며 자작농 전체의 특징을 잘 보여준다. 그들의 토지소유와 주거형태를 정리해 보면, 우선 소유와 경영면적이 거의 일치하며, 일부 대여를 하는 경우 부분적으로 차지를 함으로써 소유, 경영면적을 일치시킨다는 점을 공통점으로 갖고 있다.

자작농 가운데 자작 상농의 경영기법은 경영지주에게서 확대되어 나타난다. 경영지주는 직영지 경영을 최대한으로 확보하는 가운데 잉여생산물을 극대화시키고자 하였다. 핵심은 농업고용 노동력 동원에 있었다. 양안에서는 확인되지 않지만, 구례 오미동의 류씨가 경영형태는 경영지주의 전형적인 형태로서 연인원 162명 정도의 고용노동을 이용하고 있으며, 고지노동까지 동원하여 직영지로부터의 수취를 극대화시키고 있었다. 경영지주는 조선후기에 들어서면서 새롭게 성장하는 지주층이라고 할 수 있다. 이들은 자작을 중시하면서 일부 토지만을 대여하고 있었다. 자작지는 주로 임노동 고용을 통해 합리화시키고 있었다는 점에서 경영의 선진성을 확인할 수 있다.

자작농 분석에 있어서도 소유와 경영면적 외에 그것을 조합한 결과치로서 농업소득이라는 기준을 적용하여 좀 더 다양한 경영방식을 추출할 수 있었다. <표 5>의 자작농 분석에서 확인된 것이 그것으로서 자작농민의 다양한 경영합리화 방식을 확인할 수 있었다. 답과 전을 구분하여 농업소득의 정확성을 기할 필요가 있었지만, 작물재배의 성격을 정확히 알기 어려워 여기에서는 무시하고 그 추세만을 검토하였다. 따라서 정확한 농업소득 분석보다는 경향성을 추적하는 것에 그쳤다는 점에서 아쉽다.

<표 14>의 직영지 비율과 농업소득 관계를 통해 경영지주의 특징을 좀 더 명확히 확인할 수 있었다. 직영지 비율이 30~40%에 이르는 경우로부터 90% 이상을 자경하는 경영지주까지, 가능한 한 자신의 잉여생산물을 최대한 확보하여 되도록 많은 토지를 직영하는 것을 알 수 있다. 직영지를 확대하는 것은 결코 쉽지 않다. 직영지 면적이 클수록 농업소득이 커지는 것은 당연하겠지만 농법에 밝고 각 단계나 임노동

을 제때 투여할 수 있는 지주층이 아니면 이같은 지주경영을 행하기 어렵기 때문이다.

본 연구는 진천군 전체를 대상으로 자작농의 범주와 존재형태를 확인해 보는 한편 경영지주층의 농업경영을 통해 경영방식의 선진성과 그 특징을 추출하는 데 의미를 두었다. 양안이야말로 군현단위 전체의 농민층 동향을 보여줄 수 있는 유일한 자료이기 때문에 가능한 작업이기도 했다. 다만 등장인물 모두가 농가세대를 보여주고 있지 못하거나, 등장인물 가운데는 호명이나 노명을 사용하고 있어 정확한 분석이 이루어지지 못하고 그 추세를 확인할 수 있다는 점에서 한계가 있다.

향후 토지조사부나 토지대장을 통해 이들 경영지주층의 경영확대 양상을 추적할 수 있다면 이들의 적극적인 영농과 경영합리화 방식을 보다 명확히 추적할 수 있을 것이다. 물론 개별적인 경영지주의 자료가 발굴되어 그들의 구체적인 농업경영의 기법을 확인하는 것이 최급선무일 것이다.

진천군의 농지개혁 사례
― 대지주의 대응과 수배농지의 전매 문제 ―

김 성 보

1. 머리말

해방 후 남북한에서 시행된 토지개혁(농지개혁)은 지주제를 해체하고 농민적 토지소유를 실현한 획기적 농업정책으로서 그 역사적 의의가 자못 크다. 그 의의가 큰 만큼 이에 대한 연구성과는 방대하며, 다른 한편으로 그 실태와 성격을 둘러싸고 다양한 쟁점이 제기되어 왔다.

대체로 1980년대 초반까지 남한의 농지개혁에 대한 평가는 부정적이었다. 지주들이 事前 放賣, 은닉 등 다양한 방법으로 소작지를 은폐하였으며 전쟁으로 인해 농지개혁이 제대로 실행되지 못한 점, 농민들이 과중한 地價償還과 각종 공과금 부담 등으로 인해 몰락하였고 지주들 또한 높은 인플레이션으로 인해 지가증권을 기반으로 재기하는 데 성공하지 못하였다는 점 등 여러 가지 각도에서 농지개혁의 부정적인 측면이 강조되었다. 1950년대 이후 소작제가 재생된 점 역시 농지개혁을 비판적으로 인식하는 요소가 되었다. 1980년대 중반 이후 실증적인 연구가 축적되면서 농지개혁에 대한 인식은 긍정적인 방향으로 크게 선회하기 시작하였다. 충남 서산군 근흥면의 사례연구를 통해 농지개혁의 실상이 처음 확인되었고『농지개혁사연구』등 방대한 연구가 축적되었다.[1] 이를 통해 전쟁 이전에 이미 농지개혁이 착수 또는 실행되었으며 지주제는 전반적으로 해체되었고 1950년대 농촌위기와 재생소작제의 등장은 농지개혁 자체의 한계 때문이 아니라 개혁 이후 요구되었던 농민적 농정을 제대로 시행하지 못한 때문이라는 시각이 확대되고 있다.[2]

이상의 연구를 통해 농지개혁의 전반적인 윤곽이 드러난 셈이지만 여전히 여러 가지 쟁점이 명확하게 해결되지 않은 채 남아 있다. 농지개혁의 실행 시점, 지주의 소작지 사전 방매와 은닉 실태, 피분배지주층의 자본전환 등 근대적 변신의 성공 여부, 농지개혁의 정치·경제·사회적 영향 등 여러 가지 의문점들이 충분히 실증되어 있지 않다. 이를 실증하기 위해서는 각 지역에 대한 사례연구가 보다 많이 축적될 필요성이 계속 제기되어 왔다.

서산군 근흥면 사례 이외에 지금까지 발표된 지역사례 연구로는 다음이 있다. 柳基千은 충남 연기군 남면의 농지개혁 자료와 토지대장 등을 분석하였는데, 1950년 4월 6일자로 농지 분배예정통지서가 교부되었으며 지주들의 농지 사전매각 비율은 소유농지의 28%였으며 분배예정통지서가 교부된 농지 중에서 실제 분배된 면적은 약 62.5%로서 나머지 농지는 位土와 鄕校自耕地로 인정되는 등 분배에서 제외되었음을 밝혔다. 그는 이러한 한계에도 불구하고 농지개혁을 통해 지주적 토지소유는 해체된 것으로 평가하였다.[3] 함한희는 전남 나주군 궁삼면의

---

1) 장상환,「농지개혁 과정에 관한 실증적 연구」, 연세대학교 경제학과 석사학위논문, 1985(『경제사학』 8·9, 1984·1985에 재수록) ; 金聖昊 외,『농지개혁사 연구』, 한국농촌경제연구원, 1989.
2) 농지개혁에 관한 연구사 정리는 한국역사연구회 현대사연구반,「남한의 경제구조 재편과 북한의 '민주개혁'」,『한국현대사 1』, 풀빛, 1991 ; 한국근대사연구소,『爭點한국근현대사』 3호, 1993 참조.
3) 柳基千,「農地改革과 土地所有關係의 變化에 關한 연구-忠南 燕岐郡 南面

『분배농지기록부』와 토지대장, 국회회의록, 신문 자료 등을 분석하여 한말에 권력층으로부터 토지소유권을 박탈당한 농민들이 일제하, 해방 후에 이르기까지 토지소유권 회복을 위한 투쟁을 전개하였으나 결국 한국정부 아래에서 타협적으로 소유권을 회복하게 되는 과정을 해명하였다.4) 蔣尙煥은 안동군 풍산읍 오미동의 3개 마을에 대한 설문조사방법을 통해 풍산 김씨의 세거지인 오미동에서는 농지개혁 당시 많은 소작지가 분배에서 누락되었음을 밝혔다.5) 柳蓮淑은 전북 김제군 봉남면 용신리의 농지개혁 자료와 토지대장 등을 분석하여 '半封建的 토지소유' 대부분은 타파되었지만 지주들이 여전히 상당한 규모의 自留地를 확보하여 소작료 수입을 계속 얻었던 양상을 확인하였다.6) 이종범은 『土旨面管內狀況』과 『求禮郡管內狀況』이라는 흔치 않은 지방행정자료를 활용하여 전남 구례군과 토지면의 농지개혁과 농촌사회 변동 문제를 다루었는데, 이 지역에서 농지문제는 농지개혁에 의한 공식적 경로보다는 지주의 사전 방매라는 비공식적이며 사적 경로를 통해 주로 해결되었다고 평가하였다.7) 그 외에도 이명숙은 경기도 양주군 와부면을 사례로 하여 농지개혁시 농지위원회의 활동을 밝혔으며, 정승진·松本武祝은 전북 익산군 춘포면의 토지대장을 분석하면서 농지개혁을 1950년이라는 특정 시점의 사업이 아니라 1948년 귀속농지 분배 이래

의 事例를 중심으로」, 서울대학교 경제학과 석사학위논문, 1990.
4) 함한희, 「해방 이후의 농지개혁과 궁삼면 농민의 사회경제적 지위 및 그 변화」, 『한국문화인류학』 23, 1991.
5) 蔣尙煥, 「農地改革에 의한 農村社會 經濟構造의 변화-3개 마을의 사례를 중심으로」, 金容燮敎授停年紀念韓國史學論叢刊行委員會 편, 『韓國 近現代의 民族問題와 新國家建設』, 지식산업사, 1997.
6) 柳蓮淑, 「韓國の農地改革に關する硏究-全北金堤郡龍新里における農地分配過程を中心に」, 『朝鮮史硏究會論文集』 36, 1998.
7) 이종범, 「20세기 중반 농지개혁과 농촌사회변동-전라남도 구례군 사례-」, 『全南史學』 19, 2002.

1969년의 지가상환 이전등기 완료까지의 장기간의 과정으로서 파악하였다.8) 이 같은 지역사례 연구를 통해 농지개혁의 구체상이 세밀하게 밝혀지고 있다. 보다 많은 사례연구가 앞으로도 계속 축적될 때 농지개혁 연구상의 쟁점이 해소되고 더 나아가 각 지역별 다양성이 확인될 수 있을 것이다.

이 글에서는 농지개혁에 대한 실증의 수준을 더 높이기 위한 한 방편으로, 충청북도의 鎭川郡을 대상으로 하여 몇 가지 각도에서 분석을 해보고자 한다. 지주의 소작지 사전 방매, 피분배지주층의 동향 등 농지개혁과 관련한 기존의 쟁점들을 검토하는 한편, 분배농지의 轉賣 실태에 주목하고 아울러 분배농지임에도 불구하고 토지대장에 1960년대 말까지 옛 지주의 명의가 계속 유지되는 경우에 관심을 기울이고자 한다. 진천의 대지주인 金永龜와 그의 농지가 집중되어 있던 초평면 금곡리·영구리의 사례가 중심이 된다.

지역사례 연구방법에 의해 농지개혁의 실상에 접근하기 위해서는 해당 지역의 농지개혁 자료와 토지대장, 주요 지주가의 농업경영 문서, 증언채록 등을 종합적으로 분석할 필요가 있다. 이 연구에서 주로 검토한 자료는 국가기록원에 이관되어 있는 진천군의 『農地償還臺帳』, 『分配農地簿』 등 농지개혁 자료와 진천군에서 소장하고 있는 舊『土地臺帳』이다. 토지대장은 실제 토지매매 상황을 완벽하게 반영하지는 않는다는 점에서 한계가 있다. 증언채록은 부분적으로 진행하였으며, 주요 지주가의 농업경영 문서를 확보하지 못한 점 또한 이 연구의 한계이다.

---

8) 이명숙, 「한국 농지개혁시 농지위원회에 관한 연구-경기도 양주군 와부면을 중심으로」, 경희대 석사학위논문, 2000 ; 정승진·松本武祝, 「토지대장에 나타난 농지개혁의 실상(1945~1970)-전북『익산군춘포면토지대장』의 분석」, 『한국경제연구』 17, 2006. 지역사례와 달리 농가 중심의 사례연구로는 박석두, 「농지개혁과 식민지지주제의 해체-경주 이씨가의 토지경영 사례를 중심으로」, 『경제사학』 11, 1987 등이 있다.

2. 鎭川의 농지개혁 개관

1) 농지개혁 이전 鎭川의 토지소유 문제

진천군의 농지개혁 사례를 검토하기에 앞서 간략히 한말 일제하 이 지역의 농촌 사정과 농지개혁의 결과에 대해 개관해 두기로 한다.

1901년의 진천군 量案은 소빈농층의 하향화와 지주층의 상향화 추세가 맞물려 심각한 토지소유의 양극화 현상을 보여준다. 양안에 등장하는 인구의 3.2%에 불과한 지주층이 전체 토지의 40%를 소유한 반면에, 인구의 91.8%를 점하는 소빈농층은 겨우 42.1%의 토지만을 가지고 있었다.[9] 1909년도의 충청북도 경작자 현황(<표 1>)을 보면, 진천군의 농가 6,002호 가운데 "자기 소유 토지 모두를 타인에게 병작 혹은 도조를 주어 경작하는" 지주는 69호(1.1%)였으며, 자작농이 744호(12.4%)였다. 그 외 농민은 전부 또는 부분적으로 지주의 토지를 소작하는 농민으로서 순소작농이 3,565호(59.4%), 자작 겸 소작농이 1,624호(27.4%)였다. 조선왕조는 '耕者有田'을 이상으로 삼는 유교국가였지만, 왕조의 말기인 대한제국기에 들어선 시기에 농촌사회는 이처럼 토지소유관계가 불평등하고 지주-소작관계가 고도로 발달한 상황이었다.

일제하에 농촌사정은 개선되기보다 오히려 더 악화되어 갔다. 일제의 농정 자체가 지주제를 중심 축으로 삼아 실행되었으며, 일본으로 미곡 수출이 증가하면서 농업 수익률이 향상되었지만 그 이득을 지주층이 독점하면서 지주제는 더욱 발달하였다. <표 1>에 의하면 1931년 시점에 자작농과 자작 겸 소작농은 전체 농가의 5.2%와 19.5%로 감소하였으며 소작농은 무려 73.4%까지 증가하였다.[10] 1931년 시점에 전국적

---

9) 최윤오, 「대한제국기 광무양안의 토지소유와 농업경영에 관한 연구-충북 진천군 양인 전체분석을 중심으로」, 『역사와 현실』 58호, 2005, 316~317쪽.
10) 『常山誌』에 나와 있는 진천군의 소작농 비율 73.4%는 유달리 높은 수치여서

<표 1> 진천군의 영농형태별 농가 호수 변화 (1909~1946년, 단위 戶·%)

연도	농가 호수	지주	자작농	자작겸 소작농	소작농	비고	자료
1909	6,002호 [5,933]	69호 (1.1%)	744호 (12.4%)	1,624호 (27.1%)	3,565호 (59.4%)	-	①
1931	7,570 [7,423]	147 (1.9)	396 (5.2)	1,474 (19.5)	5,553 (73.4)	-	②
1946. 12	[8,538]	?	538 (6.3)	3,150 (36.9)	4,850 (56.8)	겸업농이 486호	③

* [ ]은 지주 호수를 제외한 수치임.
* 출전 : ① 忠淸北道觀察道, 『韓國忠淸北道一般』, 1909, 73쪽.
  ② 李範觀, 『常山誌』, 1933, 제1편 24쪽.
  ③ 진천군지편찬위원회, 『鎭川郡誌』, 진천군, 1994, 180쪽.

으로는 자작농 17%, 자작 겸 소작농 29.6%, 소작농 48.4%의 분포를 보이고, 충청북도는 자작농 11.5%, 자작 겸 소작농 30.5%, 소작농 54.7%이었다.11) 이에 비하면 진천은 농민층의 소작농으로의 몰락 현상이 매우 심각한 편에 속한다.

일제하에 지주제가 발달하면서 지주층과 소작농층간의 갈등은 더욱 심화되었는데, 진천군도 예외는 아니었다. 일제하 진천의 지주들은 소작농과 마찰을 줄이기 위하여 지주간담회를 개최하여 소작제도 개선에 관한 협의를 하기도 하였다. 예를 들어 1925년 9월 29일에는 金泓, 金禮煥, 金智煥, 朴柱遠, 車箕洪, 申珏熙, 方善容, 趙廣鎬, 兪明濬, 徐禹範, 金肯鉉, 金永億 등 진천의 대지주 28명이 모여 지주간담회를 열었다.12) 이 회의에서 지주들은 地稅와 공과금을 소작농에게 부담시키지 않고 지주 스스로 부담하는 등 24조의 소작계약 방침을 실행하기로 합

다른 자료들을 발굴하여 사실 여부를 확인할 필요성이 있다. 일단 이 연구에서는 이 자료의 수치에 근거하여 파악한다.
11) 朝鮮總督府 農林局, 『朝鮮農地年報』 1집, 1940, 139·141쪽.
12) 『時代日報』 1925. 11. 3.

의하였다.13) 이러한 결의는 그 뒤에도 여러 번 계속되었으나, 제대로 지켜지지 않고 오히려 소작료가 증가하여 물의를 빚기도 하였다.14) 1930년대 이후에도 지주층과 소작농간의 갈등은 지속되었다. 1933년에 朝鮮小作調停令이 실시된 이래 1939년까지 7년간 진천군에서 발생한 소작조정 건수는 122건에 이르렀다.15) 농지문제의 해결은 일제로부터의 해방 이후를 기약할 수밖에 없었다.

해방 이후인 1946년의 시점에도 진천의 농촌 사정은 일제하와 큰 차이가 없었다. <표 1>의 1946년 12월 통계에 의하면, 진천의 농가호수는 8,538호로 1909년보다 약 2천 5백 호가 증가하였다. 그중 자작농은 538호(6.3%), 자작 겸 소작농은 3,150호(36.9%), 소작농은 4,850호(56.8%)이었다.16) 일제하인 1931년 시점에 비하면 감소한 수치이지만, 1909년 당시 진천의 경작자 현황과 비교해보면 지주-소작관계에서 여전히 개선되지 않았음을 확인할 수 있다.

자작농이 전체 농가의 10%에도 미치지 못하고 대다수 농가가 자소작농 또는 소작농이었다는 점에서, 농지개혁을 통한 지주제의 해체와 자작농의 창출작업은 진천군에서 필수적인 과제일 수밖에 없었다. 이는 전국적으로 마찬가지였다. 1946년 시점에 남한의 농가 2,137,288호 가운데 자작농은 15.8%, 자작 겸 소작농은 37.9%, 소작농은 43.2%, 화전민·被傭者가 3.1%이었다. 또한 1945년말 시점에 남한의 농지 가운데 자작지는 36.6%에 불과하였으며, 나머지는 소작지였다.17)

---

13) 『朝鮮日報』1925. 10. 26.
14) 『東亞日報』1930. 4. 1.
15) 朝鮮總督府 農林局, 앞의 책, 55쪽.
16) 진천군지편찬위원회, 『鎭川郡誌』, 진천군, 1994, 180쪽.
17) 朝鮮銀行調査部, 『朝鮮經濟年報』, 1948, Ⅰ-29쪽.

2) 진천의 농지개혁 결과

1949년 4월 27일에 농지개혁법이 국회를 통과하였다. 그러나 5월 9일에 열린 임시국무회의는 條文 중에 '현저한 모순'이 있고 보상과 상환액의 균형이 맞지 않아 보상총액을 보상할 재원이 없다는 등의 이유로 농지개혁법을 국회에 환송하였다. 결국 농지개혁은 1950년 2월 2일 국회에서 농지개혁법 개정법이 통과되고 3월 10일에 공포되면서 비로소 실행 단계에 들어섰다. 개정법 공포 이후 이를 뒷받침할 농지개혁법 시행령은 3월 25일에, 시행규칙은 4월 28일에 공포되었다.[18]

그렇다면 진천군에서는 구체적으로 어느 시점에 농지개혁사업이 실행되었을까? 현재 진천군의 농지개혁과 관련하여 『농지상환대장』, 『분배농지부』, 『분배농지등기신청』 등의 자료는 남아 있으나 사업의 추진 일정을 확인할 수 있는 자료는 찾을 수 없는 실정이다. 다만 늦어도 1950년 6월의 전쟁 이전에는 실행에 들어갔다는 점을 여러 진천군민의 증언을 통해 확인할 수 있는 정도이다.[19] 1950년 5월 23일자의 『동아일보』 기사에 의하면 4월 10일까지 분배예정통지서를 각 소작인에게 교부하였다는 중앙당국의 발언과는 달리 충청북도의 경우 농지분배예정통지서가 5월까지도 아직 5할밖에 교부되지 못한 실정이었다. 또한 『국도신문』 1950년 5월 18일자에 의하면 충북에서 지주의 보상신청은 7할 정도 진척된 상황이었다.[20] 진천에서 농지분배예정통지서와 지가증권

---

18) 金聖昊 외, 앞의 책, 1989, 1232~1236쪽 ; 김성보, 「입법과 실행과정을 통해 본 남한 농지개혁의 성격」, 홍성찬 편, 『농지개혁연구』, 연세대학교출판부, 2001, 156~157쪽.
19) 상산고적회 회원 등 농지개혁 당시를 회고할 수 있었던 분들은 전쟁 이전에 농지개혁이 이루어졌다고 증언하였는데, 정확한 시점을 기억한 사람은 없었다. 향교 전교인 김병천은 전쟁 전에 농지개혁이 시작되었으나 전쟁으로 중단되었다가 이후 재개된 것으로 기억한다(2005년 6월 9일 인터뷰).
20) 지주 보상신청은 1950년 5월 중순에 충북이 7할, 충남이 6할, 전북이 5할 정도

발급사업은 1950년 4월 이후 시작되었지만 행정적으로 완전히 이 작업이 마무리되지 않은 채 전쟁을 맞이했을 가능성이 높다.

진천군의 농지개혁 결과는 아래 <표 2>와 같다.

<표 2> 진천군의 농지개혁 결과 (분배면적의 단위 : 정보)

구분		논	밭	계
매수농지	필지 수	6,097	5,623	11,720
	분배면적	1,037	707	1,744
	농가호수	5,238호		
귀속농지	필지 수	911	591	1,502
	분배면적	167	96	263
	농가호수	986호		
합계	필지 수	7,008	6,214	13,222
	분배면적	1,204	803	2,007
	농가호수	6,224호		

* 출전 : 한국농촌경제연구원, 『農地改革史關係資料集』 3집, 120~121쪽.

위 표에 의하면 진천군에서는 논 1,204정보, 밭 803정보, 합계 2,007 정보의 농지가 분배되었다. 이는 전체 농지의 몇 %에 해당하는 면적일까? 1946년 말에 진천군의 토지대장에 등록된 농지는 논 5,542정보, 밭 4,012정보이고, 토지대장에 등록되지 않은 농지가 논 59정보, 밭 205정보로서 총 농지면적이 9,818정보이었다.[21] 이를 비교해 보면 전체 논의 21.5%, 전체 밭의 19.0%만이 분배대상이 되었음을 알 수 있다. 논밭을 합친 전체 면적으로는 20.4%에 해당한다. 농지개혁에 관한 전국 통계를 보면 1945년 말 시점에 총경지 232만 정보 가운데 29.7%에 해당하는 69만 정보만 실제로 분배되었다. 소작지 147만 정보의 46.9%에 불과한 면적이다.[22] 전국적으로 분배대상 농지가 된 비율이 이처럼 낮은데,

---

진행되었고, 전남은 겨우 3부의 진척율을 보였다(『국도신문』 1950. 5. 18).
21) 진천군지편찬위원회, 앞의 책, 180쪽.
22) 조선은행조사부, 앞의 책, Ⅰ-29쪽 ; 『농지개혁사관계자료집』 3집, 30~31쪽.

그 중에서도 특히 진천군은 그 비율이 상당히 낮은 경우에 해당한다.

이토록 전체 농지에 대한 분배농지의 비율이 낮은 이유는 어디에 있었을까? 진천군에서 유달리 자작농의 농지가 많았기 때문은 아닐 터이다. 앞에서 확인하였듯이, 진천에서 1946년 말에 자작농은 6.3%에 불과하였으며, 나머지는 순소작농 또는 자작 겸 소작농이었다. 실제로 진천군에서 농지를 분배받은 농가호수는 6,224호에 이른다. 1946년 말에 소작을 하던 농가호수 8,000호(자작 겸 소작농 3,150호, 순소작농 4,850호)와 비교하면 이들 중에서 77.8%가 비록 평균 0.32정보에 불과하지만 농지를 분배받았다.

진천군에서 분배농지 비율이 낮은 가장 주요한 이유는 귀속농지의 비중이 매우 낮았던 데에서 기인하는 것으로 보인다. 진천군에서 분배농지 가운데 일본인 귀속농지는 263정보(13.1%)에 불과하며 한국인 지주로부터 매수한 농지가 1,744정보(86.9%)이다. 남한 전역에서 귀속농지는 전체 분배농지의 41.9%에 달하였는데,[23] 그에 비하면 진천군은 귀속농지의 비중이 상당히 낮은 경우에 속한다. 진천군에도 東洋拓植株式會社의 토지나 일본인 개인 토지가 확인되지만 진천군의 일본의 토지 침탈은 다른 지역에 비해 상대적으로 미약하였다.[24] 귀속농지의 경우에는 일부 事故農地를 제외하고는 농민에게 비교적 철저하게 분배

---

23) 金聖昊・全敬植 編, 『農地改革史關係資料集』 3집, 韓國農村經濟硏究院, 1984, 30~31쪽.
24) 1913년 말의 통계에 의하면 동양척식주식회사의 출자지는 경기도와 경남, 황해도에 집중되었으며, 매수지는 전라남북도와 황해도에 집중되었다. 동척은 충북의 출자지가 없었으며 다만 논 623.5정보, 밭 413.2정보 등 총 1,072.2정보의 토지를 충북에서 매수하였다. 이는 전체 매수지 면적의 2.3%에 불과하다 (김석준, 「동양척식주식회사의 사업 전개 과정」, 한국사회사연구회 편, 『한국근대농촌사회와 일본제국주의』, 문학과지성사, 99~101쪽). 동척 등 일본인의 토지침탈은 한반도 전역에 걸쳤지만, 강원도와 충청북도 등 비교적 산간지대가 많은 지역으로의 침탈은 상대적으로 약한 편이었다.

되었다.25) 이에 비해 한국인 소유 토지는 일본인 소유 토지보다 상대적으로 자작농 비율이 높고, 지주들이 농지개혁 이전에 사전 방매하거나 명의변경, 位土나 종교단체·학교로의 귀속 등 방법으로 농지개혁을 회피할 가능성이 더 많이 열려 있었다. 사전 방매의 경우는 결과적으로는 농민에게 농지가 이전되는 것이므로 그 자체가 농지개혁의 효과와 의의 자체를 훼손시키지는 않는다. 이와 달리 명의변경 등에 의한 회피는 농지개혁의 한계성을 보여주는 경우이다.

 진천군 전체적으로 이러한 현상이 얼마나 있었는지를 확인하는 작업은 본고의 범위를 넘어선다. 다만 사전 방매로 판단되는 몇 가지의 사례를 뒤에서 언급하고자 하며, 진천군에서 농지개혁시 일부 지주가 자신의 토지를 位土로 인정받아 매수 대상에서 벗어나는 경우가 많았다는 증언이 있음을 밝혀두기로 한다.26)

3. 농지개혁을 전후한 지주의 대응 양상

 북한 정권은 1946년에 무상몰수 무상분배 방식의 토지개혁을 실시하여 지주층의 경제적 기반을 철저히 해체시켰다. 이와 달리 남한에서 실시한 유상매수 유상분배 방식은 본래 지주들이 지가증권을 발급받아 자본전환을 하는 등 사회경제적으로 재기할 수 있는 기회를 제공하기

---

25) 외국인 경작지, 포기농지, 군용지 등 농민에게 분배되지 않은 사고농지는 5,270정보이며, 267,776정보의 농지가 귀속농지로서 농민에게 매각되었다. 이는 신한공사의 대장면적 260,251정보보다 더 많은 면적이다. 귀속농지에 기타 면적이 추가되고 사고농지가 제외된 결과이다(金聖昊 외, 앞의 책, 404~406쪽).
26) 진천에서 농지개혁은 마을마다 양상이 다르며 "位土라고 거짓말을 하여" 분배대상에서 제외된 토지가 많았다는 증언이 있다(김병천 증언, 2005년 6월 9일 인터뷰).

위해 시행한 방법이었다. 그러나 지금까지 학계의 연구에 의하면, 일제 하에 기업경영 등 농외투자의 경험이 풍부했던 지주의 경우를 제외하고는 상당수의 지주들은 농지개혁 이후 성공적으로 재기하지 못하였다. 전쟁과 인플레이션 등의 악조건 속에서 분할 수령을 해야 하는 지가증권으로는 자본투자 등이 여의치 않았기 때문이다. 그렇다면 진천지역 지주들의 경우는 어떠했을까?

진천에서 분배된 농지가 전체 농지의 20.4%로 축소된 데에는 지주가 소작지를 은닉하거나 事前 放賣하는 등 다양한 방법으로 농지개혁을 회피한 점이 작용하였을 것이다. 이중 사전 방매의 경우는『토지대장』에 반영될 터이므로, 해방 이후인 1946년부터 농지개혁법 시행규칙이 발표되는 1950년 4월 이전 사이의 토지소유권 이전 내역을『토지대장』을 자료로 해서 살펴보기로 한다.27) 진천군 전체의 토지대장을 확인하기 어려운 사정상 이월면 노원리와 초평면 영구리를 사례로 하여 농지개혁 이전의 토지소유권 이전 내역을 살펴보기로 한다. 아래 <표 3>은 이월면 노원리의 1946년부터 1950년 4월 사이의 토지소유권 이전 내역이다.28)

<표 3>에 의하면 이월면 노원리의 경우, 1946년부터 1950년 4월 사이에 290건의 소유권 이전 등기가 이루어졌는데 그 면적은 167,310평(55.8정보)에 이르렀다. 초평면 영구리의 경우에도 1946년 21건, 1947년 25건, 1948년 47건, 1949년 102건, 1950년 6건 등 총 201건의 소유권 변동이 농지개혁 이전에 있었음이『토지대장』에서 확인된다. 그러나 이

---

27) 사전 방매를 하였을 경우에도 토지대장에 반영이 되지 않거나 뒤늦게 반영되는 경우가 일부 있을 수 있다.
28) 1945년도의 경우는 해방 이전과 이후를 식별하기 어려워 제외하였다. 토지대장을 근거자료로 해서 지주의 사전 방매 실태를 조사한 사례 연구로는 다음 글이 있다. 조석곤,「토지대장상에 나타난 토지소유구조의 변화」, 안병직·이영훈 편저,『맛질의 농민들-한국근세촌락생활사』, 일조각, 2001.

<표 3> 노원리의 토지소유권 이전(1946년~1950년 4월)

연도	건수	면적(단위 : 평)
1946	39	21,748
1947	100	52,146
1948	58	34,997
1949	73	48,901
1950	20	9,518
계	290	167,310

* 출전 :『토지대장』(진천군 이월면).

사실만으로는 지주의 사전 방매가 빈번했음을 단정할 수는 없다. 매각자가 지주인지 자작농인지를 토지대장만으로는 확인할 수 없기 때문이다. 1950년 4월 이전의 토지매매는 지주의 사전 방매 가능성만을 보여줄 뿐이다.

실제 지주로 확인되는 소유자의 사전 방매 사례를 확인하고 지주층의 실제적인 토지소유 변화를 확인해 보기 위해 20정보 이상 피분배지주 3인의 토지소유 변화를 검토해 보기로 한다. 농촌경제연구원이 작성한『농지개혁시 피분배지주 명단 및 일제하 대지주 명부』에 의하면, 진천군에 주소지를 둔 지주 가운데 20정보 이상을 분배당한 인물로는 앞서 언급한 申慶澈, 金永龜, 金仁煥 3인이 있다.[29]

---

29) 한편 진천의 피분배지주로서 개인이 아닌 단체인 경우로는, 종교기관으로서 이월면에서만 19.0정보를 분배당한 聖公會와 교육기관으로서 초평만 금곡리에서만 4.3정보의 농지를 분배당한 淸州商業學校 등이 있다. 이 학교의 농지는 본래 金永根이 1924년도에 조선식산은행에게서 소유권을 이전받은 것인데, 1935년도에 그의 형인 金元根이 청주상업학교를 세우자 1937~38년도에 걸쳐 학교 운영을 위해 기부한 농지였다(한운사,『위대한 평범-김원근·영근 선생 이야기』, 청주대학교출판부, 1997 신판, 311쪽).

<표 4> 진천군의 20정보 이상 피분배지주 (단위 : 정보, 石)

성명	논	밭	계	補償 石數	주소
申慶澈	31.0정보	7.5정보	38.5 정보	1,502.4석	이월면 동성리
金永龜	15.1	14.0	29.1	911.6	초평면 금곡리
金仁煥	20.9	11.5	32.4	736.3	진천읍 읍내리

* 출전 : 한국농촌경제연구원,『농지개혁시 피분배지주 명단 및 일제하 대지주 명부』, 1985, 32쪽.

위 3인 가운데 근대적인 기업가로 전환하는데 성공한 경우는 없다. 김인환은 농지개혁 이후 가세가 기울었으며 결국 絶孫되었다고 한다.[30] 신경철과 김영구는 대지주로서의 위세는 잃었지만 지역 유지 또는 원로로서의 지위를 완전히 상실하지는 않았는데, 그 대응 양상이 여러 모로 대비된다.

신경철 집안은 경기도 이천에서 부를 축적한 지주가이다.[31] 그의 조부인 申學均은 천석군으로 이천과 음성, 진천 등지에 토지를 소유하고 마름을 두어 이를 관리하였다. 신학균이 진천에 정착하게 된 것은 1894년의 시점이다. 그는 농민전쟁이 일어나자 진천으로 피난하였다가 들이 넓은 동성리에 정착하여 주변 전답을 매입하면서 진천의 대지주가 되었다. 부친이 조부 사후 3년 뒤에 사망하자 재산을 상속받은 신경철(1914~1985)은 20대 초반까지 한학만을 공부하는 등 근대화의 흐름과 거리를 두었다. 그는 해방 이후 소극적이지만 우익의 편에 서서 대한독

---

30) 常山古蹟會 奉源庸 회장의 증언(김양식, 「1950년대 충북지역 유지층의 변동과 그 성격」,『정신문화연구』 26-4호, 2003, 58쪽에서 재인용). 김인환은 김해 김씨 참판공파에 속하며, 1930년대 말에 큰 가뭄이 들었을 때 소작농들의 도지 천석을 삭감해주었는데, 이를 기리는 송덕비가 현재 이월면 농공단지 입구 좌측에 세워져 있다(김병천 증언. 2005년 6월 9일 인터뷰). 김인환은 1966년도에 389평에 달하는 垈地(읍내리 128-1번지)를 구입하는 데서 엿볼 수 있듯이 경제적으로 완전히 몰락한 것은 아니었다(진천읍 읍내리『토지대장』에 의함).
31) 신경철은 이월면 노원리에서 집성촌을 이룬 문희공파의 논실 신씨와는 파가 다른 제정공파에 속하는 이주자였다.

립촉성국민회 이월면지부 재정부장을 맡는 등 정치에 관여하기도 하였다.32) 그러나 농지개혁과 전쟁의 혼란을 겪은 이후 그는 정치와 거리를 두고 한의사로 경제생활을 하는 한편 향교 전교, 유도회 회장, 길상사 보존회 회장 등을 역임하여 지역 원로로서의 지위를 유지하였다.

그의 농지개혁에 대한 대응방식은 지극히 소극적이었다. 많은 지주들이 농지개혁을 피하기 위하여 토지를 사전 방매한 반면에, 그는 조상에게서 물려받은 토지이므로 팔 수 없다고 버티다가 거의 대부분의 토지를 분배당하였다. 보상으로 지가증권을 받기는 하였으나, 주위에서 정미소를 세우자는 건의를 받아들이지 않았으며 증권회사에 증권을 팔아버렸다고 한다. 또한 친구에게 장사 밑천을 빌려주었다가 회수하지 못하기도 하였다. 농지개혁 이후 그에게 남은 토지는 약 3정보(45마지기)였는데, 그 자신은 한의사 생활을 하였고, 그의 아들인 申東奭대에 직접 농사를 지었다.33) 신경철의 경우는 전통적인 양반지주가의 틀에서 벗어나지 못하고 농지개혁의 충격을 그대로 받아들였으며 그 이후 최소한의 경제적, 사회적 지위를 유지하는 데 만족한 소극적 사례에 해당한다.

대지주 金肯鉉의 아들인 金永龜의 경우는 이와 달리 보다 적극적으로 농지개혁에 대응한 사례이다. 그의 주소지인 草坪面 琴谷里와 이웃 永九里의 토지대장을 보면, 그와 그의 가족 金椿洙가 농지개혁에 어떻게 대응하였는지 실상을 어느 정도 파악할 수 있다.34)

---

32) 申弘澈, 『梨月面要覽』, 1949, 24쪽.
33) 이상 신경철에 대한 서술은 그의 아들 申東奭의 증언에 의함(2002년 2월 7일 인터뷰).
34) 김영구에 대해서는 증언 채록을 하지 못하였다. 김긍현-김영구-김춘수는 모두 금곡리 323번지를 주소지로 하고 있어 한 가족으로 이해하였다. 직계 3대로 보인다. 금곡리 305번지의 金鶴洙도 가족일 가능성이 있으나 확인하지 못하여 분석대상에서는 제외하였다.

<표 5> 김영구·김춘수 소유 금곡리 토지의 해방 후 소유권 변동

구분	필지 수	면적
토지방매	21	15,675평(5.2정보)
피분배	18	8,322평(2.8정보)
1) 소유권 이전	11	5,446평(1.8정보)
2) 가족 명의 유지	7	2,876평(1.0정보)

* 출전 : 『토지대장』, 『분배농지부』(진천군 초평면)

 김영구·김춘수는 자신의 주소지인 금곡리에서 5.2정보에 이르는 21개의 필지를 농지개혁에 앞서 사전 방매하였다. 김춘수의 농지 3필지는 1947년도에, 김영구의 농지는 3필지를 1948년도에, 15필지를 1949년도에 방매한 것으로 토지대장에 기재되어 있다. 지주로서 사전 방매를 하면 비록 비싼 가격에 팔지 않는다해도 목돈을 쥘 수 있다는 점에서 분할 수령 조건인 지가증권을 받는 것보다는 경제적으로 재기하는데 훨씬 유리하였을 것이다.

 그렇다면 김영구·김춘수가 분배당한 농지의 소유권은 어떻게 변동하였을까? 18개의 필지 가운데 11건은 소유권이 타인에게 이전되었다. 7건은 受配農家가, 4건은 제3자가 인수하였다. 그런데 나머지 7건은 1970년대에도 토지대장에 김씨가의 농지로 기재되어 있다. 그 이유는 어디에 있을까? 그중 1건(1,289평)은 1971년에 제3자 명의로 이전되는 경우로서, 수배농가가 결국 지가상환을 포기하고 제3자에게 뒤늦게 소유권을 넘긴 경우로 판단된다. 다른 1건(25평)은 토지대장 하단에 '1975. 10. 20 현재 미등기'라고 표시되어 있다. 수배농가가 등기 절차를 밟지 않아 소유권 이전을 위한 행정처리가 이루어지지 않은 경우로 보인다. 나머지 5건은 김영구의 소유로 계속 기재되어 있다가 1977년도에 그의 아들 '김춘수 외 5인' 명의로 소유권이 이전되었다. 밭 3건(539평, 85평, 67평), 논 1건(831평), 밭에서 임야로 지목변경된 농지 1건(40평) 등 합계 1,562평의 토지이다. 이처럼 김씨가는 분배당한 토지 중에서 적어도 1,562평의 토지를 다시 자신의 소유로 환수하였다.

「분배농지 소유권 이전등기 취급요령(1951. 8. 31. 農地 제840호)」에 의하면 농지개혁법에 의해 분배한 농지는 상환이 완료된 것에 한하여 소유권을 이전 등기할 수 있었다. 그러나 1950년대에 상환액과 공과금의 과중한 부담 등으로 인해 중도에 상환을 포기하고 토지를 전매하는 농가가 속출하였다.35) 결국 정부는 상환을 완료한 농지의 경우 이를 매수한 자가 실지 경작자로서 소유면적이 3정보를 초과하지 않은 적격농가인 경우에는 소유권을 이전하여 주는 것을 내용으로 하는 '분배농지 소유권 이전등기에 관한 특별조치법'을 1961년 5월에 공포하였다.36) 이로써 김영구와 같은 옛 지주도 가족 명의로 분배당한 농지를 재매입하는 것이 가능하였던 것으로 보인다.

그렇다면 그는 금곡리에 이웃한 영구리의 소유 토지에 대해서는 어떤 식으로 대응하였을까?

<표 6> 김영구 소유 영구리 토지의 해방 후 소유권 변동

구분	필지 수	면적
토지방매	8	4,818평(1.6정보)
피분배	61	29,194평(9.7정보)
1) 소유권 이전	50	23,258평(7.7정보)
2) 명의 유지	3	1,824평(0.6정보)
3) 미확인	8	4,112평(1.4정보)

* 출전 : 『토지대장』・『분배농지부』(진천군 초평면)

김영구는 농지개혁 이전에 영구리에서 8필지 4,818평(1.6정보)의 농지를 사전 방매하였다. 1947년에 1건, 1948년 3건, 1949년 4건이었다.

---

35) 농림부는 1953년 12월 11일자로 분배농지 암매매 근절을 독려하는 통첩을 지방 행정기관에 하달한 바 있다(진천군 栢谷面, 『農地改革 關係綴』, 1954, 45~46쪽). 그러나 암매매 근절 조치는 제대로 집행되지 않았다.
36) 金聖昊 외, 앞의 책, 836쪽.

9.71정보에 해당하는 61개 필지는 농지개혁시 분배당하였다. 그중 53건은 소유권 등기 이전 여부를 『토지대장』에서 확인할 수 있는데,[37] 50건은 타인에게 소유권이 이전되었다. 그런데 3개 필지 1,824평(0.6정보)은 토지대장에 김영구의 소유로 계속 기재되어 있다. 그중 2개 필지(밭 545평, 논에서 임야로 지목변경 124평)는 '1975. 10. 20 현재 미등기'라고 표시되어 있다. 수배농가가 등기를 하지 않은 채 방치한 경우일 것이다. 다른 1개 필지(밭 1,155평)은 아무런 표시없이 계속 김영구의 소유로 되어 있다. 이것은 어떤 경우일까? 앞서 금곡리에서는 김영구의 피분배농지 중 일부가 그의 아들 김춘수 외 5인에게 소유권이 이전된 경우를 확인했는데, 이 경우는 김영구 자신이 계속 소유권을 유지한 경우로 해석할 수 있다. '분배농지 소유권 이전등기에 관한 특별조치법' 이후 옛 지주가 자신의 명의로도 분배당하였던 농지를 다시 매입, 즉 환수하는 것이 가능했음을 보여주는 사례로 보인다. 다만 토지대장이 실제 토지매매의 사정을 완벽히 반영하지 않기 때문에 또 다른 해석의 가능성은 남는다. 일단 필자는 김영구·김춘수가 금곡리에서 1,562평, 영구리에서 1,155평 합계 2,7179평의 피분배농지를 다시 환수한 것으로 판단하고자 한다.

  한편 금곡리 토지대장에 의하면 김영구의 아들 김춘수는 다른 5인과 공동명의로 1977년도에 금곡리에서 22,631평의 토지를 매입하기도 하였다. 논 8,544평, 밭 10,918평, 대지 2,909평, 도로 146평, 임야 40평 및 지목이 확인되지 않는 74평 등 32개 필지였다.[38] 김씨가가 농지개혁 이후에도 많은 토지를 경영하였다는 것은 증언으로도 확인된다.[39] 김씨

---

37) 필자는 영구리 토지대장의 650개 지번중에서 201~400지번 사이의 토지대장을 진천군청에서 확인할 수 없었다. 이 53건은 1~200지번과 401~650지번 기록에서 파악한 수치이다.
38) 토지대장에 의하면 1977년 6월 9일에 32개의 필지를 '김춘수 외 16인' 명의로 올렸으며 같은 날 '김춘수 외 5인'으로 소유권을 다시 변경하였다.

가는 농지개혁 이후에도 다양한 방법을 통해 한 농가의 법적 소유 상한선인 3정보 이상의 농지를 경영하는 부농으로 존재하였을 가능성이 크다.

이상과 같이 대지주가인 김인환과 신경철, 김영구 세 집안은 농지개혁에 대한 대응 양상에서 상당히 대비되는 모습을 보여주었다. 김인환 집안은 농지개혁을 계기로 몰락하였다. 신경철과 김영구 두 집안은 모두 先代에 이미 토지로 부를 축적한 양반 대지주가에 해당하지만 농지개혁에 당면해서는 소극적 대응에 머물면서 지역 원로로서의 사회적 지위를 유지하는데 만족한 경우(신경철)와 토지방매, 피분배 농지의 재매입 등 적극적 대응을 통해 부농으로서 재기한 경우(김영구)로 대비된다.

4. 농지개혁 이후 농지전매와 지주의 환수 사례

앞에서 농지를 분배받은 농민이 지가상환을 중도에 포기하고 전매해 버리는 경우가 전국적으로 속출하였으며, 결국 정부가 이를 인정하여 '분배농지 소유권 이전등기에 관한 특별조치법'을 1961년도에 공포한 바 있음을 언급하였다.

농지개혁법 16조는 상환 완료 전에 분배농지에 대한 소유권의 임의처분을 금지하고 있다.[40] 그러나 1959년 7월말 분배농지에 대한 농림부

---

39) 常山古蹟會 奉源庸 회장의 증언(김양식, 앞의 글, 58쪽에서 재인용).
40) 한편 농지개혁법 제4장 제19조에 의하여 "분배받지 않은 농지 및 상환을 완료한 농지는 所在地官署의 증명을 얻어 당사자가 직접 매매할 수" 있었다. 진천군 栢谷面의 『農地改革關係綴』(1954년)에는 백곡면장이 진천군수에게 보내는 『農地賣買認許申請書』들이 철해져 있어, 이 조항에 입각하여 진행된 합법적인 농지매매의 사정을 알 수 있다.

의 轉賣買農家 실태조사에 의하면, 상환을 완료하여 분배농지 이전등기를 실시한 농가는 총수배농가 152만 1,241호 중에 42만 1,875호(27.7%)에 불과하였다. 나머지 미등기농가 109만 9,366호 중에서 41.2%인 45만 3,409호는 상환을 포기하고 다른 사람에게 토지권리를 넘겨준 轉賣農家로 파악되었다. 이는 총수배농가의 29.8%에 해당한다.41) 전매농가의 발생은 첫째 한국전쟁으로 原受配者가 사망 또는 행방불명되었거나, 둘째 농촌경제의 극심한 변동으로 농지를 방매하고 이농하는 현상이 현저했으며, 셋째 소규모 농지를 분배받은 영세농가의 탈농으로 인한 농지의 편중화가 진행되었기 때문으로 지적되었다.42)

1959년 7월말의 분배농지에 대한 전매농가 실태조사에 의하면, 충북에서는 총수배농가 77,160호 가운데 상환을 끝내고 등기까지 완료한 농가는 37,955호(49.2%)이며, 전매농가로 파악된 농가는 9,373호(12.1%)이었다. 진천의 전매농가 비율은 전국 평균비율인 29.8%보다는 상당히 낮은 비율이다.43) 또한 그 해 12월말의 조사에 의하면 충북에서 등기이전 대상은 73,637건으로 그중 43,055건(58.5%)이 등기이전되었으며, 진천군의 경우에는 6,111건 중에서 3,863건(63.2%)이 등기이전되었다.44) 충청북도와 진천군은 다른 지역에 비하면 비교적 수배농가가 등기이전을 완료한 비율이 높고 전매농가의 비율은 낮은 양상을 보인다. 다만 전매농가의 비율은 부정확한 실태조사에 입각한 것이어서 보다 실증적인 연구가 요청된다.

실제 전매농가의 비율이 어느 정도인지, 그리고 토지를 전매할 경우

---

41) 金聖昊 외, 앞의 책, 835쪽의 <표 V-9-10>. 분배받은 농지를 상환하지 못하고 전매한 농가들은 이농하거나 소작농 또는 "1년 사경이 벼 두 섬"이라는 머슴살이로 전락하는 상황이었다(『朝鮮日報』 1960. 8. 11).
42) 金聖昊 외, 위의 책, 836쪽.
43) 위의 책, 835쪽의 <표 V-9-10>.
44) 『도세일람』, 충청북도, 1960, 142쪽.

그 중에서 어느 정도를 농지개혁 이전의 원 지주가 재매입하였는가에 대해서는 아직 구체적인 사례연구가 부족한 편이다. 장상환은 서산군 근흥면 사례를 검토하면서 이 곳에서 전매 농지 비율은 10%에 불과하여, 농지개혁의 성과를 훼손할 정도는 아닌 것으로 평가하였다. 柳基千은 충남 연기군 남면 사례를 조사하면서 수배농가 중 전매농가는 20.5%이며, 면적상으로는 17.0%가 전매되었음을 밝혔다. 그리고 현지인의 증언에 기초하여 분배농지를 옛 지주가 다시 구입하는 경우는 거의 나타나지 않았다고 지적하였다. 따라서 농지개혁 후의 농민경영은 불안정하였으며 많은 수배농가가 수배농지를 전매하였지만 그것이 지주적 토지소유를 재생시킨 것은 아니라고 결론을 내렸다.45)

위의 두 사례연구는 상환대장 또는 농지분배부와 토지대장을 직접 비교 분석한 경우가 아니기 때문에 정확한 실상을 파악한 것으로 보기에는 어려움이 있다. 보다 정확한 실증을 위해 초평면에서 집성촌인 금곡리와 각성바지 마을인 영구리를 사례로 하여 필지별로 피분배지주와 수배농가, 농지상환 이후 소유권 등기인 3자를 비교해 보기로 한다.

금곡리 분배농지부에 나오는 총분배면적은 183건, 62,683평인데, 그 중에서 피분배지주, 수배농가, 1960년대 등기인 3자를 확인할 수 있는 경우는 156건, 55,707평이다. 이 중에서 수배농가가 직접 등기를 완료한 경우와 그렇지 않고 제3자에게 전매되거나 옛 지주가 1960년대 내내 명의를 유지한 경우를 구분해 보면 아래 표와 같다.46)

---

45) 유기천, 앞의 글, 67~70쪽.
46) 전국적으로 1955년부터 1969년까지 분배농지 소유권 이전등기는 모두 4,715,710건이 완료되었고 약 25,000건이 완료되지 않은 것으로 추계된다 1970년 이후는 모든 등기비용을 수배자가 부담하여 개별적으로 처리하게 되었다(金聖昊 외, 앞의 책, 843쪽). 따라서 이 연구에서는 1970년까지 명의가 어떻게 변동하는지를 일단 조사 기준으로 삼는다.

<표 7> 금곡리 수배농가의 소유권 변화

구분	건		면적	
	건수	건수 비율	면적	면적 비율
수배농가 등기	78건	50%	29,202평	52.4%
제3자 등기	49건	31.4%	17,987평	32.3%
피분배지주의 명의 유지	29건	18.6%	8,518평	15.3%
계	156건	100%	55,707평	100%

* 출전 : 『분배농지부』·『토지대장』(진천군 초평면).

금곡리에서는 수배농가의 절반만 직접 등기를 하였다. 제3자가 등기한 건수는 31.4%, 피분배지주의 명의가 장기간 그대로 유지된 경우가 18.6%에 이른다. 면적 비율로는 각각 32.3%, 15.3%이다. 토지대장에서 피분배지주의 명의가 1970년 이후로도 계속 유지된 경우를 좀 더 자세히 알아보면 아래 표와 같다.

총 29건 가운데 10건은 '1975. 10. 20 현재 미등기'라고 표시되어 있는 경우이다. 6건은 1970년대에 소유권이 이전되었는데, 그중 1건(323평)만 수배농가에게 이전되고 나머지는 제3자에게 이전되었다. 기타 13건은 토지대장만 놓고 보면 피분배지주 또는 그 가족이 계속 1970년대까지 소유권을 유지한 경우이다. 13건 모두 옛 지주가 다시 농지를 회수한 경우로 해석하는 데에는 무리가 있겠으나, 토지대장을 기초자료로 하는 이 연구의 성격상 일단 그 가능성을 인정해두기로 한다.

이 표에서 흥미로운 점은 금곡리의 피분배지주 가운데 1970년대에도 명의를 유지하는 인물 가운데에는 김씨가 대다수라는 점이다. 이들 중에서 금곡리에 주소지를 둔 김씨는 집성촌을 이루고 있는 광산 김씨들로 간주해도 좋을 것이다. 김영구, 김춘수, 김영웅, 김인수, 김풍현, 김행백, 김혁수 등이 그들이다. 이들의 명의가 유지되는 농지는 김씨 가문의 인물들 토지가 많이 모여 있는 200~300번대 지번에 집중되어 있다. 특히 7건은 같은 김씨에게 분배되었다가 미등기상태가 되거나 옛 지주

<표 8> 금곡리 피분배농지중 옛 지주 명의가 유지된 사례 (면적단위 : 평)

성명	주소지	건수	면적	비고
광산김씨 문중	금곡리	1	921	미등기
김영소	덕산면	3	313	1건 미등기(23평)
김영구	금곡리	6	1,587	1건 미등기(25평) 5건 가족명의 이전(1562평)
김춘수 (김영구의 子)	금곡리	1	1,289	1971년도 이전
김영웅	금곡리	2	637	1건 1976년도 이전(323평) 1건 미등기(314평)
김영학	신통리	1	42	미등기
김인수	금곡리	2	228	1건 미등기(174평)
김전영일	영구리	2	795	
김풍현	금곡리	1	262	미등기
김행백	금곡리	1	69	1976년도 이전
김혁수	금곡리	1	42	
김씨 가문 전체		21건	6,185 (72.6%)	
박홍서	서울	2	715	1건 1976년도 이전(483평)
이인영	영구리	2	597	1973년도 이전
청주상업학교	청주	4	1,021	3건 미등기(454평)
총 14명	금곡리 8명 기타 6명	총 29건	총 8,518평	10건 미등기(2,215평) 6건 1970년대 이전(2,761평) 기타 13건 (3,542평)

* 출전 :『분배농지부』·『토지대장』(진천군 초평면)

명의로 그대로 남은 경우이다. 친인척 관계가 긴밀한 집성촌 안에서는 수배농가가 같은 친척인 옛 지주에게 농지를 환원하거나, 아니면 지가 상환과 등기 자체에 집착하지 않아 이 같은 경우가 발생하였을 것으로 보인다.47) 광산 김씨 문중의 농지가 미등기 상태로 남은 것도 집성촌의 분위기로서는 이해할 수 있는 일이다. 앞서 검토한 김영구 역시 광산

---

47) 진천군에서는 농지 분배를 받았다 하더라도 이후에 상환을 하라고 하니 "어르신네 누구 토지"라고 밝히고 상환을 포기하는 경우가 많았다는 증언이 있다 (김병천 증언. 2005년 6월 9일 인터뷰).

김씨에 속하는 인물로서 그가 자신의 주소지인 집성촌 금곡리에서 가족 명의로 농지를 회수하는 것이 다른 마을보다는 용이하였을 것이다.48)

다음으로 주소지를 기준으로 구분해 보면, 금곡리를 주소지로 한 재촌지주가 8명, 그렇지 않은 부재지주가 6명이다. 부재지주라고 해도 대부분은 금곡리에 이웃하는 지역에 거주한 경우이며, 서울을 주소지로 한 박홍서의 경우에도 1946년까지는 진천읍 읍내리에 거주한 인물이었다. 학교법인인 청주상업학교를 제외하면 대체로 금곡리 또는 그와 이웃한 지역에 거주한 인물들이 명의를 계속 유지한 경우가 많았다.

분배당한 농지의 명의를 1960년대에 모두 상실한 다른 지주들과 이들을 비교해 보면 어떤 차이점을 찾을 수 있을까? 금곡리에서 명의를 상실한 옛 지주들은 27명이 확인된다. 이들 중 금곡리에 주소지를 둔 인물은 9명으로 김국현 등 김씨 8명과 다른 성씨 1명이 있다. 그 외에 고한홍 등 18명은 김씨가 아닌 다른 성씨로서 부재지주들이다. 이들의 주소지는 금곡리에 이웃한 경우도 있으나 서울, 천안, 안성, 청주 등 보다 넓은 지역에 분포되어 있다.

이상에서 금곡리에서는 집성촌의 동족 가문에 속할수록, 그리고 재촌지주 또는 농지에 가까운 지역에 주소지를 둔 경우일수록 자신의 명의를 장기간 유지한 경우가 많음을 확인할 수 있다.

각성바지 마을로서 금곡리에 이웃하는 영구리의 경우를 같은 방법으로 비교해 보자. 『분배농지부』에 의하면 영구리에서는 총 180건, 78,969

---

48) 집성촌에서 농지개혁이 상대적으로 불철저했음은 앞서 언급한 장상환의 안동군 풍산읍 오미동 사례 연구에서도 확인된다. 풍산 김씨의 세거지인 오미동에서는 친척 또는 奴僕으로서 소작을 부치던 농민들이 지주의 농지를 분배받기 곤란하여 농지개혁에 앞서 소작권을 포기하였다(蔣尙煥, 앞의 글, 1997, 633~636쪽). 집성촌 또는 班常關係가 강한 지역일수록 농지개혁이 불철저했을 개연성을 보여주는 것으로서, 이에 대한 보다 많은 사례 검토가 요청된다.

평의 농지가 분배되었다. 영구리의 『토지대장』 650개 지번중에서 201~400지번대를 검토할 수 없었기 때문에,49) 피분배지주·수배농가·소유권 등기인 3자를 비교할 수 있는 경우는 113건, 49,048평이다. 그중 62건(54.9%)은 수배농가가 직접 등기하였다. 금곡리보다 약간 높은 비율일 뿐 큰 차이는 없다. 제3자 등기율은 38.9%로 금곡리보다 높으며, 그 반면 명의가 장기간 유지된 경우는 6.2%에 불과하여 금곡리의 18.6%에 비하면 상당히 낮은 비율을 보인다.

<표 9> 영구리 분배농지의 소유권 변화

구분	건		면적	
	건수	건수 비율	면적	면적 비율
수배농가 등기	62건	54.9%	26,732평	54.5%
제3자 등기	44건	38.9%	19,231평	39.2%
피분배지주 명의 유지	7건	6.2%	3,085평	6.3%
계	113건	100%	49,048평	100%

* 출전 : 『분배농지부』·『토지대장』(진천군 초평면)

금곡리보다 영구리가 피분배지주의 장기간 명의 유지 비율이 낮고 제3자 등기율이 높은 이유는 어디에 있을까? 우선 영구리는 금곡리와 달리 각성바지 마을에 해당하여, 특별히 동족 내부의 농지 환수 현상이 보이지 않는다. 그보다 더 근본적인 이유는 금곡리보다 많은 농지를 소유한 부재지주의 비율이 매우 높다는 점과 관련이 있는 것으로 보인다.

검토대상인 113건, 49,048평 중에서 김영구가 분배당한 농지는 52건(46.0%), 24,740평(50.4%)에 달한다. 또한 진천면 읍내리에 주소지를 둔 부재지주 朴勝烈은 30건(26.5%), 10,146평(20.7%)의 농지를 분배당하였

---

49) 영구리에는 『토지조사부』가 남아있어 650개 지번 전체의 토지조사사업 시점의 소유자를 확인할 수는 있는데 전반적으로 각성바지 마을의 양상을 보여준다.

다. 김영구의 경우 그 중에서 장기간 명의를 유지한 농지는 앞에서 언급한 바와 같이 3건 1,770평에 불과하며, 그중 2건 669평은 '1975. 10. 20 현재 미등기' 상태였다. 박승렬은 2건 734평에 해당하는 농지의 명의를 장기간 유지하였는데, 그중 1건 599평이 위 시점에 미등기 상태였다. 그 외에 부재지주로서 농지를 환수한 경우는 김창성 1건 498평, 박찬희 1건 83평이 확인된다. 김창성의 농지는 1975년도에 가서야 수배농가인 박진홍에게 소유권이 이전되었다. 박찬희의 농지는 위 시점에 미등기 상태였다.

한편 검토대상인 113건 중에서 영구리에 주소지를 둔 재촌지주의 농지는 김봉기, 박노수, 이구영, 이규숙, 이규홍, 이인영, 최종운, 최진영 8명의 14건(12.4%), 5,972평(12.2%)에 불과하다. 이들의 농지는 모두 소유권이 이전되었다.

이상에서 각성바지 마을로서 부재지주의 농지 소유가 많은 영구리와 집성촌이자 재촌지주의 농지가 많은 금곡리를 비교해 보았다. 분배농지의 제3자 전매 비율은 두 곳 모두 약 절반에 이를 정도로 비슷하게 높았다. 피분배지주가 1960년대 내내 명의를 유지한 경우는 금곡리가 영구리보다 더 많았는데, 수배농가가 농지를 미등기 상태로 방치하거나 1970년대에 가서야 소유권 문제를 정리하거나 옛 지주 집안이 자신의 농지를 다시 회수하는 등 다양한 경우가 확인되었다.

5. 맺음말

이상에서 진천군의 농지개혁 일반을 개관한 다음, 대지주 김영구와 그의 농지가 집중되어 있던 초평면 금곡리·영구리를 사례로 하여 농지개혁의 구체적인 실상에 접근해 보았다.

1950년대 진천군의 농지개혁은 최종적으로 경지의 약 20.4%만을 분배하는 것으로 마무리되었다. 남한의 총경지에 대한 분배농지 평균비율 29.7%보다 상당히 낮은 비율이다. 이는 일차적으로 진천에서 분배농지 중 귀속농지의 비율이 13.1%에 불과한 데서 기인한 것으로 판단된다. 한국인 소유 토지는 일본인 소유 토지보다 자작농 비율이 상대적으로 높고, 지주들이 사전 방매 등 여러 가지 방법으로 농지개혁을 회피할 가능성이 더 높았을 터이다.

이월면 노원리와 초평면 영구리를 사례로 하여 검토한 결과, 1946년부터 1950년 4월 사이에 각각 290건과 201건의 토지소유권 이전이 있었음을 『토지대장』에서 확인하였다. 그렇지만 이 이전 사례 중에서 자작농이 아닌 지주의 소유권 이전이 정확히 몇 건인지를 확인하지 못하였기에 이 통계만으로 지주의 사전 방매 규모를 판단하기에는 한계가 있었다.

다음으로 29.1정보의 농지를 분배당한 진천의 대지주 김영구를 사례로 하여 구체적인 농지 사전 방매 사례를 검토해 보았다. 그 결과 김영구와 그의 가족 김춘수가 그들의 거주지인 초평면 금곡리와 이웃 영구리에서 각각 21건과 8건의 사전 방매를 하였음을 확인하였다.

김영구·김춘수의 사례를 검토하는 과정에서 확인한 새로운 사실은 농지개혁으로 분배당한 농지의 일부를 그들이 다시 사들인 경우가 있다는 점이다. 1961년에 공포된 '분배농지 소유권 이전등기에 관한 특별조치법'에 따라 수배농가가 상환을 완료한 경우에는 소유권을 다른 농가에 이전하는 것이 가능하였는데, 김씨 가족은 제한된 범위이기는 하지만 자신이 분배당하였던 농지의 일부를 환수하였다. 그 외에도 김씨가는 공동명의로 농지를 매입하는 방법 등을 통하여 부농으로서의 지위를 유지한 것으로 판단된다.

각성바지 마을로서 부재지주의 농지 소유가 많은 영구리와 집성촌이자 재촌지주의 농지가 많은 금곡리를 비교해 본 결과 다음이 확인되었다. 분배농지의 제3자 전매 비율은 두 곳 모두 약 절반에 이를 정도로 비슷하게 높았다. 피분배지주가 1960년대 내내 명의를 유지한 경우는 금곡리가 영구리보다 더 많았다. 토지매매 사정을 완벽히 반영하지 않는 토지대장의 성격상, 분배농지임에도 불구하고 지주의 명의가 장기간 그대로 유지되는 경우가 왜 발생하는지를 정확히 확인할 수는 없었다. 수배농가가 농지를 미등기상태로 방치하거나 1970년대에 가서야 소유권 문제가 정리되는 경우도 있었는데, 옛 지주 집안이 자신의 농지를 다시 회수한 것으로 판단되는 사례도 여러 건 확인되었다.

농지개혁에 앞서 사전 방매가 이루어지거나 수배농가의 농지전매 현상이 광범한 점, 그리고 피분배지주가 농지를 환수한 사례가 확인된다고 해서 그것이 농지개혁의 근본적인 성과 자체를 훼손하거나 지주제의 부활을 의미하는 것은 아니다. 농지개혁 이후 지주제는 소멸했으며, 재생소작 현상은 일제하의 지주제와 성격이 다르다는 점이 이미 많은 연구에서 확인된 바이다. 다만 지주제의 소멸이 곧 지주의 철저한 몰락과 농촌 이탈을 의미하는 것은 아니었다. 농촌을 등지기보다는 농지를 재매입하는 방법 등을 통하여 농민으로서 자신이 거주해온 농촌에서 계속 살아가는 옛 지주들의 모습을 확인할 수 있었다. 특히 집성촌의 경우는 더욱 그러하다. 농지를 분배받은 농가의 불안정성이 매우 높았음도 확인할 수 있었다.

이상의 연구는 실제 토지매매의 사정을 완벽히 반영하지 못하는 토지대장을 기초 자료로 한 것이어서 한계를 지닌다. 무엇보다도 이 글에서 확인한 여러 가지 양상이 보편성을 지닐 것인지는 보다 많은 사례 연구를 필요로 한다. 향후 지역 사례 연구가 보다 다양하게 축적됨으로써 농지개혁의 다양한 면모를 확인할 수 있게 되기를 희망한다.

제 2 부
주요 성씨·가문의 사회경제 기반과 동향

한말 진천의 平山 申氏家와 토지소유

신 영 우

1. 머리말

　광무양안에 대한 연구를 보다 진척시키는 방법의 하나로서 동족마을을 중심으로 토지소유와 촌락공간의 구체적인 형태를 추적해 볼 수 있는 사례연구도 필요하다. 특히 동족마을은 현재까지 그 원형이 대체로 그대로 남아 있기 때문에 광무양전사업 당시의 인물과 토지에 대한 구체적인 추적이 가능하다.

　본 연구에서는 광무양안의 時主가 대록・분록되었기 때문에 양안의 기록을 믿을 수 있는가 하는 점에 대해서도 구체적인 해답을 얻을 수 있는 연구가 될 수 있지 않을까 한다. 동족마을을 대상으로 연구를 압축해 간다는 것은 기존의 논쟁점을 보다 구체적으로 확인해 갈 수 있기 때문이다.

　따라서 진천군의 광무양안을 그 지역의 대표적인 지주가문과 연계하여 살펴보는 것은 대단히 중요한 사례연구가 될 수 있다. 또한 진천지역의 토지소유와 경작관행을 보다 구체적으로 파악하는 것은 물론이고, 지주가문의 토지소유가 일제 시기 및 해방 후 농지개혁을 거치면서 어떠한 모습으로 변화하였는지를 이해하는 데 구체적인 사례연구가 될 수 있으리라 여겨진다.

이에 본고에서는 진천군 이월면 노원리 논실(老谷)마을에 집성촌(동족마을)을 이루며 대표적인 양반지주가문으로 불리어진 한말 평산 신씨가에 대해 먼저 족보 등을 활용하여 평산 신씨가의 진천 이주와 정착에 대해 살펴보고, 다음으로 광무양안을 통하여 평산 신씨가의 토지소유에 대해 살펴본다.[1] 아울러 광무양안과 토지대장을 비교하여 평산 신씨가가 일제 초기에 토지소유에서 어떠한 변화양상을 보이는지를 고찰해 보고자 한다.

주로 검토하는 1차 자료는 1901년에 작성한 진천군『量案』, 1912년 이후 1977년까지 토지소유자의 변화를 알 수 있는 이월면『土地臺帳』('舊臺帳'), 그리고『常山誌』(1932)・『梨月面要覽』(1949)・『鎭川郡誌』(1994) 등의 지방지와 관련 가문의 족보 등이다.[2]

2. 平山 申氏家의 논실(老谷) 정착

1) 논실과 노원리

평산 신씨가가 17세기에 정착하게 되는 논실 마을은 武帝峯 기슭에 자리하였으며 앞에는 長楊 들이 펼쳐져 있는 背山臨野의 마을로서, 書院・宮洞・新堂 마을과 함께 현재의 梨月面 老院里를 이룬다.[3]

---

1) 진천군의 대표적인 문중으로는 '1 놋점, 2 초평, 3 논실'의 세 가문을 꼽는다. '1 놋점'은 延日 鄭氏, '2 초평'은 慶州 李氏, '3 논실(老谷)'은 平山 申氏를 말하는데, 각기 同族을 이루 살고 있는 지명을 따붙인 별칭이다(한양대학교출판부,『鄕人記』, 한양대학교출판부, 1973, 245쪽).
2) 광무양안과 토지대장을 연계하여 검토한 지역사례 연구로는 다음 글이 있다. 宮嶋博史,「光武量案과 土地臺帳의 比較分析-忠南 論山郡의 事例」, 김홍식 외,『조선토지조사사업의 연구』, 민음사, 1997.
3) 朝鮮總督府,『朝鮮の聚落-後篇』, 朝鮮總督府, 1935, 762쪽.

이월면은 1914년에 梨谷面과 月村面이 병합하여 만들어진 행정구역이다. 서쪽의 이곡면은 구릉지가 많은 곳으로 양반들의 동족마을(집성촌)이 발전하였다. 平山 申氏들이 세거해 온 老院里의 논실(老谷)마을을 비롯하여 常山 林氏들이 세거해 온 노원리 신당이마을, '독기 김씨'들이 살아온 松林里 독지미마을, 交河 盧氏들이 살아온 沙谷里 반지마을 등의 班村이 알려져 있다.4) 또한 강릉 김씨들도 소규모이지만 사곡리와 그 주변에서 살아왔다.5) 동쪽의 월촌면은 평야가 많은 곳으로 보다 다양한 신분·성씨들이 혼재하는 각성바지마을이 많아 서로 비교된다. 월촌면은 두드러진 班村을 찾기 어렵고 新月里 다래촌(월촌)에 蔡氏의 강당이 있어 강당말로 지칭되는 정도이다.6)

논실 마을에는 동쪽에서 서쪽으로 아랫말, 중말, 웃말이 분포하고 있는데, 이를 잇는 主道路의 북쪽 접경에 신씨들이 집단 거주해 왔다. 노은영당의 아래 경사면에 위치한다. 그 이외의 공간에는 신씨 이외의 非同族이 거주하는 공간 구성의 계층성을 보인다. 이세호에 의하면 <그림 1>과 같이 양반과 상민간의 계층구분이 공간적으로 드러난다. 이같은 양상은 신분제 해체 이후에도 장기간 지속되어 현재에도 그 흔적을 찾을 수 있다.7)

---

4) 鎭川郡誌編纂委員會 編, 『鎭川郡誌』, 鎭川郡, 1994, 99·703·704쪽.
5) 刊行者 未詳, 『常山誌』上卷, 1932, 9쪽.
6) 鎭川郡誌編纂委員會 編, 앞의 책, 709쪽.
7) 이세호, 「자연부락의 공간구성에 관한 조사연구-충청북도 진천군 이월면 노원리 노곡부락을 중심으로」, 청주대 건축공학과 석사학위논문, 1984, 37~39쪽. 1984년 시점에 노곡마을의 평산 신씨가는 19호이며, 그 외의 53가구는 타성씨였다(이세호, 위의 글, 25쪽). 1935년 당시에는 노원리의 평산 신씨는 29호 167인, 타성씨는 29호 167인으로 조사되었다(朝鮮總督府, 앞의 책, 762쪽).

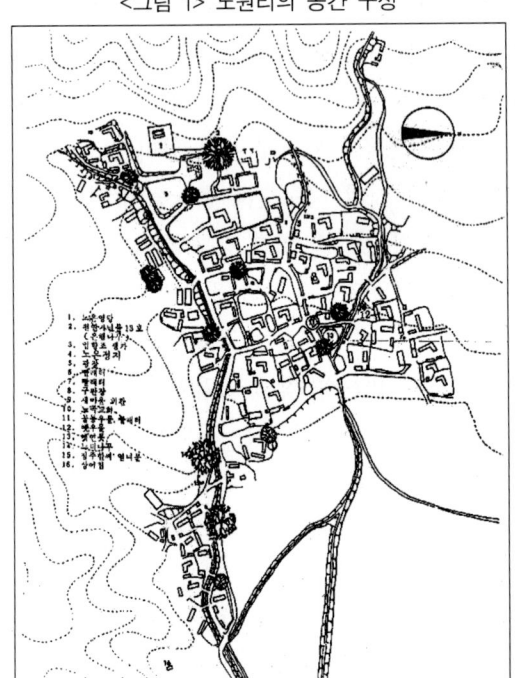

<그림 1> 노원리의 공간 구성

2) 평산 신씨가의 논실 정착

평산 신씨는 고려 개국공신 申崇謙(?~927)을 시조로 한다. 평산 신씨의 世系는 14대 손(15세 손)에서 25파로 나뉜다. 그중 思簡公派(浩), 文僖公派(槩), 齊靖公派(孝昌), 正言公派(曉), 漢城尹公派(夏) 등이 다수를 이룬다. 특히 사간공파와 문희공파가 전체 평산 신씨의 각 30%씩 도합 60%를 차지하고, 제정공파가 25% 정도이다. 조선조에 상신 8명, 대제학 2명, 판서 20여 명과 많은 무장을 배출하였는데, 대부분 문희공파, 정언공파, 사간공파에서 나왔다. 특히 문희공파는 임진왜란 시기의 명장인 砬을 중심으로 하는 무신집안이고, 정언공파는 영의정 欽을 중심으로 하는 문신집안이다.

이 글에서 소개하는 논실 신씨는 신숭겸의 14대 손 申槩를 중시조로 하는 文僖公派에 뿌리를 두는데, 신숭겸의 19대 손 申磼(1541~1609)으로부터 다시 忠憲公派라고 하는 소계파로 분화하여 오늘에 이른다. 신잡은 관직이 吏曹參判·兵曹判書에 이르렀으며 임진왜란 때 압록강까지 어가를 호위한 공으로 扈聖功臣이 되어 平川府院君에 봉해진 인물이다. 사후 시호를 忠憲公이라 하였다.[8]

진천에 평산 신씨가 본격적으로 이거하여 정착하기 시작한 것은 신잡의 생존시기로 추정된다. 그가 말년인 1608년(선조 41)에 진천으로 내려와 閑居하면서 두드러진 행적을 남겼기 때문이다. 다만 진천에 묘소를 쓴 인물은 22대 손 汝逸로부터 시작된다. 신잡은 서원을 세우고 이 고장 출신인 麟齋 李鍾學, 慕菴 金德崇, 松崖 李畬, 杏園 李阜의 위패를 모시고 享祀하며 후진을 양성하였다. 이 서원은 1669년(현종 10)에 百源書院이라 사액을 받았는데, 1871년 홍선대원군의 사원 철폐 때 훼철되었다.[9] 그 이후 중수되었으나 퇴락을 면할 수 없었으며 현재에는 터만 남아 있다.[10]

---

8) 『平山申氏忠憲公系譜』, 1992.
9) 백원서원은 사우 6칸, 강당 6칸, 동서제실 각 3칸, 典祀廳 4칸으로 이루어졌으며, 원생 25명, 집사 10명, 募屬 30명, 復戶 3명 규모였다(『常山誌』上卷, 21~22쪽).
10) 『常山誌』에는 「백원서원 중수기」가 수록되어있다. 중수기에 의하면 "이 고을에 사는 李厚淵과 李起豊은 본래 어진 사람을 사모하는 정성이 있었는데, 마침 이 서원의 책임을 맡게 되어 분향하고 奉審할 때 오래도록 탄식하다가 중수할 뜻을 가지고 재정을 준비하는 일을 중단하지 않고 번거롭게도 하지 않고 시끄럽게도 하지 않고 조용히 일을 착수하였다"고 한다. 이 서원을 세운 이는 신잡이지만, 훼철된 이후 서원의 운영을 책임진 집안은 위패가 있는 李鍾學, 李畬, 李阜 등의 후손인 것으로 보인다. 이 중수기의 작성 연대는 불명확한데,

<그림 2> 노은 영당

한편 1774년(영조 50)에는 그 후손과 문인의 후예들이 논실 마을에 申磼影幀을 봉안한 老隱影堂을 세웠는데, 지금까지 평산 신씨 가문에서 관리하고 있다.11) 노은영당은 祠宇 6간, 正門 3간, 齊室 6간으로 이루어져 있다.12)

신잡이 논실에 거주한 이래 평산 신씨들은 이곳에 4백여 년 세거하면서 여러 문무현관을 배출하였는데, 특히 무관이 많았다. 평산 신씨

진천 사람으로 1864년에 입격한 勿欺齋 柳秀應이 작성한 점으로 보아 19세기 말의 시점으로 추정된다(奉源庸·李斗熙 외 편역, 『國譯 常山誌』, 鎭川常山 古蹟會, 2002, 149·161쪽). 백원서원이 설립되면서 형성된 마을은 이곡면 書院里가 되었으며, 1914년 이후 이월면 노원리에 편입되었다. 현재 백원서원은 터만 남아 있으며 그 터가 있는 마을을 서원마을이라 부른다.

11) 鎭川郡誌編纂委員會 編, 앞의 책, 334쪽.
12) 『이월면요람』, 39쪽.
13) 張弼基, 『朝鮮後期 武班家門의 閥閱化와 그 性格』, 영남대학교 박사학위논

문희공파는 대개 임진왜란을 기점으로 砬 등 무장들을 배출하기 시작하여 인조반정 당시 功臣群에 布列된 景字 항렬대부터 실질적인 무반가로서의 가업을 전수하게 되어 이후 세습적인 무반 벌족으로서의 지위를 누리게 된다.13) 申砬의 맏형인 礛의 후손 가운데 문인으로는 장남 景禧(1561~1615)가 蔭補로 벼슬길에 올라 載寧郡守 등을 지냈으며, 7대 손 大修가 문과에 합격하여 執義를, 같은 7대 손 大龜가 明經科에 합격한 이후 朔寧郡守 등을 지냈다. 1892년(고종 29)에 문과에 급제하여 비서승을 지낸 喆熙도 그 후손이다. 무인으로는 5대 손 漢章이 무과에 급제하여 부총관에 오르고 병조판서에 증직되었으며, 漢章의 손자인 7대 손 大儁은 1684년(숙종 10)에 무과에 급제하여 방어사에 오르고 병조참판에 증직되었다. 대준의 아들 鳳周와 鴻周도 영·정조년간에 무과에 급제하여 각각 咸從府使와 御將을 지냈다. 이외에도 大億, 惠周, 義權, 義顯, 義養, 義和, 義益, 義直, 錫浩, 性浩, 命浩, 櫶, 正熙, 奭熙, 樂熙, 贊熙, 檯, 杓熙, 定均, 志熙 등 인조대에서 고종대에 이르기까지 누대에 걸쳐 무관이 배출되었다.14)

개항기에 논실 신씨의 대표적인 무관으로는 신잡의 10대 손 申櫶(1811~1884)을 들 수 있다. 그는 秋史 金正喜와 茶山 丁若鏞에게서 수학하였다고 전해진다. 黨色이 老論인 그가 南人인 茶山에게서 직접 師事하였을 것인가는 의문이지만, 茶山과 절친했던 草衣禪師와 다산의 장남인 丁學淵과 交遊하였던 점으로 보아 그를 私淑하였을 가능성은 높다. 또한 그는 姜瑋·朴珪壽 등과 교유를 하면서 무인이면서도 실사구시적인 학문을 연마하였다. 그는 헌종·철종·고종조에 걸쳐 중요 무

---

13) 張弼基,『朝鮮後期 武班家門의 閥閱化와 그 性格』, 영남대학교 박사학위논문, 1999, 134쪽.
14)『常山誌』下卷, 24~33쪽 ; 朴贊殖,「申櫶의 國防論」,『역사학보』117, 1988, 41~43쪽 ;『平山申氏忠憲公系譜』, 1992.

반직을 두루 역임하였으며, 1876년 판중추부사로서 강화도조약을 체결하였고, 1882년에는 통리기무아문사로서 조미수호조약을 체결하였다.15) 1850년에 건축되어 현재 지방문화재자료로 지정되어 있는 한옥인 '申櫶 古宅'은 노은영당과 함께 이 지역에서 평산 신씨의 위세를 보여주는 상징적인 건물이다.16)

신헌과 그 아들인 申正熙에 이를 때까지 논실 신씨는 누대에 벼슬을 하며 가문의 결속력이 강하고 경제적으로 풍족하여 주위의 부러움을 샀다. 이 점은 신헌과 교유한 李象秀(1820~1882)가 신정희에게 보낸 「老隱申氏庄記」의 다음 대목에서 확인할 수 있다.

"신씨는 서로 10여 대를 전해오면서 한 계곡을 차지하여 다른 성씨가 없고, 벼슬이 조정에 끊어지지 않으며, 남녀가 직접 밭을 갈거나 매는 일이 없지만 모두 의식이 풍족하다. 다함께 몸을 삼가고 단속하면서 술을 즐기거나 바둑・장기 등을 배우는 일을 끊었고, 관아에 송사하는 자는 신씨의 이름이 없어, 법을 이처럼 두려워하고 관리 또한 공경하고 두려워한다.……지금 그대는 이런 것이 없고 가난하고 부유한 이름도 없으며 못나거나 잘난 사람도 없이 모두 大同하여, 그러한 가운데 살면서 화목하게 지내니 무슨 즐거움을 이와 바꾸겠는가."17)

신정희는 헌종 때 무과에 급제했고 1894년 농민전쟁기에 西湖巡撫使로 활동한 인물이다.18) 위 자료를 통해 우리는 19세기 후반 논실의 평산 신씨가가 누대에 걸쳐 집성촌을 이루어 살면서 "남녀가 직접 밭을

---

15) 朴贊殖, 앞의 글, 41~55쪽.
16) '申櫶 古宅'은 현재 주택 1동(21.25평), 부속사 1동(43.56평)만 남아 있다.
17) 『常山誌』下卷, 57~58쪽 ; 奉源庸・李斗熙 외 편역, 『國譯 常山誌』, 鎭川常山古蹟會, 2002, 164~165쪽.
18) 奉源庸・李斗熙 외 편역, 『國譯 常山誌』, 鎭川常山古蹟會, 2002, 91쪽.

갈거나 매는 일이 없지만 모두 의식이 풍족"할 정도로 대개 중소지주가 로서 경제적 여유를 지녔으며 대외적으로 신망을 받으며 내적으로 응집력을 지니면서 양반 가문으로서의 위세를 유지하고 있었음을 확인할 수 있다.

3. 한말·일제 초기 平山 申氏家의 토지소유

논실의 평산 신씨가는 조선조의 마지막 국면인 19세기 말에 어떠한 경제적 기반을 보유하고 있었을까? <표 1>은 1901년에 작성된 광무양안 상에 나타나는 이곡면의 주요 성씨들의 토지소유 규모를 보여준다.

<표 1> 이곡면의 4개 성씨별 토지소유면적과 戶數

성씨 \ 구분	토지소유면적(結)	戶數	1호당 면적(結)
신	115.6結	177戶	0.65結
이	95.1結	254戶	0.38結
김	28.2結	132戶	0.21結
정	15.6結	38戶	0.41結
신·이·김·정씨 총계	257.5結	601戶	0.43結
전체 이곡면 성씨 총계	366.6結	943戶	0.39結

*출전 : 『忠淸北道鎭川郡量案』(진천군 17678-1-15-奎1900).

광무양안에서 이곡면 평산 신씨의 戶數는 이씨에 이어 2번째였지만, 1호당 토지소유면적은 0.65결로 이곡면의 대표적인 성씨였던 '이씨·김씨·정씨'에 비해 현저하게 많다. 신씨가 소유한 이곡면의 토지는 전체 성씨 토지의 31.5%에 해당한다. 따라서 평산 신씨는 다른 성씨에 비해 우월한 경제력을 바탕으로 향촌에 대한 지배력을 행사할 수 있었다고 생각된다. 아울러 이곡면의 대지주로는 신씨와 이씨가 두드러지게 나타났는데, 3결 이상의 대토지소유자도 14명 정도 확인되었다. 이렇게 몇몇 성씨가 대토지를 소유한다는 것은 상대적으로 토지를 적게 소유하거나 토지가 전혀 없는 농민층이 증대되는 것을 의미한다. 이곡면 안에서 평산 신씨로서 가장 많은 토지를 소유한 지주는 32세 손 갑균으로서 7.918결을 소유하였으며, 30세 손 樞·31세 손 철희와 긍희·32세 손 재균 등도 3결 이상의 토지를 소유하고 있었다.

<표 2> 이곡면 주요 지주의 면내 토지소유면적

구분 인물	소유면적(단위 : 정보)				소유면적(단위 : 결-부-속)				가옥	칸수		
	전	답	대지	합	전	답	대지	합		초	와	합
1 李景八	3.96	24.1	0.84	28.9	1709	13954	559	16222	22	92	0	92
2 申甲均	1.75	10.76	0.8	13.31	710	6650	558	7918	14	43	30	73
3 申樞	4.05	11	0.58	15.63	1543	5600	440	7583	10	46	13	59
4 李敬七	0.72	11.46	0.11	12.29	266	6415	69	6750	2	7	0	7
5 申喆熙	5.17	7.81	0	12.98	2172	3936	0	6108	0	0	0	0
6 申檉	3.05	7.57	0.17	10.79	1066	4145	105	5316	4	15	0	15
7 申兢熙	5.28	4.79	0.23	10.3	2205	2755	149	5109	9	44	0	44
8 申橄	2.07	7.48	0.36	9.91	739	3902	231	4872	6	26	4	30
9 鄭雲商	0.31	7.15	0.09	7.55	159	4174	57	4390	1	4	0	4
10 申宰均	1.25	6.82	0.17	8.24	566	3471	105	4142	2	10	8	18
11 李明珪	1.93	5.43	0.24	7.6	805	3040	153	3998	6	24	0	24
12 李善長	1.83	5.04	0.29	7.16	575	2667	196	3438	5	32	0	32
13 金演觀	1.36	5.12	0.11	6.59	525	2809	71	3405	3	12	0	12

* 출전 : 『忠淸北道鎭川郡量案』(진천군 17678-1-15-奎1900).
** 비고 : 신갑균의 결부속 면적 7918은 7결 91부 8속을 가리킴.

위의 표에서 나타나듯이 이곡면의 지주 13인을 살펴보면 신씨의 경우 신갑균, 신귀, 신철희, 신성, 신긍희, 신격, 신재균 등 7명이나 포함되고 있다. 이곡면에서 신씨가 차지하는 소유면적은 53.66정보로서 위의 지주경영 총 81.16정보 중 53.66%에 이를 정도였다. 이곡면의 신씨가 동족마을의 존재는 토지소유 면에서도 대단한 위치를 갖고 있다고 할

수 있다. 비록 이곡면 최대 지주인 이경팔의 존재가 있지만 여전히 신씨가의 농업경영은 지배적인 위치를 갖고 있다고 할 수 있다. 이경팔은 진천군 전체적으로도 49.01정보를 소유 경영하는 군내 최대지주였다. 그는 가옥을 모두 40채를 소유하였으며, 102명의 작인을 거느리면서 대부분의 토지를 병작제로 경영하였다.19) 이곡면에서도 총28.9정보를 소유하고 있으며 가옥 역시 22채(92칸)를 소유하고 있는 최대지주였다.

 이곡면에서 신씨로서 최대 지주인 신갑균은 만승면, 월촌면, 소답면에도 토지가 있어 진천군 전체로는 20.83정보를 소유하고 있었으며, 이곡면의 경우 전 1.75정보, 답 10.76정보 등 총 13.31정보를 소유하는 대지주였다. 그가 소유한 가옥은 진천에서 14호(73칸)에 이른다. 신귀 역시 이곡면 외에도 남변, 북변, 덕문, 행정, 초평, 백곡, 만승면에 걸쳐 토지를 분산적으로 소유하여 전체 소유면적이 30.71정보에 달했으며, 이곡면의 경우 전 4.05정보, 답 11정보, 대지 0.58정보 등 총 15.63정보에 달하였다. 그의 소유 가옥은 이곡면에만 10호(59채)에 달했다. 또한 신철희는 진천 전체에서 20.35정보를 소유한 대지주로서, 이곡, 백곡, 만승, 월촌면에 토지가 분산되어 있었으며, 이곡면에만 전 5.17정보, 답 7.81정보를 합하여 총 12.98정보를 소유하고 있다. 그의 소유 가옥은 진천군 전체 7호(33칸)이었으며 이곡면에는 가옥이 없다. 이처럼 신씨가 중에는 동족마을이 있는 이곡면은 물론 진천군 전체에 토지와 가옥을 분산 소유하면서 지주제 경영을 하는 인물들이 다수 있었다.20)

 신씨가와 이씨가 등이 대토지소유자층을 형성하는 다른 한편에는 광범한 영세소농층이 존재하였다. 진천군의 光武量案을 분석한 연구 결과에 의하면, 이곡면에서는 5정보 이상의 지주가 61명(6.9%)에 달하는

---

19) 최윤오, 「대한제국기 광무양안의 토지소유와 농업경영에 관한 연구-충북 진천군양안 전체분석을 중심으로」, 『역사와 현실』 58, 2005, 324쪽.
20) 이상 통계수치는 본 연구반의 진천군 광무양안 통계 분석에 의거함.

반면, 0.5정보 이하의 토지만을 소유한 하층 소·빈농 비율이 58.7%에 이르는 등 심각한 토지 소유분해의 양상을 보인다.21) 1900년 단계에 이미 진천의 이곡면·월촌면은 지주층과 영세 소·빈농층으로 양극화현상을 보이고 있었다.

평산 신씨가의 토지는 이곡면에 널리 분포하고 있는데 특히 동족마을이 있는 노곡리의 토지는 거의 대부분 신씨가가 독점하였다. 양안에서 노곡리에 해당하는 노곡리대, 노곡강당평, 노곡전평, 노곡리후평의 時主 명단을 보면 그 점이 확인된다(<표 3>).

노곡리의 시주로서 신씨가가 아닌 경우는 驛土와 강당, 그리고 개인 명의로는 박희경, 박희종 천성길 3인뿐이었다. 흥미로운 점은 약 6결의 역토(약 6.32정보. 역답, 역전, 역대)가 노곡리에 있었다는 점이다. 대한제국기 진천에는 장양역과 태랑역이 설치되어 있어 이 역을 운영하기 위한 역토 총 81.078결이 진천 곳곳에 분포해 있었다.22) 대한제국기 진천의 역토는 다양한 성씨에 의해 경작되었는데, 강릉·안동·광산 등을 本으로 하는 김씨가 최고 많은 15.621결의 역토를 79명이 경작하였다. 이어 한산·청주·경주·양성·전주·전의 등을 本으로 하는 이씨가 두 번째인 9.11결의 역토를 55명이 경작하였으며, 대부분 平山을 본으로 하는 신씨가 세 번째인 8.654결의 역토를 57명이 경작하였다. 이 중에서 특히 신씨는 57명 중 55명이 장양역이 있는 이곡면에서 역토를 경작하였는데, 177호가 이곡면 전체 전답의 31.5%에 달하는 115.6결을 경작하였을 정도로 이곡면의 대표적인 세거 성씨였다는 점에서 주목된다.23) 신씨가 중에는 도조를 포탈하여 물의를 일으킨 사례도 확인된다.24)

---

21) 최윤오, 앞의 글, 303쪽.
22) 서태원, 「한말 진천군 역토의 구조와 운용」, 『호서사학』 39, 2004, 37쪽.
23) 서태원, 위의 글, 49~50쪽.

<표 3> 노곡리의 양안 상 시주와 토지대장과의 비교

양안의 지명	시주	결부 (리내)	토지대장과 중복 여부	양안의 지명	시주	결부 (리내)	토지대장과 중복 여부
老谷里垈	朴喜卿	1-8		老谷 講堂坪	申麟熙	23-8	
	朴喜宗	7-8			申赫均	1-1	○
	申可均	74-4			驛畓	5-25-3	
	申甲均	2-52-9			講堂	18-3	
	申慶均	26-3			申橄	3-51-7	
	申寬均	43-1			申謙熙	2-44-9	○
	申大卜	1-52-5			申橺	3-81-0	○
	申東熙	1-5			申斗均	1-46-1	
	申命喆	15-6	○		申命吉	1-3	
	申成均	6-8	○		申鳳熙	64-4	○
	申成熙	2-96-8		老谷里 後坪	申元春	1-2	
	申億萬	66-1			申乙均	6-0	
	申玉熙	22-2	○		申益均	1-51-9	○
	申元均	93-0	○		申仁熙	15-1	
	申一均	14-2	○		申正鉉	2-10-4	○
	申宰均	1-95-3	○		申直熙	40-0	
	申志熙	26-6			申采熙	12-8	
	申八均	27-5	○		申夾熙	67-8	○
	申學鉉	14-9	○	老谷 前坪	申書楔	9-4	
	申興均	13-3			申永熙	17-4	○
	驛垈	2-6		계	43명	37-28-6	16명 중복
	驛田	71-1					
	千聖吉	12-4					

출전 : 『忠淸北道鎭川郡量案』, 『토지대장』(이월면 노원리)
비고1 : 결부수는 노곡리 내의 토지 면적만을 나타냄(결-부-속).
비고2 : ○는 토지대장에 1912년 토지사정시 소유자로 나오는 인물임.

 이상은 진천에서 양안이 작성된 1901년 시점의 진천의 평산 신씨들의 경제 사정을 살펴본 것이다. 그렇다면 일제에 의해 토지조사사업이 실시된 1910년대 평산 신씨의 토지소유 상황은 어떻게 변하였을까? 진천에서 토지사정이 이루어진 시점은 1912년이다. 양안 작성 시점과 토

---

24) 서태원, 위의 글, 43~44쪽.

지사정 시점의 시차는 13년에 불과하지만 두 자료의 작성 방법이 다르기 때문에 양자를 바로 비교하기에는 여러 난점이 있다. 한편에서는 대록, 분록 등의 문제를 거론하면서 양안 상의 시주를 토지소유자로 인정하기 어렵다는 극단적인 주장이 있다. 이 주장을 따른다면 아예 두 자료의 비교는 의미가 없게 된다. 그러나 대록, 분록 등의 문제에도 불구하고 광무양안이 대체적으로는 당시의 토지소유 실태를 반영하는 것이었다는 견해가 공존한다.25) 실제로 충남 논산군의 伐谷面 德谷里와 連山面 松山里를 사례로 하여 광무양안과 토지대장을 비교한 宮嶋博史에 의하면, 광무양안은 토지의 형태나 면적, 등급의 파악에서는 비교적 정확하게 실태를 반영하였으며, 소유관계의 파악은 지역마다 다른 양상을 보인다. 덕곡리의 경우에 양안 상의 시주명과 토지대장 상의 소유자명이 일치한 토지가 전체 필지의 4.5%에 불과한 반면 송산리의 경우에는 그 비중이 14.9%에 이르렀다. 이처럼 일치도가 낮은 것은 약 13년의 시차로 발생한 토지소유자의 변동이 반영된 측면도 있지만, 송산리의 경우에는 비교적 양안 상의 시주가 토지소유자를 반영하였으나 덕곡리는 그렇지 않았을 것이라는 견해이다.26)

그렇다면 동족마을이 발달한 논실과 노원리의 경우는 어떠했을까?

---

25) 김용섭의 선구적인 양안 연구는 이러한 관점에서 출발하였으며, 한국역사연구회 근대사분과 토지대장연구반 역시 ① 광무양안상의 시주가 실제 토지소유자와 일치하지 않더라도 같은 현상은 현재의 토지대장에서도 볼 수 있는 것이고, 이 점만으로 광무양안의 근대적 성격을 부정할 수 없으며, ② 지계아문 설립 이후는 양전과 지계 발급이 연동하게 되었으며, ③ 광무양안의 시주·시작이 실제의 소유자명이나 경작자명과 다르다 하더라도 시주·시작은 실제의 농가경영을 반영한 것이고 따라서 그 분석을 통해서 당시의 토지소유관계·경작관계의 분화상황을 개략적으로 알 수 있다는 관점에 서 있다. 이 견해를 뒷받침하는 포괄적인 연구로는 한국역사연구회 근대사 토지대장연구반, 『대한제국의 토지조사사업』(민음사, 1995)가 있다.

26) 宮嶋博史, 앞의 글, 231~240쪽.

현재의 노원리에 해당하는 양안 상의 신씨는 63명인데, 노원리의 토지 사정시 소유자로서 신씨는 57명이다(2명은 판독 불가). 이들 중 한자 이름이 일치하는 인물은 19명으로서, 평균 60명 기준으로 31.7%에 해당한다. 특히 노원리 중에서도 노곡리(노곡리대, 노곡강당평, 노곡전평, 노곡리후평)를 주소로 하는 43명 중에서 신씨는 36명인데(그 외는 역토, 강당, 박희경, 박희종, 천성길), 이들을 토지대장과 비교해보면 16명이 중복된다(<표 3>의 ○ 표시한 인물). 이는 노곡리 전체 시주 43명과 비교하면 37.2%의 비율이며, 노곡리 신씨 시주 36명과 비교하면 44.4%의 비율이다. 이처럼 높은 비율의 일치도를 보이는 것은 동족마을의 특성을 보이는 노곡리와 이를 포함한 노원리의 경우, 양안 상의 시주가 대체로 실제의 토지소유자였음을 보여줌과 동시에, 한말·일제 초기의 약 11년간에 걸친 급격한 정치, 사회, 경제적 변화에도 불구하고 이 지역에서는 토지소유의 급격한 변화가 없이 평산 신씨 중심의 토지소유 구조가 유지되고 있었음을 보여준다.

 1912년 토지사정 시점에 평산 신씨의 토지지배력이 어느 정도였는지를 보다 정확히 확인하기 위해서는 우선 노원리의 논실 마을내 토지소유자별 토지면적을 파악할 필요가 있다. 그런데 토지대장 상으로는 논실 마을에 해당하는 지번을 정확하게 구분하기 어려웠다. 따라서 노원리 전체를 대상으로 해서 평산 신씨가의 토지 지배력을 확인해보기로 한다. 다음 표는 1912년 토지사정 시점의 성씨별 노원리내 토지소유면적을 보여준다.

 1912년 시점에 노원리의 토지 45만 6,701평은 총 34개 성씨의 개인소유토지 442,284평과 국유지 14,123평, 리유지 294평으로 분포되어 있었다. 성씨 중에서 가장 많은 토지를 가진 성은 신씨로서 전체 리 토지의 34.0%를 소유하였다. 토지대장에 이름을 올린 신씨는 모두 58명(4명의 신씨는 성명 확인 불가)이었다. 노원리는 노곡 마을 외에도 3개 마을을

<표 4> 노원리내 성씨별 토지소유 분포 (1912년. 단위 : 평)

성씨별	면적
申	155,449
金	85,765
李	70,454
兪	26,872
閔	21,034
方	13,605
朴	12,552
상위 7개 성씨 총계	385,731
전체 노원리 총계	456,701

* 자료 :『土地臺帳』(진천군 이월면 노원리)

포괄한 행정단위이므로 그 중에서 34.0%의 토지를 소유하였다는 것은 평산 신씨의 경제적 지배력이 한말 시기에 비해 크게 감소하지는 않았음을 보여준다. 그러한 평산 신씨가 일제하에 점차 쇠락하게 되는 사정은 별도의 연구에서 검토하게 된다.[27]

4. 맺음말

 이월면 노곡리 논실 마을의 평산 신씨 토지소유를 중심으로 동족마을의 토지소유를 검토함으로써 19세기 말, 20세기 초 사회경제 변동과 함께 동족마을의 변동을 사례연구의 형태로 검토하여 보았다.
 17세기 신잡에 이르러 논실에 정착한 평산 신씨들은 4백여 년간 세거하면서 문무현관을 다수 배출하였다. 신립의 맏형이었던 신잡은 1669년 백원서원을 건립했고, 그를 중심으로 1871년 훼철될 때까지 이 지역 공론을 주도해 갔다. 백원서원은 노론계 서원으로 진천지역 향권을 주도하고 있었다. 특히 문희공파는 임진왜란을 기점으로 무장들을 배출하

---

27) 김성보, 「1900~50년대 진천군 이월면의 토지소유와 사회 변화」(본서 수록).

여 무반가로서의 가업을 이어갔다. 19세기 말 강화도조약을 체결할 때 판중추부사였던 신헌이 그 대표적인 인물이라고 할 수 있다.

논실의 공간구성은 동쪽에서 서쪽으로 아랫말, 중말, 웃말이 분포하고 있었는데 이를 연결하는 도로의 북쪽 접경에 신씨들이 집단 거주해 왔다. 노은 영당의 아래 경사면에 위치하던 신씨가의 집단 거주 방식은 신씨 이외의 상민층의 주거공간과 구분되며 일제하를 거치며 해체될 때까지 400여 년에 이른다.

광무양안에 나타난 20세기 초 신씨가의 토지소유를 보면, <표 1>에서 보듯이 전체 성씨의 토지 366.6결 가운데 신씨의 토지가 31.5%인 115.6결에 이른다. 다른 성씨에 비해 우월한 경제력을 바탕으로 향촌에 대한 지배력을 행사할 수 있었다.

<표 2>에 의하면 논실 신씨가의 경우 3결 이상의 지주 가운데 신갑균, 신귀, 신철희, 신성, 신궁희, 신격, 신재균 등 7명이나 포함되고 있다. 이곡면에서 신씨가 차지하는 소유면적은 53.66정보로서 3결 이상의 지주경영면적 81.16정보 중 53.66%에 이를 정도였다. 비록 이곡면 최대 지주인 이경팔의 존재가 있지만 여전히 신씨가의 농업경영은 지배적인 위치를 갖고 있다고 할 수 있다.

이곡면에서 신씨로서 최대 지주인 신갑균은 만승면, 월촌면, 소답면에도 토지가 있어 진천군 전체로는 20.83정보를 소유하고 있었으며, 이곡면의 경우 전 1.75정보, 답 10.76정보 등 총 13.31정보를 소유하는 대지주였다. 신귀 역시 이곡면 외에도 남변, 북변, 덕문, 행정, 초평, 백곡, 만승면에 걸쳐 토지를 분산적으로 소유하여 전체 소유면적이 30.71정보에 달했으며, 이곡면의 경우 전 4.05정보, 답 11정보, 대지 0.58정보 등 총 15.63정보에 달하였다. 또한 신철희는 진천 전체에서 20.35정보를 소유한 대지주로서, 이곡, 백곡, 만승, 월촌면에 토지가 분산되어 있었으며, 이곡면에만 전 5.17정보, 답7.81정보를 합하여 총 12.98정보를 소유

하고 있다. 그의 소유 가옥은 진천군 전체 7호(33칸)이었으며 이곡면에는 가옥이 없다. 이처럼 신씨가 중에는 동족마을이 있는 이곡면은 물론 진천군 전체에 토지와 가옥을 분산 소유하면서 지주제 경영을 하는 인물들이 다수 확인되고 있었다. 논실 신씨가의 토지소유 형태는 대체로 대록, 분록의 방법을 사용하지 않은 것으로 보인다. 呼名으로 기재한 예가 거의 찾아지지 않기 때문이다. 가문마다 다르기도 하겠지만 논실 신씨가의 경우 실명으로 양안에 기재해 넣어 자신의 소유를 분명히 한 것으로 보인다.

한편 노곡리 논실의 토지는 대부분 신씨가가 소유하고 있었으며 진천의 역토 경영에도 상당수 관여하고 있었던 점이 확인되고 있다. 장양역과 태랑역의 역토를 경작하던 신씨가 인물 57명이 그들로서 역토 경영을 통해서도 경영을 확대해 가고 있던 것을 알 수 있다. 신씨가 중 소빈농 등이 주류를 이룬다.

일제하 토지사정이 있었던 1912년의 기록을 중심으로 1901년 광무양전사업 때의 신씨가 인물과 비교해 보면 한자 이름이 일치하는 인물이 31.7%에 이른다. 노곡리 신씨의 경우 시주 36명이 확인되고 있어 44.4%의 높은 일치율을 보이고 있다. 광무양안과 토지대장의 연속성에 대해 그 정확도를 확인할 수 있으며, 신씨가의 경우 지배적인 가세를 거의 그대로 유지해 가고 있다는 것을 알 수 있다. 비록 1912년 이후 신씨가의 지배력은 쇠퇴해 갔지만 17세기 이래 진천지역의 향론을 주도해가던 가문의 하나였음을 확인할 수 있었다.

동족마을에 대한 연구를 통해 광무양안의 정확성과 그 역사적 성격을 충분히 확인할 수 있었지만 보조자료가 발굴되지 못해 보다 심도깊은 연구가 진행되지 못한 것이 아쉽다. 자료발굴을 통해 동족마을의 구체적인 촌락구성과 변화 양상을 추적하는 작업은 추후의 과제로 돌리고자 한다.

1900~50년대 鎭川郡 梨月面의 토지소유와 사회 변화

김 성 보

1. 머리말

19세기 말 이후 한국 사회는 개항과 근대화, 일제의 식민지 지배, 해방과 분단·전쟁 등을 겪으면서 급속하게 변모하여 왔다. 이러한 변화의 양상과 성격을 이해하기 위해서는 전국 규모 또는 서울 중앙 수준의 연구와 함께 郡단위의 지방사회, 또는 대다수 주민의 삶의 현장이었던 面·里·마을 수준에서 사례연구를 풍부하게 축적할 필요가 있다.
  이 글은 忠淸北道 鎭川郡 梨月面을 연구대상으로 하여 지방사회의 토지소유와 권력관계의 변화를 파악해 본 하나의 사례연구이다. 일제강점 이후, 특히 1930년의 지방제도 개정 이후 50년대 말까지 面은 중앙권력에 의한 농촌사회 통제의 중심 거점으로 작용하였다.[1] 그런 점

---

[1] 1961년 군사정권의 등장 이후 지방행정의 중심은 면에서 군으로 이동한다(최봉대,「농지개혁 이후 농촌사회의 정치적 지배집단의 형성 - 1950년대 경기도 용인군 관내 면의원 및 면장 충원실태 분석을 중심으로」, 역사문제연구소 편,『1950년대 남북한의 선택과 굴절』, 역사비평사, 1998, 230쪽). 面단위 농촌사회 변동에 관한 대표적인 사례연구로는 洪性讚,『韓國近代農村社會의 變動과 地主層』, 지식산업사, 1992가 있다. 마을 또는 里 단위의 농촌변화를 검토한 다음 연구들도 참고된다. 김일철 외,『종족마을의 전통과 변화 - 충청남도 대호지면 도리리의 사례』, 백산서당, 1998 ; 지승종 외,『근대사회변동과 양반』,

에서 面은 중앙권력과 지역주민 사이, 그리고 지역주민 내부에서 형성되는 지방권력관계를 파악하기에 요긴한 범주이다. 학계에서는 일제하의 지방사회에 대하여 '지역명망가층', '관료-유지지배체제' 등 여러 가지 개념을 설정한 연구가 진행되어 왔다.2) 그렇지만 일반화를 위해서는 아직 보다 많은 사례연구가 필요하며, 일제 강점기를 거쳐 해방 이후 제1공화국기에 이르기까지 어떻게 지방사회의 권력관계가 변동하였는지를 거시적으로 파악해야 하는 과제가 남아 있다.

필자는 1900년대부터 1950년대까지 지방·농촌사회의 권력 또는 권위의 원천이 주로 토지·행정권력·가문(문중)의 3자에 있었다는 전제 아래, 이 3자의 관계를 뚜렷이 파악할 수 있는 하나의 사례로서 진천군 이월면에 주목하였다. 이월면은 넓은 평야지대와 구릉지가 적절히 조화를 이루어 농업이 발전한 곳이면서 동시에 전통적인 가문들이 누대에 걸쳐 세거하면서 여러 동족마을이 발전해 온 곳이다. 그 중에서도 특히 주목하고자 하는 가문은 노원리 논실(老谷)의 平山 申氏, 즉 '논실 신씨'이다. 이는 진천군의 대표적인 문중으로 손꼽는 '1 놋점, 2 초평, 3 논실'의 하나에 해당한다.3) 면단위에서 토착 양반 중심의 전통적인 권력관계가 일제 강점기, 해방 후 격변 속에서 어떻게 변화·지속되는가를 고찰하는 것이 이 연구의 주요 목적이다.

서울 : 아세아문화사, 2000 ; 안병직·이영훈 편저, 『맛질의 농민들-한국근세촌락생활사』, 일조각, 2001 ; 윤해동, 『지배와 자치-식민지기 촌락의 삼국면 구조』, 역사비평사, 2006.

2) 金翼漢, 『植民地期朝鮮における地方支配體制の構築過程と農村社會變動』, 東京大學敎 博士學位論文, 1996 ; 지수걸, 「일제하 충남 서산군의 '관료-유지 지배체제-『서산군지』(1927)에 대한 분석을 중심으로」, 『역사문제연구』 3, 1999.

3) '1 놋점'은 延日 鄭氏, '2 초평'은 慶州 李氏, '3 논실(老谷)'은 平山 申氏를 말하는 것으로 각기 同族을 이루어 살고 있는 지명을 따붙인 별칭이다(한양대학교출판부, 『鄕人記』, 한양대학교출판부, 1973, 245쪽).

주로 검토하는 1차 자료는 1900년에 작성한 진천군『量案』, 1912년 이후 1977년까지 토지소유자의 변화를 알 수 있는 이월면『土地臺帳』 ('舊臺帳'),4) 1950년대의『農地償還臺帳』, 그리고『常山誌』(1932)・『梨 月面要覽』(1949)・『鎭川郡誌』(1994) 등의 지방지와 관련 가문의 족보 등이다.

2. 대한제국기의 梨谷面과 月村面

이월면은 1914년에 梨谷面과 月村面이 병합하여 만들어진 행정구역 이다. 서쪽의 이곡면은 구릉지가 많은 곳으로 양반들의 동족마을(집성 촌)이 발전하였으며, 동쪽의 월촌면은 평야가 많은 곳으로 보다 다양한 신분・성씨들이 혼재하는 각성바지마을이 많아 서로 비교된다.

이곡면의 동족마을로는 平山 申氏들이 세거해 온 老院里의 논실(老 谷)마을이 대표적이다. 이 마을은 평산 신씨의 시조인 申崇謙의 19대 손 申磔(1541~1609)이 말년에 閑居하면서 형성되었다. 평산 신씨들은 이곳에 4백여 년 세거하면서 여러 문무현관을 배출하였는데, 특히 무관 이 많았다. 대표적인 무관으로는 신잡의 10대 손 申櫶(1811~1884)을 들 수 있다. 그는 헌종・철종・고종조에 걸쳐 중요 무반직을 두루 역임 하였으며, 1876년 판중추부사로서 강화도조약을 체결하였고, 1882년에

---

4) 토지대장을 이용하여 토지소유관계의 변화를 분석한 연구로는 정승진,「일제 시기 식민지지주제의 기본추이-충남 서천 수리조합지구의 사례」,『역사와 현 실』26, 1997 ; 이종범,「1915~45년 농지소유구조의 변동」,『全南 務安郡 望 雲地域 農村社會構造變動硏究』, 전남대학교 호남문화연구소, 1988 ; 趙錫坤, 「土地臺帳에 나타난 토지소유구조의 變化-醴泉郡 龍門面 사례의 예비분 석」, 安秉直・李榮薰 編著,『맛질의 농민들-韓國近世村落生活史』, 一潮閣, 2001 참조.

는 통리기무아문사로서 조미수호조약을 체결하였다.5)

그 외에 常山 林氏들이 세거해 온 노원리 신당이마을, '독기 김씨'들이 살아온 松林里 독지미마을, 交河 盧氏들이 살아온 沙谷里 반지마을 등의 班村이 알려져 있다.6) 또한 강릉 김씨들도 소규모이지만 사곡리와 그 주변에서 살아왔다.7) 월촌면의 경우에는 두드러진 班村을 찾기 어렵다. 新月里 다래촌(월촌)에 蔡氏의 강당이 있어 강당말로 지칭되는 정도이다.8)

1914년 이월면 병합 이전까지 이곡면에서 面長職에 있었던 인물은 申謙熙・申翊熙・申鍾熙 등 평산 신씨가였다.9) 다만 1909년 시점에는 江陵 金氏家의 金璣卿이 일시적으로 면장직을 수행하였다.10) 당시는 통감부 설치 직후로 면장의 지위가 극히 낮아진 시점이었기 때문에11) 신씨가가 기피하여 그 대신 면장직을 담당한 것으로 보인다. 한편 월촌면의 경우에는 金種九, 李炳宗, 崔根榮, 申錫命 등 다양한 성씨들이 면장을 맡았다.12)

<표 1>은 1900년에 작성된 광무양안 상에 나타나는 이곡면・월촌면의 주요 성씨들의 토지소유 규모를 보여준다.

---

5) 朴贊殖,「申櫶의 國防論」,『歷史學報』117, 1988, 41~55쪽.
6) 鎭川郡誌編纂委員會 編,『鎭川郡誌』, 鎭川郡, 1994, 99・703・704쪽.
7) 刊行者 未詳,『常山誌』上卷, 1932, 9쪽.
8) 鎭川郡誌編纂委員會 編, 앞의 책, 709쪽.
9) 申弘澈,『忠淸北道 鎭川郡 梨月面要覽』, 中央印刷所, 1949, 10쪽.
10)『韓國忠淸北道一班』後篇, 忠淸北道觀察道, 1909, 328쪽.
11) 염인호,「일제하 지방통치에 관한 연구-'朝鮮面制'의 형성과 운영을 중심으로」, 연세대학교 석사학위논문, 1983, 11쪽.
12) 申弘澈, 앞의 책, 10~11쪽.

<표 1> 光武量案의 梨谷面·月村面 성씨별 토지소유 (단위: 結, 戶, %)

성씨	이 곡 면			월 촌 면		
	소유면적	가호 수	1호당 면적	소유면적	가호 수	1호당 면적
申	115.6 (31.5)	177 (18.8)	0.65	52.4 (13.1)	122 (9.2)	0.43
李	98.1 (26.8)	254 (26.9)	0.38	61.4 (15.4)	234 (17.7)	0.26
金	28.2 (7.7)	132 (14.0)	0.21	52.1 (13.0)	240 (18.2)	0.22
鄭	15.6 (4.3)	38 (4.0)	0.41	36.7 (9.2)	162 (12.3)	0.23
소계	257.5 (70.2)	601 (63.7)	0.43	202.6 (50.7)	758 (57.4)	0.27
전체	366.6(100%)	943(100%)	0.39	399.5(100%)	1320(100%)	0.30

* 출전:『忠淸北道鎭川郡量案』(진천군 17678-1-15-奎1900).

광무양안에 나타나는 이곡면 時主들의 성씨는 46개이며, 월촌면의 성씨는 52개이다. 두 面을 합하면 총 57개에 달한다. 그 중에서 토지소유와 인구에서 주도적인 성씨는 申·李·金·鄭 4姓氏로서, 이곡면에서는 이들이 토지의 70.2%와 인구의 63.7%를 점한다. 월촌면은 집중도가 다소 낮아서 4개 성씨가 각각 50.7%와 57.4%를 점한다.

신씨는 인구면에서 이씨보다 비중이 낮으나 보다 많은 토지를 소유하여 1호당 토지면적이 평균치의 약 2배 정도에 이른다. 반면에 이씨, 정씨는 인구는 많으나 토지소유는 평균수준이며, 김씨가는 평균 토지소유 규모가 상대적으로 작다. 신씨 주민들이 지주·부농에 가깝다면 김씨 주민들은 소빈농에 가까웠던 것으로 판단된다.

<표 2>는 이곡면·월촌면에서 토지소유가 많은 것으로 나타나는 주요 時主들이다.

이곡면에서는 신씨가와 이씨가가 주로 대토지소유자로 나타난다. 월촌면에서는 韓圭高·李相高 등 다양한 성씨의 부재지주들이 토지소유 상위자에 속한다.

<표 2> 量案의 이곡면·월촌면 주요 時主 (단위 : 결)

이 곡 면		월 촌 면	
時主名	면 적	時主名	면 적
驛田畓	51.836	韓圭高	14.421
李景八	8.792	李敏承	6.836
申甲均	7.918	金鎭觀	4.696
申 檄	7.318	沈正澤	4.214
李敬八	6.153	申學伊	4.022
申喆熙	6.108	任大準	3.978
申兢熙	5.109	坊 築	3.434
申 欄	4.872	李相高	3.404
鄭雲商	4.333	李鍾健	3.271
李敬七	4.003	蔡相肅	2.848
李明珪	3.938	申億均	2.838
申宰均	3.581	申錫命	2.345
李善長	3.438	李敬三	2.271
金演觀	3.405	金鎭寬	2.232
申 楃	3.272	吳咸泳	2.162

* 출전 :『忠淸北道鎭川郡量案』(진천군 17678-1-15-奎1900).

　신씨가와 이씨가 등이 대토지소유자층을 형성하는 다른 한편에는 광범한 영세소농층이 존재하였다. 진천군의 光武量案을 분석한 최윤오에 의하면, 이곡면에서는 5정보 이상의 지주가 61명(6.9%)에 달하는 반면, 0.5정보 이하의 토지만을 소유한 하층 소·빈농 비율이 58.7%에 이르는 등 심각한 토지소유 분해의 양상을 보인다.[13] 1900년 단계에 이미 진천의 이곡면·월촌면은 지주층과 영세 소·빈농층으로 양극화현상을 보이고 있었다.

　대한제국기에 이곡면과 월촌면은 지형적으로나, 신분적으로나 서로 상이한 성격의 마을 구조를 이루고 있었다. 구릉지의 동족마을을 기초로 하여 양반의 위세가 유지되던 이곡면과, 평야를 중심으로 각성바지

---

13) 최윤오, 「대한제국기 광무양안의 토지소유구조와 농민층의 동향」(본서, 47쪽), <표 3> 참조.

마을이 발전한 월촌면이 대비를 이루고 있었다. 또한 이곡면과 월촌면 모두 내부적으로 토지소유의 불균등, 지주층과 영세 빈농으로의 양극화 현상을 드러내고 있었으며, 특히 논실 신씨는 가문의 전통적 위세, 면장직 진출, 근대 교육 참여, 그리고 무엇보다도 광대한 토지소유를 바탕으로 하여 이 일대에서 주도적인 가문으로 자리잡고 있었다.

3. 일제하 梨月面의 권력관계와 토지소유 변화

1914년도에 전국적으로 면 구역 변경이 이루어지면서 이곡면과 월촌면은 이월면으로 통합되었다. 성격이 상반되는 두 면의 통합은 지방 권력관계에 어떠한 영향을 미쳤을까? 이 점을 면 행정의 책임자인 면장 담당자의 변화과정을 중심으로 검토해본다.

1914년에 이곡면과 월촌면이 이월면으로 통합될 때, 이곡면의 면장은 논실의 평산 신씨인 신종희이었으며 월촌면의 면장은 그와 계파가 다른 평산 신씨 제정공파의 신석명이었다. 최초로 이월면장으로 임명된 인물은 양반 동족마을이 많은 이곡면이 아니라 각성바지마을이 대부분인 월촌면에서 나왔다. 신석명이 초대 면장이 된 것이다. 그는 광무양안에 2.3결의 토지를 가진 인물로 확인된다. 왜 월촌면 쪽에서 통합 면장이 나왔는가는 불확실하다. 다만 논실 신씨가 1910년 신팔균의 망명 이후 일제 지배권력과 갈등관계에 있었다는 점, 넓은 들이 펼쳐져 있는 월촌면 쪽의 경제력이 더 컸던 점 등 여러 가지 복합적인 요인이 작용하였을 것으로 보인다.

이월면이 생긴 이후 해방 이전까지 면장은 다음과 같은 인물들이 담당하게 된다.

일제 강점기 이월면장 명단[14]

申錫命(1914~?)	金柄瓚(?~1919·20)	南基錫(?)
申範均(1921~25)	方善容(1926~1935)	權赫穆(1936~39)
柳羲烈(1940)	閔厚植(1941)	林相哲

신석명 이후 김병찬·남기석이 면장직을 맡았으나 이들은 1·2년을 채우지 못하고 물러났다. 1921년에 노원리의 신범균이 부임하고서야 면장직은 안정을 찾게 된다.[15]

3·1운동이 일어났을 때 면사무소는 전국 각 지역에서 습격의 대상이 되었다. 면장이 구타당하거나 직책을 떠나는 경우도 많았다. 이월면에서도 면장은 주민들에게 원성의 대상이었다고 한다. 일제는 3·1운동에 대한 대응으로 1920년부터 '문화통치'라고 하는 유화책을 쓰게 되었고, 그 일환으로 면에는 면협의회를 두었다. 면협의회를 설치한 목적은 조선인을 통치말단기구인 면 행정에 끌어들여 의견을 표현하게 하고 그 의견을 면 행정에 반영하여 조선인의 전통적 정치욕구를 해소시키고, 그럼으로써 면장 중심의 간접 통치기반을 강화하자는 데 있다.[16] 1921년에 총독부 권력과 거리를 두고 있었던 노원리의 신씨가가 다시 면장을 맡게 되는 것은 이처럼 '문화통치'의 유화책 속에서 면장의 지위가 높아지고 조선인의 정치참여에 어느 정도 가능성이 엿보였기 때문으로 보인다.

그렇지만 신씨가의 면장 활동은 1925년 이후 다시 중단된다. 1920년대 중반부터 진천군과 이월면에서는 논실 신씨가와 같은 토착 양반층

---

14) 민족문제연구소 편, 『일제 식민 통치기구 및 협력 단체 편람-국내편』, 서울 : 민족문제연구소, 2002, 별권2, 면장 명부 ; 申弘澈, 앞의 책, 11쪽.
15) 신범균은 1919년 시점에 萬升面長職에 있었다(민족문제연구소 편, 앞의 책, 별권2, 면장 명부).
16) 염인호, 앞의 글, 27~30쪽.

이 아닌 새로운 지방유지층이 등장하게 되며, 면장직도 그와 연동하여 바뀌었다. 신범균의 뒤를 이어 면장을 맡게 되는 方善容은 새롭게 등장한 지방유지의 한 전형을 보여주는 인물이다. 진천의 토착 성씨가 아닌 방씨가(溫陽 方氏)는 경기도에서 富를 축적하여 진천으로 이주한 것으로 알려져 있다. 광무양안에는 방씨가의 토지가 확인되지 않는다.17) 진천에서 토지조사사업에 의해 土地査定이 이루어진 시점은 1912년인데, 이때 方璨容 등 방씨가는 노원리에서 13,938평을 소유하였다. 1916년에는 京城府에 주소지를 둔 方善容이 11,628평을 매입하였다. 그는 1917년에 오늘날 '申櫶 古宅'으로서 문화재로 지정되어 있는 826번지(대지 786평) 땅을 申章熙에게서 구입하였다.18) 그는 1921년부터 주소지를 이 곳으로 옮겨 거주하였다.19) 논실 신씨가의 위세를 보여주던 신헌 고택을 외지에서 이주해 온 방씨가가 소유하게 된 것은 노원리에서 힘의 관계가 변화하였음을 상징적으로 보여준다. 토착 양반가문 중심의 농촌사회가 외지 이주자의 힘에 의해 점차 해체되어간 것이다.

　방선용은 일제하에 면장직을 역임하면서 영향력을 강화하는 한편, 학교평의원의 직위를 갖기도 하면서20) 지역 '有志'로 활동하였다. 방씨가는 교육 부문에 많은 관심을 가진 것으로 보이는데, 이는 方基泰가 1949년 시점에 이월공립국민학교의 교감으로 활동하는 데에서도 확인된다.21)

---

17) 광무양안에서 방씨 토지소유가 극히 일부 확인되나, 이 글에서 다루는 방씨가와는 관련이 없는 것으로 판단되며, 그 토지소유 규모도 극히 영세할 뿐이다 (월촌면 : 方百孫 3부 6속, 方白興 4부 9속, 方元民 20부 9속).
18) 1912년 토지사정 당시에는 만주로 망명한 申八均의 소유로 등기되었으며, 1914년에 申章熙로 소유권이 이전되었던 대지임.
19) 방선용은 이웃한 827-1번지의 대지 234평노 신우철에게서 매입하였다.
20) 天野行武 編, 『忠北産業誌』, 淸州 : 天野行武, 1923, 207쪽.
21) 申弘澈, 앞의 책, 19쪽.

면단위 권력의 중심이 동족마을을 중심으로 한 토착 양반층으로부터 외래 이주자인 새로운 지방유지에게로 이동하는 데는 경제력의 변화가 연관되어 있었다. 논실 신씨가의 주된 경제 기반인 토지 규모는 일제강점기에 점차 축소되었다. 1930년대의 조사에 의하면, 노원리에 신씨는 29호 167인, 그 외 성씨는 39호 204인이 거주하였는데, 거주자의 직업은 대부분 농업으로 지주 3호, 자작 5호, 자작 겸 소작 5호, 소작 45호의 분포를 보인다.22) 지주 3호 가운데 최대 지주는 方氏家로서 대한제국기에 비하면 신씨가의 경제력이 전반적으로 상당히 약화되었음을 엿볼 수 있다. 이월면 전체에서 토지소유 규모가 어떻게 변화하는지는 확인하지 못하였으나, 신씨가의 동족마을이 있는 노원리의 토지소유 규모를 보면 그 대략적인 추세는 파악할 수 있다.23)

<표 3> 노원리의 신씨 토지소유 변화 (1912~1950년)

연도	토지소유면적
1912년	137,045평
1915년	126,769평
1920년	114,288평
1925년	99,892평
1930년	78,863평
1935년	48,769평
1940년	51,278평
1950년	66,458평

* 출전 : 이월면 노원리 『土地臺帳』 (진천군청).

신씨가는 1912년부터 1935년까지 매년 평균 약 3천 8백평(약 1.3정보)씩 토지소유 규모가 감소하였다. 1935년부터 1950년 사이에는 약간

---

22) 朝鮮總督府, 앞의 책, 762쪽.
23) 일제하에 노원리에는 이월면의 대지주로서 논실 신씨와 派를 달리하는 또 다른 평산 신씨인 신경철의 토지는 없었다. 토지대장에 나타나는 노원리의 신씨 토지는 대체로 논실 신씨들의 토지로 보아 무난하다.

증가 추세를 보이지만 미미한 수준에 지나지 않는다.

신씨 가문의 정치·사회적 영향력과 토지소유 규모가 축소되는 것과 반비례하여 상대적으로 방씨가의 토지소유 규모는 1931년까지 꾸준히 증가한다. 1935년 조사에 의하면 방선용은 小作米 300석, 資産見積額 6만 원의 규모를 지닌 地主로 성장하였다.24) 1935년 시점에 1반보당 미곡 평균 수확량은 1.06석이므로25) 300석지기는 28.3정보의 토지소유자에 해당한다. <그림 1>은 방씨가가 노원리에서 소유하였던 토지규모의 연도별 변화 양상을 보여준다.

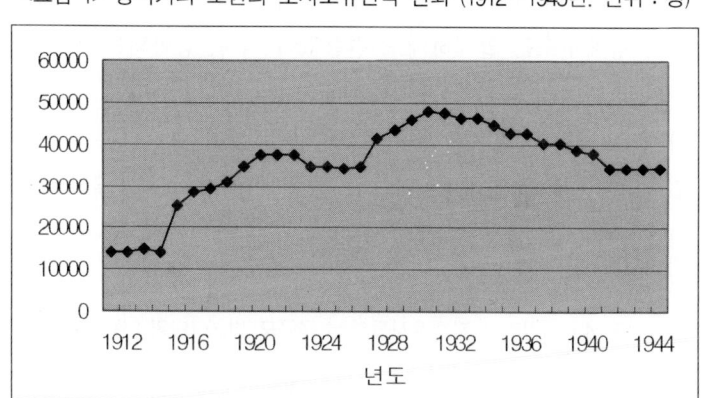

<그림 1> 방씨가의 노원리 토지소유면적 변화 (1912~1945년. 단위 : 평)

* 출전 : 이월면 노원리 『土地臺帳』(진천군청).

노원리에서 방씨가의 토지소유는 1931년까지 꾸준히 증가하여 47,823평에 이르렀다. 다만 그 이후부터는 조금씩 감소한다. 1940년에는 4만 평 이하로 줄어들었으며, 1945년에는 1920년 수준인 34,058평으로 감소하였다. 방씨가는 1930년대에 농업 수익률이 하락하면서 점차 토지

---

24) 朝鮮總督府, 앞의 책, 762쪽.
25) 송규진 외, 『통계로 본 한국근현대사』, 아연출판부, 2004, 111쪽.

를 축소해간 것으로 보인다. 지주제의 성장이 정체기에 들어서는 1930년대 후반이 아닌 초반부터 토지소유 규모를 축소해간 점이 주목된다. 다만 해방 이후까지도 방씨가는 지주제 경영을 포기하지는 않았다. 1950년의 농지개혁에서 방씨가는 이월면에서 9.6정보의 토지를 분배당하게 된다.26)

신씨가에서 방씨가로의 면장직 이동은 이처럼 면단위 권력관계 및 토지소유관계에서 토착 양반층으로부터 신흥 유지층으로 중심이 이동하는 양상을 상징적으로 보여준다. 그렇기는 하지만 이 두 집안 모두 지주제를 바탕으로 하고 있었다는 점에서는 차이점이 없었다. 일제 강점을 앞두고 이미 고도로 토지소유관계의 불평등이 악화되어 있었던 진천군의 경제구조는 일제하에도 변함없이 지속, 심화되는 상황이었다. 이월면의 전반적인 농가별 토지소유 규모의 변화 추이는 조사하지 못하였지만, 노원리의 경우를 통해 그 양상을 살펴보면 다음과 같다.

<표 4>는 노원리 토지대장에 나타나는 인명별 토지소유 규모의 변화를 보여준다.

<표 4> 노원리 토지소유자들의 소유규모 변화 (단위 : 坪, 名)

면적\년도	1912	1915	1920	1925	1930	1935	1940	1945	1950
9001 이상	13	13	10	11	11	12	10	8	5
6001-9000	3	4	7	8	5	3	8	5	8
3001-6000	15	14	23	21	13	15	12	19	17
2001-3000	22	17	11	8	13	10	12	11	18
1001-2000	55	50	46	43	45	42	42	59	66
501-1000	60	67	58	67	61	63	70	92	110
1-500 (坪)	73	81	100	102	111	126	118	141	143
계(名)	241	246	255	260	259	271	272	335	367

26) 방선용 933평, 방기태 24,111평, 방기복 3,730평, 방효준 166평 등 합계 28,940평.

* 출전 : 이월면 노원리 『土地臺帳』(진천군청).

　1912년도에 1천 평 이하의 토지소유자는 전체의 55.2%인데, 1920년도에는 62.0%, 1930년도에는 66.4%, 1940년에는 69.1%로까지 증가한다. 이 기간에 토지소유자 총수는 241명에서 272명으로 크게 변동이 없었다. 상당수 농민들의 토지소유 규모의 영세성은 더욱 악화된 것이다. 다만 1940년부터 1945년 사이의 5년간에 1천 평 이하의 토지소유자 비율은 69.6%로 거의 변함이 없는데 비해, 전체 토지소유자의 수는 272명에서 335명으로 23% 급증하였다. 토지가 전혀 없던 순소작농이 자작겸 소작농으로 성장하여 토지소유자 총수가 증가한 것으로 해석할 수 있다. 반면에 6천 평 이상 소유자들은 1940년 이후 약간 감소한다. 1940년 이후 지주제가 약화하는 전국적인 추세를 노원리에서도 확인할 수 있다.

　이월면의 지주제 확대 양상은 역둔토(국유지) 불하 과정에서도 확인된다. 이월면의 노원리와 장양리의 토지소유권에서 두드러진 특징의 하나는 국유지가 비교적 광범하게 존재하였다는 점이다. 본래 이곡면에는 54.8결의 長楊驛土가 존재하였다. 그 외에도 이곡면 양안에는 忠勳屯 등의 특수전답이 다수 확인된다. 이 토지들 가운데 상당 부분은 조선총독부의 토지조사사업에 의해 국유지로 편입되었다. 노원리의 국유지는 총 14,210평이며, 장양리의 국유지는 15,244평에 달하였다.

　일제하에 노원리에서는 묘지 171평을 제외한 총 14,039평(40필지)의 국유지가 소유권 이전되었다. 장양리에서는 총 15,244평(27필지)의 국유지 전체가 소유권 이전되었다. 이 중에서 1920년 이전에 이전된 토지는 다음과 같다. 노원리의 경우 7,327평의 국유지가 1917년에 진천공립보통학교로 '讓與'되었다.[27] 이 학교는 농지개혁시 이월면에서 8,083평

---

27) 이 학교는 1905년에 경주 이씨가인 李相稷이 私財로 세운 사립 文明學校의

을 분배당하게 된다. 장양리에서는 1913년에 朝鮮農業株式會社가 3,169평(임야 2,160평, 답 817평, 제방 192평)의 소유권을 이전받았다. 이 토지는 1919년에 다시 尹賢默에게 이전된다. 조선농업주식회사는 1905년도에 宋秉畯(사장) 등 송씨가와 백완혁, 백인기 등 백씨가가 중심이 되어 서울에 설립한 회사로서, 농업·부동산매매 등을 취급하였다.[28]

조선총독부는 1920년 이후 자작농을 육성한다는 취지를 내세워 역둔토(국유지)를 소작농민에게 10년 연부상환 조건으로 불하하는 조치를 취하였다. 그러나 최근의 연구에 의하면 실제로는 토지 대금 상환능력이 있는 지주들에게 주로 소유권이 넘어간 것으로 밝혀지고 있다.[29] 이 점은 노원리·장양리의 국유지 불하에서도 확인된다. 1920년 이후 국유지의 소유권을 이전받아 토지대장에 등기한 민간인은 소작농이 아니라 대부분 지주들이었다. 노원리에서는 방선용·방효천 등 방씨가가 1925년부터 1930년 사이에 3,064평을 매입하였다. 그 외에 신각현 등 신씨가가 1,091평을 매입하였으며, 이도관이 626평을 매입하였다. 나머지는 묘지·임야 등이다. 장양리에서도 국유지의 소유권 이전은 노원리의 경우처럼 지주들에 의해 이루어졌다. 德山面의 田中原太郎 등 9명의 일본인이 총 6,230평을 매입하였으며, 그 외의 토지는 방기태, 방호천, 김인환, 청주 이씨 문중, 성공회 등 주로 지주경영을 하는 쪽에 이전되었다.

후신으로, 1911년에 설립되었다. 이 학교는 오늘날의 상산초등학교로 이어진다(鎭川郡誌編纂委員會 編, 앞의 책, 1003쪽).
28) 조선농업주식회사는 송병준의 남대문시장 영업권을 무상 인도받아 경영의 기초로 삼았으며, 충청남도와 중국 間島등에서 토지를 매수하여 농업경영에 나섰다(中村資良 編, 『朝鮮銀行會社要錄』, 東亞經濟時報社, 1921, 93쪽).
29) 김양식, 『근대 권력과 토지-역둔토 조사에서 불하까지』, 해남, 2000, 373~386쪽 ; 홍성찬, 앞의 책, 145~151쪽.

일제하에 토지소유관계의 불평등성은 농촌사회 내부의 갈등을 심화시키는 주요인이었다. 그 갈등은 전국 각지에서 소작쟁의, 농민조합운동 등으로 표출되었다. 그런데 진천군과 이월면의 경우에는 이러한 운동이 조직적으로 전개되지 못한 것으로 보인다. 당시 신문을 검색해 보면 진천군 출신의 저명한 사회주의자 정재달이 체포되거나[30] 사회주의 보급을 하던 인물이 검거되는 기사 등은 확인되지만,[31] 조직적인 소작쟁이나 농민조합운동 기사는 찾아볼 수 없다. 다만 1933년에 조선소작조정령이 실시된 이후 진천군에서도 소작분쟁이 급증하여 1939년까지 7년간 그 건수가 총 122건에 달하였다.[32] 그러나 이는 조직화된 농민운동의 소산이라기보다는 소작조정령의 영향으로 인한 개별적 분쟁의 성격이 강하였다.

진천군의 사회운동은 전반적으로 개량적인 양상을 보인다. 진천청년회의 경우, 1924년 시점에 회장직에 있었던 金禮煥은 춘궁기에 극빈자 98명에게 117원 60전을 나누어주는 등 자선활동에 열심이었던 진천읍 내의 有志이었다.[33] 그는 600석지기의 지주로서 농지개혁시 32.4정보를 분배당하는 대지주 金仁煥과 형제지간이다.[34] 1928년에 그는 동아일보 진천지국장으로서 신간회가 주도하는 문맹타파운동에 참여하였고, 신간회 진천지회 재정부 총무간사직을 맡기도 하였다.[35] 1928년 지

---

30) 『朝鮮日報』 1928. 10. 21.
31) 『東亞日報』 1933. 4. 8.
32) 朝鮮總督府 農林局, 『朝鮮農地年報 1』, 1940, 55쪽.
33) 『朝鮮日報』 1924. 6. 19.
34) 도움말 : 김병천(진천향교 전교, 한의사), 2005. 6. 9 인터뷰.
35) 신간회 진천지회는 1928년 2월 6일에 창립되었다. 창립 당시 임원진은 다음과 같다. 회장 安碩應, 부회장 姜泰元, 서무부총간사 權泰鎬, 재정부총간사 □海□, 정치문화부총간사 李庭熙, 조사부총간사 韓相赫, 선전부총간사 李圭奭, 간사 : 文學成, 張順春, 宋憲燮, 金就道, 蔡吉秉, 俞敬穆, 朴鍾英, 朴星熙, 李相珪, 高應淑(『朝鮮日報』 1928. 3. 7). 신간회는 노동야학과 함께 문맹타파운

회 설립 당시 조사부총간사를 맡고 그 해 진천청년회장에 선출되는 한상혁은 1934~40년간에 진천면장을 맡게 되는 인물이다.36) 신간회 진천지회의 다른 인물들도 상당수는 진천청년회원들로서 뚜렷한 활동을 보여주지 못하였다.37)

진천군과 이월면에서는 일제하에 농촌사회 내부의 갈등이 응축되어 있었지만 이를 조직화할 세력은 형성되어 있지 않았다. 1945년 8월의 해방으로 인한 권력의 일시적 공백과 사회주의세력의 전국적 대두는 이처럼 모순이 쌓여있던 진천군과 이월면 내부의 갈등을 한순간에 폭발시키는 계기를 제공하게 된다.

4. 해방 후 이월면의 사회갈등과 농지개혁

1) 농촌사정과 좌우대립

앞서 살펴본 바대로 진천의 이월면은 대한제국기와 일제 강점기를 일관하여 지주제가 광범하게 존재하고 농민층 분화가 심화된 지역의 하나였다. 다만 일제하에 이월면을 포함하여 진천군에서 농민운동이 활성화되지는 못하였다. 충청북도에서 영동군을 제외하면 대부분의 지역

동을 전개하였는데 연사로는 동아일보 진천지국장 김예환과 조선일보 지국장 강태원, 신간회 지회 총무간사 이규석이 나섰다(『朝鮮日報』1928. 3. 29). 김예환은 4월 12일에 신간회 지회의 재정부총무간사로 보선되었다(『朝鮮日報』1928. 4. 15).

36) 『朝鮮日報』1928. 3. 7 ;『중외일보』1928. 6. 4 ; 민족문제연구소 편, 앞의 책, 별권2, 면장 명부.

37) 1928년 5월 29일에 열린 진천청년회 10회 정기총회에서 선출된 임원진은 상당수가 신간회 지회 임원진과 중복된다. 회장 한상혁을 비롯하여 박종영, 이규석, 이정희, 박성희 등이 두 조직의 임원을 겸직하였고, 김예환은 청년회 평의원으로 선출되었다(『중외일보』1928. 6. 4).

은 다른 道보다 농민운동 등 사회운동이 미약한 상황이었다. 이는 충북의 농민들이 다른 지역의 농민들보다 특별히 사정이 나았기 때문은 아니다. 충북의 소작지율은 1930년에 64.3%로, 경기도와 전라북도보다는 낮지만 전라남도와 경상남북도보다는 비율이 높다.38) 충북의 농민운동이 활성화되지 못하였던 점은 경제적 요인보다는 사회문화적 요인이 더 큰 것으로 보인다.

다음 표는 1947년 시점의 이월면의 농촌계층구성을 보여준다.

<표 5> 이월면의 경영형태별, 경지규모별 농가호수 (단위 : 호, %)

	자작	자소작	소자작	소작	계
5반보 미만	58	83	72	65	278
5반보~1정보	107	152	148	163	570
1정보~2정보	86	142	90	74	392
2정보~3정보	62	88	68	34	252
3정보~5정보	14	13	5	2	34
계	327호	478호	383호	338호	1526호
(비율)	21.4%	31.3%	25.1%	22.2%	100%
충북 비율	13.6	18.9	22.3	45.2	100
남한 비율	17.0	19.1	20.5	43.4	100

* 출전 : 申弘澈, 『梨月面要覽』, (李潤益, 淸州府), 1949, 『이월면요람』 28 ; 農林部 農地局 編, 『農地改革統計要覽』, 서울 : 農林部 農地局, 1951, 6~8쪽.
* 비고 : 『農地改革統計要覽』에 수록되어 있는 충북과 남한의 통계는 1947년 농림부 조사에 의한 것임.

1947년도의 통계자료로 보이는 이월면의 농민층 분해의 양상은 위의 <표 5>와 같다. 농림부는 1947년도에 남한 전역에서 경지광협별, 경영형태별 농가호수를 조사한 바 있는데『이월면요람』의 자료 역시 그 시기의 자료로 추측되므로, 충북 및 남한 지역과 직접 비교할 수 있을 것

---
38) 朝鮮總督府 農林局, 앞의 책, 110~120쪽.

이다.

 앞 표에 의하면, 이월면은 자작농이 전체 농가의 21.4%에 불과할 만큼 지주제가 일반화한 곳에 속한다. 다만 충북 및 남한 전체와 비교하면 상대적으로는 자작농이 약간 많은 편이며, 순소작농은 22.3%에 불과하여 다른 지역의 절반 수준이다. 그 대신 자작과 소작을 겸한 농가가 56.4%로 대종을 이룬다. 그렇더라도 생계 유지를 위해서는 1정보 이상의 자작 경영 또는 2정보 이상의 소작 경영을 해야 한다고 보면, 이월면의 농가 1,154호, 즉 75.6%는 생계가 곤란한 빈농에 속한다고 하겠다. 또한 소작도 하지 못하는 농업피용자가 140호, 539명이 있다는 점도 염두에 두어야 한다. 이월면은 호수의 8할, 인구의 9할이 농민인데 그 중 대다수가 이처럼 빈농에 속하였다.[39]

 농업을 위주로 하는 이월면에서 지주와 농민층간의 분화, 농민층의 경제적 조건의 열악성 등은 해방 후 정치적 조건 속에서 좌우대립의 양상을 낳게 되는 배경이 된다. 해방 후 전국적인 현상이기는 하였지만 진천군에서도 좌우대립이 발생하였는데, 특히 이월면에서는 대립이 격심하였다.

 1945년 11월 20일에 열린 제1차 전국인민위원회 대표자대회에 진천군 대표로는 鄭圭哲, 洪加勤 2인이 참가하였다.[40] 같은 해 12월 8일에 열린 전국농민조합총연맹 대회에는 尹在五, 이규영, 유형규, 김창규가 진천군 대표로 참가하였다.[41]

---

39) 이월면의 耕地는 畓 1천 74정보, 田 523.4정보 計 1천 597.4정보이며, 농가호수는 1,526호로서, 농가 1호당 약 1.04정보를 경작하였다(申弘澈, 앞의 책, 25~26쪽).

40) 全國人民委員會代表者大會書記部,『全國人民委員會代表者大會議事錄』, 서울 : 全國人民委員會代表者大會書記部, 1946, 182쪽.

41) 全國農民組合總聯盟書記部,『全國農民組合總聯盟結成大會會議錄』, 서울 : 全國農民組合總聯盟書記部, 1946, 7쪽. 해방 후 충북지역에서의 좌우대립에

사회주의운동·농민운동의 경험이 미약한 이월면에서는 노동자·농민계급보다는 새로운 사상 이념을 빨리 수용하기 쉬운 지식인층이 좌익계열의 지도자로 대두하였다. 신씨가에서는 이월공립국민학교 교사로서 이후에 월북하게 되는 申鉉□가 사회주의운동에 관여하였고, 평산 신씨가의 사위인 李禮□과 그 형제 李義□·李志□도 이에 관여하였다. 신현표는 전쟁시 인민위원장으로서 신씨들을 보호하는 역할을 하였다고 한다.42) 송림리의 신현□는 농지개혁시 이월면에서 1,015평의 토지를 수용당하였으며, 이예□(노원리)은 702평을, 이의□은 288평을 분배당한 소지주에 속하는 인물들이었다. 다만 이들은 신씨 가문에서 중심적인 역할을 하는 인물들은 아니었다. 신씨가는 대체로 좌익보다는 우익 성향에 가까웠다.

해방 후 1대 면장인 吳洛泳(해주 오씨)을 대신하여 1946년 8월에는 신씨가의 申雄均이 2대 면장으로 취임하였다.43) 같은 해 5월에 조직된 대한독립촉성국민회 이월면지부장에는 方善容이 취임하였다.44) 남한에서 해방직후의 과도기를 거쳐 우익 중심으로 지방 정치권력이 재편되는 시기에 이월면에서는 대표적인 가문인 신씨가와 일제하에 새로 지방유지가 된 방씨가 양자가 결합하여 해방 후 우익진영을 주도하였다.

그러나 기존 질서에 대한 저항은 계속되었다. 결국 1947년에 이르러서는 대한독립촉성국민회측과 좌익측간에 대규모 물리적 폭력사건이 발생한다. 1947년 5월 7일에 진천군에서는 독립촉성국민회원들의 폭력

대해서는 박명림, 「충북지방에서의 한국전쟁: 해방에서 전쟁까지를 중심으로」, 『亞細亞硏究』 98, 1997 참조.
42) 도움말: 申應鉉, 2003. 9. 16 인터뷰. 이예□ 형제는 전주 이씨가이다(『平山申氏忠憲公系譜』).
43) 申弘澈, 앞의 책, 11쪽 ; 鎭川郡誌編纂委員會 編, 앞의 책, 698쪽.
44) 申弘澈, 위의 책, 24쪽.

에 항의하여 군중 1천여 명이 집결하자 경찰이 출동하여 발포함으로써 2명이 중상에 빠지는 사건이 발생하였다. 그중 한 명은 이월면 佳山里에 거주하는 許弼鎬이었다.45)

이월면에서는 그해 8월 28일부터 31일까지 좌우익간에 심각한 충돌사건이 발생하였다. 이 사건은 28일에 우익 신창현과 좌익 김차복의 언쟁 끝에 국민회원 수십 명이 김차복을 구타한 것이 발단이 되었다. 이것이 비화되어 南朝鮮勞動黨員 등 좌익계열의 40여 명이 면내 동조자 200여 명을 모아 이월지서에 집결하여 국민회원의 처단을 요구하였다. 이들 중 약 150명은 이월지서를 포위하였고, 약 1백 명은 우익 신학균 외 3명의 집을 습격하여 파괴하였다. 이월지서는 본서의 도움을 받아 일단 시위군중을 해산하였으나, 응원차 출동한 忠州·陰城·鎭川의 국민회원들이 귀환 도중 좌익 5백여 명과 다시 출동하여 국민회원 2명이 사망하였다. 31일에는 덕산면 한천리의 좌익계 2천 명이 국민회 간부의 집과 우편국, 금융조합을 습격하였다가 해산되었고, 1백여 명이 우익 박상철의 집과 정미소를 습격하기도 하였다. 결국 이 사건으로 190명이 검거되었다.46)

이월면에서 좌우대립의 배경에는 지주와 빈농간의 계급적 대립이라는 측면과 함께 양반가문 대 평민 신분간의 신분적 갈등이 복합적으로 작용한 것으로 보인다. 이미 19세기 말에 신분제는 공식적으로 해체되었지만 여전히 신분 의식은 농촌사회에 강고히 남아 있었고 그에 대한 불만이 계급·이념적 문제와 결부되며 폭발하였다.47) 신창현·신학균 등 신씨가의 우익인사들이 특히 사회주의계열로부터 불만의 대상이 되

---

45)『朝鮮日報』1947. 5. 16.
46)『大東新聞』1947. 9. 3 ;『東亞日報』1947. 9. 3. 이 사건에 대해 북한에서는 진천군의 '인민항쟁' 사건이라고 크게 보도하였다(『강원로동신문』1947. 9. 9).
47) 도움말 : 신응현, 2004. 5. 14 인터뷰.

었던 점이 이를 반증한다.

이 사건으로 사회주의자들이 대거 검거되면서 진천군과 이월면의 사회주의운동은 크게 약화되었다. 그 후 이 지역의 지방정치구도는 더욱 더 우익 중심으로 짜여지게 된다.『이월면요람』(1949년)은 1948년 정부 수립 이후 이 지역 우익의 결집 양상을 잘 보여준다. 이월에서 우익 결집의 중심이 된 조직은 大韓獨立促成國民會 이월면 지부였다. 대한독립촉성국민회는 道・郡・面은 물론 각 町과 동・리 단위까지 지부조직이 그물처럼 촘촘히 설립된 거대 조직으로서,[48] '국민운동'을 통해 반공・자본주의적 분단국가의 형성에 조직적 기반을 제공한 단체였다.

초대 지부장 방선용이 퇴임한 다음 2・3대 지부장직은 平山 申氏家의 申佑熙・申璇熙가 담당하였다. 신우희는 농지개혁 때 이월면 토지 2,505평을 분배당하는 중소지주이며, 신선희는 그와 형제지간이다. 1949년 시점에는 해주 오씨가의 吳喆根이 4대 지부장이 되었으며, 기타 간부진은 아래와 같다.

대한독립촉성국민회 이월면지부 간부 명단(1949년)[49]
지부장 吳喆根　　부지부장 吳完善　李潤益
감찰부장 金星會　　총무부장 金亨洙　　재정부장 申慶澈
선전부장 朴敬湯　　문화부장 李喆煥　　조직부장 李相冕

부지부장 이윤익은 陰城郡 출신으로 漁業組合에서 12년간 근무하다가 鎭川郡 內務科에서 1년, 梨月面 副面長으로 1년을 지내는 등 일제 말에서 해방 후에 걸쳐 행정경력을 쌓은 후[50] 1947년 10월에 이월면장

---

48) 李相勳,「해방후 대한독립촉성국민회의 국가건설운동 연구」, 연세대학교 석사학위논문, 2001, 41쪽.
49) 申弘澈, 앞의 책, 24~25쪽.
50) 崔炳柱 編,『忠北人士論』, 淸州文化社, 242쪽.

에 오른 인물이었다.51) 이월의 좌우충돌사건으로 신씨가의 신응균이 물러나고 그 후임으로 특별히 가문이나 지주적 기반이 없는 행정전문가인 이윤익이 면장으로 부임하게 된 것으로 보인다. 그리고 대지주 신경철이 재정부장을 담당하였다.52) 국민회 이월면지부는 면장과 지주, 그리고 주요 가문을 배경으로 하는 인물 등을 포괄하는 범우익 조직체였다. 국민회 외에도 이월면에는 대한청년단 이월면단부가 1949년 2월 26일에 朴敬湯을 단장으로 하고 洪再基를 부단장으로 하여 조직되었다.53)

이처럼 이월면에서 우익의 결집은 독촉국민회 이월 지부를 중심으로 이루어졌으며, 그 주도층은 지주, 면장 경력자, 평산 신씨가 등 주요 가문 출신자들을 포괄하였다. 이와 대립한 좌익층은 빈농들을 기반으로 하되, 그 지도자들은 신씨가의 일부 지식층에서 주로 배출되었다.

한편 『이월면요람』에 의하면 1949년의 시점에 이월면에는 행정 및 공직 기구가 일제말기 수준으로 촘촘히 재조직화되었음을 보여준다. 촌마다 爲親稧같은 전통적인 조직도 있었지만54) 그 외의 조직들 대부분은 행정적 성격의 조직들이다. 17명 정원의 면 직원이 모두 채워졌으며, 사회교육협회·도로유지계·산림연합자치단이 조직되었고, 행정촌락별로 임명된 37명의 區長들이 면 행정을 보조하였다. 6명으로 구성된 경찰서 이월지서, 35명의 의용소방대도 조직되어 있었다. 또한 10명 정원의 面會議員으로 이현재·채규덕·오철근 등 9명의 의원이 활동하였다.55) 1946년 3월에 일제하에 운영되었던 지방회가 해산된 이후 1952

---

51) 鎭川郡誌編纂委員會 編, 앞의 책, 698쪽.
52) 신경철은 농지개혁으로 38.5町步의 토지를 분배당하였다(韓國農村經濟硏究院 編, 『農地改革時 被分配地主 및 日帝下 大地主 名簿』, 韓國農村經濟硏究院, 1985, 32쪽).
53) 申弘澈, 앞의 책, 25쪽.
54) 申弘澈, 위의 책, 5쪽.

년까지는 전국에서 공식적으로 면단위 의원 선출이 없었다. 이 요람에 나오는 9명으로 구성된 面會가 어떠한 성격의 기구인지는 불확실하다. 일제말기에 조직된 면협의회가 이 시기에 면회의 이름으로 존속하였던 것으로 보인다.56) 또한 권농기관으로 1948년 1월에는 郡農會 산하 面農會分區가 面農會로 바뀌면서 전임 농회장이 임명되었고, 농사개량협회 이월면분구도 만들어졌다.57)

이상의 행정 및 공직 기구는 일제말의 면 통제기구들을 계승·강화한 측면이 강하다. 정부 수립 이후인 1949년 시점에 이월면의 권력관계는 우익 반공단체와 행정 및 공직 기구를 중심으로 재편되어 유지되었다.

2) 농지개혁과 지방사회 변화

1950년에 진천군에서는 농지개혁이 실시되었다. 진천군의 농지개혁 결과는 <표 6>과 같다. 진천군에서 총분배면적은 2,007정보로 그 중 일본인 소유였던 귀속농지가 263정보(13.1%)이며 한국인 지주로부터 매수한 농지는 1,744정보(86.9%)였다. 남한 전역에서 귀속농지는 전체 분배농지의 41.9%에 달하였는데,58) 그에 비하면 진천군은 일본인 지주들

---

55) 申弘澈, 위의 책, 10~13쪽, 22~23쪽.
56) 미군정은 1946년 3월 14일에 부회, 읍회, 면협의회, 학교평의회 등을 해산하는 법령 제60호를 발포하였다. 그 해 11월 15일에는 법령 제126호로 도지사·부윤·군수·島司·읍장·면장 및 도회의원·부회의원·읍회의원·면회의원을 선거에 의해 선출한다고 발표하였다(韓國法制研究會 編, 『美軍政法令總覽-國文版』, 韓國法制研究會, 1971, 175·363쪽). 그러나 시행되지는 않은 것으로 알려져 있다.
57) 申弘澈, 앞의 책, 35~36쪽.
58) 金聖昊·全敬植 編, 『農地改革史關係資料集 3』, 韓國農村經濟研究院, 1984, 30~31쪽.

의 진출이 미약하여 귀속농지의 비중이 상당히 낮은 경우에 속한다.

<표 6> 진천군의 농지개혁 결과 (분배면적 단위 : 정보)

		답	전	계
매수농지	필지 수	6,097	5,623	11,720
	분배면적	1,037	707	1,744
	농가호수	5,238호		
귀속농지	필지 수	911	591	1,502
	분배면적	167	96	263
	농가호수	986호		
합 계	필지 수	7,008	6,214	13,222
	분배면적	1,204	803	2,007
	농가호수	6,224호		

* 출전 : 金聖昊·全敬植 編, 『農地改革史關係資料集』 3집, 서울 : 韓國農村經濟硏究院, 1984, 120~121쪽.

진천군 거주자 가운데 가장 많은 토지를 분배당한 지주는 申慶澈, 金永龜, 金仁煥 3인이다. 신경철은 논실 신씨와는 파가 다른 평산 신씨 齊靖公派의 인물(이월면 동성리 거주)로서 38.5정보의 토지를 분배당하였다. 그의 조부인 申學均代에 이미 천석군이었으며, 갑오농민전쟁기에 이천에서 진천으로 피신하여 정착하였다. 신경철은 농지개혁시 사전 방매는 거의 하지 않았으며 농지개혁으로 3정보 정도의 토지만 남았다고 한다. 신경철은 한의사로 활동하였다.[59] 초평면 금곡리의 김영구와 진천면 읍내리의 김인환은 각각 29.1정보와 32.4정보가 분배대상이 되었다.[60]

이월면에서는 어느 정도의 규모로 농지개혁이 이루어졌을까? 受配者別로 작성되어 있는 『農地償還臺帳』을 집계하여 보면, 총 2,338필지,

---

59) 도움말 : 申東奭(신경철의 子), 2002. 2. 7 인터뷰.
60) 韓國農村經濟硏究院 編, 『農地改革時農 被分配地主 및 日帝下 大地主 名簿』, 韓國農村經濟硏究院, 1985, 32쪽.

354.9정보가 분배되었다. 434명이 지주로서 피분배 대상이 되었으며, 농지분배를 받은 농민은 881명이었다. 피분배 지주의 주소지가 확인되는 경우는 265.4정보에 해당하는 필지인데, 그 중 재지지주의 토지는 134.0정보이며 부재지주의 토지는 131.4정보로 양자의 비중이 거의 같다.

해방 이후 이월면의 총 경지면적은 1,597.4정보이며 그중 소작지가 609.6정보이었다.[61] 그렇지만 분배농지는 354.9정보이므로 소작지의 58.2%만이 농지개혁의 대상이 되었다. 상당 규모의 소작지가 해방 이후 농지개혁 이전의 몇 년간에 방매되었을 가능성이 있다.

노원리『토지대장』에 의하면 이 곳에서 1946~50년간에 소유권이 이전된 토지는 총 290건, 167,310평(약 55.8정보)이다. 1947년도에 가장 많은 52,146평이 이전되었고, 1949년에는 그 다음으로 많은 48,901평이 이전되었다. 이 소유권 이전에는 방매 이외에 상속 등이 포함되었을 가능성이 있어 실제 방매 규모는 이보다 약간 적었을 것이다. 方氏家의 경우를 보면, 노원리의 소유토지가 1945년 시점에 34,058평이었는데 1950년 시점에는 29,155평으로 축소되었다. 노원리 소유토지의 14.4%에 해당하는 4,903평이 다른 농가로 사전 방매된 것으로 판단할 수 있다.

이월면의 주요 피분배 지주들은 <표 7>과 같다. 이월면에서 3정보 이상 피분배자들은 부재지주가 9명이며, 재지지주가 7명이다. 가장 많은 토지를 분배당한 부재지주는 개인이 아닌 朝鮮聖公會라는 재단법인이다. 진천군에서 성공회는 교세가 강한 편이었다. 1922년에 진천군에서 성공회 영성체자수는 740명이었는데, 이는 당시 한국의 전도구 중 가장 많은 신도수에 해당한다.[62] 노원리와 장양리의 토지대장을 확인해보면, 성공회는 1937년부터 본격적으로 垈地와 전답을 구입하였다.

---

61) 申弘澈, 앞의 책, 26쪽.
62) 대한성공회백년사 편찬위원회 편·이재정 대표집필,『대한성공회 백년사』, 대한성공회출판부, 1990, 148쪽.

<표 7> 이월면의 3정보 이상 피분배자 (단위 : 정보)

성 명	면 적	주소지
申慶澈	23.2	동성리
聖公會	19.0	서울시
金仁煥	16.4	진천읍
李弘淳	13.0	진천면
李福基	12.3	동성리
李昌淳	9.6	중산리
金智煥	9.6	읍내리
方基泰	8.0	노원리
李杏乙	7.7	동성리
李鳳鐘 외 15인	7.2	진천읍
洪雲植	6.3	서울시
車載潤	5.5	수원
李德基	3.8	동성리
宋必滿	3.6	송림리
朴勝龜	3.3	진천면
李鍾淳	3.0	서울시
합계	151.7	

* 출전 : 진천군 이월면 『農地償還臺帳』(국가기록원, BA0165738~51)

그 해부터 1942년까지 소유권을 이전받은 토지는 대지 2,671평, 논 731평, 밭 1,639평 등 총 5,041평이다. 이 시기는 전반적으로 지주제가 쇠퇴하기 시작한 시점인데, 성공회는 뒤늦게 기금을 토지에 대거 투입하였다. 이 토지들의 일부는 본래 국유지로서 이를 매입한 방씨가로부터 다시 사들인 것이었다.[63]

조선성공회가 이월면에서 농지개혁으로 분배 당한 토지는 57,069평(19.0정보)으로, 이는 신경철의 경우(23.2정보) 다음으로 많은 면적에 해

---

63) 조선성공회는 일제말기에 수십년간 적립해 온 성직자기금(교구기본금)을 비롯하여 교역자 퇴직기금, 성가수녀회기금, 성피득보육원기금, 선교사업일반기금 등 거의 전 기금을 농지에 투자하였다. 결국 조선성공회는 1950년의 농지개혁으로 교회 운영에 큰 타격을 입게 된다(대한성공회백년사 편찬위원회 편·이재정 대표집필, 위의 책, 207·222쪽).

당한다.

　이 외에 서울시의 홍운식, 수원의 차재윤, 그리고 진천읍(면)내에 거주하는 김인환, 이홍순, 김지환 등이 이월면에서 3정보 이상의 토지를 분배당한 부재지주들이다. 이월면내에 거주한 재지지주로는 동성리의 신경철, 이복기, 이행을, 이덕기, 중산리의 이창순, 노원리의 방기태, 그리고 제헌국회의원 宋必滿[64] 등이 3정보 이상 피분배자에 해당한다.

　이곡면·월촌면의 광무양안과 비교할 때 두드러지는 특징은 당시 대토지소유자층의 대부분을 차지하던 평산 신씨가 농지개혁 당시에는 대토지소유자층에서 이미 배제되어있다는 점이다. 신경철은 논실 신씨와는 파가 다른 외래 이주자라고 할 때, 논실을 중심으로 이월면에서 세력을 유지하던 신씨가는 농지개혁 이전인 일제 강점기에 이미 전반적으로 대지주의 지위를 상실하고 중소지주 및 영세 농민으로 하락하였음을 보여준다. 논실 신씨가로서 가장 많은 토지를 이월면에서 분배당한 지주는 申仁澈로서 2.2정보를 분배당하였다.

　이월면 피분배자들의 성씨별 분포에서도 이 점은 확인된다. 신씨 전체의 피분배면적은 37.0정보로 적은 규모가 아니지만, 그 중에서 신경철의 토지를 제외하면 13.9정보에 불과하다. 이씨의 피분배면적은 86.6정보이며, 김씨는 41.5정보, 박씨는 17.7정보, 방씨는 11.6정보, 정씨는 8.7정보이다. 이씨와 김씨의 상대적 비중은 증가한 반면 논실을 중심으로 한 평산 신씨의 비중은 크게 감소하였다.

---

[64] 본래 경기도 이천군 장호원 출신인 송필만은 1932년에 미국에서 귀국한 이래 일제의 탄압을 피해 이월면 송림리에 이주하여 농업에 종사하다가 해방을 맞이하였다. 그는 대한독립촉성국민회 지방지부장·반민족특별조사위원회 부위원장 등을 역임하고 한국민주당 후보로 진천에서 제헌국회의원으로 당선되었다(『朝鮮日報』1932. 2. 11 ; 鎭川郡誌編纂委員會 編, 앞의 책, 750·1452쪽 ; 이상훈, 앞의 글, 16·27쪽 ; 이강수, 『반민특위 연구』, 나남출판, 2003, 147～149쪽).

이월면의 주도세력이었던 평산 신씨 가문은 일제하에 이미 경제적 영향력이 쇠퇴하였고 다만 전통적 가문으로서의 명망성을 유지하였다. 이 가문을 대신하여 일제하에 성장하였던 또 다른 파의 신경철과 외래 이주자인 방씨가 등도 일제하에 쇠락하지는 않았지만 농지개혁을 거치면서 경제적 기반의 상당부분을 상실하였다.65)

그렇다면 농지개혁 이후 이들을 대신하여 이월면의 정치·사회·경제를 주도하게 되는 별도의 세력이 성장하게 되는가? 1950년대에 이월면장직을 수행한 인물은 1947년 10월에 부임한 이윤익이었다. 그는 특별히 어느 가문을 대표하거나 지주로서의 기반을 가지지 않은 전문 행정인으로서 1950년대 이월면의 행정을 책임졌다. 다만 부면장으로는 신현목·신각균 등이 근무하여 신씨가의 위상이 전혀 실추된 것은 아니었다.66)

아래 표는 1952년과 1956년에 실시된 지방의회선거시 선출된 이월면의회 의원들의 명단이다.

1950년대 지방의회선거는 이승만 대통령이 야당우위의 국회구도를 극복하기 위한 도구로 실시되었다.67) 이월면의 경우 1952년에 선출된 면의원들의 소속 정당·단체는 이승만에 가까운 국민회·자유당·대한청년단 등이었고, 1956년 선거에서는 자유당 일색이었다. 경력을 보면 총 21명 가운데 면장 2명, 면서기 3명, 區長 3명 등 지방행정기구 관련자가 많다. 면의원들은 대체로 각 리별로 안배하여 추천을 받아 선출된

---

65) 신경철 집안은 농지개혁 이후 3정보 정도의 토지만을 남겼으며, 방씨가의 경우에도 노원리와 장양리의 토지대장에 의하면 약간의 토지만을 제외하고는 소유권을 유지·회복하지 못하였다.
66) 鎭川郡誌編纂委員會 編, 앞의 책, 698쪽. 이윤익은 정치적으로 친이승만으로 분류할 수 있다. 그는 私淑하는 인물로 '이승만 박사'를 꼽았다(崔炳柱 編, 앞의 책, 242쪽).
67) 김병찬·정정길, 『50년대 지방자치』, 서울대학교 출판부, 1995, 3쪽.

것으로 보인다.68) 성씨별로도 다양하며 노원리의 평산 신씨인 신재균과 사곡리의 강릉 김씨인 김덕기가 선출되는 등 전통적인 가문들도 고루 참여하였고, 특별한 가문 배경이 없는 인물들도 포함되어 있다.

<표 8> 1950년대 이월면의회 의원

1952년			1956년		
성명	경력	정당·단체	성명	경력	정당·단체
李圭錫	회사원	무소속	申珏均	면서기	자유당
崔晶珪	상업	국민회	尹錫采	리장	자유당
申宰均	면장	무소속	朴振秀		자유당
林海喆	면장	자유당	임해철	재선출	자유당
朴國華	상업, 區長	국민회	金悳起	면서기	자유당
李炳賢		국민회	金東春		자유당
李鎬旭	郡雇員	국민회	李錫旭		자유당
金元猷		무소속	金柱海	면의원	자유당
李豊雨	면의원, 區長	국민회	이풍우	재선출	자유당
朴萬淳	상업, 區長	韓靑	吳世德	면의원	자유당
洪再基	면서기, 韓靑	자유당	李相壽		자유당
鄭興燮		자유당	정흥섭	재선출	자유당

* 출전 : 全國地方議員名鑑編纂會 編, 『全國地方議員名鑑』, 서울 : 南光文化社, 1953, 120쪽 ; 李寬鎭·李永斗 編, 『地方議員名鑑』, 서울 : 中央通信社, 1956, 137~138쪽 ; 申弘澈, 『梨月面要覽』, 李潤益, 淸州府, 1949, 13·24·25쪽.

『농지상환대장』에 의하면 1950년대 면의원 21명 중에서 농지개혁시

---

68) 이월면 의원들의 선거 당시 거주 지역은 정확히 확인하지 못하였다. 다만 신응현의 도움말에 의하면 다음과 같다. 1952년 당선자의 거주지는 이규석(신월리), 최정규(삼용리), 신재균(노원리), 임해철(신계리), 박국화(송림리), 이병현(사곡리), 이호욱(신월리), 김원유(사곡리?), 이풍우(송두리), 박만순(가산리), 정흥섭(삼용리)이며 1956에 새로 당선된 자의 거주지는 윤석채(장양리), 박진수(송림리), 신각균(장양리), 김덕기(사곡리), 김동춘(노원리), 이석욱(신월리?), 김주해(가산리), 오세덕(미잠리) 등이다. 대체로 각 리별로 안배되어 있는데, 그렇다고 1리 1후보로 고정되지는 않았던 것으로 보인다.

피분배지주는 박국화(이월면 8,819평), 이규석(185평), 이상수(182평), 이호욱(374평), 임해철(5,453평) 등 5명이다. 농지개혁시 대체로 중소지주들이었던 것으로 보인다.

1950년대에 지주제와 가문을 기반으로 한 지역 지배망은 사실상 소멸하였다. 다만 이를 대신할 새로운 지방권력의 주체는 형성되지 못하였다. 그로 인해 과거의 지주층과 명망성이 있는 가문 출신들은 지역 지배망에 동참할 수 있었고, 그와 함께 특별한 기반이 없던 새로운 인물들도 이에 편입할 수 있었다. 특히 면장·면서기 등 지방행정경력은 면의 중심인물로 부상하는데 도움이 되었다. 1950년대에 이월면의 사회변화는 미미한 것이었으며, 다만 점차 가문과 토지보다는 행정권력과의 관계가 더 중요한 사회로 바뀌어갔음을 보여준다.[69]

5. 맺음말

충북 진천의 이월면은 농업이 발달하고 전통적인 가문의 동족마을들을 포괄하고 있는 지역이어서, 토지와 가문, 행정권력과의 관계 등 지방사·농촌사회사 연구에 필수적인 요소들을 두루 살필 수 있는 전형적인 사례였다. 대한제국기로부터 일제 강점기를 거쳐 해방 후 1950년대에 이르기까지 이월면의 사회·경제적 추이를 지방지배권력의 성격 변화와 지주제의 전개·해체라는 두 가지 측면에서 정리하면 다음과 같다.

대한제국기에 이곡면은 대토지소유와 동족마을의 유지, 그리고 행정

---

[69] 해방 이후 충청북도 지역의 권력관계 변화 전반에 대해서는 김성보,「1945~50년대 농촌사회의 권력 변화-충청북도의 面長·面議員 분석을 중심으로」『湖西史學』35, 2003 ; 김양식,「1950년대 충북지역 유지층의 변동과 그 성격」『정신문화연구』93, 2003 참조.

권력 진출에서 손색이 없는 논실의 평산 신씨가를 중심으로 운영되었다. 그러나 일제 강점과 뒤이은 이곡면·월촌면의 통합 이후 논실 신씨가는 중앙권력과 관계가 약화되고 토지에 대한 지배력도 점진적으로 감소하면서 지방 권력의 주도권을 점차 잃게 되었다. 이를 대신하여 이월면에서 부상한 쪽은 외래 이주자인 방씨가와 派를 달리하는 또 다른 신씨가 등이었다. 이들은 구래의 토착 명문가인 논실 신씨가와 달리 일제하에 새롭게 부상한 집안이지만 토지 및 지주제에 주로 의존하는 점에서는 차이점이 없었다.

해방 이후 급격한 정치 정세의 변동 속에서 지주제와 가문에 기반을 둔 구래의 지방지배 방식은 한계를 드러내었다. 특히 논실 신씨가는 일제하에 이미 지주층으로서의 지위가 심각하게 약화된 상태였으며 해방 후 일부가 사회주의운동에 참여하기도 하여 내외적으로 갈등에 직면하였다. 또 다른 신씨가와 방씨가 등도 해방 후 이월면에서 강력하게 대두하는 사회주의·농민세력의 도전에는 위기를 느끼지 않을 수 없었다. 그러한 위기감은 구래의 가문과 지주층, 행정경력자 등이 범우익으로서 결집하고 중앙 정치와의 연결고리로서 대한독립촉성국민회 지부 결성 등에 나서게 하는 배경이 되었다. 이월면에서 좌익의 도전은 新舊 지방사회 주도층이 우익으로서 서로 연대하고 결집하게 하는 촉매제의 역할을 하였다. 반공운동·국민운동을 매개로 한 새로운 지방지배망의 형성과정이었다.

이월면에서 토지소유관계는 이미 일제 강점기 이전에 극도의 농민층 분해, 지주제의 확대라는 양상을 드러내고 있었다. 그 기본적인 양상은 일제 강점기에 들어서도 계속 유지되고 더욱 강화되었다. 1910년대의 농업회사와 공립학교로의 국유지 소유권 이전, 1920년대의 국유지 불하는 자작농의 육성보다는 오히려 지주제의 확대에 기여하였다. 나만 개별 지주가들의 토지소유관계를 살펴보면 모든 시수가늘이 계속 일제하에 성장 추세에 있었던 것은 아니다. 일제하 이래 계속 토지소유 규모가 감소한 논실 신씨가문의 경우와, 1930년대 초까지 지속적으로 토지소유 규모를 늘리다가 그 이후 축소과정에 들어간 방씨가의 경우, 그리고 뒤늦게 1930년대 후반부터 토지매입과 지주제 경영 확대를 추구한 조선성공회 등 그 양상은 다양하였다.

일제말기부터 점차 쇠퇴의 징후를 드러낸 지주제는 해방 후 농지개혁을 앞둔 사전 방매를 통해 본격적으로 약화되었다. 이월면에서 1950년의 농지개혁은 지주층의 토지지배력을 근본적으로 해체시킨 것으로 판단된다. 구 지주층이 토지소유를 유지하는 사례가 확인되기는 하지만 그 규모는 극히 영세한 정도에 불과하다.

농지개혁 이후 1950년대에 이월면의 지방 농촌사회를 주도하는 인물들을 보면, 전혀 새롭게 대두하는 경우는 드물다. 여전히 주요 가문 출신이거나 구 지주인 경우가 확인되며 다만 행정경력자들의 비중이 크게 확대되는 특징을 보인다. 토지에 대한 지배력은 상실하였지만 구 지주층은 그 외의 여러 가지 자원을 바탕으로 지방사회에서 유력한 지위를 잃지는 않았다. 가문의 중요성은 미약하지만 여전히 지속되었으며, 농촌사회 자체의 사회경제적 기반의 약화에 따라 행정권력과의 관련성은 더욱 그 중요성이 증대되었다.

결국 한국근현대사의 흐름 속에서 이월면의 경우 가장 주요한 사회변동의 계기가 된 것은 일제 강점과 농지개혁이었다. 중앙권력으로의 꾸준한 진출, 대토지소유를 기반으로 하여 이 지역에서 토착 명문 가문의 위세를 유지하였던 논실 신씨가는 일제 강점을 계기로 정치적으로 경제적으로나 급속히 쇠락하였다. 또한 농지개혁을 통해 지주층의 농촌사회 지배가 근본적으로 불가능하게 되었다. 이에 비해 1945년의 해방 그 자체는 이월면에서 주요한 사회변동 요인이 되지 못하였다. 해방 후 좌우대립이 심각하게 전개되면서 기존 질서에 대한 도전이 이루어졌으나 결국 좌절하고 우익 중심으로 기존의 지역질서가 재편성되었기 때문이다. 기존의 질서와 세력은 약화되었으나 이를 대신할 새로운 질서와 세력이 등장하지 못하면서, 1950년대에는 특별히 지역적 기반을 가진 주도층이 없는 가운데 중앙권력의 영향력이 급속히 아래로 관철해 들어오는 양상을 보이게 된 것으로 결론을 내리게 된다. 보다 다양한 지역사례 연구가 축적될 때 이 결론의 보편성 여부가 확인될 수 있을 것이다.

한말 일제하 충북 진천의 유교지식인 연구
― 洪承憲・鄭元夏・鄭寅杓를 중심으로 ―

신 영 우

1. 머리말

19세기 후반 忠淸道 鎭川의 양반사회에는 새로운 변화가 나타났다. 본래 노론 중심의 양반사회에 소론계 소장 양반들이 등장하여 중앙정계에 나아가 활동하면서 생겨난 변화였다. 이들은 朱子의 說보다 陽明의 學에 심취하였고, 배운 바를 현실에 적용하는 실천력을 가지고 있었다. 또한 이들은 학문에 깊이가 있고 官職에 나아가서도 力量을 발휘하였다. 그리하여 강화에서 멀리 떨어진 충청도에 또 하나의 양명학 근거지가 형성된 것이다.

"진천이, 少論의 班鄕이자, 홍문원・정학산・鄭誾朝, 그리고 李相卨・鄭寅普에 이르기까지 강화학의 유력한 據點"[1]이었다는 것은 이미 확인한 바가 있다. 홍승헌・정인표・정은조・이상설은 시기는 다르지만 대과에 급제하여 승지나 홍문관 교리 등 국왕 고종의 측근에 있었던 관료들이었다. 이들은 國交擴大 이후에 격변하던 朝廷의 핵심부에서 여러 사건들을 실제 목격했던 증인들이기도 했고, 개화를 내세운 무리

---

1) 閔泳珪,「江華學 최후의 광경」,『回歸』3, 1987(閔泳珪,『江華學 최후의 광경』西餘文存其一, 又半, 1994 收錄).

들이 나라의 체모를 뜯어고치려는 시도를 알고 분개했던 志士들이기도 했다. 그리고 일본의 침략으로 격동하던 나라를 지켜보며 悲憤慷慨했던 烈士들이기도 했다.

결국 일본의 군사 위협 앞에 附日輩들이 조정에서 득세를 하게 되자 이들 관료들은 관직에서 물러난 뒤 주로 진천에 내려와서 칩거하게 된다. 진천에 세거하던 양반들은 이들을 배척하지 않았던 것 같다. 또 조정에서 관료로서 일을 했을 때에도 당색을 가려서 배척하지는 않았던 것으로 보인다. 오히려 幕僚로서 옆에 두고 함께 중요한 직무를 맡았던 사례도 있다. 李建昌·李建昇 등 강화의 지사들과 뜻을 같이 하는 동지였던 이들 양명학자들이 진천을 또 다른 거점으로 삼게 된 이유 중에는 그러한 배경도 있었다.

이 글은 진천의 學人 官僚들인 汶園 洪承憲(1854~1914)과 綺堂 鄭元夏(1855~1925) 그리고 學山 鄭寅杓(1855~1935)의 활동과 경제배경에 관해 살펴보려고 작성하는 것이다. 대한제국 말기까지 진천에 머물고 있던 홍승헌과 강화도를 오가던 정원하는 국권이 상실되자 국외 탈출을 꾀하게 된다. 家産을 정리한 다음 이건승 등 일단의 동지들과 함께 만주로 망명의 길을 떠났다. 하지만 정인표는 시종일관 志操를 지키며 草坪 영구리에서 조용히 있었다. 동지들이 만주로 떠난 뒤에도 남아 있는 동지들과 詩會를 열면서 암울한 정세 속에서도 뜻을 꺾지 않은 志士들의 모임을 주도하였다. 일제가 고결한 성품으로 이름 높은 그의 명성을 이용하기 위해 관직을 내걸고 회유했지만 결코 움직이지 않았다.

이들이 진천에서 보유했던 恒産에 관한 자료는 충분하지 않다. 정인표의 칩거생활을 뒷받침해 주었을 당시의 田庄에 대해선 대한제국 시기에 작성한 量案에는 나오지 않는다. 1912년에 조선총독부 임시토지조사국에서 작성한『土地調査簿』에 기록된 큰아들의 토지로 경제배경을 알 수 있다. 홍승헌의 토지는 문방면 구곡에 집중되고 있기 때문에 그 규모를 확인할 수 있다. 정원하의 토지는 성암면에 있는 것이 확인된다. 문의에도 田庄을 보유했다고는 하나, 진천의 토지 외에는 파악이 불가능하였다. 하지만 이런 규모만 확인이 된다고 해도 진천의 소론계 관인 양명학자들의 경제배경을 알 수 있는 단서가 될 것으로 생각한다.

2. 少論系 陽明學 家門의 鎭川 定着

진천에서 여러 대에 걸쳐 수백 년 동안 세거해 온 양반가들은 주로 노론계였다. 따라서 새로 정착한 이들 소론계 양명학자들은 당색도 달랐던 신참들이었지만 배척하려는 움직임이 나타나지 않았다. 설령 그럴 생각이 있었다고 하더라도 그럴 수가 없었을 것이다. 향촌사회의 양반 姓勢는 顯祖와 고위 관직의 歷任者, 그리고 家學을 기준으로 우열이 정해지는 것인데 이들 소론계 양반들은 어느 면에서나 대단하였던 것이다.

홍승헌의 가계는 진천의 어느 누구도 무시할 수 있는 것이 아니었다. 홍승헌은 이조판서를 지낸 耳溪 洪良浩의 5대종손이었다. 명필로 이름 높은 홍양호는 正祖代에 한성부 우윤과 사간원 대사간・사헌부 대사헌・평안도 관찰사・이조판서 등을 거쳐 홍문관・예문관 양관의 대제학을 겸임한 인물이다. 두 차례에 걸쳐 북경을 다녀오면서 중국의 석학들과 교유하여 文名을 떨치기도 했다. 또한 청에서 유행하던 考證學을 국내에 보급하는 데 기여한 주요 인물이기도 했다.2) 그리고 『영조실록』・『국조보감』・『羹墻錄』・『同文彙考』를 비롯한 여러 편찬사업들을 주관하였다. 특히 외직 경험을 토대로 저술한 『牧民大方』은 지방관

---

2) 姜錫和,「耳溪 洪良浩의 생애와 학문관」,『震檀學報』100, 2005.

의 지침서로 널리 읽혀졌다.3)

홍양호의 아들 樂源과 손자 敬謨도 모두 이조판서를 거쳐서, 삼대에 걸쳐 이조판서를 맡았던 집안으로 이름이 났다. 특히 손자 홍경모는 憲宗代에 대사헌을 거쳐 이조판서와 예조·호조·병조판서를 지낸 문장가로서 글씨도 뛰어났으며, 그의 조부 홍양호에 못지않게 많은 저서를 냈는데 『冠巖全書』 32책 외에 『冠巖外史』, 『冠巖遊史』 등이 유명하다.4)

홍승헌의 집안에서 진천에 恒産을 마련하는 것은 조부 翼周 때 와서였다. 홍익주는 純祖年間에 진천현감으로 부임하면서 이 지역과 인연을 맺게 되고, 적지 않은 토지를 마련하였다. '生居鎭川'이라는 살 만한 땅을 직접 보고 내린 결정이었을 것으로 보인다. 하지만 진천현감으로서 그의 이력은 그리 좋은 결과로 마무리한 것이 아니었다.

1833년(순조 33) 암행어사 金箕晩의 別單을 보면 진천현감 홍익주는 향리들이 조세를 수취하면서 농간을 부리는 것을 막지 못하였고 더구나 진휼곡의 처리를 잘못한 것이 적발된다.5) 이로 인해 파직되었을 뿐

---

3) 金英珠, 「耳溪 洪良浩의 牧民思想 : 그의 牧民大方을 中心으로」, 『淑大史論』 11·12합집, 1982.
4) 姜錫和, 「19세기 江華士族 洪敬謨의 생애와 사상」, 『韓國史硏究』 112, 2001.
5) 『日省錄』 순조 33년 6월 8일, "鎭川縣監 洪翼周葛牧 疏於初手莫察緣奸之弊 桑鄕自多熟面厚招營私之謗 以言乎賑事則 抄富勒納 輕價抑貿操切之權 一 委監色 拔入之際 惟視賄遺橋叱莫掩塗說不美 考其畢賑磨勘之簿 則各賑各 種合折租 爲二千二百六十六石十斗 而賑資所出合折租 爲一千九百一石五斗 則不足條 三百六十五石五斗 當爲自備而還牟之挪貸 爲五百七十五石 則加 貸二百餘石 因無下落竝不立本以致虛留 以言乎還政則 昨冬所捧代錢中 一 千六百五兩 謂以稅太價而貸下於該吏 此固可駭吏奴隱逋 至於萬餘石之多 徒擁虛簿循例準勘 以言乎災政則 昨年劃下災七百六十二結二十負八束內 民 間實分俵爲六百九十結七十負八束 則其餘七十一結五十負 爲該吏之偸弄 而 曚不覺察 以言乎軍政則 所謂楔房漸多名色 全不照檢 以致虛伍黃白之冤最 甚於他邑 三政無不受病 一境擧皆怨呑吏或惜去民則恐留"。

아니라 처벌까지 받게 되었다.6) 그런 경험이 있던 진천에 후손들이 터를 잡게 된 것은 홍익주가 임지에 田庄을 구하고 저택을 지어서 정착 근거지를 마련했기 때문이었다. 홍익주는 선대에 이어 『蒙求註解』7)를 펴낸 학자로서도 이름이 높다.

진천에 정착한 이후에도 2대에 걸쳐 참판이 배출되었다. 홍문원의 아버지인 洪裕命과 홍문원 자신이다. 홍유명은 대원군 집권기인 1867년 이조참판의 지위에 임명되는 등8) 조부에 이어 다시 고위 현직에 오른다. 이 시기까지 진천의 田庄은 잘 보존되어 왔다. 범바위의 거대한 기와집9)을 유지하려면 지주로서 탄탄한 기반이 있어야 했다.

우리가 관심을 갖는 홍승헌은 이 高臺廣室에서 성장한 것으로 보인다. 그리고 향리의 저택에 애착도 가졌던 것으로 생각된다. 홍승헌은 조정에서 고위직에 있었을 때도 자주 진천 향리에 내려와서 머무르고 있었다.

綺堂 鄭元夏도 진천의 양반 누구도 받아들일 수밖에 없었던 명가의 후손이다. 그는 霞谷 鄭齊斗의 6대 종손이 된다. 정제두는 陽明의 學을 받아들여 조선 양명학의 체계를 확립한 인물로서 잘 알려져 있다.10) 강

---

6) 『日省錄』 순조 33년 8월 24일, "鎭川前縣監洪翼周 則繡啓以爲該吏偸弄災結 七十一結五十負 而矇不覺察云……而洪翼周已勘之律爲杖八十三等奪告身". 홍익주는 북경에 가서 작고를 하는데 이때 비로소 사후 사면을 받는다. 『日省錄』 순조 34년 5월 30일, "左議政 沈象奎啓言 前縣監洪翼周赴燕身死而聞 方在奪告身中云 事極慘愍 罪不至深重者 有前亦有身故 特敍之例 故敢達矣 敎以蕩滌敍用", "命故縣監洪翼周 罪名蕩滌敍用".
7) 『蒙求註解』는 李瀚의 『蒙求』를 풀이한 것으로 난해한 고사를 풀이하고 주를 달아서 『小學』과 같은 초학자의 학습서로 이용하도록 한 책이다.
8) 『承政院日記』・『日省錄』・『高宗實錄』 高宗 4年 12月 7日字 기사.
9) 光武量案을 보면 문백 虎巖에 있는 홍승헌 소유의 가옥은 모두 21채이다. 이 중 대부분은 作人이 살던 집이었겠지만 기와 26칸 규모의 대저택은 홍승헌과 그의 가족이 살았다. 이 저택은 진천 경내에서 가장 큰 기와집이었다.
10) 鄭在薰, 「霞谷 鄭齊斗의 陽明學受容과 經世思想」, 『한국사론』 29, 1993 ; 金

화도 하곡에 은거하면서 강화학파로 불리게 된 학풍을 열었으나 양명학은 주자학의 권위에 밀려서 그의 후손들과 소론 일부 양반들에게만 전수되었다.

정제두는 조정에서 일시 배척받기도 했으나 규장각에 수장된 『敎旨綴』11)에서 그와 그의 직계 후손들이 역임한 관직들을 보면 오히려 學人 관료로서 우대를 받았던 것으로 보여진다.12) 1736년(영조 12) 88세에 세자의 스승[世子貳師]으로 임명되기도 했다. 비록 정제두의 문집 『霞谷集』은 무려 200여 년이 지난 이후에 간행이 되지만13) 양명학의 가풍이 후손들의 宦路를 막은 것은 아니었다.

정원하의 조부인 鄭文升(1788~1875)은 순조가 대리청정을 하도록 했던 왕세자 翼宗을 보위하는 世子翊衛司에 있었다. 고종이 익종의 대통을 계승하여 즉위를 한 직후 익종비인 조대비가 정문승을 지명해서 특별히 품계를 올려주도록 한 바가 있었다.14) 고종은 이를 잊지 않았다. 그래서 1870년(고종 7) 정문승이 과거에 급제한 지 60년이 되는 回榜15)을 맞이하자 82세가 된 이 回榜人을 축하하면서 그의 아들인 안성

駿錫,「朝鮮後期의 蕩平政治와 陽明學政治思想－鄭齊斗의 陽明學과 蕩平政治論－」,『東方學志』116, 2002.
11) 『敎旨綴』은 1652년(효종 3)~1892년(고종 29) 사이에 鄭夢周의 11세손인 鄭齊斗(1649~1736)와 그 후손 鄭厚一, 鄭述二, 鄭文升, 鄭箕錫, 鄭志尹, 鄭文永 등에게 내린 敎旨를 5冊으로 모아 엮은 정제두 가문의 敎旨 모음이다.
12) 『霞谷集』, 附錄「年譜」(申綽 찬).
13) 『霞谷集』, 附錄「先祖霞谷先生文集稿跋」(7세손 鄭啓燮 찬).
14) 『高宗實錄』1년(1864) 1월 10일자, "大王大妃敎曰 前都正鄭文升 卽翼廟桂坊也 特爲加資".
15) 回榜이란 과거에 급제한 지 예순 돌이 된 것을 의미한다. 回榜은 드물게 있는 일로서 回榜人도 英祖에서 高宗代까지 文科에서 10여 인, 譯科는 단 세 사람만 나왔다. 국왕은 回榜人에게 造花와 食物을 하사하고 한 품계를 올려주었다. 이때 정문승은 정2품 正憲大夫로 한 품계가 올랐다(奎27756-3-34. "敎旨 鄭文升 爲正憲大夫者 同治 九年 三月 日 進士回榜人 依法典加一資").

군수 鄭箕錫, 손자인 進士 鄭元世와 新榜進士였던 鄭元夏, 外孫인 역시 신방진사 李建相과 동부승지 李裕承, 親屬 戚姪인 行護軍 尹滋承, 戚從孫인 行護軍 趙采夏까지 대궐에 불러서 함께 만나고 있다.

정문승은 관직에 있는 동안 한결같이 근면해서 칭송을 받았고, 백성을 자식과 같이 생각하며 구휼하는 데 힘썼다고 한다. 또한 당시 사류들이 그의 청렴함을 추앙하였다. 그는 명필로 알려졌으며 산수화에도 능하였다. 古印章에 대한 조예도 깊어 이를 수집했다고 한다.16) 벼슬도 높아졌다. 담양부사 등 지방관을 지내다 내직에 들어가서 공조판서와 지의금부사·지돈녕부사 등을 역임한 것이다. 정원하는 조부의 음덕을 크게 입게 된다. 1874년(고종 11) 정원하가 대과에 급제하자 고종은 정문승의 손자인 것을 알고 직접 初仕를 명할 정도였다.17)

강화도를 떠나 진천에 근거를 마련했던 사람은 정원하의 부친 정기석이었다. 그는 文義·砥平·龍仁·延安·安城 5郡의 지방관을 역임하고, 70세 때 승지아들로 인해 加資되어 당상관으로 승급되었다.18) 정기석이 진천에 자리를 잡은 까닭은 분명하지 않다. 여러 군현의 수령을 지내서 각 지역의 사정에 정통했던 그가 진천을 率家 정착할 터전으로 정한 것은 '生居鎭川'의 可居地를 찾아 왔을 수도 있다. 그러나 그보다는 구곡의 풍산 홍씨가 있기 때문에 뜻을 같이하는 知己와 더불어 살

---

16) 李裕元,『嘉梧藁略』十六冊,「工曹判書美堂鄭公[文升]墓碣銘」.
17) 『日省錄』高宗 7年 3月 7日, "命回榜老人鄭文升孫初仕擬入 敎曰回榜老人鄭文升 卽翼考春邸時桂坊也 不可無示意賜樂 其孫瓜近初仕作窠擬入";『日省錄』高宗 7年 5月 16일, " 敎曰新及第李胄榮 文忠公祀孫也 賜樂其祠版 遣承旨致祭 又敎曰新及第鄭元夏 翼考桂坊 鄭文升孫也 特爲賜樂 又敎曰新及第鄭璣相 文簡公鄭薀祀孫也 賜樂其祠版 遣地方官致祭 又敎曰新榜進士宋秉瓚 故山林達洙子也賜樂"; 閔泳珪, 앞의 책, 39쪽.
18) 규장각에 다음과 같은 加資 교지가 있다. "奎 27756-5-15 敎旨 鄭箕錫. 爲通政大夫者. 光緖八年 正月 日, 年七十. 侍從臣前承政院右承旨. 鄭元夏父. 加資事承 傳. (背書)尹錫永".

기 위해 왔을 수도 있다. 더구나 처가가 풍산 홍씨라면 그 이유를 찾기가 어렵지 않을 것이다.

그 이외에는 강화도에서 충청도로 들어와 光武 年間의 험한 세월을 보냈던 이유는 달리 찾을 수 없다. 정원하는 진천에 일정한 토지를 소유하고 있었는데 文義에도 田庄을 마련했다고 한다.[19]

鶴山 鄭寅杓는 효종과 현종 때 20년 간 영의정을 지낸 鄭太和(1602~1673)의 9대 손이 된다. 소장 관료 때 淸要職을 거친 정태화는 昭顯世子를 瀋陽에 陪從하고 돌아온 후 호조판서와 공조판서 등 고위관직을 잇달아 역임하였다. 인조와 효종 시기의 험난했던 정계에서 다치지 않고 우의정·좌의정을 거쳐 마침내 영의정에 오른다.

그의 고손자대에서 서울을 떠나 충청도 면천의 伽倻山 아래로 내려오는 것은 정인표의 5대조인 鄭樂淳이다. 顯祖의 음덕을 입는 명가라고 하더라도 관직에서 멀어진 계파는 서울에서 살기 어렵기 때문에 下鄕하는 경우가 많았는데 그런 예에 따라 충청도에 정착한 것이다. 정낙순은 과거를 보지 않고 力治産業해서 자손을 가르치는 恒産을 마련하였다. 그리고 다음 2대에 걸쳐서도 관직과 멀리 떨어진 향촌의 양반으로 지내왔다.

정인표의 조부인 基德은 진사시에 급제한 후 참봉이 되어 벼슬길을 찾아가기에 이른다. 家學이 끊어지지 않았던 모습을 보여주는 증거였다. 다음 대인 鄭旭朝는 면천을 떠나서 경기도 안성의 保體里[20]에 分

---

19) 閔泳珪, 앞의 책, 39·41쪽에는 경술년 망명 직전에 정원하가 문의에서 청산의 풍양 조씨가에 손녀를 시집보내는 이야기가 나온다.
20) 안성 미양면 保體里는 지금부터 약 250여 년 전에 동래 정씨가 이주해서 마을을 이루었다. 이 마을은 東西北 삼면이 산으로 둘러싸여 안전한 피난처라고 해서 이름을 保體라고 붙였다고 한다. 鄭旭朝는 동래 정씨의 오랜 세거지인 보체리에 들어가서 살다가 다시 진천 초평으로 이주한다. 정인표의 曾孫 鄭文泳(1924년생) 증언. 정인표에 관해 정리한 세세한 내용은 후손의 증언에 힘입

居하였다. 그런 뒤 다시 충청도 진천으로 들어와서 진천 草坪面 永久里에 새로운 터전을 일구었다. 정욱조는 뒤늦게 벼슬길에 올라서 1878년에 永禧殿 參奉21)을 맡는데 이때는 이미 손자를 보고난 3년 뒤의 일이었다. 그리고 1895년에는 寧越郡守로 부임한 후 依願免職하는 것으로 관직을 마감한다.

정인표의 집안이 경기도를 떠나 진천에 정착하게 된 이유도 분명하지 않다. 살 만한 지역을 골라서 찾아왔는지 아니면 외가나 처가의 인근에 찾아온 것인지 알 수 없다. 정인표는 1885년 30세가 되었을 때 초평 영구리로 이사를 하고 있다. 인근 琴閑里에는 영의정을 지낸 鄭元容의 증손자인 鄭誾朝(1856~1926)가 1906년부터 내려와 살게 되고, 爲堂 鄭寅普가 10대 후반과 20대 중반까지 여기서 보내게 된다. 일가인 정인표가 서로 왕래를 하면서 한 시기에 정인보를 가르치기도 하는데, 정은조는 정인표의 叔行이나 나이는 정인표가 한 살이 더 많았다.

진천의 또다른 양명학 계통의 인재가 보재 李相卨(1870~1917)이다. 이상설은 1870년 덕산면 산직마을에서 태어나 7세 때 동부승지 李用雨의 양자로 들어가는데 서울 남부 장박골의 養父宅에서 성장한다. 여기서 友堂 李會榮(1867~1932), 省齋 李始榮(1869~1953), 耻齋 李範世(1874~1940)와 함께 공부하였고, 외부주사였던 荷亭 呂圭亨(1848~1921) 등과 어울리며 절친하게 지낸다.22) 서울의 명문가 속에서 능력을 발휘한 이상설은 신학문에도 이해가 넓은 동시에 漢學에도 精緻하여 대과에 급제하고 宦路에 들어간다.23)

은 바가 크다. 또한 후손을 만나지 못했던 홍승헌에 관한 이야기도 많이 들을 수 있었다. 이 자리를 빌려서 감사를 표한다.
21) 『日省錄』高宗 15년(1878) 7월 21일, "有政 吏曹判書 朴齊寅進 以金喜秀爲假監役 鄭旭朝爲永禧殿參奉 竝初仕也".
22) 閔泳珪, 앞의 책, 51~52쪽.
23) 尹炳奭, 『李相卨傳』, 一潮閣, 1984.

이상설은 진천 출신이지만 어린 나이에 서울로 떠나 성장하였다. 그리고 국외 망명지에서 전개한 활동으로 이름이 높아졌다. 반면 先代나 當代에 외지에서 진천으로 들어온 홍승헌·정원하·정인표는 구곡과 영구리에 거주하면서 서울과 진천을 오가며 활동하였다. 이상설은 나라 일에 쓰기 위해 진천의 토지를 "돈 떨어질 때마다 와서 팔아가서 죄다 없애"버렸고,24) 홍승헌과 정원하는 망명하면서 재산을 관리하지 못했으나 정인표는 얼마간의 토지를 경작해서 후손에게 물려주어 지금도 지키고 있다.

이상설과 함께 공부한 이회영과 이시영의 아버지는 李裕承으로서 정원하의 조부 정문승이 回榜人이 되어 고종을 알현할 때 외손으로 자리를 같이 했던 인물이었다.

위당 정인보는 진천 초평의 아버지 鄭誾朝 슬하에서 있을 때 아버지와 동년배로 절친했던 族兄 정인표에게 가서 배우기도 한다. 두 집은 이웃 마을에 있어서 오가는데 어려울 것은 없었다. 위당이 강화도에 가서 蘭谷 李建芳을 스승으로 모시게 되는 것도 정인표·홍승헌·정원하와 강화도의 이건창·이건승·이건방으로 이어지는 學脈에 힘입은 바가 있다.

소론은 班勢가 크지 않아 사는 지역도 많지 않고 왕래하면서 맺는 교류도 다양하지 않아 일단 交分이 나면 남다르게 가까울 수 있었다. 배운 대로 행해야 한다는 양명의 가르침은 강직한 성격을 갖게 하였다. 따라서 사회생활이나 관직활동에서 모가 나는 경우가 나오기 마련이다. 그 결과 당색과 학풍과 성향으로 인해 강화학파의 결속은 강하였고, 이러한 특징은 家內의 婚事에도 이어져서 일정한 범위 안에서 중첩된 혼맥을 형성하게 되었다. 강화도의 全州 李氏 德泉君派와 충청도 진천의

---

24) 李相杓(1931년생, 초평면 영구리) 증언.

豐山 洪氏 그리고 延日 鄭氏와 東萊 鄭氏 집안은 서로 혼맥으로 연결되어 있다. 몇 대를 두고 婚事가 이루어져서 후손들은 서로를 선대의 관직을 드러내는 '참판댁' 등과 함께 어느 '고모댁'과 같이 일가를 부르는 호칭으로 서로를 표현하는 경우가 많다.

3. 洪承憲·鄭元夏·鄭寅杓의 官職生活

진천이 少論 양반들의 한 근거가 된 것은 진천에 오기 이전부터의 인연 때문이었다. 그러나 洪承憲·鄭元夏·鄭寅杓가 언제부터 서로 교류를 했는지는 알 수 없다. 그러나 일단 친분을 갖게 된 이후에는 절친한 동지로서 지냈다.[25] 특히 홍승헌과 정인표의 친분은 유별났다고 한다.[26]

이들은 나이가 비슷하였다. 홍승헌이 1854년생이었고, 정원하와 정인표가 한 살 아래인 1855년생이었다. 정은조는 1856년생이었다.[27] 한편 이들과 가까이 지냈던 강화도의 이씨 형제들을 보면 李建昌은 1852년생이고, 그 아우인 李建昇은 1858년생 그리고 再從인 李建芳은 1861년생이었다.

---

25) 鄭寅杓,『春耕臺初稿』下. 여기 실린 詩文 등에서 이들의 친분이 잘 드러난다. 이 필사본 上中下 3책은 鶴山의 증손인 鄭達泳(1939~2006) 한국일보 전 편집국장이 1985년 여름 서교호텔 커피숍에서 西餘 閔泳珪 先生을 처음 만나 복사본을 전달할 때 필자가 볼 수 있었다. 이 만남의 자리는 필자가 주선했는데, 두 분은 오랜 시간 鶴山과 汝園 그리고 爲堂에 관해 이야기를 나누고, 진천 초평 영구리와 문백 구곡의 범바위에 대해 회상을 하였다. 鄭국장은 鶴山의 宗孫인 鄭文泳 선생의 아우이다.
26) 정원하의 曾孫 鄭時鍾(1933년 생) 증언.
27) 진천 출신의 또 다른 소론 관료였던 溥齋 李相卨은 1870년생으로 이들과 다른 연배였다.

홍승헌·정원하·정인표의 벼슬길을 추적해보면 여러 가지 흥미가 있는 것들이 드러난다. 홍승헌·정원하는 소년재사로서 대과에 일찍 급제하여 30대 후반에 종2품의 참판이 되는가 하면, 정인표는 뒤늦게 과거를 보고 같은 나이에 6품관을 지내고 있다.

오랜 관직생활에서는 職務上 流配되는 사건이 일어나기 마련이었다. 홍승헌과 정원하는 각각 한 번씩 정배되는 일이 있었다. 홍승헌은 전라도 함열로 귀양가라는 정배령이 떨어졌지만 다행히 출발하기 전에 사면이 되어 실제 정배 경험이 없었다. 정원하는 증광감시의 試官으로서 科場의 문란을 막지 못한 책임으로 固城縣으로 정배되어 3개월 동안 귀양생활을 하였다.

우선 仕宦年表를 들어본다.[28]

洪承憲(1854~1914)[29] 號 汶園 耳溪, 字 文一. 豐山 洪氏.
  判書 良浩의 5대 宗孫, 判書 敬謨의 曾孫, 縣監 翼周의 孫, 參判 裕命의 子
1854(甲寅)   出生
1875(乙亥) 21세 慶科 別試 及第, 承政院 假注書,[30] 承文院 副正子
1877(丁丑) 23세 承政院 分注書, 禮文館 檢閱, 副司果, 司諫院 正言, 文臣兼宣傳官

---

28) 이 仕宦年表는 『日省錄』, 『承政院日記』, 『高宗實錄』, 『官報』, 『皇城新聞』, 『梅泉野錄』과 鄭寅杓家의 家傳文書에 근거하여 작성했다.
29) 李建昇, 『海耕堂收草』 2冊 卷3. 여기 수록된 洪承憲 行狀은 강화학파에 관한 여러 사실을 전해준다.
30) 承政院의 6승지 아래 정7품 注書 두 명과 假注書 한 명을 두었는데 승지는 王命을 출납하는 것을 주무로 삼고 있었고 『政政院日記』의 작성은 注書가 담당하였다. 주서는 매일 국왕이 政事를 보는 앞에 동석해서 史官과 함께 국정을 논의하는 과정을 기록하였다. 일기에는 국왕과 신하들의 문안인사에서 인사발령, 상소, 왕의 명령이나 정책 논의뿐 아니라 국왕의 동정까지 기록하였다.

1878(戊寅) 24세　御營廳 從事官, 別檢春秋
1879(己卯) 25세　司憲府 校理, 副司果, 弘文館 修撰
1880(庚辰) 26세　文臣兼宣傳官, 弘文館 副校理, 世子侍講院 文學 弼善
1882(壬午) 28세　嘉禮都監 都廳, 副護軍, 兵曹參議, 同副承旨, 大護軍
1883(癸未) 29세　工曹參議
1884(甲戌) 30세　右副承旨31)
1885(乙酉) 31세　全羅道 咸悅 定配命, 出發前 赦免, 左副承旨, 參議內務府事
1886(丙戌) 32세　工曹參議
1887(丁亥) 33세　勤政殿 館學儒生應製時 讀券官
1888(戊子) 34세　兵曹參知
1889(己丑) 35세　吏曹參議
1890(庚寅) 36세　大司諫
1891(辛卯) 37세　大司憲, 工曹參判, 漢城府 右尹, 同知義禁府事, 吏曹 禮曹 兵曹參判
1893(癸巳) 39세　大司憲
1894(甲午) 40세　江華島 霞谷 齋室에서 李建昌 兄弟와 함께 陽明學 講論 精進
1895(乙未) 41세　李建昌, 鄭元夏와 함께 聯名 討逆疏
1901(辛丑) 47세　宮內府 特進官
1902(壬寅) 48세　忠淸南道 觀察使, 忠淸南道 量田地契事業 監督
1903(癸卯) 49세　宮內府 特進官
1910(庚戌) 56세　李建昇, 鄭元夏와 함께 滿洲로 亡命
1914(甲寅) 61세　8월 10일 安東縣에서 死去

---

31) 『承政院日記』 고종 21년(1884) 2월 28일. 이때 홍승헌은 충청도 鎭川에 있었다. 그래서 속히 역말을 타고 올라오도록 하자는 건의가 있었으나 교체가 된다. 이처럼 중앙관료로 있으면서도 서울에서 머물지 않고 진천 향리에 자주 와 있었다.

11월 24일 鎭川 運柩
11월 25일 學山 鄭寅杓 主管 아래 虎巖 後麓에 安葬

鄭元夏(1855~1925) 號 綺堂, 字 聖肇. 延日 鄭氏
 霞谷 齊斗의 6대 宗孫, 判書 文升의 孫子, 郡守 箕錫의 子
1855(乙卯) 出生
1870(庚午) 15세 回榜人 祖父 文升의 高宗 謁見時 新榜進士로 同席
1874(甲戌) 19세 增廣別時 文科 丙科 及第32)
      弘文館 修撰
1875(乙亥) 20세 承政院 假注書
1876(丙子) 21세 承政院 注書, 春秋館 記事官, 成均館 典籍, 文臣 兼 宣傳官, 西學敎授
1877(丁丑) 22세 副司果, 西學敎授, 獻納, 兵曹正郞
1878(戊寅) 23세 弘文館 修撰, 世子侍講院 司書, 冬至使 書狀官.33)
      冬至正使 沈舜澤, 副使 趙秉世, 書狀官 鄭元夏
1879(己卯) 24세 歸國.34) 世子侍講院 兼司書, 副應敎, 副司直, 副司果
1880(庚辰) 25세 承旨, 增廣監試 試官 – 科場 紊亂의 責任으로 固城縣 流配,35) 同副承旨, 右副承旨, 副護軍
1882(壬午) 27세 司諫院 大司諫, 侍講院 輔德
1884(甲申) 29세 敦寧府 都正
1886(丙戌) 31세 吏曹參議, 黃州牧使
1887(丁亥) 32세 南原府使, 洪州牧使
1888(戊子) 33세 左副承旨
1891(辛卯) 36세 敦寧府 都正

---

32) 『承政院日記』 고종 7년(1870) 3월 7일자.
33) 『承政院日記』 고종 15년(1878) 10월 27일자.
34) 『承政院日記』 고종 16년(1879) 3월 25일자. 북경 견문이 그의 세계관이나 사회관에 영향을 미친 자료를 찾지 못했다.
35) 3월 3일 固城縣에 유배되었다가 6월 7일에 放送된 뒤 곧 承旨로 임명되었다.

1892(壬辰) 37세　右丞旨, 兵曹參議, 戶曹參議, 左副承旨, 工曹參判, 同知春秋館事, 兵曹參判
1893(癸巳) 38세　刑曹參判, 漢城府 右尹, 大護軍, 司憲府 大司憲, 漢城府 左尹
1894(甲午) 39세　工曹參判, 同知中樞府事, 司憲府 大司憲
　　　　　　　　江華島 霞谷 齋室에서 李建昌 兄弟와 함께 陽明學 講論 精進
1895(乙未) 40세　李建昌, 洪承憲과 함께 聯名 討逆疏
1910(庚戌) 55세　洪承憲, 李建升과 함께 滿洲로 亡命
1925(乙丑) 72세　七月 四日 別世.
　　　　　　　　孫子 在益의 主管 아래 天安 先山에 安葬

鄭寅杓(1855~1935) 字 衡伯, 號 學山. 東萊 鄭氏 29世孫(林塘公派). 領議政 太和의 9代孫, 參奉 基德의 孫子, 郡守 旭朝의 子
1855(乙卯)　　　出生
1870(庚午) 15세　全州 李氏와 婚姻
1875(乙亥) 20세　長男 憲謨 出生
1879(己卯) 24세　己卯式 監試 - 居安城
1882(壬午) 27세　進士
1883(癸未) 28세　進士(光緒 九年 二月 幼學 鄭寅杓進士 三等 第六十九人 入格)
1885(乙酉) 30세　鎭川 草坪 移居
1886(丙戌) 31세　次男 俊謨 出生
1888(戊子) 33세　五月 十三日 大殿大王大妃殿 慶科 覆試 初試
1892(壬辰) 37세　文科 合格(光緒 十八年 壬辰 三月 十七日) 居 鎭川
1893(癸巳) 38세　八月 新及第 沈啓澤 鄭寅杓 副校理 除授
　　　　　　　　副修撰, 副司直, 副司果, 持平, 東學敎授, 西學敎授
　　　　　　　　十月 親軍 壯衛營(壯衛使 韓圭卨) 軍司馬
　　　　　　　　兵曹正郞, 弘文館 副修撰, 兵曹 文臣兼宣傳官, 持平

1894(甲午) 39세 三月 兵曹正郎(三月 昌德宮 移時御, 五月 景福宮 移時御)
弘文館 修撰, 正言, 校正廳 郎廳
七月 日本公使와 南山 老人亭 會談時 校正廳 官員으로 關與
九月 通訓大夫 內務衙門 主事, 經筵廳 侍講, 知製敎
十月 二十四日 兩湖都巡撫營 從事官(巡撫使 申正熙), 法部主事
十二月 二十七日 罷本營 翌日卽 還鄕
1895(乙未) 40세 父親 旭朝 寧越公 別世, 時在寧越冊室
東萊郡守(不赴)
1897(丁酉) 42세 喪配(光武 一年)
1899(己亥) 44세 陞正三品 通政大夫 景慕殿 酌獻, 東萊參事官
1900(庚子) 45세 秘書院丞 兼任 掌禮院 掌議(正月 二十三日)
1902(壬寅) 47세 長孫 鎭泰 出生
1904(甲辰) 49세 忠淸道觀察使(不赴)
1905(乙巳) 50세 正三品 通政大夫 秘書院丞 敍奏任官 兼任 掌禮院 掌禮者
1906(丙午) 51세 次男 俊謨卒 長子婦 昌寧 曹氏卒
1907(丁未) 52세 文獻備考 續纂委員
1911(辛亥) 56세 忠淸北道 鎭川郡參事(不赴) (明治四十四年 七月十二日, 年手當金六十圓)
1912(壬子) 57세 忠淸北道 鎭川郡參事 免 (明治四十五年 一月二十四日)
1919(己未) 64세 春耕臺雅集帖(趙哲夏, 李鍾景, 朴駿彬, 李禑, 李錫晩, 趙公熙, 鄭寅杓, 李寀, 鄭誾朝, 李裕瑾, 朴輔陽, 李鍾瀅, 李裕璇 13人詩文集)
1924(甲子) 69세 曾孫 文泳(兒名 七曾) 출생
1935(乙亥) 80세 三月 長男 壽宴禮

十一月 三十日 別世
1936(丙子) 爲堂 鄭寅普 初朞祭文
1945(乙酉) 長男 憲謨卒

 이들의 관직생활을 비교해서 검토하면 당시 조정에서 少論系 少壯 官僚들에게 관직 발탁면에서 제한을 하지 않았던 것을 알 수 있다.36) 우선 이들이 문과에 급제하고 처음 벼슬을 받았을 때 요직에 배치한 것이 눈에 띈다. 승정원과 세자시강원 그리고 홍문관과 예문관 등에서 5품과 6품관의 직책을 잇달아 맡고 있는 것이다. 이는 文科 及第者로서 고위 관직에 이르렀던 인사들이 거쳐갔던 직임들이었다.37)

---

36) 영재 이건창은 1878년 4월 충청도 암행어사로 다녀온 후 復命을 하면서 高宗에게 冷待를 받았는데 이것과 대조된다.
37) 이와 함께 소론계 관료로서 정은조의 仕宦年表를 간략히 만들면 다음과 같다. 정은조는 관직에서 물러나 진천 초평에 와서 1906년부터 정인표 등과 왕래하였다(趙東杰, 「年譜를 통해 본 鄭寅普와 白南雲」, 『한국독립운동사연구』, 1991, 389~408쪽 참조).

　　　鄭誾朝(1856~1926) 號 淵齋, 東萊 鄭氏
1856(丙辰)   出生
1880(庚辰) 24세 增廣別試 丙科 及第
1882(壬午) 26세 翰林召試 合格, 檢閱, 正言, 別兼春秋
1883(癸未) 27세 別兼春秋, 副應敎, 文學
1884(甲申) 28세 執義, 兼弼善, 弘文館 敎理
1886(丙戌) 30세 右營 軍司馬
1887(丁亥) 31세 進賀謝恩使 書狀官. 正使 李承五副使 金商圭 書狀官 鄭誾朝＊
　　　　　　　海防營 軍司馬, 勤政殿 館學儒生應製時 讀券官
1888(戊子) 32세 兼弼善, 副應敎, 應敎, 左副承旨, 同副承旨, 右副承旨
1889(己丑) 33세 右副承旨
1890(庚寅) 34세 大司諫, 吏曹參議, 右副承旨
1891(辛卯) 35세 大司諫, 吏曹參議
1892(壬辰) 36세 吏曹參議, 左副承旨
1893(癸巳) 37세 大司諫

승정원의 하급직은 국왕이 政事를 처리하는 것을 직접 목격할 수 있는 요직들이었다. 실제로 홍승헌과 정원하는 승정원의 注書나 假注書로서 20대 초반에 고종이 新及第者를 相面하거나 暗行御史의 復命을 받을 때, 그리고 각도에서 올라온 監司들과 民政에 관련된 問答을 할 때 한 자리에 동석하고 있었다. 젊은 국왕38)이 장년이나 노년의 대신을 만나는 자리에 동년배의 재사들이 문답을 기록하면서 국가의 대사가 결정되는 모습을 직접 지켜보았던 것이다.

홍문관과 세자시강원 그리고 사헌부와 사간원의 직임 역시 능력 있는 문관이 담당하는 요직이었다. 국왕의 諮詢에 응하면서 궁중의 典籍을 관장하는 자리나 百官의 치적을 조사하는 직책은 국왕과 가까이 있어야 하거나 高官과 만나는 자리이다. 홍승헌과 정원하는 20대 초반에 이런 직임을 맡아서 경력을 쌓고 있었다.

정원하는 1870년 17세의 新榜進士로서 고종을 알현한 이후 문과에 급제하자 요직을 맡으면서 출세를 거듭한다. 그래서 27세에 당상관이 되어 사간원 대사간에 오르고 이어 돈녕부 도정을 역임했으며 이조참의를 거쳐 1886년과 그 다음해에는 외직에 나가 황주목사와 남원부사 그리고 홍주목사를 지낸다. 30대 초반에 大邑의 수령으로 나갔던 것이다.

　　1896(丙申) 40세 中樞院 二等議官, 秘書丞
　　1897(丁酉) 41세 兼掌禮祕書丞(明成皇后 國葬時)
　　1898(戊戌) 42세 成川郡守
　　1899(己亥) 43세 宮內府 特進官, 中樞院 一等議官
　　1900(庚子) 44세 宮內府 特進官 敍勅任四等, 秘書丞
　　1904(丙午) 48세 禮式院 掌禮副卿
　　* 李承五, 『燕使日記』(성대 대동문화연구원, 『燕行錄選集』 하권 수록). 이 자료에 의하면 1887년 4월 22일 서울을 출발해서 5월 27일 북경에 도착하였고, 8월 8일 북경을 출발하여 9월 29일 서울에 도착하였다.
38) 국왕인 고종은 1852년생이었다(『璿源系譜』).

홍승헌은 외직을 나가지 않은 것을 제외하면 정원하와 비슷하게 벼슬길을 밟았다. 승문원·예문관·사간원·사헌부·홍문관의 요직을 거쳐 병조참의와 이조참의를 역임하고 30대 말에 사간원 대사간과 사헌부 대사헌에 올랐다. 이런 출세는 고종 초에 이조참판과 공조참판 그리고 한성부 우윤 등을 역임한 부친 洪祐命의 음덕과 이조·예조·호조·병조의 판서와 판돈녕부사에 이르렀던 조부 洪敬謨[39]의 배경이 큰 힘이 된 것이었다.

홍승헌과 정원하의 관직은 종2품직인 참판이 최고 직위였다. 홍승헌은 이조·예조·병조·공조참판을 잇달아 역임했고, 정원하는 형조와 공조참판을 역임했다. 1893년과 1894년에는 각각 사헌부 대사헌에 오른 데 이어 홍승헌은 한성부 우윤을, 정원하는 한성부 좌윤과 우윤을 맡았다. 그러나 판서 직위에는 오르지 못했다. 순조로운 宦路로 미루어보면 판서로 승진할 것이 당연하였으나 1894년의 변란은 관직생활에 안주하지 못하게 하였다. 일본군이 궁궐에 들어오고 개화파가 득세하여 개화정책을 펴게 되자 관직을 내놓고 강화도에 들어가 시국의 흐름에 정면으로 저항했던 것이다.

정인표는 과거 급제가 늦었다. 홍승헌이 20세에 급제를 하고 정원하가 19세에 급제해서 初仕가 빨랐던 데 비해 정인표는 1892년 37세에 급제해서 38세인 1893년에 홍문관 부교리에 제수된다. 다른 두 사람이 참판과 대사헌 등 종2품 관직에 올라있던 시기에 비로소 벼슬길에 나갔던 것이다. 고종과 왕세자가 景武臺에서 정인표가 포함된 성균관 유생들의 製述을 試取할 때 정원하가 試官으로 나오기도 했다.[40] 宦歷으

---

[39] 관암 홍경모는 『冠巖全書』 32책 외에 『冠巖外史』·『冠巖遊史』 등을 저술하고, 『重訂南漢志』·『大東掌攷』 등을 編著한 학자였다. 姜錫和, 「19세기 江華士族 洪敬謨의 생애와 사상」, 『한국사연구』 112, 2001 ; 韓永愚, 「19세기 전반 洪敬謨의 歷史敍述」, 『한국문화』 11, 1990 ; 이군선, 「冠巖 洪敬謨의 中國文人과의 交遊와 그 樣相」, 『퇴계학과 한국문화』 33, 2003 참고.

로 보면 18년 가량 늦었던 것이다.

그러나 불혹을 앞둔 나이에 시작한 정인표의 이력은 1893년과 1894년의 긴박한 정국 속에서 주요 직임을 맡음으로서 부각된다. 홍문관·사간원·사헌부·경연청 등 문관의 요직뿐 아니라 親軍 壯衛營의 軍司馬와 兵曹正郎을 역임했던 것이다. 병조정랑 때는 고종이 잠시 창덕궁에 가서 지낼 때 궁궐 이전의 실무를 맡기도 하였다. 고종이 1894년 3월에 창덕궁으로 移御하였고 다시 5월에 경복궁으로 移御했는데 군사를 동원한 행사를 주관하였던 것이었다. 이해 7월에는 일본공사가 일본군의 철병을 거부하고 조선의 내정개혁을 요구하면서 열렸던 남산의 老人亭會談에 정인표도 校正廳 郎廳으로 관여하였다.41)

그러한 과정에서 진천과 관련이 있는 두 인물을 만나게 된다. 壯衛使 韓圭卨과 兩湖都巡撫使 申正熙이다. 한규설의 家兄은 韓圭稷이다. 한규직은 前營使로 있으면서 박영효 등 개화파가 양성한 신식군사를 親軍前營에 통합해서 군권을 빼앗은 까닭에 갑신정변 때 희생을 당하였다. 고종과 민비가 이를 애석히 여겨서 그의 동생인 한규설을 중용42)하였는데 포도대장·한성판윤 등을 거쳐 이때 장위사로 있으면서 정인표를 군사마로 예하에 둔 것이다. 한규설은 진천에 어떤 연고인지 많은 토지를 소유하고 있었다. 그의 형인 한규직은 음성에 田庄을 소유하고 있었던 것이 확인되는데 그 가까운 이웃 군에서 토지를 매입한 것이 아니었나 한다.43)

양호도순무사 申正熙는 임란 이후 진천 이곡면 논실에서 세거해 온

---

40) 『承政院日記』 고종 29년(1892) 8월 9일.
41) 「朝鮮委員 作製의 內政改革에 대한 議事錄」, 機密 제1092호, 발송일 1894. 7. 19, 발송자 大鳥圭介(在韓特命全權公使) 수신자 陸奧宗光(外務大臣). (『일본의 한국침략사료총서』, 보훈처 공훈전자사료관).
42) 田中鴻城, 『朝鮮紳士寶鑑』, 1912, 51~52쪽.
43) 광무년간에 작성한 『陰城縣量案』, 『鎭川縣量案』에서 확인되는 것이다.

평산 신씨가의 일원으로 내직에 있으면서도 노모가 향리에 살고 있었기 때문에 수시로 진천에 내려와 있었다.44) 신정희는 병조정랑과 장위영 군사마 등 軍職을 지낸 정인표를 발탁해서 도순무영의 실무를 맡겼다. 당시 국정의 최대 현안은 동학농민군의 진압이었다. 일본은 청국과 전쟁을 치르던 중에도 증원군을 보내서 동학농민군의 근거지를 순회하며 전투를 벌이고 있었다. 정인표는 순무영의 실무를 맡아 관군을 통제하고 진압지침을 만들어 보내는 등 중요한 역할을 하게 된다.

대한제국에 들어와서는 홍승헌이 궁내부 특진관에 임명되었지만 관직을 사양하고 맡지 않았다. 1902년 6월에 충청남도 관찰사로 임명된 것은 고종이 엄한 교지를 내려 강요한 때문이었다.45) 4차에 걸친 사양 상소에도 허락하지 않자 임지인 공주관찰부로 부임은 하였지만 공무를 보지 않는 식으로 항거를 하였다. 이 때문에 관찰사 서리였던 공주군수가 그 사정을 알리는 電報를 보내기도 하였다.46) 그렇지만 홍승헌은 '匹夫의 하찮은 信念'47) 때문이라면서 사직 상소를 연달아 보냈지만 허락되지 않았다. 오히려 궁내부 특진관이 추가로 제수되어 겸직하는 형

---

44) 따라서 향내의 소장 인사였던 정인표를 향리에서 만났을 수도 있으나 그 사실은 확인할 수 없다.
45) 『梅泉野錄』 3권, 光武 6年 壬寅(1902)條에 홍승헌 등이 관찰사로 임명된 경위가 자세히 나온다. 고종은 이해 6월에 이헌영을 경상북도 관찰사, 홍승헌을 충청남도 관찰사, 李容稙을 황해도 관찰사로 임명하였다. 이것은 일본인들이 고종이 賣官한 것을 정탐해서 날마다 질책하였으므로 당대 명망 높은 이 세 사람을 택해서 道伯으로 보낸 것이다. 이때 이헌영은 세 번이나 강력히 사양하였으나 결국 윤허하지 않아 부임하였다. 홍승헌은 네 번이나 상소하여 사양하였으나 엄한 교지를 내려서 부임하게 하였다.
46) 『承政院日記』 고종 39년(1902) 8월 11일, "議政府 贊政內部大臣 李乾夏가 삼가 아뢰기를, 방금 忠淸南道觀察署理 公州郡守 李長稙의 電報를 보니, '충청남도 관찰사 洪承憲이 8월 27일에 任地에 도착하였는데, 사무를 보지 않고 있습니다.……勅旨에 엄히 신칙한 다음 사무를 보게 하라.' 하였다."
47) 『承政院日記』 고종 39년(1902) 9월 10일, '辭職疎'.

태가 되었다. 그리고 당시 전국에서 시행 중인 양전사업에 따라 홍승헌은 충청남도의 量田地契事業의 감독을 맡았다. 결국 다음해 6월까지 사직소를 계속 올려서 관찰사 직임을 물러나고 있다.

정인표는 갑오년 이후에도 고종의 측근에 머물러 있었다. 1900년에는 秘書院 丞으로 皇命의 출납을 맡았으며 掌禮院 掌禮을 겸하여 국가의 중요 의식을 주관하였다. 1905년에도 비서원 승에 임명되었고, 1907년에는 『文獻備考』續纂委員이 되어 일을 하였다. 국권이 상실된 이후에는 진천에 내려와 은둔생활에 들어갔다. 조선총독부에서는 식민지배를 안정시키기 위해 명망가를 이용하려고 정인표를 충청북도 진천군의 參事에 임명하였다. 그러나 이를 거부하고 나가지 않았다.

庚戌國恥 이후 진천에는 정인표를 중심으로 일단의 志士들이 모여서 험한 세월을 이겨내고 있었다. 홍승헌과 정원하 이건승 등과 더불어 1910년 만주로 망명하였지만 일가인 鄭闓朝가 아들 爲堂 鄭寅普와 함께 초평에 이주해왔다. 정인표와 정은조를 포함해서 趙哲夏[48]·李鍾景[49]·朴駿彬[50]·李禑·李錫晩·趙公熙[51]·李宲[52]·李裕瑾·朴輔陽·李鍾瀅[53]·李裕璇[54] 13인이 자주 만나서 詩會[55]를 열고 뜻을 같이 하였다. 이들은 주로 관료 출신으로서 나라가 망한 뒤 일제에 협력

---

48) 江原道 金城郡守, 懷德郡守, 漢城府 判任官 역임.
49) 貞陵參奉 역임.
50) 司饔院 僉正, 機器局 委員, 金山郡守, 嶺南 助防將 역임.
51) 趙公熙, 『槐堂稿』, 筆寫本 2卷 1冊(성균관대 중앙도서관 소장).
52) 1893년 掌令, 1896년 鎭安郡守, 1897~8년 礪山郡守, 1900년 安州郡守 역임.
53) 1891년 電信局 主事, 電信司 電報局 主事, 1893년 謁聖試 丙科 及第, 1899년 秘書郎 判任 7等, 1901년 電信司長 4等 역임.
54) 1905년 慶尙南道 漆原郡守 1892년 獻納, 1893년 校理, 1893년 獻納, 1904년 利原郡守 역임.
55) 『春耕臺雅集帖』은 이들 13인의 詩文集으로서 정인표의 장손 정문영이 소장하고 있다.

하지 않고 지조를 지키던 인사들이었다.

4. 變革期의 時局觀과 對應

홍승헌·정원하·정인표 이 세 사람이 활동하던 시기는 變亂과 政變 그리고 외세의 침략으로 격동하던 때였다. 주요 사건들만 나열해도 이 시기의 관료들에게 부과된 막중한 부담을 알게 된다.

첫째, 홍선대원군이 과감하게 개혁정치를 펴다가 실각한 이후 1875년에 운양호사건이 일어났고, 그 다음해인 1876년에 일본과 수호조약을 맺었다. 이것은 대외관계가 전면 재편되는 것을 의미한 사건이었다. 과거의 중화세계라는 좁은 세계관으로는 통용되지 않는 시대에 접어들게 되었다. 이에 관해 이 시기의 관료들은 일정한 안목과 견해를 가지고 있어야 했다.

둘째, 1881년에는 신사유람단과 영선사가 각각 일본과 청에 파견되었고, 1882년에는 개화정책의 추진을 둘러싸고 임오군란이 발생하였으나 청의 군대가 수습을 하였다. 1884년에는 일본군을 이용해서 개화파가 갑신정변을 일으켰고, 이에 실패하여 개화파가 정계에서 축출되었다. 이것은 전통사회의 유교질서가 정치·사회·문화 모든 면에서 유지되기 어려운 단계라는 것을 전해주는 사건들이었다. 따라서 이 시기의 관료들은 외래문화를 이해하고 이를 수용하는 문제와 조선사회의 혁신 방향에 관해 명확한 시각을 가지고 있어야 했다.

셋째, 1894년에는 동학농민군이 봉기해서 전국이 들끓었고, 일본군이 들어와 청의 군대와 전쟁을 벌였으며, 개화파가 정권을 장악하였다. 1895년에는 궁궐 안에서 왕비가 참살을 당하는 사건이 벌어졌다. 동학농민혁명은 양반지배층이 기득권을 포기하고 농민들의 궁박한 생활을 향상시키기 위한 정치와 사회구조를 바꾸는 개혁의지의 필요를 강력히 보여준 사건이었고, 을미사변은 일본의 침략을 막기 위해 모든 계층의 역량을 총동원하는 반침략정책이 시급하다는 것을 전해준 사건이었다.

이런 격변기의 큰 사건들이 일어났을 때 소론계 관료들인 홍승헌·정원하·정인표가 어떻게 받아들이고 대처했는지 모두 전해주는 기록은 없다. 하지만 이런 일들을 지나가는 현실로 받아들일 수는 없었다. 궁궐 침범은 상징적인 사건이었다.

조선국가에서 정치권력의 정점은 국왕이었고, 궁궐은 백성을 다스리는 중심이었다. 그런데 불행하게도 궁궐이 침범되는 사건이 연이어 벌어졌다. 1882년 軍亂時에는 구식군대가 침입하였고, 1884년 政變時에는 개화파가 장악하였고, 1894년에는 일본군이 기습 점령하였다. 마침내 1895년 事變時에는 일본인들과 훈련대 병사가 궁궐을 침입해서 왕비를 시해한 사건이 벌어졌다.

임오군란부터 갑신정변에 이르기까지는 외국군대가 개입되기는 했으나 그런 변란은 국내 정치문제로 볼 수 있는 것이었다. 변란이 수습된 후 홍승헌과 정원하는 관료로서 전과 다름없이 직무를 맡고 있는 것을 보면 극복할 수 있는 현실로 받아들인 듯하다. 오히려 관직은 年功 때문인지 더 높아지고 있었다.

이들은 1894년에 와서 결코 용납할 수 없는 문제들과 맞닥뜨리게 되었다. 하나는 개화를 내세운 逆臣들의 발호였다. 갑오개혁을 전면 거부하는 것은 개혁 내용을 지지하지 못하는 것도 있고, 한편 일본세력을 의지하는 자세와도 관련이 있었다. "아닌 밤중에 일본 군대가 기습해 들어와서 서울의 요소와 궁궐의 안팎을 점령한 것이 무엇이 그리 경사라고 이리 뛰고 저리 뛰며 나라 체모를 뜯어 고친다고 하니 이것이 욕이 아니고 무엇이겠느냐"[56]는 관점에서 보면 두 가지 문제는 동일시할 수 있는 것이었다.

갑오개혁은 국가체제 전반을 혁신시키려는 목표 아래 정치체제뿐 아니라 사회제도와 관행에 이르기까지 구조를 바꾸려고 했던 개혁이었다. 이것은 신분제 폐지와 부패한 관리의 처벌 등 동학농민군이 요구한 개혁안을 일정하게 받아들인 것이기도 했다. 갑오개혁을 거부한다는 것은 종래의 체제를 그대로 지켜나가겠다는 것을 의미하는 것인지 이들이 이 시기에 이와 관련해서 쓴 기록은 없다. 그러나 직접 동학농민군 진압에 책임을 지고 있었던 정인표가 기록한 내용은 시대의 흐름을 거스르는 성격을 갖고 있다.

소론계 관인 양명학자들이 당시 가졌던 생각을 논리적으로 구명하는 것이 이 글의 목적이 아니다. 개화와 동학농민군의 봉기에 반대하는 보수유림들의 여론 즉 주자학자들의 시국관과 비교하려는 것도 아니다. 여기서는 홍승헌·정원하·정인표 세 사람이 동학농민혁명과 일본군의 경복궁 기습, 갑오개혁 등에 대처한 내용을 통해 시국관의 일단을 알아보려고 하는 것이다.

이런 시각에서 이들이 1894년에 취했던 행동을 추적하면 시국을 보는 견해를 명확히 알 수 있게 된다. 홍승헌과 정원하는 갑오년 변란이 일어나자 당장 벼슬을 내놓았다. 그리고 강화도에 들어가서 이건창·이건승과 함께 양명학을 講磨하였다. 大司諫과 大司憲 그리고 六曹의 參判을 역임하고 重臣의 지위에 있던 홍승헌과 정원하는 治國의 근본을 돌아보면서 학문을 연마하려는 자세를 지켰다.

뒤늦게 宦路에 올라 낮은 관직에 머물던 정인표는 국가가 당면한 急務를 일선에서 해결하는 직무를 맡아야 했다. 양호도순무영의 종사관이 되어 동학농민군을 진압하는 최고지휘부에서 활동하게 된 것이었다. 누구도 東學을 인정하지 않았다. 黃玹이 그의 저술에서 상세하게 밝혀

---

56) 閔泳珪, 앞의 책, 36~37쪽.

놓은 글은 이들의 시각을 대변하고 있다.57) 이에 의하면, 동학은 崔濟愚가 처형된 후 崔時亨이 유언비어를 전파해서 커진 邪學 집단이었다. 유언비어는 "세상에 장차 큰 난리가 일어나므로 동학이 아니면 살 수가 없다. 그리고 眞人이 나와 계룡산에다가 도읍을 정하는데 그 將相과 位命功臣들은 모두 동학도들이다"라고 것이었고, 이런 내용을 사방으로 돌아다니며 퍼뜨려서 백성들을 선동하자, 백성들은 학정에 시달리던 때이므로 결국 그들에게 호응하였다는 것이다.

이들 관인 양명학자들은 부패한 지방관의 실태를 잘 알고 있었고, 농민항쟁 등에 의해 백성이 학정에 시달리고 있는 것을 직시하고 있었지만 백성들이 동학에 호응하고 있는 현상은 『鄭鑑錄』 차원의 유언비어에 현혹된 때문이라고 생각한 것이었다. 正學을 신봉하는 선비들이 邪學에 대해 갖는 확고한 신념이었다.

복합상소에 대해서도 그러했다. "한 번 농락을 부려 보자는 속셈으로, 2월 중에 그들 수천 명은 서로 이끌고 대궐 앞에 엎드려 상소를 하였다. 죽은 최제우의 죄를 씻어주기 위한 것이다. 이때 성균관 유생들은 먼저 성토를 해야 한다는 여론을 내고, 申正熙는 그들을 다 처형하여 난을 방지해야 한다고 주장하였다. 그러나 고종은 말을 듣지 않고 그들을 효유하여 물러가게 하였다. 이때의 여론은 울분에 쌓여" 있었다고 하였다.

이러한 울분을 가졌던 소론계 양반들의 동학농민혁명에 관한 이해는 '전통사회가 부딪친 현실사회의 모순을 뛰어넘지 못했던' 한계로, 다음과 같이, 지적된 바 있다.58) "일찍이 이건창은 동학란으로 대표되는 농민들의 반란을 용서하려 하지 않았다.······황매천 형제도 그러했고, 홍문원·정기당·이건승·이건방 등, 한때 함께 강화에서 양명학을 강론

---

57) 『梅泉野錄』 제1권, '東學徒의 伏閤上疏'.
58) 閔泳珪, 앞의 책, 35~37쪽.

하던 인사들이 역시 모두 그러해서, 시대가 요구하는 커다란 물결을 적극적으로 평가하지 못했던 점, 뒷날의 역사가들로부터 반시대적이라는 지탄을 받는다고 해서 나는 굳이 거기에 반대할 의사를 갖지 않는다."

이건창의 詩世界에는 궁박한 농민들이 시름조차 마음 놓고 하지 못하는 절절한 농촌 상황이 묘사되고 있다.59) "농민의 슬픔을 누구보다 민감하게 공감"했다고 하지만 그것은 班常의 신분제와 왕조국가의 체제가 건재할 때의 일이었다. 그리고 지주제의 질서가 온존할 때의 일이기도 했다. 구례의 황현이 동학농민군에게 가졌던 반감은 김개남의 남원 장악 이후 양반관료들에게 행했던 처사를 비판하는 속에서 나왔을 수도 있다. 그렇지만 동학농민군에 가담한 사람들을 모두 죽여야 한다는 정도로 극단의 생각을 가지게 된 것60)은 어디에서 비롯되었을까?

일본군이 경복궁을 기습 점령해서 야기된 국가의 위기보다 일본군의 축출을 목표로 再起한 동학농민군의 세력 팽창을 더 큰 위험으로 생각했다면 그것은 시국관과 함께 선악의 관계로 보았기 때문이었다. 이 같은 正邪와 善惡 개념으로 대처하는 방식은 집권 관료들과 많은 양반들이 동학농민군을 대하는 방식이기도 했다. 그것은 양호도순무영에서 제시한 진압방안과 일치하는 것이었다.

동학농민군이 일본세력을 축출하기 위해 2차봉기한 이후 설치된 양

---

59) 閔泳珪, 「李建昌의 南遷記」, 『史學會誌』 20집, 1971(閔泳珪, 위의 책, 1994에 재수록).
60) 『梅泉野錄』 제2권, "적들이 安義縣을 침입하자 현감 趙元植은 그들을 유인하여 섬멸하였다. 조원식은 南原의 적들이 침입해 온다는 소문을 듣고 그들을 客館으로 맞아들여 黃肉과 술을 대접하자 적들은 술에 취하여 정신이 없었다. 이해 壯士들이 일어나 그들을 몽둥이로 내리쳐 한 사람도 맞지 않은 사람이 없었다. 그 후 시체 100여 구를 한 구덩이에 묻고 민간 장정들을 編隊하여 保柵으로 들어간 후 60개의 山嶺을 한계로 賊徒를 차단할 계획을 세웠다." 전문이기 때문에 정확하지는 않지만 이 기록처럼 100여 명의 학살을 당연시하는 표현이 이 책에서 곳곳에 나온다.

호도순무영에서 종사관 정인표의 위치는 都巡撫使 申正熙와 中軍 許
璡 다음의 실무책임자였다. 동학농민군 진압 후 軍功 인정에서도 軍部
協辦 權在衡만 앞 서열에서 이름을 올렸을 뿐이었다.61)

정인표가 양호도순무영의 종사관으로 발탁된 것은 壯衛營 軍司馬를
역임한 前歷도 고려되었겠지만 同鄕의 도순무사 신정희의 意中에 힘
입은 바가 큰 것으로 보인다. 扈衛副將 신정희는 國亂을 맞아 모든 군
사력을 동원할 수 있는 최고지휘관으로서 동학농민군의 征討를 책임지
게 된다. 신정희는 진천 이곡면 논실에 세거하던 평산 신씨家의 일원으
로서 先代 申櫶 大將62)과 증조부 申鴻周63) 大將에 이어 軍事를 책임
맡은 將臣이었다.

兩湖都巡撫營의 公式記錄이 없는 까닭에 정인표가 수행했던 역할을
자세히 알지는 못한다. 그러나 그의 文集 초고본인 『春耕臺初稿』에 도
순무영에서 전국에 보낸 「告示文」과 「傳令湖西列邑」 그리고 「十家統
規」가 수록되어 있어 대략 그 활동상을 짐작할 수 있다. 이 글들은 종

---

61) 『甲午軍功錄』에는 순무사(종1품)・중군(종2품)・군부협판(종2품) 다음 순위
에 종사관 정인표(6품)의 이름을 기록했다(『東學農民戰爭史料叢書』 17권,
373쪽).
62) 申櫶(1810~1884)의 초명은 觀浩였다. 丁若鏞・金正喜와 가까웠던 儒將으로
서 姜瑋와 朴珪壽 그리고 草衣禪師와 친분이 있었다. 대원군 집권기 형조판
서・병조판서・공조판서・어영대장을 지냈다. 1875년 운양호사건 이듬해 판
중추부사로서 全權大官이 되어 일본의 전권변리대신 구로다 기요타카[黑田
淸隆]와 강화도에서 병자수호조약을 체결했고, 1882년 경리통리기무아문사로
전권대관이 되어 미국의 슈펠트(Shufeldt, R. W.)와 조미수호조약을 체결하였
다. 이해에 판삼군부사가 되어 조선국가 전 군사를 지휘하는 자리에 올랐다.
63) 申鴻周(1772~1829)는 防禦使 大儁의 아들로서 1811년(순조 11)에 좌・우포
도대장을 역임했고, 그해 12월에 洪景來가 난을 일으키자 진압에 나섰다가 정
주목사와 영변부사를 지냈다. 이후 평안도병마절도사・전라도병마절도사・함
경도병마절도사・삼도통제사를 거쳐 1824년에 어영대장이 되었고 이어 훈련
대장・병조참판 등을 역임하였다.

사관으로서 활동하던 내용을 일부만 알려주는데 동학농민군 가담자를 엄격히 처벌하는 것이 특징이었다.

「告示文」은 동학농민군의 범법 행위를 나열하고, 王法에 의해 엄히 처벌할 것을 말하면서 민보군을 조직해서 동학농민군을 제압하도록 촉구하는 글이다. 이는 당시 조정이나 진압군에서 여러 번 지방관들이나 민간에 하달한 것들과 유사하여 특별한 내용이 들어있지는 않다. 그러나 「傳令湖西列邑」은 동학농민군을 초멸하는 구체적인 방법이 들어가 있기 때문에 주목할 필요가 있다.

충청도 각 군현에 내린 이 전령은 十家作統法의 시행령이라고도 할 수 있는 것이다. 즉 十家通規를 만들어서 10家를 1統으로 묶고, 능력 있는 사람을 統首로 세우고 統內를 사찰하도록 한다는 것이다. 통수는 주민의 출타와 왕래를 파악하고 통내에 알려서 모두 알게 하고, 종적이 수상한 사람이 있으면 관가에 보고하는 의무를 지게 하였다. 이렇게 철저하게 통제하면 동학이 발붙이지 못한다는 것이었다.

그런데 戶마다 門牌를 달아놓도록 하는데 여기에 기록하라는 항목이 특별하였다. 첫째 행에 주소를 기록하고 그 다음에 原戶·夾戶·貰戶·廊戶를 명시하라고 하였다. 본래의 주인인지, 끼어 사는 사람인지, 세를 사는 사람인지 문패를 통해 공개하라는 지시였다.

이뿐 아니었다. 둘째 행에 朝官은 官號를 쓰고, 士人은 士人이라고 쓰고, 農工商도 각기 農民·工民·商民이라고 쓰며, 吏役도 吏役이라고 쓰도록 하였다. 더구나 童蒙·召史도 그 칭호에 따라 쓰고, 才人과 皮工도 각기 그 칭호를 쓰도록 하였다. 그리고 셋째 행에서는 男女老幼와 奴婢의 眷口를 써놓도록 하였다.

이 전령이 군사명령처럼 일사불란하게 시행된다면 모든 가옥은 주인의 신분과 소유 여부를 공개해야 한다. 이런 규정을 강구해서 지침으로 내리는 결정은 도순무영에서 공식 절차를 밟아서 한 것이지만 당연히 작성자의 사회관을 파악하는 단서도 된다. 더구나 이 전령을 개인문집에 실을 정도라면 그 내용에 확신을 가진 것이 아니었나 한다.

동학농민혁명의 주요 목적의 하나가 신분제 폐지였다. 갑오개혁을 추진한 개화파 관료들도 시대의 대세에 따라 신분제의 폐지를 개혁의 중심으로 구상하였다. 「傳令湖西列邑」의 동학농민군 진압 방안은 이러한 추세를 정면 거부하고, 오히려 역행하는 조치를 담고 있는 것이다. 강화된 신분제를 강력히 실현하는 내용으로 구성되어 있다. 갑오개혁의 성과가 신분제를 타파하는 것이었는데 이 지침을 보면 오히려 후퇴한 모습을 보여주고 있다.

충청도 각 군현에 보낸 「傳令湖西列邑」은 동학농민군 가담자를 가혹하게 처리하도록 지시하고 있다. 동학농민군으로 一洞一鄕이 다 알고 있는 사람은 하나하나 적발하여 반드시 죽이고 용서하지 말라고 한 것이다.64) 그 중요한 기준이 유교의 紀綱을 범한 여부였다. 班常과 主從 그리고 卑賤의 명분을 해친 사람은 일일이 剿誅하여 후환을 영영 끊어내라는 지시였다.

정인표의 동학농민혁명에 대한 인식과 동학농민군의 진압 방안은 소론계 학인 관료들이 공유했던 생각을 보여주고 있다. 그것은 동학은 사교였고, 동학농민군의 봉기는 병란이었으며, 평등을 내세운 요구안은 聖人의 가르침을 부정하기 때문에 결코 받아들일 수 없다는 것이었다.

다음은 일본의 침략행위와 그에 동조하는 개화파에 대한 인식과 대응의 문제이다. 일어난 순서대로 보면 일본군이 경복궁을 기습 점령하자 개화파가 다시 정계에 등장하였고, 이어서 개화파와 일본인들이 같이 갑오개혁을 시행하였다. 일본의 침략은 누구나 경계하는 것으로서 궁궐을 점령한 일본군의 손아귀에 국왕과 왕비가 인질로 잡혀있는 것

---

64) "懲剿不可不嚴……一洞一鄕 皆曰可殺 罪惡貫盈 情跡畢露者 這這摘發 必殺無赦事"; "凡罪關干紀犯綱 窮凶絶悖者 幷卽――剿誅 永杜後患".

에 분개하지 않은 사람이 없었다. 그런데 개화파들은 그런 와중에 개혁을 한다고 설쳐대고 있었다. 그런 상황 속에서 홍승헌과 정원하는 스스로 관직을 떠나게 된다.

고도로 훈련된 일본군이 우세한 무기를 앞세우고 궁궐을 침범한 것은 관료들 개인으로서는 당장 어쩔 수 없는 國亂의 문제였다. 하지만 개화를 말하면서 일본에 빌붙어 更張을 주관하던 개화파들에게는 적대감을 드러냈다. 1895년의 을미사변은 종래 동학농민군에게 향했던 공격의 날을 일본인들과 개화파에게 돌리게 하였다. 더구나 일본공사 三浦梧樓가 강요해서 왕후 민씨를 庶人으로 폐한다는 詔書65)를 내리게 되자 분노는 더욱 타올랐다.

하지만 세가 약한 소론계 관인 양명학자들로서는 글을 써서 대항하는 것밖에 다른 방도가 없었다. 이건창·홍승헌·정원하는 연명해서 討逆疏66)를 올렸다.

---

65) 『梅泉野錄』제2권, 高宗 32년 乙未, "朕이 臨御한 지 32년이 지나도록 治化가 미흡한 것은 王后 閔氏가 친척을 끌어들여 그들을 좌우에 두어 朕의 耳目을 가리고 人命을 박해하였으며, 政令을 濁亂케 하고 官職을 매매하였기 때문이다. 그리고 그의 학대는 하늘까지 치솟아 사방에서 도둑이 일어나고 宗社는 위태롭게 기울어 조석을 보존할 수 없었다. 짐이 그의 극악무도한 사실을 알고 있으면서도 벌을 내리지 못한 것은 짐의 不明한 이유뿐만 아니라 그의 일당이 두려워 그렇게 하였다. 그러므로 짐은 지난해 12월, 太廟에 고하여 宗戚이 정치를 간섭하지 못하게 하였다. 그것은 그가 혹 뉘우치기를 바란 뜻이었다. 그러나 민씨는 舊惡을 뉘우치지 않고 많은 小人들을 끌어들여 짐의 동정을 살피고 짐이 접견하려고 하는 대신들을 모두 저지하였으며, 짐의 명령을 위장하여 병사들을 해산하고 급기야는 큰 變亂을 일으켰다. 그리고 그는 그 변란이 일어났을 때 朕을 피하여 자신 혼자만 피신하였다. 이것은 지난 壬午軍亂을 답습한 것이었다. 이때 그를 아무리 찾아보아도 나타나지 않았다. 이것이 어찌 왕후의 爵德에 맞지 않을 뿐이겠는가? 그의 죄악은 실로 천지에 가득하여 다시는 宗廟를 계승할 수 없기 때문에 우리 王家의 故事에 의하여 그를 庶人으로 폐하는 바이나."

66) 『梅泉野錄』제2권, 高宗 32년 乙未(1895년) ③ '10. 이건창 등의 연명상소' 번

역본 인용.

"아! 우리 聖上의 嗣位 초에 神貞王后는 친히 令族을 간택하여 元妃를 구하신 후 우리 성상을 도와 종묘를 계승하고, 萬姓을 아들처럼 여긴 지 지금 30년이 지나도록 하늘의 복을 받으며 元子를 낳으시어 우리의 위대한 기반을 닦아 놓으시므로 아름다운 일과 우려된 일을 우리 모두가 함께 누리고 있습니다. 그리고 그동안 온갖 변란을 겪어 이미 모든 고초를 다 맛보았습니다만 작년 이래 이웃 나라들이 서로 잘못했다 하며 싸움이 생기고, 逆臣의 음모는 국내에 만연하여, 비록 위엄과 용단이 있는 聖上이라도 지금까지 자유를 누리지 못하고 있는데 하물며 坤殿에 어찌 지적할 만한 과실이 있었겠습니까? 설혹 과실이 있다 하더라도 성상과 地體가 같은데다가 동궁의 효성을 생각하더라도 어찌 차마 庶人으로 폐할 수 있겠습니까? 그렇다면 지금 거행한 일들은 결코 성상의 뜻이 아니라는 것을 잘 알 수 있을 것입니다.

아! 이런 일은 천지를 다 누벼 보아도 보지 못한 일이며, 萬古를 거슬러 보아도 듣지 못한 일입니다. 길을 가는 행인들도 서로 그들의 음모를 전하여 모든 사람의 입이 흉흉하기만 합니다. 20일에 일어난 참변은 賊이 이미 시해하였다는 사실이 판명되었지만, 단 그것이 적이 한 일인지 우리나라 사람의 소행인지는 아직 판명되지 않고 있을 뿐입니다.

『禮記』에 이르기를, "臣弑其君 在官者 殺無赦(신하가 그 임금을 시해하면 관직에 있는 사람은 그를 살해하여 용서하지 않는다.)"라고 하였고, 또 "居君父之讐 不與共天下, 不反兵而鬪(君父의 원수와는 하늘밑에 함께 살 수 없으므로 兵士를 되돌려보내지 않고 싸운다.)"라고 하였습니다. 『春秋』의 예를 들면 小君도 君上과 같다고 하였는데, 저 閣部의 대신 이하 廷臣들이 어찌 이 뜻을 모르고 있겠습니까?

그렇다면 어찌 그들의 음모를 은폐하여, 열흘이 지나고 한 달이 지나도록 그렇게 무사한 체 할 수 있겠습니까? 그것은 혹 그들 중 변란을 요행으로 생각하여 성상을 위협하고 서민을 억압하여 정권을 탈취하려는 음모를 하고 있는 것이 아니겠습니까? 그렇지 않다면 이것은 姑息的인 말에 불과하지만 반드시 복수를 늦출지언정, 그렇게 격렬한 변란이 다시 발생해서는 안될 것입니다. 설사 그 변란이 다시 격렬해지더라도 어찌 지난 20일 같은 변란보다 더할 수 있겠습니까? 20일의 변란보다 더 격해진다면 그것은 망하는 길뿐일 것입니다. 그러나 그 변란이 격렬하기만 하고 망하지 않는다면 차라리 격렬해져서 망하는 편이 더 낫지 않겠습니까? 그리고 우리가 가장 두려워하는 것은 강력한 이웃 나라입니다. 그러나 일본인은 비록 우리 조정의 대신과는 다르겠지만 외국의 신하도 또한 신하인 것만은 틀림없는데, 그들이 과연 우리 君上을 침범할 경우 우리의 국법으로 다스리지 않을 수 있겠습니까? 그리고 훈련대 병정의 경우에도 그들이 비록 흉측한 행동을 한다 하더라도 그들은 조선의 人種입니

이 상소문은 그리 길지 않지만 당시의 사정을 꿰뚫어 보고 있다. 즉 廢后勅令이 국왕의 뜻과 다르게 내려진 사실을 지적하고 倭賊에 의해 國母가 弑害된 사실을 밝히고 있다. 또한 이 참변 소식이 은폐된 것은 일본인과 정권을 탈취하려는 음모자들 때문이라고 하면서 이들에게 복수하자는 강력한 주장을 펴고 있다. 국모를 시해한 역적은 兵士든 臣下든 外國人이든 모두 죽여야 한다는 것이었다.

상소문의 문맥을 보면 국왕 고종에 대한 원망이 짙게 배어있는 것이 드러난다. 강요가 있었다고 하더라도 廢后勅令을 내리거나 문상을 받지 않는 것에 대한 안타까움이 나타나는 것이다. 사실상 이들은 30년간 조정에 관료로 있으면서 고종의 성격이 어떤지 잘 알고 있었다. 그

다.
　그러므로 그들을 두 쪽으로 잘라 죽일 일이 있으면 두 쪽으로 잘라 죽이고, 갈아 죽일 일이 있으면 갈아 죽여야 합니다. 지금 모든 백성들의 여론은 물이 끓듯 비등하고 많은 국가들의 公論은 사방으로 퍼지고 있는데, 그들이 어찌 다시 격렬한 행동을 할 수 있겠습니까? 중요한 것은 그 역적 노릇을 하는 사람이 兵士일 경우는 그 병사를 죽이고, 조정에 있는 신하일 경우는 그 신하를 처벌하여야 하며, 그 역적이 외국인이라면 그 외국인을 죽여야 합니다. 匹婦匹夫의 죽음에 있어서도 자신이 天命으로 죽지 못하면 원수를 갚지 못한 원한이 있는 것인데, 어찌 國母가 시해되었는데도 그 원수를 갚지 않을 수 있겠습니까?
　아! 그 변란이 발생한 지 지금 10일이 지났습니다만 위로 왕세자로부터 아래로는 관원과 백성들에 이르기까지 통곡 한번 하자는 말과, 喪服 한번 입자는 말 한마디가 없으니 天理와 人情에 어찌 이럴 수가 있겠습니까? 아무튼 성상께서는 속히 명을 내리시어 그 廢后勅令을 다시 거두시고 喪禮를 갖추어 애도를 표하시기 바랍니다. 그리고 친히 그 범인들을 국문하여 복수를 하시고, 八域의 관원과 백성들로 하여금 조금이라도 그 徹天之痛을 풀게 하여 주시기 바랍니다.
　아! 臣 등이 대대로 봉록을 받고 후한 은덕을 입은 사람으로서, 이런 변란을 당하여 의당 죽어야 할 사람이 죽지 않고 궁벽한 시골에 숨어 살고 있습니다. 그리고 문상도 하지 못한 채 하늘을 우러러 통곡을 해도 끝이 없습니다. 저희들이 30년 동안 섬긴 신하로서 모든 말은 여기에서 마치겠으니 부디 성상께서 諒察해 주시기 바랍니다. 그럼 간절한 마음 금할 길 없어 이만 그치옵니다."

래서 완곡하나마 촉구하는 형태로 고종에게 적극적인 대응을 요구했던 것이다.

이런 상소문은 당시의 정국에서 위험을 무릅쓰고 작성했던 것으로 이 「토역소」의 내용이 알려지자 절망 속에서도 통쾌하게 생각한 선비들이 많았다.67) 하지만 을미의병은 실패로 돌아갔고 이후 을사조약에서 다시 일본의 침략은 노골화되었다. 국권이 탈취당하는 과정을 조정을 떠난 전직관리들이 보는 것은 참담하였다.

홍승헌과 정원하는 강화도와 진천을 오가면서 亡國 과정을 지켜보고 있었다. 정인표는 이때 홍승헌·정원하와 자주 만나 의견을 나누고 있었다. 『春耕臺初稿』上·中의 詩文을 보면 戊戌年(1898)부터 이들과 함께 지은 詩가 여러 편이 나온다.

1910년 庚戌國恥를 당하자 정원하는 이건승과 함께 자결을 시도한다.68) 그러나 약사발을 가족에게 빼앗겨서 성사되지 못하였다. 다시 칼을 뽑아 자결하려고 했으나 이도 실패하였다.

마침내 이들은 국외 탈출에 나섰다. 정원하가 서둘러서 먼저 떠났고, 홍승헌·이건승 등이 뒤따랐다.69) 懷仁縣 興道村과 柳河縣 三源堡, 그리고 通化縣 哈泥河가 이들의 거주지가 되었다. 정인표는 고향 진천을

---

67) 황현의 『梅泉野錄』에 실린 글이 그 한 예이다.
68) 「하곡 정제두의 9대 종손, 정원하의 증손 鄭時鍾(1933년생)씨 인터뷰 기사」, "본래 가난한 종가였지만 더욱 어렵게 된 것은 증조부(鄭元夏)가 일제에 나라를 빼앗기자 중국으로 가솔을 이끌고 망명했기 때문이다. 선친(鄭在忠, 1902년생)은 부친을 따라 온갖 고생을 하면서 만주 생활을 했다. 선친은 그후 중동학원을 다녔고 92세까지 사셨다. 증조부는 영재 이건창의 동생 이건승과 함께 나라가 망하자 음독 자결을 단행했다. 그때 식구들이 약사발을 빼앗아 뜻을 이루지 못하자 칼을 뽑아 자결하고자 했고 억지로 막는 과정에서 한 손을 크게 다쳐 평생 불구로 지낸 志士였다."(『주간한국』 2006. 10. 2. 「(종가기행 20) 迎日 鄭氏-유가의 반듯한 삶과 철학으로 산업현장 지킨 '우리시대 선비'」).
69) 閔泳珪, 앞의 책, 40~41쪽 ; 李建昇, 『海耕堂收草』.

지켰다. 망명지에서 오는 소식이 있으면 감회를 시로 써서 부쳤다.

5. 洪承憲·鄭元夏·鄭寅杓家의 土地所有 規模

전근대사회에서 恒産은 토지가 중심이었다. 선비도 恒産이 있어야 宦路이든 學問이든 뜻을 펼 수 있는 무대를 얻는 법이다. 진천의 소론계 관인 양명학자들이 시문을 짓고 관직 생활을 하기 위해서는 토지가 있어야 했다. 이들의 학문과 사회활동을 할 수 있는 배경을 이해하려면 토지소유 규모를 파악하는 것이 필요하다.

재산 규모를 알 수 있는 방법은 광무년간에 작성된 진천의 量案을 통계 내는 것이다. 홍승헌과 정원하의 토지는 양안에서 확인이 된다. 그런데 양안에는 정인표家의 토지가 전혀 나오지 않는다. 토지를 측량하던 시기에 정인표는 대한제국의 관원으로서 고종을 측근에서 모시는 秘書丞으로 있었기 때문에 서울에 거주하고 있었다. 그런 까닭에 토지 관리를 맡은 다른 사람의 이름으로 기록될 수도 있으나 정인표 이름으로 기재된 토지는 확인할 수 없었다. 그래서 정인표의 토지 규모는 토지조사 이후 작성된「土地調査簿」에서 파악해야 한다. 이때는 이미 장남 憲謨(1875~1945)가 장성하여 家産을 관리해서 모든 토지가 장남의 이름으로 기록이 되고 있다.

반면 홍승헌의 재산은 광무년간의 量案에만 나오고「土地調査簿」에는 사라진 상태이다. 중국으로 망명할 때 일부 田庄을 처분하였지만 남아있던 후손이 토지는 물론 家屋까지 모두 放賣해서 남은 것이 없기 때문이다. 따라서 홍승헌의 유해가 진천으로 돌아왔을 때 정인표가 주선하지 않았으면 의식을 갖추어 장례를 지내지 못했을 것이다. 이것은 정원하도 마찬가지였다. 기당이 만주의 망명지에서 屍身으로 돌아온 후『東亞日報』에 실린 기사는 그 궁핍해진 사정을 보여준다.

홍승헌의 소유토지와 그 규모는 다음과 같다.

<표 1> 홍승헌의 토지 분포

면	지 명	토지(평)
문방면	虎巖軒坪	2,802
문방면	虎巖前坪	2,254
문방면	虎巖垈	3,580
문방면	虎巖坪	775
문방면	栗溪垈	1,684
문방면	陽巖垈	2,392
문방면	內洞垈	658
문방면	所加里垈	280
계		14,425

홍승헌의 토지는 모두가 문방면(현재의 문백면)에 소재하고 있다. 그의 소유지는 면적으로는 14,425평, 결부로는 2결 27부 5속이다. 면적을 기준으로 하면 진천군 전체 토지소유자 9,425명(관청 포함) 중에서 235위이고, 결부수를 기준하면 245위에 해당한다. 이때 이미 많은 토지를 상속한 것으로 보인다. 광무양안에는 그의 아들 洪正植의 토지도 기재되어 있는데, 그는 부친보다도 더 많은 21,480평(2결 97부 2속)의 토지를 소유하고 있는 것으로 확인된다. 이는 순위로 보면 164위에 해당한다. 물론 父子의 토지를 합산하면 순위가 더 올라가는 것은 물론이다.

홍승헌의 토지는 그의 저택이 있던 범바위와 주변 평야에 전체 소유지의 약 67%가 몰려 있었다. 그런데 양안 기록에는 범바위 일대가 '虎巖軒坪', '虎巖前坪', '虎巖垈', '虎巖坪' 등 여러 지명으로 나오고 있다. 이 중 가옥은 모두 '虎巖垈'에 위치한 것으로만 기재되어 있다. 이를 보면 '虎巖垈'가 곧 범바위라는 마을을 의미하고, 나머지는 주변의 경작지라고 생각된다.

이 虎巖垈 즉 범바위에는 35호의 가옥이 있는데, 그 중 21채가 홍승헌이 소유하는 집이었다. 나머지 가옥 중에서도 홍정식이 소유하고 있는 것은 10호나 되었다. 결국 35호 중 홍씨 일가의 소유가 아닌 가옥은 4채 뿐인데, 그것도 文任得이 3채, 金善京이 1채를 소유하고 있다. 사실상 두 집을 제외하고 마을의 모든 가옥이 홍승헌가의 소유였던 것이다.

타 지역의 토지는 제외하고 '虎巖垈' 마을의 토지에 대한 홍씨가의 점유도를 보면 홍승헌의 소유가 3,580평, 홍정식의 소유가 4,696평으로 도합 8,276평이었다. 이는 '虎巖垈' 전체의 토지 25,003평의 33%를 점유한 것을 보여준다.

양안에 기재된 가옥 거주자의 명단과 경작관계는 <표 2>와 같다.

홍승헌과 홍정식을 제외하면 범바위의 세대주는 모두 33명이다. 이 중 31명이 홍승헌과 홍정식의 가옥에 살고 있다. 나머지 3채는 문임득 소유인데, 문임득은 상당한 토지를 소유하고 있으면서 홍정식의 작인으로도 기록되어 있다. 하지만 자신이 거주하는 가옥은 나오지 않는다.

그런데 이들 범바위의 세대주들은 대부분이 대지를 임차하고 있을 뿐 이들 모두가 경작을 담당하는 작인은 아니다. 이들 중 홍승헌의 작인이 7명, 홍정식의 작인이 9명이다. 그러나 이중 5명이 홍승헌과 홍정식의 토지를 함께 경작하고 있어 실제로 두 사람의 작인은 전체 33명의 1/3인 11명에 불과하다. 그렇다고 해서 나머지 22명이 홍씨가와 대지(가옥)를 임차한 이외에는 경제적 관계가 전혀 없는 거주자라고 단정하기는 어려울 듯하다.

나머지 22명의 주민들의 토지소유 및 경작관계를 좀 더 자세히 살펴보자. 이 중 12명은 자작농이거나 홍씨가가 아닌 다른 지주의 토지를 함께 경작하는 자소작농이다. 이 중 김선경은 홍승헌의 작인인 김기복의 작인으로 나온다. 변인서는 홍정식과 홍승헌의 작인인 문임득과 김

<표 2> 범바위 거주자

거주자	총소유지(평)	가옥	칸	가옥주	경작관계 자작지	경작관계 홍씨가	경작관계 기타
金敬先	1,680	초	2	문임득	○	홍승헌, 홍정식	채규봉, 주치희
金癸興	0	초	2	홍승헌			
金奇卜	495	초	2	홍승헌	○	홍승헌	정응오
金善敬	4,223	초	5	홍승정	○		김기복
金承運	490	초	3	홍승헌	○		
金應根	1,339	초	8	홍정식	○		
金巳卜	238	초	3	홍승헌		홍정식	
金弘圭	0	초	3	홍승헌	○	홍승헌	임정철, 조중정
南萬用	3,553	초	3	홍승헌	○		
南廷七	850	초	2	홍승헌			
文巳興	2,079	초	3	홍승헌			
文任得	7,293	초	4	홍정식	○	홍정식	
文朱玄	0	초	3	홍정식			
卜仁西	550	초	2	홍정식	○		문임득, 김선경 등
徐云山	1,920	초	2	문임득	○		최능손
宋應先	0	초	3	홍정식		홍승헌, 홍정식	
宋化三	0	초	2	홍승헌			
柳方億	823	초	2	홍승헌	○	홍승헌, 홍정식	
李敬伯	4,974	초	3	홍승헌	○		
李萬大	5,419	초	3	홍정식	○		임귀란, 이시매
李成卜	289	초	2	홍승헌			유만돌, 신귀, 신두균
李聖宗	0	초	3	홍정식			
李元鼎	0	초	3	홍승헌			
李七今	5,057	초	5	홍승헌	○		
林九鉉	3,843	초	4	홍정식	○		홍종덕, 이두년
張命卜	0	초	2	문임득			
張聖八	0	초	2	홍정식			이막선, 임복년
張正卜	0	초	3	홍승헌			이암이
鄭云先	1,274	초	3	홍승헌		홍정식	
池明云	0	초	3	홍승헌			
崔元五	0	초	2	홍승헌		홍승헌, 홍정식	어영선
韓敬俊	260	초	3	홍승헌	○	홍정식	
洪承憲	14,425	와	26	홍승헌			
洪億喆	1,283	초	4	홍승헌	○	홍승헌, 홍정식	
洪正植	21,480	초	10	홍정식			
합계	83,837	와가 26칸, 초가 135칸					

선경의 토지를 경작하고 있다. 또 홍승헌의 작인 중에 변금서란 인물이 있는데,70) 이름이나 경작지의 위치로 봐서 변인서와 일가일 가능성이 높다. 문이홍 역시 문임득과 관련이 있는 인물일 가능성이 있다. 나머지 9명은 양안상으로는 특별한 관계를 발견할 수 없었다.

이성복, 장성팔, 장정복 3명은 소유지가 전혀 없는 순수 소작인으로서 홍씨가가 아닌 타인의 토지를 경작하고 있다. 범바위 거주자 중에는 소유지와 경작지가 전혀 없는 인물이 8명이나 있다. 이 중 장명복은 문임득의 가옥에 거주하고 있고, 문주현과 이성종은 홍정식의 가옥에 나머지 5명은 홍승헌의 가옥에 거주하고 있다.

이들의 직업이나 인척관계는 알 수 없다. 그런데 양안을 보면 홍승헌, 홍정식의 소유지에 홍승헌, 홍정식 자신들이 작인으로 표기된 곳도 많다. 홍승헌의 경우 그러한 토지가 1,318평이며, 홍정식은 6,358평이나 된다. 이 토지들은 실제로 자신들이 경작한 것이라기보다 고공이나 노비를 이용해서 직영한 토지라고 생각된다. 양안 기록에 소유지와 경작지가 전혀 없는 이들이 그러한 경작을 담당했을 가능성이 있다. 또 양안에 등장하지 않는 이들의 가족이 고공이나 노비, 기타 고용인으로 홍씨가와 경제적, 사회적 관계를 맺고 있었을 가능성이 높다고 생각된다.

앞서 살펴본 순수한 자작농이나 타인의 토지를 경작하는 인물들도 가족의 일부가 홍씨가나 홍씨가의 작인 및 고용인들과 혼인 혹은 고용관계를 맺고 있을 가능성이 있다. 그러나 현재로서 양안이나 지역조사로는 과거 마을 주민들의 세세한 관계까지 파악하기는 어렵다. 이를 제외한다고 해도 범바위에 거주하는 33세대 중 20세대 이상이 홍씨가와 시주와 작인 혹은 고용관계와 같은 경제적 관계를 맺고 있었다.

홍승헌의 입장에서 보면 범바위 마을의 의미는 더욱 달라진다. 홍승

---

70) 『鎭川郡量案』 문방면 愼-38.

헌의 토지를 경작하는 작인은 모두 12명이다.

<표 3> 홍승헌의 작인(단위;평)

이 름	홍승헌경작지	가옥	타인 시주
金敬先	576	○	채규봉, 주치희
金奇卜	580	○	정응오
金順五	432		홍순필, 민만식, 민삼석
金弘圭	814	○	임정철, 조중정 등
卞今西	330		없음
卞仁西	1,960	○	문임득, 김선경 등
宋應善	2,291	○	없음
宋己良	700		없음
陰二每	1,128		홍정식
李元石	1,364		없음
崔元五	436	○	어영선
洪億喆	1,448	○	홍정식
합계	12,059		

* 홍승헌의 작인 중 대지(가옥) 임차인을 제외한 수치임.

이들 중 7명이 범바위의 가옥 거주자이다. 나머지 5명은 다른 곳에 가옥이 발견되지 않는다. 그렇다면 타지에 거주하거나 다른 사람의 명의로 소유 혹은 임차되어 있는 가옥의 동거인일 것이다.

일단 이름으로 추정해 보면 변금서는 변인서와 친척관계라고 보여진다. 송이량은 오직 홍승헌의 땅만을 경작하고 있는데, 범바위 거주자인 송응선 역시 그러하다. 이를 보면 두 사람은 가족, 친척관계일 가능성이 높다. 음이매는 이름으로 보아 여인으로 보이는데, 역시 홍승헌과 홍정식의 토지만을 경작하고 있다. 李元石은 자소작농으로 자기 토지를 가지고, 홍승헌의 땅만을 경작하고 있다. 범바위의 거주자 중에 李元鼎이란 인물이 있는데, 그는 소유지도 경작지도 전혀 없다. 그렇다면 이원석이 이원정과 동거가족으로 가옥은 이원정의 명의로, 경작은 이원석의 명의로 기재되었을 가능성이 있다.

나머지 인물은 구체적인 유사점을 찾을 수가 없었다. 양안상으로는 친인척 특히 외가나 처가 인물의 상관관계는 추정조차 할 수가 없었다. 그런데 홍승헌의 작인 13명 중 최소한 10명은 홍승헌과 한 마을에 거주하고 있다는 추정이 가능하다.

홍승헌의 입장에서 보면 범바위는 자신의 가옥과 고공, 주변에 분포한 자기 토지의 경작인까지 포함해서 하나의 공동체를 이루고 있는 것이다. 즉 범바위는 홍승헌이 토지와 작인 그리고 거주자를 지배하는 세력권 안에 있었다.

정원하는 진천에 17,221평의 토지를 소유하고 있었다. 이는 진천군 전체 지주 중에서 146위에 해당하는 규모이다. 그의 토지는 현재의 진천읍 삼덕리 일대인 덕암면 上德坪에 2,266평이 있고 나머지는 모두가 성암면에 있었는데, 현재의 문백면 태락리, 도하리 일대이다. 그러나 양안에는 그의 가옥이 표시되어 있지 않아 정원하의 거주지가 어디였는지는 확인할 수가 없다.

정원하의 토지 경작인의 재산상태는 아래의 <표 5>와 같다.

정원하의 작인 중에서 정원하의 토지만을 경작하는 인물은 홍만재, 홍영신, 홍임록이다. 이들은 모두 같은 성으로 성암면의 上洑, 中洑 지역의 토지를 경작하고 있는데, 이들의 관계는 잘 알 수 없다. 나머지 작인들은 대부분 여러 사람의 토지를 함께 경작하고 있는데, 이들의 시주 중에는 정씨와 오씨가의 인물이 많다. 이들의 거주지는 분산되어 있거나 확인이 곤란한 경우가 많은데, 거주지 면에서나 시주-작인과의 관계에서나 범바위라는 확실한 근거지를 가지고 있던 홍승헌에 비해서는 작인들의 집중도가 떨어진다.

<표 4> 鄭元夏의 토지와 경작인

면	마을명	면적(평)	작인	지목	가옥	칸
덕문면	上德坪	1,936	韓賢才	답		
덕문면	上德里	330	李德元	답		
성암면	屈目垈	1,177	李有陪	답		
성암면	屈目垈	648	崔明甫	답		
성암면	屈目垈	754	崔明甫	답		
성암면	屈目垈	440	崔正凡	답		
성암면	屈目垈	433	崔明甫	전		
성암면	屈目垈	381	崔明甫	전		
성암면	外巨洛垈	147	崔明甫	답		
성암면	外巨洛垈	256	趙年五	전		
성암면	外巨洛垈	107	李士令	전		
성암면	中洑下坪	477	洪万哉	전		
성암면	中洑下坪	637	洪万才	전		
성암면	中洑下坪	444	林化實	답		
성암면	中洑下坪	356	洪致三	답		
성암면	中洑下坪	678	洪致三	답		
성암면	中洑下坪	1,271	洪万金	답		
성암면	茂基坪	104	林得春	답		
성암면	茂基坪	1,097	洪泳信	답		
성암면	飛龍坪	240	林得春	답		
성암면	飛龍坪	225	林得春	답		
성암면	飛龍坪	141	洪万金	답		
성암면	墨坊洞坪	444	鄭海咸	전		
성암면	飛龍垈	120	鄭雲台	대	초가	3
성암면	飛龍垈	108	林得春	대	초가	3
성암면	上洑中坪	579	洪任祿	답		
성암면	上洑中坪	1,188	洪任祿	답		
성암면	上洑中坪	569	鄭元夏	답		
성암면	上洑中坪	930	梁仁用	답		
성암면	上洑中坪	336	洪明甫	답		
성암면	上洑中坪	232	洪任祿	답		
성암면	閑峴坪	184	金成汝	전		
성암면	閑峴坪	252	洪任祿	전		
합계		17,221				6

<표 5> 정원하 작인의 토지소유, 경작 상황 (단위; 평)

이름	정원하 경작지	총소유지	총경작지	타인 시주
金成汝	184	0	1,319	박승문, 신덕만
梁仁用	930	343	3,364	양인용, 이경복 등
李德元	330	2,250	13,792	정겸원, 김진달 등
李士令	107	232	823	오치선, 정운탁, 정택원
李有陪	1,177	213	1,390	자작, 정원하
林得春	677	0	1,767	정도원, 신씨위토, 오성근
林化實	444	0	2,203	이덕여, 이입성
鄭雲台	120	2,895	2,001	정추택, 자작
鄭海成	444	2,455	3,266	이약우, 최운홍
趙年五	256	0	927	정도원
崔明甫	2,363	4,357	7,879	자작, 오해성 이선장 등
崔正凡	440	71	3,970	권의옥, 정해각, 이현덕
韓賢才	1,936	0	3,116	홍성복
洪万金	1,412	0	2,465	정해원
洪万哉	1,114	0	1,114	
洪明甫	336	100	3,698	홍치화, 박맹호, 오성근 등
洪泳信	1,097	0	1,097	
洪任祿	2,251	0	2,251	
洪致三	1,034	994	3,328	자작, 임귀단, 김만식
합계	16,652	13,910	59,770	

　소유지가 가장 많은 최명보가 진천에서 1,253위의 소유자이다. 정운태와 이덕원이 2,200~2,300위권으로 상위 30% 안에 든다. 나머지는 극세한 빈농들이다.

　정원하의 토지는 진천뿐 아니라 문의에도 있었다. 선대부터 내려온 토지였다. 문의에서 소유한 토지의 규모는 얼마나 되는지 알 수 없으나 이 두 지역의 토지를 합해야 정원하의 경제배경을 알 수 있을 것이다.

　이번 연구 중 「토지조사부」에서 1912년 4월 1일자로 등록된 정헌모의 토지를 확인하였다. 이를 아버지 정인표가 상속해 준 토지로 산주하고 통계를 냈는데 적지 않은 규모였다. 대부분 영구리에 위치한 이 토지는 총면적이 26,966평이었다. 임야를 제외해도 논과 밭이 21,004평이나 된다.

양안과「토지조사부」사이에는 측량방식이나 정확도가 달라서 일괄로 비교할 수는 없지만 대략 비교해도 정헌모의 토지는 홍승헌이나 정원하보다 많다. 임야를 빼고 전답만을 합산하면 대략 홍정식과 비슷한 규모였다. 홍승헌과 정원하의 소유 토지에는 임야는 들어있지 않다. 임야까지 포함하면 그 규모가 커질 것이다.

<표 6> 정인표(헌모)의 토지소유(단위 : 평)

필지	전	답	임야
1	480	429	282
2	1,070	1,252	632
3	632	1,155	5,048
4	421	900	
5	2,362	115	
6	2,548	539	
7	1,151	372	
8	1,063	318	
9	945	562	
10	312	445	
11	665	837	
12	1,369		
13	1,062		
합계	14,080	6,924	5,962

*조선총독부 임시토지조사국,「土地調査簿」(1912년, 明治 45년 4월 1일)

이상과 같은 홍승헌·정원하·정인표의 토지소유관계를 살펴보면 일정한 恒産을 소유하고 있었던 것을 알 수 있게 된다. 덕문평야의 비옥한 경작지와 초평의 넓은 들판을 생각하면 대토지를 소유한 큰 지주들은 아니었다. 진천의 지주들과 비교해도 상위순위에 들어갈 규모는 아니었다. 하지만 이런 항산이 19세기 말과 20세기 전반기에 이들이 강직하게 발언을 하고 소신을 지키며 생활할 수 있게 해준 경제배경으로 일정한 역할을 했을 것으로 생각된다.

그러나 이들의 신념과 자세는 경제배경에 의해서만 설명될 수 있는 것은 아니다. 나라가 망하자 초연히 그 책임을 나누어지고 자결을 시도하였고, 마침내 국외망명의 길을 떠났다. 국내에 남아있는 재산은 제대로 관리할 수 없었다.

6. 맺음말

정인표는 향리 진천에서 일제 강점기의 오랜 기간을 타협하지 않고 그의 가치관을 지켜온 지사였다. 홍승헌과 정원하가 만주로 간 뒤에도 그는 뜻이 맞는 동지들과 더불어 절의를 지키며 지내왔다. 詩文集『春耕臺雅集帖』에 시를 수록한 趙哲夏, 李鍾景, 朴駿彬, 李禑, 李錫晚, 趙公熙, 鄭寅杓, 李宋, 鄭誾朝, 李裕瑾, 朴輔陽, 李鍾澄, 李裕璇 13人이 바로 그렇게 결속한 동지였다. 조선국가의 관료 출신을 중심으로 모였던 詩友들은 암담했던 세월 동안 詩會를 빙자해서 서로 만나면서 고고한 절의의 자세를 버리지 않으려고 하였다.

홍승헌은 1914년 8월 만주땅 안동현에서 망명객 중 가장 먼저 세상을 떠난다. 석달 보름 후에 운구된 그의 靈柩는 기차를 타고 천안에서 내렸다. 정인표는 아들과 동네 장정을 데리고 한 달음에 천안으로 달려가서 진천으로 모셔왔다. 그리고 범바위 뒷산에 장례를 지냈다. 홍승헌의 종손은 6·25 때 북한군에게 끌려가고, 후손은 진천을 떠나서 지금 남아있는 사람이 없다. 瓦家 26칸의 저택은 신식 가옥으로 개조되어 규모만 짐작할 수 있을 뿐이다.

정원하는 1925년에 72세로 별세한다. 손자 鄭存益이 천안 선산에 安

葬을 하였으나 남겨둔 모든 재산은 관리하던 일가가 虛失했기 때문에 가족들이 생활이 매우 어려웠다.71) 그래서 이를 알게 된『東亞日報』에서는 유족의 구호를 호소하는 기사를 낸다.72) 귀국한 가족들은 인천에 터를 잡았고, 증손은 인천에 살고 있다.

정인표는 동지들이 세상을 떠나는 것을 다 지켜보고 1935년 長逝한다.『東亞日報』는 그 訃音을 알리면서 窮山에서 半生을 보내며 苦節했던 저간의 사정을 전하고 있다.73) 동짓달 그믐께라서 9일장으로 치렀다.74) 장남 정헌모는 영구리에서 농사를 지었고, 그 후손은 아직도 옛 집터를 지키고 있다.

우리는 한말·일제하에 활동하던 많은 지사들의 사회·경제배경에 관해서는 잘 알지 못하고 있다. 이 시기에 활동해 온 인물들을 주로 민족운동사 차원에서 연구해왔기 때문에 향촌사회 속의 인물로 파악할

---

71) 曾孫 鄭時鍾 증언.
72)『東亞日報』1925년 12월 2일자 2면 기사, "朝夕이 窮迫한 故 綺堂遺族. 유족은 다섯사람. 지난 庚戌年에 중국방면으로 나가 여러 해 동안 민족운동으로 여러 해 동안 모든 고생을 하다가 불행히 객창에서 장서한 綺堂 鄭元夏 노인의 시체를 仁川에 있는 그의 손자 在益이 아는 친분이 많은 동정을 얻어 다행히 충청남도 天安 先山에 안장은 하였으나 그의 유족 다섯 식구는 가세가 매우 간난하야 정경이 딱하다는데 일반이 동정을 하시려거든 다소를 불구하고 시내 禮智洞 백삽십이번지 李範夏씨 댁으로 보내기를 바란다더라."
73)『東亞日報』1935년 12월 27일 2면 기사. 기사제목은 '苦節窮山의 半生, 鄭寅杓(學山)氏 長逝'. "학산 정인표씨는 81세의 고령으로 진천 초평 영구리 향제에서 금 25일 장서하였다. 씨는 철종 을묘생으로 문과, 홍문교리, 순무종사(文科, 弘文, 校理) 등의 제직을 지낫고 을사 이후 충남북 순찰사로 긔용하는 것을 역사하고 이후 30여 년간 궁산중에서 고절의 생활을 계속하다가 토실에서 일생을 맞추엇다. 씨는 심대윤학파의 유일한 고제로 한시고문에 고지가 잇엇다. 한말유신의 청고한 일파로 金相悳, 洪承憲, 蘇秉輯, 鄭允夏, 李建昇 제씨가 차례로 서거하고 씨가 마지막으로 세상을 떠낫다 한다."
74) 曾孫 鄭文泳(1924년생) 증언, "동짓달 그믐이라서 扶助로 동네에서 팥죽 16동이가 들어와 조문객을 접대했다."

수 없었다. 지금도 향촌사회사와 접목하여 주요 인물들을 살펴보면 당시의 사회구조 속에서 생생하게 활동하던 모습을 재현할 수가 있다.

제3부
향촌사회와 지방지배구조 변화

한말 진천군 역토의 구조와 운용

서 태 원

1. 머리말

 대한제국기 충청북도 진천군의 光武量案에는 토지와 관련된 다양한 정보가 수록되어 있는데, '농민층의 토지소유와 경영실태, 驛土·位土·屯土를 비롯한 특수전답, 옛 지명, 각종 店, 가옥, 물레방아' 등이 바로 그것이다. 따라서 비록 대한제국기 광무양안에 대해서 '時主와 時作을 토지 소유주와 소작인으로 볼 것인가의 여부, 양전사업이 지세징수와 토지소유권의 확인을 도모하였는지 아니면 지세징수만을 목적으로 하였는가, 근대적 토지소유권의 확인은 대한제국기 양전사업이냐 아니면 일제하의 토지조사사업이냐' 등의 논쟁이 있지만,[1] 대한제국기 진천의 광무양안에 대한 연구는 100여 년 전 진천의 생활상을 이해하고 복원하는 데에 매우 중요한 과제라고 생각된다. 특히 조선시대 교통과 통신의 중추적 기능을 담당한 驛[2]의 경제적 기반 즉 驛土가 주목되는

---

1) 이영학, 「총설 ; 대한제국기 토지조사사업의 의의」, 『대한제국의 토지조사사업』, 민음사, 1995, 21~27쪽 ; 아울러 그러한 논쟁과 관련하여 서로 다른 입장의 연구업적을 수록한 대표적 저서로는 金鴻植·宮嶋博士·李榮薰·趙錫坤·李憲昶, 『대한제국기 토지조사사업』, 민음사, 1990 ; 한국역사연구회 근대사분과 토지대장연구반, 『대한제국의 토지조사사업』, 민음사, 1995 등을 들 수 있다.
2) 趙炳魯, 『韓國驛制史』, 한국마사회 마사박물관, 2002, 41쪽.

데, '역토의 종류와 경영, 역이 폐지된 후 소작권 및 소유권을 둘러싼 분쟁' 등에는 그러한 특성이 잘 드러나기 때문이다.

역토에 대한 연구는 驛屯土 문제와 관련하여 많은 연구성과가 축적되었다.[3] 그리하여 대한제국의 역둔토조사사업은 근대국가 수립을 위한 경제기반을 마련하기 위해 역토를 배타적인 국유지로 확인하면서 국가주도의 지주경영을 강화하려는 것이었고, 그러한 과정에서 소유권 분쟁 및 지대 증대에 대한 소작농민층과 中畓主의 저항을 초래하였다는 것 등이 해명되었다.[4] 하지만 대한제국기의 역토 연구를 통하여 조선후기 역제가 어떻게 변모하였으며, 한말 역토를 경작하는 사람들의 토지소유나 역토 이외의 토지에 대한 소작 규모 등을 통해 그들의 생활상을 파악한 연구는 거의 이루어지지 않았다.

이에 본고에서는 진천군 전체를 대상으로 하여 한말 진천의 광무양안에 수록된 역토의 구조와 운용을 다음과 같이 살펴보려 한다. 먼저 역토에서 드러나는 조선후기 역제 운영의 실상 및 변동, 그리고 역 제

---

3) 한말 역둔토에 관한 연구로는 다음의 논문을 들 수 있다. 鄭昌烈, 「韓末에 있어서 驛屯土問題」, 서울대 석사학위논문, 1968 ; 金容燮, 「韓末에 있어서의 中畓主와 驛屯土地主制」, 『동방학지』 20, 1978(金容燮, 『增補版 韓國近代農業史硏究 - 農業改革論·農業政策-』下, 일조각, 1988에 재수록) ; 朴贊勝, 「1895~1907년 驛土·屯土에서의 地主經營의 강화와 抗租」, 『한국사론』 9, 1983 ; 裵英淳, 「韓末 驛屯土 調査에 있어서의 所有權分爭」, 『한국사연구』 25, 1979 ; 裵英淳, 「한말 일제 초기의 토지조사와 지세개정에 관한 연구」, 서울대 박사학위논문, 1988 ; 愼鏞廈, 『조선토지조사사업연구』, 지식산업사, 1982 ; 趙錫坤, 「조선토지조사사업에 있어서의 근대적 토지소유제도와 지세제도의 확립」, 서울대 박사학위논문, 1995 ; 김재호, 「대한제국 내장원의 역둔토관리」, 『역사학보』 19, 1995 ; 박진태, 「대한제국 초기의 국유지조사-1899, 1900년의 査檢을 중심으로-」, 『대한제국의 토지조사사업』, 1995 ; 김양식, 『근대권력과 토지-역둔토 조사에서 불하까지-』, 해남, 2000.

4) 대한제국기 역둔토에 관한 연구성과에 대해서는 김양식, 『근대권력과 토지-역둔토 조사에서 불하까지-』(해남, 2000, 3~5쪽)가 참고가 된다.

도가 폐지된 후 역토에 대한 소작권이나 賭租 인상을 둘러싼 분쟁 등을 알아보려 한다. 다음으로 역토 경작자의 경작 규모와 형태에 대해 크게 역토만을 경작한 경우와 자기 소유의 토지나 다른 소작지가 있으면서 역토를 경작한 경우로 구분하여 살펴보면서, 한말 진천 주민의 생활상도 함께 파악해보려 한다.

2. 역토의 구조

한말 진천의 양안에는 역토의 구조를 파악할 수 있는 '역토의 종류·면적·위치' 등이 수록되어 있다. 그 내용을 <표 1>로써 정리하면 다음과 같다.

<표 1> 역토의 종류·면적·위치

종류	면적	위치
雇馬廳田	0.103결	남변면
雇馬廳畓	0.556결	덕문면
馬廳畓	0.105결	문방면
馬土	0.092결	〃
驛土	0.756결	백락면
台朗驛土	23.089결	〃
驛土	0.352결	성암면
賈馬廳畓	0.235결	소답면
雇馬廳田畓	0.607결	월촌면
馬土	0.102결	〃
雇馬廳田畓	0.265결	이곡면
驛土	54.256결	〃
長楊驛畓	0.56결	〃
	총81.078결	총8개 면

즉 충청북도 진천군의 광무양안에서 역토는 '고마청전답·마청답·

마토·태랑역토·장양역토' 등으로 구성되었으며, 총 81.078結의 역토가 진천 15개 면 중 남변면·덕문면·문방면·백락면·성암면·소답면·월촌면·이곡면 등 8개 면에 위치하였다. 아울러 역토는 장양역이 있는 이곡면과 태랑역이 있는 백락면에 역토가 집중되어 분포하였으며, 402명[5]의 소작인에 의해 경작되었다. 역토의 구조에서 특히 주목되는 것은 역토의 면적이나 종류인데, 이것은 역토 그 자체에 대한 이해는 물론이고 조선전기부터 驛이 폐지되는 갑오개혁까지 驛 운영의 실상이나 조선후기 요역제의 변화 및 상품유통경제의 발달 등을 파악하는 데에도 좋은 단서를 제공해주기 때문이다.

첫째 역토의 면적을 통해 그러한 사실을 살펴보면 다음과 같다. 광무양안에 나타난 진천 역토의 총면적은 81.078結로, 진천양안에 나타난 전체 경작지 3,682.164結의 약 2.2%에 해당되었다. 역토는 畓 67.437結과 田 13.641結로 구성[6]되었는데, 밭에 비해 2배[7] 또는 5배[8] 수입을

---

[5] 402명의 소작인 중에서 백락면의 역토 소작인 중 이상재·이원용·지치용 등 3명은 태랑역토의 소작인으로도 나타나며, 이곡면 역토를 경작하였던 김석숭은 장양역답도 경작하였다. 아울러 이곡면 역토와 태랑역토 중에서 2곳의 경우에는 소작인의 이름이 표기되지 않았다. 따라서 실제로 406명의 역토 소작인 중 2중으로 겹치는 4명과 소작인이 누구인지 알 수 없는 2곳을 제외하면, 이름의 확인이 가능한 역토 소작인의 수는 400명이다.

[6] 역토의 종류별로 전과 답의 면적을 살펴보면 아래와 같다.

<표 2> 역토의 전답 면적

종류	전체면적	畓	田
賈馬廳土	0.235결	0.235결	
雇馬廳土	1.531결	1.112결	0.419결
馬 廳 土	0.105결	0.105결	
馬 土	0.194결	0.102결	0.92결
驛 土	55.364결	46.462결	8.902결
長楊驛土	0.56결	0.56결	
台郞驛土	23.089결	18.861결	4.228결

[7] 이헌창, 「구한말·일제초 농가경영의 구조와 상품화폐경제」, 『대한제국기의

올리는 것으로 간주되는 畓의 비율이 압도적으로 높았다. 그러한 사실은 진천 양안 전체의 畓이 2,428.254結이고 田이 1,253.91結이라는 점과 비교해보아도 잘 알 수 있다.

그런데 진천군 역토 전체 면적 81.078結을 비롯하여 장양역 54.906결과 태랑역 23.845결은, 진천군이 中路에 해당되었다는 점9)에서 『경국대전』이나 『大典會通』등의 역토지급 규정10)에 비해서는 너무 적은 면적이었다. 즉 역토 중 公須田은 역 경비를 마련하기 위해 民有地에 收租權을 준 것으로 大路 20結·中路 15結·小路 5結이 지급되었고, 馬位田은 역마를 사육하는 대가로 立馬대상자인 역리·역졸 등에게 '大馬는 7결, 中馬는 5결 50負, 小馬는 4결씩' 지급되었는데 원래는 自耕無稅地였지만 멀리 떨어진 토지를 받는 경우 收租하기도 하였고, 有役人田은 驛役의 대가로 '驛의 長에게 2결, 副長에게 1결 50부, 急走에게 50부'를 지급한 토지로 民有地 위에 설정된 收稅地였다.11) 따라서 小路驛이라고 하더라도 최소한 80~100결 책정되었고,12) '장양역은 馬 15匹 및 吏 38人·奴 66口·婢 30口의 역민을, 태랑역은 馬 14匹 및 吏 40人·奴 80口·婢 23口의 역민을 두었다'13)는 점 등을 감안하면 광무

토지제도』, 민음사, 1990, 184쪽.
8) 1896년 진천군의 역토에서는 1斗落당 畓은 약 2냥 그리고 田은 약 0.4냥의 賭錢이 책정되었다는 점에서 賭租를 통해서 볼 때, 밭은 논에 비해 5분의 1정도 수입을 인정받은 것으로 여겨진다(『驛土所關査員訓指存』(奎17897), 농상공부편, 7책, 발송연월일 건양 2년 3월).
9) 『世宗實錄』卷109, 27년 7월 乙酉, 4冊, 624쪽.
10) 『經國大典』卷2, 戶典, 諸田, 廩田條;『大典會通』卷2, 戶典, 諸田 廩田條, "[驛]公須 大路二十結 黃海道加二十五結 兩界加十結 中路十五結 兩界加七結 小路五結 兩界加三結 長二結 副長一結五十負 急走五十負 大馬七結 中馬五結五十負 小馬四結 緊路 則急走加五十負 大馬加一結 中·小馬各加五十負".
11) 조병로, 앞의 책, 283~292쪽
12) 김양식, 앞의 책, 18쪽.

양안에 수록된 진천군의 역토는 규정에 비해 너무 적은 면적이 제공되었다고 여겨진다.

물론 이러한 현상은 조선후기에 토호 등이 역토를 겸병하거나 역민의 토지매매 등과도 관련이 있겠지만,14) 규정대로 역마나 역리 등을 설치하지 않아 역토가 제대로 지급되지 않았거나 暴雨15) 등 자연재해로 인하여 쓸모없게 된 역토를 제외시킨 것 등 다양한 측면에서 고려해야 한다고 생각된다. 실제로 '태랑역의 경우 역마의 원래 定額은 14필이었지만 8필은 설립시에도 두지 않았고, 2필은 淸陣에서 잃어버렸으며 1필은 죽었으므로 남아 있는 것이 3필이었다. 아울러 장양역의 경우도 원래의 정액 15필중 5필은 중간에 감해졌고, 5명의 馬戶가 각각 馬 1필을 세워 여러 해 동안 應役하다가 1894년 동학란 및 淸陣에서 다 잃어버리고 올해 2필을 새롭게 세운 정도였다.'16) 따라서 조선후기 영조대 편찬된 『여지도서』에 수록된 '장양역 馬 15匹 및 태랑역 馬 14匹'과는 다

---

13) 『輿地圖書』, 忠淸道 鎭川, 驛院條(국사편찬위원회편, 『여지도서』상, 탐구당, 1973, 351쪽).

14) 조병로, 앞의 책, 474~493쪽.

15) 한 예로 1907년(光武 11) 2월 충청북도 觀察使로 稅務監을 겸임하였던 尹吉炳이 작년 7월 폭우로 인하여 전답이 물에 잠기고 모래에 뒤덮이고 물에 씻겨간 피해 등을 언급하면서 조정이 은혜를 베풀어달라고 요청하였는데, 진천군 田畓의 피해를 都合하면 451結 58卜 2束으로 '成川田·浦落田·覆沙田·水沉田·沙汰田의 총계는 104結 78卜 3束이었고, 成川畓·浦落畓·覆沙畓·水沉畓의 총계는 346結 79卜 9束'이었다[『各司謄錄』8책, 「忠淸道編 3-報告書」, 광무 11년 2월 4일(상산고적회, 『朝鮮時代 各司謄錄<鎭川郡編>』, 2000, 255쪽)].

16) 『驛土所關査員質報存』(奎17896), 농상공부 편, 15책, 발송연월일 건양 원년 1월 13일, "一. 台郞驛馬戶는 元定額十四匹內의 八匹은 設立時未立悧고 二匹은 淸陣見失悧고 一匹은 致斃悧고 時存이 三匹이오, 長楊驛馬戶元定額十五匹內 五匹은 中間權減고 五馬戶各立一馬悧야 多年應役이러이 昨年東憂及淸陣過去時의 盡爲見失悧고 今春의 始立二匹이온 故로 兩驛時存馬五匹은 幷交付該郡悧야 照時價販賣케 悧".

르게 진천군의 역 제도가 운영되었기 때문에 진천군의 경우 역토가 규정보다 적게 제공된 측면이 있다고 생각된다. 아울러 甲午陞總에서 진천의 驛結 210결 9부 5속 중에서 暴雨로 인하여 川이 넘쳐 역토에 모래가 쌓여 농사를 지을 수 없게 되자 역토 86결 41부 2속을 세금 징수에서 제외시켰고 역의 首吏와 都長 등의 田畓도 없었다는 점[17] 등을 감안하면, 홍수 등 자연재해로 인하여 세금을 면제해주었던 땅이 혹 광무양안에서 누락된 측면이 없었는가 또는 1895년 역 제도가 폐지된 후 역토가 다른 명목으로 전환되는지 여부 등도 광무양안에서 진천 역토가 지나치게 적게 나타나는 것과 관련하여 고려해야 한다고 생각된다.

한편 근대적인 우편체제가 마련됨에 따라 1895년 6월 立馬法規를 폐지함으로써 馬位田을 지급받았던 馬戶들의 의무와 권리가 해제되었고,[18] 진천군의 경우도 1895년 11월 장양역이 폐지되었다.[19] 진천군의 역이 폐지된 후 遞傳夫 즉 우체부가 통신의 업무를 담당하였는데, 역토에서 징수된 賭錢[20]은 우체부 3명의 급료를 주는 재원 등으로 활용되

---

[17] 『驛土所關査員質報存』(奎17896), 농상공부 편, 15책, 발송연월일 건양 원년 1월 13일, "一. 甲午陞總이 二千八百五十五結十三負七束 給災還實이 二百十四結이요 驛結 二百十一結九負五束內에 八十六結四十一負二束은 流來陳縫除俐고 三十結은 驛公須位로 已入於陞總中이온즉 實結이 九十四結六十八負三束이온 故로 今에 陞總俐오며……一. 驛首吏都長等의 例下田畓은 無홈". 아울러 홍수로 인하여 역토가 川이 된 경우 賭錢을 감해주기도 하였다(『驛土所關査員訓指存』(奎17897), 농상공부 편, 7책, 발송연월일 건양 2년 1월 26일).

[18] 김양식, 앞의 책, 57쪽.

[19] 『驛土所關訴題存』(奎17895), 농상공부 농무부편, 9책, 발송연월일 건양 원년 8월.

[20] 1896년 진천군 역토의 賭錢 총액은 3,893兩 2錢 2分 5里였다. 그 중 태랑역은 畓 633斗落에 賭錢은 1,267兩 6錢 2分 5里 그리고 田178斗落에 賭錢은 72兩 7分이었고, 장양역은 畓 1,185斗一昇落에 賭錢은 2,378兩 6錢 6分 그리고 田 434斗落에 賭錢은 174兩 2錢 4分이었다(『驛土所關査員訓指存』(奎17897), 농상공부 편, 7책, 발송연월일 건양 2년 3월 ; 『驛訓指』(奎17898의 1), 농상공부

었다. 遞夫의 월 급료는 15냥으로[21] 진위대 일반 병졸의 월급과 같았지만, 쌀 1석의 米價가 1900년의 경우 10元(5냥이 1원) 내외였다[22]는 것을 감안하면 체부의 급료는 매우 적었다고 여겨진다. 그렇지만 1897년 3월부터 1898년 11월까지 군부가 역토의 관리권을 가졌을 때 역토의 賭錢을 지방대의 재정으로 사용하도록 함으로써, 우체부의 월급은 역토의 賭錢에서 지불할 수 없게 되었고 이미 우체부에게 지급된 도전은 지방대에게 환급해주어야 했다.[23]

아울러 驛制가 폐지된 후 진행된 역토조사사업은 국가주도의 지주경영을 강화하려는 것이었으므로 소유권 분쟁 및 지대 증가에 대한 소작농민층과 中畓主의 저항 등을 초래하였는데,[24] 진천에서도 역토와 관련된 분쟁이 있었다. 먼저 역토의 소작권을 둘러싼 분쟁으로는 이곡면 장양리 농민 김천손 등이, 장양역 숨音 이종태를 상대로 소송을 제기한 것을 들 수 있다.[25] 즉 김천손 등 30~40명은 본래 驛民으로 驛村에 거주하면서 馬戶와 馬夫 등의 驛役을 담당하여 생계를 삼고 있었는데, 서울에 거주하는 숨音 이종태가 농민의 物情을 모르고 驛民이 소작하던 전답을 모두 沒數해서 다른 洞에 사는 親知와 有力者에게 혹 7~8 石落 또는 4~5石落을 나누어 주었다. 이에 토지를 받지 못하여 생계가 막연해진 김천손 등이 농토는 매 호에게 1두락 외에는 더 지급할 수 없다는 훈령이 명백한데 마름은 규정을 지키지 않고 몇 사람에게 농토를

편, 8책).
21) 『驛土所關査員訓存指』(奎17897), 농상공부 편, 7책, 발송연월일 건양 2년 7월 31일.
22) 하원호, 『한국근대 경제사연구』, 신서원, 1997, 260쪽.
23) 『驛土所關査員質報存』(奎17896), 농상공부 편, 15책, 발송연월일 광무 원년 12월 10일.
24) 김용섭, 앞의 논문 ; 박찬승, 앞의 논문 ; 김양식, 앞의 책 85~288쪽.
25) 『驛土所關訴題存』(奎17895), 농상공부 농무부편, 9책, 발송연월일 건양 원년 8월.

분배하였다며, 마름 이종태를 도태시켜 죄를 주고 본토의 근면성실한 사람으로 마름을 정하고 농토도 골고루 분배해주어 本洞 40~50호의 殘民을 보존하게 해주고 他洞의 토호 등이 토지를 겸병하는 것을 막아달라고 하였던 것이다. 다음으로 賭租와 관련된 분쟁을 들 수 있다. 숨音이 역토의 等數를 실제와 어긋나게 고쳐 賭租가 배로 증가함으로써 곤궁하고 쇠잔한 백성들이 지탱하기 어렵다며 숨音을 외지사람으로 하지 말고 해당 동네에 거주하는 사람으로 바꾸어달라는 장양역 民人의 訴狀이나,26) 마름이 간악하게 전토의 수를 추가하고 도조도 배로 올려 4십여 석의 도조가 6백여 석이 되었다는 장양역 역토 소작인의 고소27) 등이 그러한 예이다. 물론 진천군 老谷里의 申班은 1895년부터 1898년까지 장양역의 도조 납부를 거부하며 탕감을 주장하기도 하였고,28) 장양역 역토의 도조 징수와 관련하여 班家의 간섭이 심하여 도조의 징수가 어려운 것은 물론이고 일반인도 그들의 영향을 받아 원통함을 호소하며 도조 납부를 거부하는 문제점도 야기되었다.29) 아울러 '도조 징수의 방해30)·도조의 미납31)·도조의 포탈32)' 등으로 수감을 당한 민들도 있었는데, 진천의 광무양안에는 도조를 포탈한 申正鉉의 소유지

---

26) 『各司謄錄』 9책, 「忠淸道편 4-報告書와 訴狀」, 광무 4년 12월(상산고적회, 『朝鮮時代 各司謄錄<鎭川郡編>』, 2000, 302~303쪽).
27) 『各司謄錄』 10책, 「忠淸道편 4-請願書와 訴狀」, 광무 8년 11월(상산고적회, 『朝鮮時代 各司謄錄<鎭川郡編>』, 2000, 328~329쪽).
28) 『公文編案』(奎18154), 탁지부 편, 99책, 발송연월일 광무 4년 9월 13일.
29) 『各司謄錄』 9책, 「忠淸道편 4-報告書와 訴狀」, 광무 7년 12월 12일(상산고적회, 『朝鮮時代 各司謄錄<鎭川郡編>』, 2000, 284~285쪽).
30) 『各司謄錄』 9책, 「忠淸道편 4-報告書와 訴狀」, 광무 8년 12월 15일(상산고적회, 『朝鮮時代 各司謄錄<鎭川郡編>』, 2000, 285~286쪽).
31) 『各司謄錄』 10책, 「忠淸道편 5-請願書와 訴狀」, 광무 8년 8월(상산고적회, 『朝鮮時代 各司謄錄<鎭川郡編>』, 2000, 311쪽).
32) 『各司謄錄』 10책, 「忠淸道편 5-請願書와 訴狀」, 광무 8년 8월 9일(상산고석회, 『朝鮮時代 各司謄錄<鎭川郡編>』, 2000, 315~316쪽).

2.248결 및 경작지 0.339결을 비롯하여 도조와 관련하여 수감되었던 인물 중 상당수의 토지소유나 경작지가 수록되어 있다.

두 번째로 여러 종류의 역토 중에서 조선후기 요역제의 특성이나 상품유통경제의 발달과 관련된 역토가 주목된다.

먼저 광무양안에서 雇馬廳과 관련된 역토로는 雇馬廳田畓·馬廳畓·馬土·賈馬廳畓 등을 들 수 있는데, 전답의 합계가 2.06결로 전체 역토 81.078결의 약 2.5%에 해당된다. 고마청은 雇馬庫 혹은 立馬廳으로도 불리었는데, 칙사의 잡물이나 사신의 복물 그리고 진상 및 신구관의 교체에 따른 迎送에 마필을 고립할 때 대동미 만으로는 쇄마가를 충분히 마련할 수 없자 고마청을 설치한 것이다.[33] 이렇게 조선후기 역제에서 고립제가 시행된 것은 역리들이 迎送·支待·運輸·立馬·赴防役 등을 세습하면서 과중한 부담으로 도산하는 사태가 잦아져 驛戶가 凋殘해지고 驛務의 수행에 차질이 초래되었기 때문이며, 그리하여 일반인에게도 역토를 제공하면서 馬戶를 새롭게 편성함으로써 효과적으로 말을 확보하면서 역민의 고통을 경감시키려 하였고 立馬制는 馬戶立馬制와 驛馬雇立制로 전환하였다. 이러한 고마제도의 시행으로 일반인들도 역토를 경작하게 되었고, 역토의 매매 등과 관련하여 한말 진천의 역토는 본래의 역민은 물론이고 다양한 계층에 의하여 경영되게 된다. 따라서 비록 진천군 광무양안의 역토에서 고마청 전답이 차지하는 비중이 낮기는 하지만, 驛 제도를 통해서도 雇立制가 발전하는 조선후기의 요역제의 특성이 잘 드러나 있다.[34]

다음으로 장양역이 위치한 이곡면의 역토에서는 長陽酒店의 위치에 역토 畓 0.232결 및 田垈 0.156결이 나와 있다. 이러한 주점의 등장은 조선후기 상품유통경제의 발달과 관련이 있다는 점에서 흥미롭다. 즉

---

33) 역마고립제와 고마청에 대해서는 조병로, 앞의 책, 410~442쪽이 참고가 된다.
34) 윤용출, 『조선후기의 요역제와 고용노동』, 서울대 출판부, 1998.

고려시대 숙박시설인 院은 대부분 사찰에서 운영하였지만, 조선시대에는 院을 국유화하면서 영리행위가 금지되었다. 국가는 대신 院의 운영비로 대로·중로·소로에 따라 1.35결·0.5결·0.45결의 院主田을 지급하였으나, 院을 정상적으로 운영하기에는 적은 토지였으므로 16세기 중반부터 방치되는 院이 속출하였다.[35] 더욱이 임진왜란에서 원은 크게 피해를 보았으나 상급관리가 많이 이용하는 客館이나 驛館과는 달리 거의 복구가 되지 않았고, 원과 역이 분리되어 있었으므로 여행자가 불편한 점 등을 이유로 18세기에 원은 대부분 혁파되는 가운데 旅店·店幕·酒幕 등으로 불리는 상업적인 전문 숙박업소로 대치되게 되었다. 역토에 나와 있는 장양주점은 물론이고, 台郞院을 대신한 台郞店 등이 바로 그러한 예이다. 이러한 주점 등은 주요 교통로의 결점점이나 연계지점에 주로 설치되있고, 18세기 중엽에는 전국의 場市가 1,000여 개 이상으로 성장하는 데에서도 잘 알 수 있듯이 조선후기 상품유통경제의 발달과 깊은 관련을 가지는 것이었다.

3. 역토 경작자의 경작규모와 형태

역토 경작자의 토지경영은 다양하게 이루어졌는데, 크게 역토만을 경작한 경우와 자기 소유의 토지나 다른 소작지가 있으면서 역토를 경작한 경우로 구분된다.

먼저 역토만을 경작한 경우에 대해, 그 내용을 <표 3>을 통해 살펴보면 다음과 같다.

---

[35] 崔永俊, 『嶺南大路－韓國古道路의 歷史地理的 硏究－』, 고려대학교 민족문화연구소, 1990, 272쪽.

<표 3> 역토만 경작하는 역토 경작자의 경작면적, 數, 비율

역토만 경작하는 역토 경작자의 경작면적	數	비율
1結 이상	0명	약 0.0%
1結 미만~50負 이상	11명	약 2.7%
50負 미만~25負 이상	24명	약 6.0%
25負 미만	104명	약 25.9%
(자기 소유 또는 다른 소작지가 있는 경우)	(263명)	(약 65.4%)

즉 역토만을 경작한 경우 전체 역토 경작자 402명 중에서 139명으로 약 34.6%에 해당되는데, '1결 이상의 역토를 경작하는 사람은 1명도 없고, 1결 미만~50부 이상 11명,[36] 50부 미만~25부 이상 24명,[37] 25부 미만 104명[38]'이었다. 따라서 소유 농지가 '1結 이상이면 富農, 50負 이

---

[36] 여기에 해당되는 역토 경작자는 '이곡면의 고성욱(0.542결), 김선준(0.832결), 나만복(0.728결), 나상희(0.660결), 서재석(0.502결), 송춘용(0.515결), 신화성(0.872결), 윤용이(0.688결), 윤응오(0.599결), 장순철(0.658결)' 및 '태랑역토 최동이(0.640결)' 등 총 11명이었다.

[37] 여기에 해당되는 역토경자는 '이곡면 김갑이(0.283결), 김만철(0.496결), 김봉철(0.451결), 김학복(0.352결), 박천손(0.352결), 송준이(0.449결), 신기성(0.481결), 신무(0.314결), 신쇠만(0.338결), 신억복(0.455결), 여순석(0.276결), 원산석(0.440결), 유다보(0.279결), 이갑이(0.294결), 이세만(0.282결), 장천단(0.259결), 전모준(0.259결), 조오득(0.347결), 조재기(0.440결), 하삼진(0.272결), 홍대원(0.446결)', 및 '장양역답 진대준(0.261결)'과 '태랑역토 정감채(0.301결), 조복돌(0.289결)' 등 총 24인이었다.

[38] 여기에 해당되는 역토 경작자는 다음과 같다.
첫째 고마청전답 '홍사월(0.164결), 김하영(0.245결), 신대경(0.171결), 안이은(0.208결)' : 4명
둘째 마청답 '임치명(0.021결)' : 1명
셋째 이곡면 역토의 '김감룡(0.031결), 김광복(0.102결), 김광준(0.104결), 김구봉(0.053결), 김봉국(0.038결), 김성천(0.088결), 김영언(0.097결), 김오달(0.032결), 김의준(0.102결), 김천봉(0.161결), 나생이(0.080결), 무주이곡면(0.012결), 박복등(0.178결), 박봉룡(0.010결), 박자화(0.232결), 박창업(0.138결), 서감룡

상~1結 미만 中農, 50負 미만 小農, 25負 이하는 貧農'으로 분류되고39) 小作地와 借耕地는 자기 소유의 토지를 경작하는 것에 비해 수입이 2분의 1이었다는 점40) 등을 감안하면, 역토만 경작하는 경작자의 경우 139명 중 50부 미만이 128명이라는 점에서 역토의 경작 수입만으로는 생활이 곤궁하였음을 알 수 있다. 물론 역토만 경작하는 경작자들은 자기 소유지를 갖고 역토를 경작하거나 역토 이외의 다른 토지를 소작하는 농민에 비해 상대적으로 과거에 驛民이었을 가능성이 높다고 추측되지만, 역토만을 경작하는 경우가 전체 역토 경작자의 약 34.6%에 불과하다는 점에서 한말 진천의 역토 경작은 땅을 소유하고 있거나 다

(0.021결), 서갑룡(0.069결), 서천순(0.027결), 신갑성(0.016결), 신광복(0.126결), 신광원(0.023결), 신덕성(0.086결), 신돈희(0.015결), 신돌석(0.215결), 신범균(0.153결), 신복만(0.121결), 신사필(0.013결), 신성곽(0.074결), 신성옥(0.104결), 신순용(0.168결), 신억백(0.034결), 신이성(0.128결), 신종복(0.0146결), 신춘(0.062결), 신학보(0.102결), 신학희(0.56결), 신현(0.032결), 심상중((0.194결), 심학율(0.185결), 심황율(0.155결), 안명학(0.178결), 안정백(0.128결), 엄성운(0.026결), 원만성(0.106결), 유유보(0.052결), 유을춘(0.079결), 유진석(0.077결), 유광홍(0.215결), 윤영석(0.120결), 이갑(0.021결), 이규근(0.107결), 이덕겸(0.084결), 이득룡(0.131결), 이쇠만(0.228결), 이업경(0.123결), 이유돌(0.189결), 이춘근(0.159결), 이희준(0.219결), 임순원(0.010결), 임정학(0.158결), 장보이(0.140결), 장성인(0.024결), 장윤석(0.106결), 전학교(0.190결), 정주원(0.023결), 조춘매(0.173결), 최상준(0.104결), 최순복(0.248결), 최정순(0.179결), 최창언(0.241결), 한관식(0.014결), 한동구이(0.020결), 한분쇠(0.014결), 한우범(0.183결), 한홍석(0.018결), 홍우만(0.093결), 홍우선(0.020결)' 및 백락면 역토의 '백해연(0.144결)' 등 : 총 79명
넷째 장양역답 '이광길(0.111결)' : 1명
다섯째 태랑역토 '김대막(0.087결), 김도야지(0.004결), 김삼복(0.098결), 김승방(0.070결), 김오봉(0.012결), 마승필(0.178결), 박상복(0.111결), 신옥석(0.140결), 심상기(0.084결), 유대성(0.111결), 이달손(0.014결), 이대근(0.009결), 이문갑(0.084결), 이봉좌(0.017결), 채춘덕(0.122결), 최원실(0.025결), 하명국(0.068결), 허만손(0.164결), 홍무백(0.068결)' 등 : 총 19명
39) 김용섭, 『조선후기 농업사연구Ⅰ-농촌경제, 사회변동』, 일조각, 1970, 421쪽.
40) 이헌창, 앞의 논문, 184쪽.

른 곳을 소작하는 농민 등 다양한 계층에 의해 이루어졌음을 알 수 있다. 그러한 현상은 조선후기에 '雇馬制度의 시행, 驛土의 매매, 토호의 역토겸병' 등이 심화되면서 역토의 경작은 驛民 이외의 다른 계층도 담당하는 폭이 넓어졌고, 1895년 驛制가 폐지되면서 더욱 진전되었다고 여겨진다.

다음으로 역토는 물론이고 자기 소유지나 역토 이외의 타인의 소유지 등을 경작한 경우에 대해 <표 4>를 통해 알아보면 다음과 같다.

<표 4> 역토 경작자의 전체 경작면적, 數, 비율

역토 경작자의 전체 경작면적 (역토+기타 소작지+자기소유지)	數	비율
1결 이상	56명	약 13.9%
1결 미만~50부 이상	92명	약 22.9%
50부 미만~25부 이상	88명	약 21.9%
25부 미만	166명	약 41.3%

즉 전체 경작면적이 50부 이상인 경우가 148명으로 전체 경작자의 약 36.8%를, 그리고 50부 미만인 경우가 254명으로 약 63.2%를 차지하였는데, 2결 이상의 토지를 廣作[41]하는 경작자도 8명으로 약 2.0%나 되었다.[42] 특히 자기 소유의 토지가 있으면서 역토를 경작하는 사람은 196명으로,[43] 전체 역토 경작자 402명의 약 48.8%에 해당되었다. 그 중에서 1결 이상의 자기 토지를 소유한 부농도 22명으로 전체 역토 경작자의 약 5.5%에 달하였고, 2결 이상을 소유한 경우도 6명으로 약 1.5%

---

41) 宋贊植,「朝鮮後期 農業에 있어서의 廣作運動」,『朝鮮後期 社會經濟史의 硏究』, 일조각, 1997.
42) 조선후기 經營型 富農은 2결 이상의 토지를 廣作하는 농민층을 일컬었다(金容燮,「朝鮮後期의 經營型 富農과 商業的 農業」,『증보판 조선후기농업사연구』, 일조각, 1990 참조).
43) 역토 경작자의 자기 소유 토지에 대해 살펴보면 다음과 같다.

였다. 아울러 자신의 토지를 타인에게 경작시키는 토지소유자도 75명이나 되었는데, 0.5결 이상을 타인에게 소작 준 경우가 14명 그리고 1결 이상을 준 경우도 9명이나 있었다. 물론 자신의 토지를 소작을 준 75명의 경우, 자신의 전체 경작규모에서는 그 토지는 제외되었지만 소작료 수입이 추가되는 변화가 있었다. 따라서 전체 경작면적에 타인에게 소작을 준 토지까지 합하여 <표 6>으로 정리해 보면 다음과 같다.

<표 6> 역토 경작자의 전체 경작면적 및 소작을 준 토지면적, 수, 비율

역토 경작자의 전체 경작면적 + 타인에게 소작을 준 토지	數	비율
1결 이상	81명	약 20.1%
1결 미만~50부 이상	90명	약 22.4%
50부 미만~25부 이상	90명	약 22.4%
25부 미만	141명	약 35.1%

즉 전체 경작면적에 소작을 준 토지를 더한 경우 50부 이상인 경우가 171명으로 전체의 약 42.5%를 차지함으로서 전체 경작면적으로 계산한 것에 비하여 약 5.7%의 변동이 있었다. 반면 50부 미만의 경우 231명으로 전체의 약 57.5%를 차지함으로서 전체 경작면적으로 계산한 것에 비하여 약 5.7%가 감소하였다. 하지만 여전히 50부 미만인 경우가 57.5%를 차지한다는 점에서 약간의 변동은 있지만, 역토만을 경작하는 경우 및 자기 토지를 소유하거나 타인의 토지를 소작하는 경우 등의 역

<표 5> 역토경작자의 자기소유 토지면적, 數, 비율

역토 경작자의 자기소유 토지면적	數	비율
1결 이상	22명	약 5.5%
1결 미만~50부 이상	22명	약 5.5%
50부 미만~25부 이상	30명	약 7.5%
25부 미만	122명	약 30.3%
0 (토지소유 없음)	(206명)	(약 51.2%)

토 경작자도 약 57.5% 정도가 토지의 경작의 수입만으로는 생활형편이 어려웠음을 추가로 확인할 수 있다. 그 점은 <표 6>의 면적이 자기 소유지는 물론이고, 자기 소유의 토지를 경작하는 것에 비해 대략 2분의 1에 수입에 불과한 소작지 및 지대 수입 등을 종합한 총 경작면적이라는 점에서도 더욱 그러하다. 아울러 진천의 역토 경작자는 숨音의 농간 등으로 인한 소작권의 상실이나 도조의 대폭적인 인상 등에 의해서도 생활이 크게 위협받기도 하였고, 도적에게 역토의 도전을 빼앗기거나 의병들에게 賭錢을 징수당한 후 다시 정부에 납부하게 됨으로써 어려움에 처한 경우도 있었다.[44]

한편 진천군 역토를 많이 경작한 상위 10개의 성씨를 <표 7>로 살펴보면 다음과 같다.

<표 7> 진천군 역토를 많이 경작한 상위 10개 성씨

성씨(상위 10개)	경작 결수	경작자의 수
김씨	15.621결	80명
이씨	9.110결	57명(2명은 중복)
신씨	8.654결	57명
박씨	5.548결	19명
윤씨	4.375결	12명
정씨	3.621결	13명
최씨	3.495결	14명
홍씨	3.236결	14명
한씨	2.705결	14명
조씨	2.562결	10명
	총 58.927결	총 290명

즉 진천의 광무양안에는 '강, 고, 구, 권, 김, 나, 남, 노, 마, 맹, 민, 박,

---

44) 『驛土所關査員訓訴指存』(奎17897), 농상공부 농무부편, 7책, 발송연월일 건양 2년 1월 26일 ; 서태원, 「대한제국기 원주진위대 연구」, 『湖西史學』 37, 2004, 202~204쪽.

서, 송, 신, 심, 안, 양, 엄, 여, 오, 원, 유, 육, 윤, 이, 임, 전, 정, 조, 지, 진, 채, 최, 하, 한, 허, 현, 홍, 황' 등 역토를 경작한 총 40여 개의 성씨가 수록되어 있다. 따라서 대한제국기 진천의 역토는 다양한 성씨에 의해 경작되었음을 알 수 있으며, 강릉·안동·광산 등을 本으로 하는 김씨가 최고 많은 15.621결의 역토를 80명이 경작하였다. 이어 한산·청주·경주·양성·전주·전의 등을 本으로 하는 이씨가 두 번째인 9.11결의 역토를 57명이 경작하였으며, 대부분 平山을 본으로 하는 신씨가 세 번째인 8.654결의 역토를 57명이 경작하였다. 아울러 밀양 박씨, 연일 및 경주 정씨 등이 2결 이상의 역토를 경작하여 상위 10위안에 들었다.45) 이 중에서 특히 신씨는 57명 중 55명이 장양역이 있는 이곡면에서 역토를 경작하였는데, 177호가 이곡면 전체 전답의 31.5%에 달하는 115.6결을 경작하였을 정도로 이곡면의 대표적인 世居 성씨였다는 점에서 주목된다. 이들은 임진왜란 때 宣祖를 의주까지 扈從한 공으로 1604년 扈聖功臣 2등 평천부원군에 봉해졌던 申磼46)이 관직에서 물러난 후 1608년 현재의 진천군 이곡면 老院里로 내려와 후진에게 충효교육을 하면서 정착하게 되었고,47) 노곡 마을에서 자신들의 노비나 常民 등과 구별되는 평산 신씨 동족마을을 형성하여 세거하였다.48)

---

45) 『常山誌』上, 姓氏條(상산고적회, 『國譯常山誌』上, 姓氏條, 2002, 39~42쪽).
46) 『宣祖實錄』卷175, 37년 6월 甲辰, 24책 623쪽 ; 진천군지편찬위원회, 『鎭川郡誌』, 1994, 1414~1415쪽.
47) 이 서원은 1669년(현종 10)에 百源이라는 賜額을 받았지만, 고종초 대원군의 서원 철폐로 헐어졌다(『常山誌』上, 校院, 百源書院條).
48) 李世鎬, 「自然部落의 空間構成에 관한 調査研究(忠淸北道 鎭川郡 梨月面 老院里 老谷部落을 中心으로)」, 청주대학교 석사학위논문, 1984, 23~27쪽.

4. 맺음말

이상에서 대한제국기 진천군의 광무양안을 중심으로 역토의 구조와 역토의 경영 등에 대해 살펴보았다. 그 내용을 요약해 보면 다음과 같다.

첫째, 역토의 구조에 대해 살펴보자. 먼저 한말 진천의 양안에는 역토가 8개 면에 총 81.078결 분포한 것이 나와 있는데, 이것은 진천군 전체 경작지 3,682.164결의 약 2.2%에 해당되었다. 하지만 진천의 장양역과 태랑역은 中路에 위치하였다는 점에서 진천군 양안에 표기된 역토의 면적은 규정에 비해 매우 적었다. 이것은 토호의 토지겸병이나 역민의 토지매매 등과도 관련이 있겠지만, 그와 함께 역에 역마나 역민 등이 제대로 설치되지 않았거나 자연 재해로 인해 경작할 수 없는 역토를 양안에서 혹 제외하였기 때문이 아닌가 생각된다. 아울러 1895년 역제도가 폐지되는 가운데 역토의 소작권이나 도조 인상 등을 둘러싼 분쟁도 야기되었으며, 역토의 賭錢은 우체부의 급료를 지급하는 데에 쓰였으나 1897년 지방대가 전국에 설치되는 가운데 역토의 관할권이 군부로 넘어가면서 역토의 賭錢은 지방대의 재정으로만 쓰이는 등 변화가 있었다.

다음으로 양안의 역토 중에서 주목되는 것은 고마청전답 및 역토에 장양주점 등이 표기되었다는 사실이다. 우선 고마청전답은 역제를 통해서도 고립제가 발달하는 조선후기의 특성을 잘 보여주며, 이월면의 역토에는 나와 있는 장양주점은 정부 주도의 숙박시설인 院이 재정상의 어려움 등으로 쇠퇴하자 店이나 幕 같은 상업적인 전문 숙박업소가 등장한 것으로 조선후기 상품유통경제의 발달을 잘 보여준다.

둘째, 역토 경작자의 경작 규모와 형태에 대해 살펴보자. 역토의 경작은 크게 역토만을 경작하는 경우, 역토는 물론이고 자기 토지나 역토 이외의 다른 토지를 소작하는 경우로 구분된다.

먼저 역토만을 경작한 경우는 전체 역토 경작자의 약 34.6%에 달하였다. 역토만을 경작하였던 139명 중 128명이 50부 미만의 토지를 경작하였다는 점에서, 역토의 경작 수입만으로는 생활이 어려웠음을 알 수 있었다.

반면 역토 경작자의 약 65.4%는 자기 소유의 토지나 역토 이외의 토지를 경작하였다. 이것은 역토가 특정 신분이 아니라 다양한 계층에 의해 경작되었음을 보여주는 것으로, 이러한 현상은 조선후기로 갈수록 '고립제·역토의 매매·토호의 역토 겸병' 등이 심화되고 갑오개혁으로 역제가 폐지되면서 더욱 진전되었다고 여겨진다.

다음으로 역토 이외에 자기 소유지 및 다른 사람의 토지를 경작하는 경우 전체 경작면적은 50부 이상이 전체 경작자의 약 36.8%을, 그리고 50부 미만이 약 63.2%를 차지하였다. 아울러 역토 경작자가 자기 소유의 토지를 가진 경우는 전체 경작자 402명 중 196명으로 약 48.8%에 달하였으며, 1결 이상을 소유한 부농이 약 5.5% 그리고 1결 미만~0.5결 이상의 중농도 역시 22명으로 약 5.5%이었고, 타인에게 소작을 준 경우도 75명이나 되었다. 따라서 역토 경작자의 전체 경작면적에 소작을 준 토지까지 더한 경우 50부 이상이 전체의 약 42.5% 그리고 50부 미만은 약 57.5%라는 점에서, 전체 경작으로 계산한 것에 비해 다소 수입이 증대되었다. 그렇다 하더라도 50부 미만의 경작면적이 약 57.5%를 차지하였다. 따라서 역토만을 경작하는 경우 및 자기 소유지를 갖거나 또는 다른 사람의 토지를 소작하면서 역토를 경작하는 경우라 하더라도, 한말 진천군의 역토 경작자 절반 이상은 생활 형편이 어려웠음을 알 수 있다. 더욱이 앞에서의 전체 경작면적 중에는 자기 토지를 경작하는 것에 비해 대략 수입이 2분에 1에 불과한 소작지를 포함하고 있다는 점에서 더욱 그러하다. 아울러 숨音 등의 농간으로 인한 소작권의 상실 및 역토 賭租의 인상 등도 한말 진천 역토 경작자의 생활을 더욱 곤궁하게 하였다. 한편 진천군 역토의 경작은 김씨·이씨·신씨 등 40여 개의 다양한 성씨에 의해 이루어졌는데, 특히 김씨와 이씨에 이어 3번째로 많은 역토를 경작하였던 신씨는 역토 경작자 57명 중 55명이 장양역이 있었던 이곡면에 집중적으로 거주하며 역토를 경작하였던 점이 주목된다.

韓末 鎭川郡의 面里구조

임 용 한

1. 머리말

　면리제는 조선전기부터 지방행정제도의 하나로 정착하기 시작하여, 『경국대전』에서 면과 리가 군현의 하부행정구역으로 확립되었다. 그러나 조선초기의 면은 동서남북으로 구획하는 四方面이었다. 오늘날과 같은 지역, 생활권에 기초한 면리는 임진왜란 이후부터 발생하기 시작하였다.[1]

　우선 面의 경우, 里가 자연촌, 주민의 생활권을 중심으로 기초로 한 행정구역이라면 面은 인위적인 행정구역이라는 특징이 있다. 특히 17세기 이후부터 정부는 사회변화에 대한 대응으로 전통적인 五家作統制를 강화하면서 면을 조세수취 및 대민통제의 단위로 더욱 적극적으로 활용하기 시작하였다.

　그런데 面制가 이 기능을 제대로 수행하기 위해서는 가능한 한 面이

---

1) 면리제를 다룬 논저는 다음과 같다. 이수건, 「조선초기 군현제 정비와 지방통치체제」, 『韓國中世社會硏究』, 一潮閣, 1984 ; 박진우, 「조선초기 면리제와 촌락지배의 강화」, 『한국사론』, 서울대, 1988 ; 김선경, 「조선후기의 조세수취와 면리운영」, 연세대학교 석사학위논문, 1984 ; 김준형, 「조선후기 면리제의 성격」, 서울대학교 석사학위논문, 1982 ; 이해준, 「17세기초 진주지방의 리방재편과 사족」, 『규장각』 6, 1982(『조선시기 촌락사회사』 민족문화사, 1996에 재수록) ; 오영교, 『조선후기 향촌지배정책연구』, 혜안, 2001.

자연지형, 생활권을 기초로 합리성과 균형을 갖추어야 할 필요가 있었다. 그래야만 면의 본래 목적인 수세나 인구의 관리, 동원에도 편리할 것이며, 공적 행정구역과 사적 세력권이 분리, 교차됨으로써 군현 혹은 면리 운영에서 지방세력의 사적 이해관계를 차단하는 방법도 되기 때문이다.2)

한편 里의 경우는 일반적으로 여러 개의 자연촌락을 묶은 행정촌으로서의 里가 편성 운영되다가 17, 18세기 이후 지속적으로 분해되어 자연촌락 단위의 里가 확정되어 간다고 본다. 1914년 지방제도 개혁 당시를 기준으로 보면 평균 10~30호 정도의 자연촌 2개 정도가 결합하여 里를 이루었다. 그러다가 일제하 1914, 1920년의 지방제도 개혁과정을 통해 수 개의 里가 통합 최하 행정단위인 里로 편성되었고, 이것이 오늘날에 이르기까지 사용되는 지방행정제도의 근간이 되었다고 한다.

특히 이 과정이 중요한 이유는 里가 자연촌락 단위로 편성됨으로써 과거 지방세력의 이해관계, 지배관계에 의해 편제되던 행정촌의 간섭에서 벗어나며, 재지세력 간의 역학관계에 의해 야기되던 촌락 간의 불평등한 구조도 타개할 수 있는 계기가 되었다고 보기 때문이다.

그런데 대략적 추세는 이러하다고 해도 아직 많은 의문이 남아 있다. 예를 들어 面界와 행정촌으로서의 里에 사족적 지배관계나 이해관계가 반영되었다고 한다면 그 수준과 방식이 어느 정도였겠느냐는 의문이 남는다. 군현제 지배 하에서 토호의 존재형태나 권력형태가 국가의 행정구획과 어떤 형태로 맺어져 있는지, 군현제 하에서 자의적인 권력영역을 확보하고 있는 형태인지, 행정구획 아래 편제되어 또는 타협적으로 존속하는 형태인지, 또 타협한다고 하면 어떤 제도와 방식을 매개로

---

2) 조선후기부터 사족들이 면이임을 거부하는 사태가 증가하였다. 하지만 한편으로는 수령이 수령권 강화를 위해 양민 가운데 부유한 자를 면임으로 임명하는 사례가 등장하기도 하였다(오영교, 위의 책, 181쪽).

이루어지는지 등의 문제는 조선후기 군현제 및 사회사 연구에서 매우 중요한 과제가 아닐 수 없다.

그러나 이런 중요성에도 불구하고 이 부분에 대한 연구는 매우 미진하다. 그 이유는 현재까지 읍지나 고지도를 통한 연구방식과 자료로는 조선후기 面里制의 변화과정에 대해 대략적인 추세만 알 수 있을 뿐 실제 面里의 영역이 어떻게 구성되고 변화되었는가를 알 수 없었기 때문이다.

이 같은 한계를 극복하기 위하여 본고에서는 양안을 이용하여 한말 면리제의 구성과 경계, 내부구조를 복원하고, 그 구조를 분석해 보고자 한다. 지금까지 양안은 토지제도사 연구의 자료로서만 이용되어 왔다. 그러나 양안에는 군현의 면별 지명과 토지규모, 가옥 등이 그 어떤 자료보다도 상세하게 기록되어 있어, 조선시대 군현의 내부구조를 살피는 데에도 매우 유용한 자료가 될 수 있다고 생각된다. 그리하여 먼저 군지와 읍지, 한말 지도,[3] 현지 답사 등을 통해 양안에 등장하는 지명을 복원하는 작업을 시도하였는 바, 대략 70~80%의 지명을 찾아 복원할 수 있었다. 그리고 이를 바탕으로 面界와 里界를 복원하고 그 구조를 살펴보고자 한다.

그런데 면리제의 구조와 운영은 군현에 따라 다양한 형태를 보일 것으로 생각된다. 하지만 양안은 방대한 사료여서 데이터를 전산화하고 이를 정리, 분석하는 것은 지난한 작업이다. 또한 그 내부에 많은 면리가 있으므로 여러 개의 군현을 동시에 분석하기란 불가능하다. 따라서 그 첫 번째 사례로 진천군을 대상으로 하였다. 진천군은 중부지방에 위치하며 조선시대의 300여 개 군현 중에서 중간 수준의 군현이므로 평균적인 모습을 잘 보여줄 것이라고 판단되기 때문이다. 그러나 그렇다

---

[3] 남영우 편저, 『舊韓末韓半島地形圖』, 成地文化社 ; 『近世韓國五萬分之一地形圖』, 景仁文化社.

하더라도 이 연구는 1개 군현의 사례라는 한계를 지닌다.

2. 진천군 면의 구조와 특징

1) 면계의 구조와 변화

1901년에 작성한 광무양안에 등장하는 진천군의 면은 15개이다. 현재는 대략 2개의 면이 1개 면으로 통합되고 주변의 지역을 약간 편입하여 7개 면으로 구성되었다(<표 1> 참조).

<표 1> 진천군의 행정구역 변천

현재의 면	조선시대의 면
읍	남변면과 행정면 성암면을 병합
덕산면	덕문면, 산정면, 방동면 일부
초평면	초평면과 산정면, 덕산면 일부
문백면	문방면에 백락면 15개 동, 덕산면 1리를 통합
백곡면	백곡면에 행정면 1리를 통합
이월면	이곡면과 월촌면을 병합, 북변면 일부 통합
만승면	만승면에 죽산군 일부를 편입

현재의 면은 1914년 면리 통합 당시의 면제를 기본으로 한다. 그런데 1914년 이전의 행정구역은 대략적인 위치만 알 수 있을 뿐 면계를 정확히 파악하기는 어렵다. 그래서 양안에 기재된 지명을 이용하여 광무양안 당시의 면계를 복원해 보았다.4) 그리고 그 결과를 토대로 양안의 지

---

4) 진천군 양안에는 약 1,320개의 지명이 등장한다. 이 중 동일 지명을 다르게 표현한 경우도 있어 대략적으로는 약 1,300개 정도의 지명이 있다. 이 지명을 토대로 『고지도』, 구한말 1/50000 지형도, 『鎭川郡文化遺蹟分布地圖』, 『한국지명총람』, 『진천군지』, 현지 답사 등을 통해 현재 위치를 복원하였고, 이를 기준으로 면계를 복원하였다. 이 결과 약 85% 정도가 확인 또는 대략적인 위치 비정이 가능하였다(임용한, 「양안을 통해 본 진천군의 행정구역」, 『중원문화

명을 통해 한말의 면의 경계를 복원한 것이 <그림 1>이다.

<그림 1> 한말 진천군의 면계 복원도

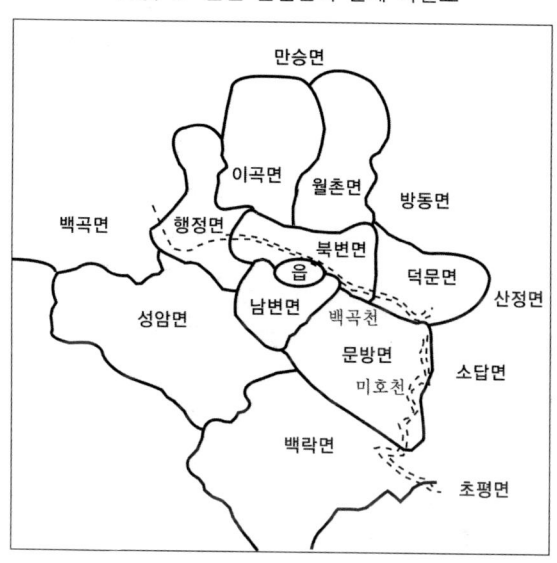

통합된 상황을 감안하면서 이전과 현재의 면의 경계를 고찰하면 대체적으로 과거의 면의 경계를 유지한 채 통합되었다. 이는 한말 진천군의 면계가 지금의 기준으로 보아도 지형과 생활권을 고려한, 상당히 합리적인 형태로 이루어져 있음을 말해준다.

우선 광무양안을 통해 파악한 면별 결수 및 호구, 호별 면적은 아래의 <표 2>와 같다.

면의 규모는 중심부의 면이 작고, 외곽으로 갈수록 커지는 경향을 보여준다. 외곽의 면 중에서는 이곡, 월촌, 초평, 만승면 같이 남북에 위치한 면이 동서의 면보다는 규모도 크고 인구도 많다. 진천은 동서보다는

논총』 8, 2004. 12, 131~134쪽).

<표 2> 면별 結數 및 戶數 (단위 : 결)

면	면적	호	호별면적
남변면	131.879	385	0.34
행정면	154.934	455	0.34
성암면	195.047	601	0.32
북변면	198.94	173	1.15
소답면	202.951	222	0.91
방동면	207.069	254	0.82
백락면	215.577	389	0.55
덕문면	244.135	160	1.53
백곡면	276.053	924	0.30
문방면	277.438	482	0.58
산정면	286.08	369	0.78
만승면	288.655	811	0.36
초평면	300.045	499	0.60
월촌면	339.512	478	0.71
이곡면	366.621	510	0.72

　남북으로 교통로가 발달해서 驛과 주요 사족의 거주지역, 상업지역이 거의 남북의 축선상에 위치하고 있다.[5] 남북의 면이 규모도 크고 인구도 많은 것은 이런 이유 때문이라고 생각된다.
　호별 평균면적을 보면 외곽은 백곡면과 만승면이 낮고, 중심부의 면들은 다 낮다. 백곡면은 면의 대부분이 산지라는 지형적 요인에 기인한다. 남변면과 행정면의 평균면적이 낮은 이유는 이곳이 읍내를 포함한 그 주변지역이기 때문이라고 생각된다. 읍치라는 성격상 행정, 상업, 수공업 종사자 등 농업 이외의 업무에 종사하는 이들도 많았기 때문으로 지방군현 내에서도 중심부와 주변부의 분화가 발생해 있음을 보여준다.
　반대로 북변면과 덕문면은 매우 높은데, 이는 이 두 면이 백곡천 연

---

5) 진천군에 있는 대표적인 역은 장양역과 태락역인데, 두 역은 진천읍을 중심으로 남북으로 관통하는 도로 곁에 각기 하루 일정에 위치하였다. 주점과 시장도 이 축선 상에서 발달하였다.

변, 진천에서는 가장 넓고 좋은 평야지역을 끼고 있기 때문이라고 생각된다. 진천군 상산고적회원들의 증언에 의하면 덕문면의 덕평은 쌀 생산의 최고 적지여서 현재 가장 지가가 비싼 인기 지역이다. 다만 이곳은 이모작이 불가능하기 때문에 이모작을 하던 시기에는 북변면의 연삼평이 최고 인기지역이고 덕평이 두 번째 인기지역이었다고 한다.

이상의 내용은 한말 진천군의 면계가 지형적, 인문지리적 요소를 잘 반영하고 있음을 보여준다. 그러나 이와는 달리 납득하기 어려운 부분도 있다.

북변면과 남변면의 면계를 보면 이상한 점을 발견할 수 있다(<그림 2> 참조).

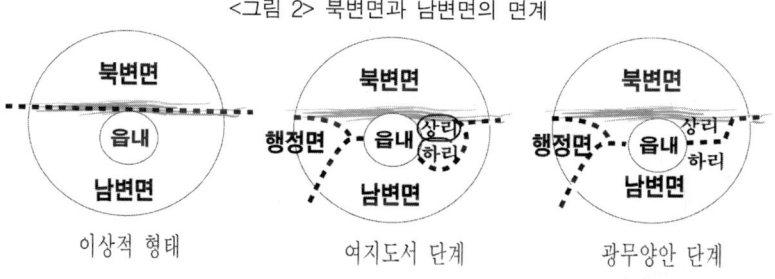

<그림 2> 북변면과 남변면의 면계

진천군은 군의 중앙 부분에 백곡천이 동서로 흘러 자연적으로 남북경계를 형성한다. 관아와 읍내를 백곡천 남쪽 기슭에 설치하여 읍내는 남변면에 속한다. 따라서 일반적으로 조선시대의 면리 경계방식에 따르면 백곡천을 경계로 남변면과 북변면을 가르는 것이 가장 이상적이고 합리적이다.

그러나 북변면과 남변면의 경계는 이를 무시하고, 북변면의 서쪽 경계가 백곡천 남단으로 침범한 구조로 이루어졌다.

1758년(영조 34) 경에 작성한 『輿地圖書』에서는 上里와 下里가 북변면에 속해 있었다.6) 上里와 下里는 읍치의 관아(현재의 상산초등학교 일대)의 좌우로 형성된 지역이다. 읍치가 백곡천 남단에 위치하므로 상리와 하리 역시 모두 백곡천 남단지역이다. 또 읍치 서쪽의 상리는 지금의 행정면 중리지역까지 해당하였다. 그러므로『여지도서』를 편찬한 18세기 경에 북변면은 읍치 주변지역을 모두 감싸는 형태로 백곡천을 건너 남쪽으로 깊숙이 침입해 있었던 것이다.

광무양안 단계에서 上里와 下里가 남변면에 편입되면서 이런 불합리는 많이 수정되었다. 그러나 이때에도 백곡천이 남·북변면의 경계가 된 것은 아니다. 상리와 하리가 남변면에 편입되었지만 북변면과 상리의 경계는 읍치의 중간 부분이었다.7) 즉 읍치의 중간을 갈라 남북면을 나누었다. 남변면과 북변면이라는 명칭은 많은 군현에서 공통적으로 사용된 명칭으로 남북은 읍치를 기준으로 한 것이다. 그러므로 광무양안 단계에서 상리와 하리가 남변면에 속한 이유는 남북이라는 명칭의 기준에 맞게 읍치의 중간을 남북변면의 경계로 조정하기 위함이었음을 알 수 있다.

그러나 여전히 남북면의 경계가 읍치의 중간 즉 백곡천의 남단에 걸쳐 있게 됨으로써 자연 경계와 부합하는 합리적인 구성과는 거리가 있다.

또 진천읍 서쪽 지역인 연삼평 지역에서도 여전히 북변, 남변, 행정면이 모두 백곡천이 아닌 백곡천 남단의 평야지대에서 경계를 이루고 있다.

면계의 설정이 이처럼 불합리하게 이루어진 이유는 무엇 때문일까? 이런 분할이 이루어진 지역에 단서가 있다고 생각된다. 이처럼 면이 삼

---

6) 『輿地圖書』, 충청도 진천군 方里(『한국사료총서』 20, 국사편찬위원회, 347쪽).
7) 양안에 북변면과의 경계가 되는 도로가 표기되어 있다(『진천군양안』 남변면, 天字丁 32). 이 지역은 지금의 상산초등학교 동쪽의 도로이다(본고 3절 참조).

분할된 지역은 백곡천 남단, 현재 진천읍 벽암리 강변인 '連三坪'이다.

<표 3> 연삼평의 분할상황

소속	남변면	북변면	행정면
면적(결수)	6.9정보(4.173결)	35.7정보(20.954결)	2정보(0.943결)

북변면의 총결수는 남변면보다 68결 정도 많다. 그러므로 북련들(편의상 북련들, 남련들, 행련들로 약칭)의 토지와 기타 백곡천 남단 지역의 북변면 지역을 남변면에 소속시키면 두 면의 규모는 거의 균일해 진다. 이처럼 자연지형에 따라 면계를 정하면 자연스러울 뿐 아니라, 두 면의 면적도 균일해짐에도 불구하고, 연삼평을 분할한 것은 특정한 의도가 있다고 볼 수밖에 없다.

앞서도 말했듯이 연삼평은 진천군에서 가장 경제성이 높고 인기 있는 농지였다고 한다. 넓고 비옥하고, 토질상 이모작이 가능한 곳이었기 때문이다. 당연히 지주들이 눈독을 들일 만한 곳이다.[8]

이런 사정은 양안에도 반영되어 있다. 먼저 토지의 등급을 보면 북련들은 1등급부터 6등급까지 분포하고 있는데, 1등급이 2.5%, 2등급이 15%, 3등급 43%, 4등급 18%, 5, 6등급이 각기 17.7%, 2.5%를 차지한다. 남련들은 3등급과 4등급이 반반이다. 행련들은 토질이 매우 낮아서 3등급 토지가 하나이고, 거의가 4~6등급 토지인데, 5, 6등급이 절반이다.

이는 두 가지 특징을 보여준다. 북련들과 남련들은 토질이 높다. 북련들은 상등급 토지가 많고, 남련들은 중등급 토지가 고르게 분포했다. 반면 연삼평에도 하등의 토지는 있는데, 이 지역이 행련들로 떨어져 나

---

8) 이 같은 사정은 지명에도 반영되어 있다. 連三坪이라는 지명은 지주 셋이 들을 다 차지한 데서 유래했다는 설과 하나의 들이 세 개의 면에 걸쳐 있다는 데서 유래했다는 설이 있다(鎭川郡誌編纂委員會, 『鎭川郡誌』, 1994, 626·637쪽).

가 있음을 알 수 있다.

다음으로 연삼평의 소유자를 분석해 본다.

<표 4> 연삼평의 소유자의 토지소유 현황(단위 結)

구 분	남변		북변		행정	
15결 이상	2	8.70%	1	1.20%	0	0.00%
10결 이상	1	4.35%	2	2.41%	0	0.00%
5결이상	0	0.00%	4	4.82%	0	0.00%
1~5결	6	26.09%	24	28.92%	4	40.00%
1결 미만~50부	4	17.39%	16	19.28%	0	0.00%
50부 미만~30부	5	21.74%	9	10.84%	0	0.00%
30부 미만	5	21.74%	27	32.53%	6	60.00%
계	23	100%	83	100%	10	100%

<표 5> 연삼평 소유 지주 현황

인명	남변면소유지	북변면소유지	총소유지	토지소유순위
韓圭卨	0.61	0	18.229	3
申檍	0.2	2.936	16.360	4
李相卨	0.142	0.708	11.390	15
李宗承	0	0.484	10.548	17
趙用熙	0	0.162	7.363	35
李根浩	0	0.336	5.949	54
徐廷喆	0	0.123	5.729	59
明禮宮	0	1.248	5.357	64
李順宗	0	0.616	4.715	79

<표 4>에 의하면 남련들과 북련들에 토지를 소유한 사람들의 토지소유 현황을 보면 전반적으로 다른 지역에 비해 소유규모가 높게 나타난다. 1결 이하의 토지소유자의 경우도 전체 진천군의 평균규모보다 조금씩 높다.

그런데 전체적인 비율은 남변면이 조금씩 높지만, 막상 진천군 대지주들의 토지는 북변면에 집중되어 있다는 특징이 있다. 남련들과 북련

들 양쪽에 토지를 모두 소유한 사람은 14명이다. 남련들의 전체 소유자가 23명이므로 남련들 토지소유자의 60%가 북련들에도 토지를 소유하고 있다. 그러나 이들 중 7명은 1결 미만의 토지 소유자이다.

반면에 <표 5>의 5결 이상 지주들의 소유 현황을 보면 남변면에 토지를 소유한 대지주는 한규설과 이상설뿐이다. 한규설은 특이하게 남변면에만 토지를 소유했는데, 그는 <표 4>에 보이는 다른 지주들과 달리 중앙 정부의 고위관료이며, 진천군과는 별 연관이 없는 전형적인 부재지주이다. 이상설은 진천군에서 태어난, 진천의 대표적인 인물로 남변면에 일부 토지를 소유하고 있지만 북변면에 더 많은 토지를 소유하고 있다. 그 외의 지주들은 한결같이 북변면에만 토지를 소유하고 있다.

특히 明禮宮의 토지는 진천에 위치한 유일한 궁방전인데, 모두가 북변면 그것도 백곡천 연변 평야에만 설치되어 있다.9) 궁방전이 위치한 곳은 가장 좋은 토지로 교통이 좋고, 읍치에 가까우면서도 행정구역은 읍치와 분리되는 특징을 지닌 셈이다.

남변면과 북변면 모두 백곡천 양안의 평야지대에 위치하였지만, 상급지주들의 토지와 明禮宮의 궁방전이 북변면에 집중되어 있다는 사실은 백곡천 남안에 자리잡은 읍치가 남변면에 속한다는 사실과 관련이 있어 보인다. 즉 읍치의 지배나 간섭을 피해 지주들의 토지가 많은 연삼평이 북변면으로 분리되었다는 가정이 가능하다. 실제로 남변면에는 향교의 토지,10) 관둔전 등이 집중되어 있고, 읍치 주변의 마을에는 광대와 같은 천인들이 거주했다는 광대배기,11) 나무꾼들이 모였다는 알선소거리, 장이 서던 장터거리, 삼베옷을 만들던 삼장 등등12) 읍치나

---

9) 명례궁토가 위치한 지역은 연삼평과 舟頭坪, 舟坪, 將基坪 등이다. 이곳은 진천읍치를 중심으로 북쪽과 북동쪽의 백곡천변 평야이다.
10) 양안에는 校宮으로 기재되어 있는데, 교궁의 토지는 90% 이상이 남변면에 있고, 극소수의 필지가 북변면, 월촌면, 더문면에 소재했다.
11) 『鎭川郡誌』, 625쪽.

상업, 수공업에 관련된 지역들이 분포하고 있었다.

 유독 한규설만이 특이한 경우인데, 한규설은 중앙정부의 고위관료였으므로 읍치와 가깝다거나 하는 특성에 별다른 영향을 받지 않았던 것 같다. 진천군에 위치한 한규설의 다른 토지는 방동면, 이곡면에도 있지만 80%의 토지가 월촌면에 집중되어 있는 특이한 소유형태를 보인다. 월촌면에는 한규설 소유의 가옥도 12채나 있었는데,13) 다른 지주들은 이 같은 집중력을 보여주지 못한다.

 행련들은 남련들과 북련들과 달리 토지소유자의 경제상태도 열악하다. 행련들의 토지소유자는 모두 10명에 불과한데, 남련들의 토지소유자가 행련들에도 토지를 소유한 경우는 없다. 북련들에는 4명이 있지만, 대부분이 1, 2결 이하의 토지소유자이다. 즉 남련들과 북련들의 부호들은 행정면의 토지에는 별다른 관심이 없었다. 어쩌면 이것이 연삼들의 서쪽 지역을 행정면에 떼어주는 것이 가능했던 이유의 하나일 수도 있다. 같은 연삼들이라도 북변, 남변면에서는 이 지역을 자신들의 지역으로 포함해야 할 특별한 매력이 없었기 때문이다.

 남변면과 북변면의 경계와 관련하여 또 하나의 특이한 사실은 남변면 上里와 下里의 이속 문제이다. 앞서 살펴본 바와 같이 上里와 下里는 『輿地圖書』에서는 북변면 소속이었다. 상리와 하리는 연삼평 남쪽에 이어진 마을이므로 18세기에는 북변면이 남쪽으로 더 깊이 내려와 있었던 것이다.

 그런데 『輿地圖書』와 양안의 호수를 비교하면 다음 표와 같다.

---

12) 위의 주 11)과 같음.
13) 최윤오,「대한제국기. 광무양안의 토지소유와 농업경영에 관한 연구」,『역사와 현실』 58, 2005. 12.

면	호(戶)		
	여지도서	양안	증감
남변면	139	385	+246
북변면	372	173	-199

　남변면에 246호가 증가하고 북변면에 199호가 감소했다. 양안에 나타난 호수를 보면 上里가 55호(上里 42호, 上里垈 13호), 下里 135호(下里 121호, 下里垈 14호, 下里坪 0호)이다. 이것을 다 합해도 190호이므로 『여지도서』 단계에서는 下里, 下里垈 등이 모두 함께 북변면에 속했다고 보는 것이 타당하다.

　광무양안에서는 上里와 下里는 남변면으로, 上里垈와 下里坪, 下里垈는 행정면으로 분할되었다. 백곡천 남단의 상리와 하리가 북변면에 속한 것도 어울리지 않는 일이지만 이 분할을 수정하면서 지명도 같은 자연촌락을 남변면과 행정면으로 다시 분속한 것도 이상한 일이다. 또 호구수가 정반대로 역전되므로 이 같은 이속이 남변면과 북변면의 균형을 맞추기 위한 조치였다고 볼 수도 없다.

　그런데 이 지역의 소유주를 보면 下里에 관유지와 관둔전이 집중되어 있다는 특징이 있다. 하리의 전체 경작지가 5.147결인데, 그 중 18%인 0.930결이 관유지 내지는 관둔전이며, 將廳도 下里에 세워져 있다.

　결국 북변면에 속하던 上里와 下里 지역이 남변면으로 이속한 데에는 下里 지역에 관사와 관둔전을 설치하게 된 사정과 관련이 있다는 추정이 가능하다. 만약 관사와 관둔전이 그 이전부터 이곳에 있었다면 『여지도서』 단계의 면제는 더욱 불합리했다는 이야기가 된다. 將廳과 관유지가 집중되어 있고 읍치에 가깝고, 교통도 편리한 지역이 행정구역 상으로는 川 건너편에 위치한 다른 면에 속해 있었다는 의미가 되기 때문이다.

　이상의 결과를 정리하면 18세기 진천군의 면계 구성에는 확실히 불합리한 구성이 있었다. 진천의 대지주와 궁방전이 집중한 지역은 인위적으로 분할되고, 특히 읍치와는 일부러 구별되려고 한 의도가 현저하다. 이 같은 구조는 광무개혁기에 상당히 수정되었는데, 관에서는 이런 지역에 관둔전과 관청, 관유지를 설치하면서 이 지역을 읍치의 행정구획 내로 편입했던 것 같다. 그러나 이런 구조가 완전히 해소되지는 않았다. 하지만 그렇다고 해서 면계 전체가 그러한 것은 아니었다. 18세기에도 이런 지역은 특별히 이해관계가 밀접한 특수한 지역에 국한되었다. 더욱이 이런 인위적인 구분이 이루어진 지역도 궁방이나 지주층의 토지는 소규모로 분할되고 여러 소유주의 토지가 난립해 있어서 고려시대나 15, 16세기의 농장과 같은 직접적, 광역적 지배가 이루어질 소지는 이미 존재하지 않고 있다.

2) 邑治의 복원

조선시대 군현의 중심은 邑治이다. 조선시대의 군현제도에서 읍치는 특별한 의미가 있다. 고려와 조선의 지방제도에서 가장 차이가 나는 부분이 읍치이다. 고려와 조선의 군현제와 수령제는 외형적으로 봐서는 유사한 부분이 많다. 따라서 고려와 조선의 차이를 속현의 주현화라는 양적인 차이로 이해하는 경향이 있었다.

그러나 수령을 파견한 군현이라고 해도 지역사회에서 수령의 위상과 역할은 고려와 조선시대에 큰 차이가 있었다. 이 차이를 상징적으로 보여주는 것이 읍치와 관아의 존재형태이다.

고려시대의 읍치는 읍의 외곽에 치우쳐 있는 경우가 많고 제대로 된 관아가 없어 수령이 백성의 집에 거하는 고을도 수두룩 했다. 조선초기에 이를 바로잡아 읍치를 군의 중심부로 옮기고, 관아를 신축하였다.[14]

---

14) 이 시기 관아신축과 기사는 『신증동국여지승람』에서 쉽게 찾아볼 수 있다.

수령이 명실상부하게 군현운영의 중심에 서게 된 것이다.

그러나 이 읍치의 규모가 얼마나 되었는지는 정확히 파악되지 않는 지역이 많다. 읍내리가 지금도 남아 있는 군현이 많으나 읍내리는 1914년 행정구역 개편 이후에 형성된 읍내로 조선시대의 邑治와 동일하지 않다. 진천군의 경우도 1914년 상리, 하리의 일부와 남변면의 관문리, 삼장리를 병합하여 읍내리가 되었다고15) 하나 과거 邑治의 범위를 정확히 알 수 없는 형편이다.

진천군 양안에 의하면 행정구역은 읍, 상리, 하리, 청거리평, 下馬坪 순으로 기재되어 있다. 이중 대략 읍과 상리, 하리가 합하여 현재의 읍내리가 되었다. 그러므로 상리와 하리의 위치를 파악하면 조선시대 진천의 읍치의 규모를 파악할 수 있다.

상리와 하리의 위치를 정확히 알아보기 위하여 양안에서 상리, 하리 거주자를 추출한 뒤 토지대장에 기재된 인물과 동일 인물을 찾아 보았다. 토지대장에는 주소가 현재의 주소지와 번지수로 기재되어 있으므로 양쪽의 주소를 비교하면 조선시대의 상리, 하리의 위치를 비정할 수 있다. 물론 그 사이에 거주자가 이사를 했을 수도 있고, 동명이인이 있을 수도 있다. 하지만 양안과 토지조사사업 기간의 간격이 10년도 되지 않고, 진천군 양안 전체를 비교해도 의외로 동명이인이 많지 않고, 이 시기에 이주가 활발하지 않으므로 그런 경우는 극히 드물 것이라고 생각된다.

양안에 등장하는 읍치와 상리, 하리의 거주인으로 토지대장에도 등장하는 인물과 그 주소는 다음과 같다.

---

15) 『진천군지』 6장 읍면행정, 625쪽.

<표 6> 읍치 거주자 및 소재지

	성 명	현 주소	현 위치	비 고
A	방원삼	266번지	삼수초교 북쪽(?)	
B	배사일	256번지	상동	
C	이희상	413, 419번지	삼수초교 남쪽	향청 동쪽 건물
D	채규봉	356번지	상산 초등교 동쪽?	미확인

<표 7> 상리 거주자 및 소재지

	성 명	현 주소	현 위치	비 고
E	이종건	115번지, 451학	진천시장 우측	115번지로 비정
F	서명운	3, 15, 131번지	131번지는 대지, 3, 15토지.	모두 상리 소속
G	김현성	16번지(전) 328(대)	328번지 삼수초교 동쪽	양안에는 전지만 표기

<표 8> 하리 거주자 및 소재지

	성 명	현 주소	현 위치	비 고
H	최윤서	36번지	진천시장 남쪽	상리, 하리에 경작지, 집은 하리
I	이동혁	106-1번지	진천경찰서 북쪽, 진천시장 서쪽	
J	정은용	400번지	읍사무소 동쪽 길 건너편	
K	공화삼	392-2번지	정은용가 동쪽	
L	황달용	391번지	상동	
M	팽대성	337번지	삼수초교 동쪽 벽	*상리 지역

 이를 지표로 해서 양안의 사표를 따라 읍의 행정구역을 복원해 보았다. 그 결과는 <그림 3>과 같다.
 이 인물들의 주소를 지적도로 찾아 광무양안 작성 당시 읍치, 상리, 하리의 경계를 찾아 보았다(<그림 3> 참조).16)

---

16) 읍치는 보통 읍성으로 구획이 되지만 진천은 특이하게 읍성이 없었다.

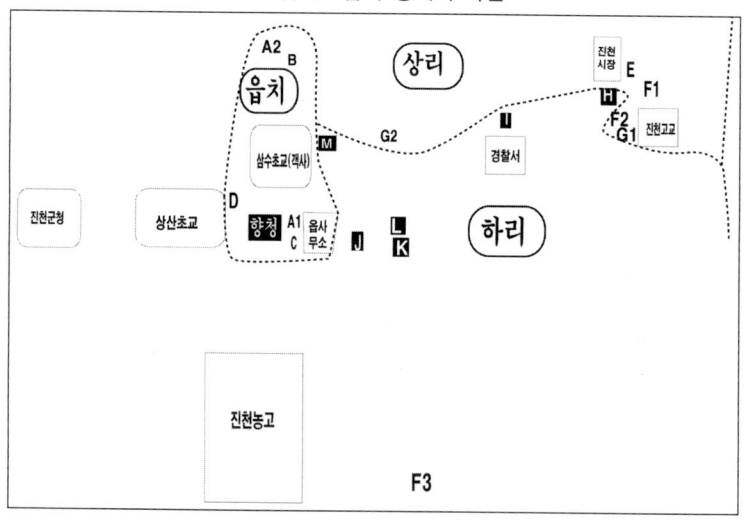

<그림 3> 읍치 경계의 복원

　진천 관아터는 지금의 삼수초등학교 자리이다. 이곳을 중심으로 보면 북쪽 경계는 방원삼(A1)과 배사일(B)의 거주지인 266번지와 256번지 즉 백곡천 둑의 남쪽 쯤이 된다. 읍치의 북쪽 한계는 백곡천을 넘을 수 없으므로 대략 여기가 읍치의 북쪽 영역이다. 그런데 방원삼은 광무양안에는 향청 동쪽 이희상의 가옥(C) 옆이라고 나온다. 향청은 읍사무소 서쪽 420번지 쯤에 있었고, 이희상 가옥과 토지는 토지대장에 413, 419번지로 나온다. 향청과 읍사무소 사이이다(A2). 그러므로 266번지가 광무양안 당시 방원삼의 거주지일 리는 없다. 아마도 토지조사사업 당시에는 이주를 한 것 같다. 그러나 방원삼의 가옥(A2)을 제외해도 배사일의 거주지가 있으므로 읍치의 북쪽 영역을 추론하는 데는 무리가 없다.
　동쪽 경계를 보여주는 부분은 하리 거주자인 팽대성(M, 337번지)의 주소이다. 337번지는 삼수초교 동쪽 담장 바로 옆이다. 읍치의 동쪽 영역이 너무 작아 의아스럽지만 같은 하리 거주자인 정은용(J), 활달용(L), 공화삼(K)의 거주지도 모두 팽대성 가의 남쪽, 지금의 읍사무소 옆 도로변에 위치하고, 읍사무소가 원래는 관청의 창고자리였다는 증언을 참작하면 삼수초등학교의 우측담장에서 지금의 읍사무소 자리까지가 읍치의 동쪽 경계인 것이 분명하다. 대략적으로 보면 현재 읍사무소를 끼고 남북으로 난 도로가 대략 읍치의 동쪽 경계가 된다.

읍치의 서쪽 경계를 보면 양안에는 이희상의 경작지 서쪽에 있는 도로가 북변면과의 경계라고 되어 있다. 이곳은 대략 지금의 상산초등학교의 우측 경계에 해당한다. 읍치의 서쪽 영역이 너무 좁아서 믿기지 않지만 읍치 거주자인 채규봉의 가옥도 바로 상산초등학교 경계에 있고(D, 356번지), 다른 자료는 전혀 나타나지 않으므로 지금의 상산초등학교 동쪽 도로쯤이 읍치와 북변면의 경계가 맞다고 생각된다.

가장 애매한 부분은 읍치의 남쪽 경계이다. 현재 자료상으로는 진천 군청에서 읍사무소로 이어지는 도로 남쪽 지역의 거주자가 전혀 발견되지 않는다. 그러나 이 도로 선상이 읍치의 남쪽 경계였다고 보면 읍치가 좁아도 너무 좁아진다. 그런데 진천군 상산고적회 회원들의 증언에 의하면 읍사무소 남쪽 도로변 지역이 원래는 연못 자리였다고 한다. 조선시대에도 관아의 남쪽에 대개 연못을 파고, 그곳은 약간의 광장과 시전을 조성하는 경우가 많았다. 그래서 이곳에는 거주지가 발달하지 않아 토지대장에 거주자가 잘 나타나지 않는지도 모르겠다. 만약 그렇다면 읍치의 영역은 중앙도로를 넘어 약간 남쪽으로 확장되어 있었을 가능성이 있겠다.

이 결과로 보면 조선시대 진천의 읍치는 지금의 읍내리의 1/3이 못되는 범주이며, 관아의 동쪽 벽과 관아 앞 도로가 상리와 하리의 경계가 될 정도로 좁았음을 알 수 있다. 원래 읍치란 상징적으로는 수령의 직할지역이고, 실질적으로도 수령의 행정명령과 관아의 운영을 담당하기 위해 설치하는 지역이다. 그러나 이 읍치의 영역이 이 정도로 좁다는 것은 수령의 직접적인 영향을 미칠 수 있는 영역이 극소화되어 있다는 것을 의미한다.17)

　삼수초교-읍사무소 라인 동쪽 지역은 상리와 하리로 구분된다. 대체로 보면 지금의 진천경찰서와 진천시장 사이가 상, 하리의 경계라고 보여진다. 그런데 이렇게 구획하면 하리 거주자인 최윤서의 거주지(H)가 상리 쪽으로 들어가 있고, 하리 거주자인 김현성의 가옥(G3)이 하리 남쪽 깊숙이 자리잡고 있어 문제가 된다. 그런데 김현성의 토지가 위치한 지역(G1, G2)이 진천시장 남쪽인 것을 보면 양안에 기재된 상리의 전답은 G1, G2가 맞다고 생각된다. 그러므로 이종건, 서명운의 토지와 가옥과 합쳐서 비정하면 무리가 없다.

　상리의 북쪽 경계는 의심할 여지없이 백곡천까지이다. 상, 하리의 동쪽 경계는 양안과 토지대장에 나타난 바로는 지금의 진천고교 근처인 서명운의 전답과 가옥(F)이 가장 동쪽에 위치했다. 그런데 양안을 보면 읍치의 동쪽은 甕井인데, 이곳은 지금의 읍내리와 신정리의 경계인 옹정들이다. 그러므로 상리와 하리의 동쪽 경계는 지금의 읍내리의 동쪽 경계와 일치한다고 생각된다. 그렇다면 하리의 남쪽 경계도 읍내리의 남쪽 교성리의 경계와 일치할 것이고, 이것은 읍치와 상리, 하리를 합쳐 읍내리를 만들었다는 기록과도 일치한다.

　여기서 또 하나 중요한 사실은 상리와 하리가 『여지도서』에서만 해

---

17) 토호의 세력이 강하고, 수령권이 고려시대에는 읍치가 읍의 중심에 있지 못하고, 외곽에 치우쳐 있는 경우가 많았다. 또 조선초기만 해도 관아나 수령의 거주시설이 없는 곳도 많아 수령의 직할령으로서 읍치는 제 구실을 못하였다. 대부분의 군현에서 읍치가 읍의 중심으로 이동하고, 관아와 부속건물 일체를 갖추게 되는 것은 조선시대에 들어와서부터이다. 그러나 그럼에도 불구하고 조선시대 읍치의 영역은 진천의 사례로 보면 최소한의 구획으로 설정했음을 알 수 있다.

도 각기 북변면과 남변면으로 분할되어 있었다는 것이다. 즉 북변면의 경계가 백곡천을 넘어 상리 지역만 돌출해서 남하해 있었던 것이다. 현재의 읍내리에 해당하는 지역이 관아를 경계로 해서 아예 면계를 달리하고 있었다는 것은 보다 심각한 문제이다.

그런데 상리와 하리는 인접한 지역임에도 불구하고 토지 현황이 크게 다르다. 상리는 전이 3결 43부, 답이 1결 70부가 있는 반면에 하리는 전만 5결 80부가 있다. 이는 상리가 백곡천에 가깝다는 지형적 차이 때문이라고 생각된다. 따라서 상리의 토지소유자는 하리에 비해 경제형편이 월등히 높다.

<표 9> 남변면 상리와 하리의 비교 (단위 : 결)

	호수	소유자	총소유결수	평균결수
상리	29	37	37.219	1.006
하리	121	89	36.403	0.409

상리에 토지를 소유한 사람들이 진천군 내에 소유한 총토지 소유량을 보면 평균 1결 정도이다. 이는 상위 10% 안에 드는 매우 높은 수치이다.[18] 반면 하리에 토지를 소유한 사람들의 평균 소유규모는 40부 정도에 불과하다. 이는 70%를 차지하는 일반 농민의 수준이다.

그러나 이 같은 차이가 오직 지형적 차이에서 기인했다고 볼 수만은 없을 것 같다. 두 지역이 인접한 지역임에도 불구하고, 거주호수에서도 큰 차이가 나기 때문이다. 즉 상리의 토지현황이 좀 더 우세하다고 해도 이곳의 지세를 볼 때 굳이 행정구역까지 나눌 만한 상황은 아니었다. 그럼에도 불구하고 두 마을의 호수가 불균하며, 경제형편에 차이가

---

18) 상리에는 관이 시주가 되는 둔전이 있다. 이 때문에 평균 소유규모가 올라갔을 것이라고 볼 수도 있으나 실제 소유규모는 많지 않아서 이들을 **빼면** 평균은 약간이나마 더 올라간다.

나고, 한말 이전에는 소속하는 면까지도 달랐다.

그런데 이처럼 상리의 토지소유 규모가 높지만 그들은 대부분 상리 거구자들이 아니었다. 상리에 가옥을 지니고 있는 인물들 중 실거주자를 중심으로 보면 오히려 대부분이 지극한 영세농이다. 따라서 상리가 한때 북변면에 속하고, 적은 호수에 특별한 대우를 받는 이유는 이 지역 거주민들이 토호적이고 배타적인 세력을 형성했기 때문이 아니라 북변면에 대토지소유자들의 토지가 집중된 것과 마찬가지로 이 지역 토지소유자들의 경제적 이해가 반영된 결과라고 보여진다.

3. 18~19세기 진천군 里制의 변화와 구조

1) 사료와 연구방법

조선후기에서 한말에 이르는 시기 里制의 변화과정을 규명하기 위해서 조선후기의 대표적 지리서인 『輿地圖書』에 나타난 里와 양안 작성기의 里의 편제를 비교해 보았다. 『여지도서』에는 군별로 면과 里名, 里別 호수와 남녀 호구수가 기재되어 있다. 『여지도서』에 의하면 진천군에는 15개의 면이 있고, 면마다 4~8개의 里가 있었다. 里의 수는 면의 크기와 정비례해서 정확히 일치하지는 않지만 대체적으로는 면의 크기에 조응한다(<표 10> 참조).

양안에는 面과 里의 하부인 마을명과 지명이 기재되어 있다. 면은 『여지도서』의 면과 정확히 일치한다. 하지만 里名은 기재되어 있지 않다. 그래서 양안 작성 14년 후에 단행된 지방행정구역 개정 때의 자료와 19세기 말에서 20세기 초에 일제에 의해 작성된 5만분의 1 지도를 통해 진천군의 里名을 추적해 보았다.[19] 그러나 실제 광무양안의 자료

---

19) 『近世韓國五萬分之一地形圖』에는 1914년 개정 당시의 리와 그 이전의 리명

<표 10> 진천군의 면과 里數의 변화

면	戶		리수	
	여지도서	양안	여지도서	1914 이전
남변면	139	385	5	15
북변면	372	173	5	11
덕문면	204	160	5	13
방동면	336	254	4	11
산정면	285	369	5	26
초평면	513	499	8	31
문방면	583	482	8	22
백락면	422	389	5	15
성암면	535	601	5	32
행정면	477	455	6	20
백곡면	511	924	6	25
이곡면	613	510	7	25
만승면	444	811	8	23
월촌면	504	478	8	20
소답면	263	222	4	13
계	6,201	6,712	89	302

와 대조해 보면 1914년 당시의 里制와 양안의 里制에도 30% 이상의 차이가 난다. 예를 들어 1914년 군현통폐합 당시 덕문면에는 山直, 上加, 中加, 下加, 上德, 石灘, 新垈, 中里, 次上, 次下, 斗得, 牛里 등 13개의 里가 있었는데,[20] 양안에서 次下, 牛里는 등장하지 않고, 斗得은 만승면에 속해 있다. 이를 보면 광무개혁을 전후로 해서도 군현 내부의 편제에 상당한 변화가 있었음을 알 수 있다.

그러나 일단 『여지도서』와 1914년 경의 면리 편제를 대상으로 서로 비교하면, 면은 변함이 없으나 그 하부의 里數가 크게 변하여 거의 4배 가까이 되었다.

이 함께 기재되어 있어 里名의 고증에 유용하다. 이외 『진천군지』, 『전국지명총람』 등을 이용하였다.
20) 한글학회, 『한국지명총람(충북편)』, 1970, 468쪽.

戶數는『여지도서』의 호수에 비해 양안에 약 552호 정도가 많아 약 9.3%가 증가하였다. 그런데『여지도서』의 호는 일종의 조세호인 編戶이고,21) 양안의 호수는 양안에 기재된 자연가옥의 수이다. 그럼에도 불구하고 양안의 자연가옥이 9.3%밖에 늘지 않은 것을 보면 적어도 국가가 파악하는 선상에서 전체 호수에는 큰 변화가 없었던 것 같다.22) 따라서 이 호구수는『輿地圖書』와 양안 간의 里制의 변화과정을 추적하는데 유용한 단서가 된다.

그렇다면 이 같은 里의 증가는 구체적으로 어떻게 이루어진 것일까? 이 문제를 풀기 위하여 양안에 등장하는 지역들의 현재 지명을 복구하고 이를 다시 구한말의 里名이 기재된 지도에 대입하여 里의 영역을 복구해 보았다.

그러나 양안은 里制를 무시한 채 字丁을 기준으로 세부적인 지명을 기재하였고, 1900년대 자료에 등장하는 리에 상응하는 지명을 찾을 수 없는 경우도 있고, 양안과 1914년의 개혁 사이에도 30% 정도가 면리 소속이 바뀌거나 찾을 수 없는 경우가 있어서 모든 리의 경계나 소속한 촌락을 완전하게 복원하기는 곤란하였다. 따라서 완전하지는 않지만 분명히 드러나는 지역을 통해 변화의 대략적인 추세와 의미를 찾아보고자 한다.

2) 里制의 구성과 변화형태

---

21)『輿地圖書』의 戶數는 모두 編戶라고 명시되어 있다. 그러나 편호의 기준은 정확히 알 수 없다.
22) 조선시대 戶口와 戶數의 통계의 정확성에는 늘 의문이 제기되어 왔다. 그러나 실제 호구와 정부가 파악한 호에 차이가 나더라도 두 자료는 정부가 파악한 호의 변화과정을 보여준다는 점에서 자료적 가치가 있으며, 이러한 비례적인 일지만으로도 이 시기의 변화과정을 추출하는 데 유용한 자료가 된다.

사례 1) 덕문면

여지도서	
상리	47
하리	26
석탄리	28
장척리	47
가리	56
합	204

광무양안	
산직	10
상가	18
중가	10
하가	2
상덕	28
석탄	27
신대	7
중리	14
차상	44
합	160

석탄리는 『여지도서』와 양안의 지명과 호수가 유사하므로 같은 지역이 분명하다. 같은 방식으로 상리도 차상리가 분명하다. 이 둘은 자연촌락을 단위로 한 리이다. 가리는 양안에는 상가, 중가, 하가리로 나타난다. 즉 3개의 촌락을 합친 행정촌이다. 장척리는 산직과 그 앞 평야인데,[23] 양안에서는 이 지역 호구가 크게 감소해 있다. 이것이 광무양안기의 호구가 『여지도서』보다 줄어든 원인인 것 같다. 하리는 상리에 대응하는 지명인데, 양안에는 나타나지 않는다. 아마 차상리의 동쪽과 서쪽에 인접한 중리나 상덕리일 것이다.[24]

이상의 결과를 보면 『여지도서』의 석탄리와 상리는 단일 촌락으로 형성된 리이고, 가리는 3개의 촌락을 합친 리이다. 그것이 양안에서는 거의 단일촌락 단위로 세밀하게 분화하였다. 즉 덕문면의 리의 구성은 비교적 균일한 편이며, 광무양안 단계에서는 거의가 자연촌락 단위로 분화하였다. 2, 3개의 촌락을 합한 경우도 자연촌락의 분포를 기초로

---

23) 『近世韓國五萬分之一地形圖』 상권, <도 240>.
24) 위의 주와 같음.

한 합리적이고 자연스러운 편제를 보여준다고 하겠다.

사례 2) 행정면

위와 같이 양안의 지명과 戶數, 지도, 1914년의 里名을 종합하여 리의 변화과정을 정리하였다.

여지도서		양안 및 1914년	
지명	호수	지명	호수
행정리	88	상리(14) 하리(14) 중리(13) 상내(6) 하내(27) 괴정(9) 취적(0) 모산평(1)	84
두건리	36	두건리(75)	75
사정리	55	사정(0), 상송(20) 하송(7), (송정(1) 상일송(17), 하일송(12)	57
명신리	72	명신(43), 반운암(15) 동암(19) 학동(학당, 4)	81
장관리	83	장관(43), 구봉(12) 석화(1) 삼효(0)	56
하식리	143	하식(5), 도봉(상도10, 하도6), 池九(36) 汝亭(33)	90

( )안의 호수는 양안의 지명을 근거로 추출한 것임

행정면은 두건리만이 자연촌락 단위이고 나머지는 여러 개의 자연촌락을 합친 형태이다. 하식 지역에 속한 촌락은 위치가 확실하지 않은데, 대개 5개 리에 속하지 않은 지역을 합하여 비정하였다. 행정면은 전체적으로 소규모의 자연촌락을 합하여 전체가 비슷한 형태의 里로 편제했다. 덕문면과 마찬가지로 양안단계에서는 서로 비슷하게 자연촌락 단위로 분화하고 있다.

그런데 행정면에서는 두건리만이 특이하게 자연촌락 단위이면서 양안 단계에서는 촌락도 분화되지 않고 호수는 타지역 촌락의 2~3배가 넘는 규모로 크게 증가하였다. 이것은 두건리의 특수한 사정 때문이라고 생각된다. 두건마을은 현재의 백곡저수지 지역으로 1943년에 수몰되었다. 그 전에 제작한 5만분의 1 지형도를 고찰하고, 이곳을 답사한 바에 의하면 두건마을은 백곡천이 둘 갈라진 사이에 위치한 河中島 형태의 지역인데, 그 양쪽은 경사가 급한 협곡으로 되어 있다.
  농사에 유리한 지역이지만 오지에 홍수의 위험이 있고, 지형적으로 고립되어 있어 사족이나 지주들이 좋아할 만한 곳은 아니다. 이는 두건리의 주민통계에서도 볼 수 있다. 이 지역에 토지를 소유한 사람은 모두 101명인데 이 중에서 가장 많은 토지를 소유한 사람이 3결이며, 총 소유지가 2결 이상인 인물은 4명, 1결에서 2결 사이의 사람은 13명 정도이다. 50부 미만의 토지소유자가 72명으로 빈민층의 비율이 아주 높다.

<표 11> 두건리의 토지소유 현황

분류	명수
2결 이상	4
1결 이상 2결 미만	13
1결미만 50부 이상	12
25부 이상 50부 미만	24
25부 미만	48

  하중도라는 특수한 지리적 사정으로 두건리는 행정면의 다른 지역과 다르게 처음부터 자연촌락 단위의 독립된 리로 둘 수밖에 없었고, 인구가 배로 증가하고 주변 지역 촌락의 규모를 넘어서도 별다른 조치를 취할 수 없었던 것이다.
  행정면은 특별한 평야나 특수지역, 사족 세거지가 없는 평범하고 작은 면이다. 촌락도 고만고만하고, 토질도 반이 산지여서 비옥한 편은 못된다. 이런 사정 때문에 국가의 행정력이 균일하게 침투했고, 촌락과 편제와 분화가 일정하게 진행되고 있는 것을 볼 수 있다. 유일하게 두건리가 특수한 형태를 보이나 이는 특수한 지형적 요인에 의한 경우이다.

사례 3) 이곡면

여지도서		양안 및 1914년	
지명	호수	지명	호수
상산리	130	盤池, 沙地 銀杏亭, 守平 등	
이곡리	29	梨谷前坪, 梨谷後坪, 梨谷垈(35)	35
서원리	108	서원리(書院前坪, 書院洞垈 등, 41), 宮洞里(14), 老谷(老隱谷, 60), 新興(7)	122
답곡리	48	?	
독좌리	62	?	
역리	98	長陽(長陽坪, 長陽南邉里, 長陽店, 47), 松峴(40)	87
구로리	137	九禮垈(0), 日永(24), 中洣里(33), 隱水洞(8), 花陽(22) 刀山과 毛山, 馬驅 등	134

이곡면은 『여지도서』의 7개 리가 광무양안 단계에서는 그러나 23개 리로 분화하였다. 『여지도서』에 비해 양안의 호수가 23% 정도 감소했다. 대신 서쪽의 백곡면과 북쪽의 만승면이 크게 증가한 것으로 보아 행정구역의 변동이 있었다고 보여진다.

이곡리는 양안 지명으로는 梨谷前坪, 梨谷後坪, 梨谷垈 지역으로 호수는 35호이다. 서원리는 신잡이 세운 百源書院이 있는 서원말을 중심으로 한 지역이 틀림없다. 그런데 양안에 의하면 서원말의 호수는 41호 뿐이다. 그러므로 서원리는 이 주변의 宮洞里(14), 老谷(老隱谷, 60), 新興(7)을 합친 지역이라고 생각된다. 老谷은 진천의 대표적인 사족인 평산 신씨의 세거지라는 특징이 있는데, 이들의 세거지와 그들이 세운 서원마을이 합하여 한 개의 里를 이루다가 1900년대에는 각기 자연촌락 단위로 리가 분화하였다.

역리는 장양역을 중심한 지역이 틀림없다. 양안에는 長陽坪, 長陽南邉里, 長陽店 등의 지명이 보이고 이곳에 역토가 있다. 하지만 이 지역의 총 호수는 47호에 불과하다. 그런데 인접한 서쪽 松峴에도 역토가 집중되어 있는데, 이곳의 40호를 합치면 총 87호가 되어 驛里의 호수에

근접해진다.

　九老里는 양안에 보이는 九禮垈 주변 지역이라고 생각된다. 이곳은 서원리의 동쪽 지역으로 한말에 日永(24), 中洑里(33),[25] 花陽(22)리로 분화한 것 같다.[26] 그러나 이 지역만으로는 호수가 87호 정도로 50호 정도나 부족하므로 남쪽의 도산까지 포함했을 가능성이 있는데, 도산과 모산, 그 옆의 馬驢 등을 합하면 약 47호가 추가되어 구로리의 호수와 유사해진다.

　상산리는 130호나 되는 大里인데, 이월면 사곡리에 위치한 常山[27]에서 따온 지명이라고 생각된다. 양안에서는 常山垈라는 지명 하나만이 발견된다. 그러나 상산대와 상산을 중심으로 비정하면 상산리는 이곡면 남쪽인 盤池, 沙地 주변으로 은행정, 수평 등도 포함한 지역이라고 비정된다.

　답곡, 독좌리는 유사한 지명을 전혀 찾을 수 없다. 지금까지 비정한 지역을 제외하면 장양역 북서쪽과 북쪽에서 만승면 사이 지역에 있는 학동, 구탄, 향림, 구암 등이 남는데, 아마도 이 일대라고 생각된다.

　이상 이곡면의 사례를 보면 이곡리를 제외한 모든 리가 여러 개의 촌락으로 이루어지고 규모도 100호에 가까울 정도로 크게 편성되어 있다는 특징이 있다. 이는 지금까지 살펴본 덕문면, 행정면과는 전혀 다른 구조이다.

　이곡면에서는 유일하게 이곡리가 29호의 단일 촌락으로 형성되었다. 그러나 이곡리는 행정면의 두건리와 같이 특별하게 외진 지역도 아니고 사족의 거주지도 아니다. 이곳은 이곡면의 중심지여서 이곡면터라는

---

25) 양안에는 같은 자정 내에 隱水洞(8호)가 있다.
26) 日永, 中洑里와 書院里는 동서로 대칭을 이루고 있다. 그런데 『輿地圖書』에 의하면 서원과 구로리는 모두 관문에서 20리 거리라고 하였다(『輿地圖書』 상권, 248쪽).
27) 『한국지명총람(충북편)』, 468쪽.

지명까지 남아 있는데,28) 이외에는 다른 특별한 이유를 찾을 수 없다. 반면에 이곡면 주변은 구로리라 하여 5, 6개의 리를 합친 가장 큰 里를 이루고 있다.

이곡면에는 진천 최대의 사족인 평산 신씨의 세거지와 장양역이 자리잡고 있다. 평산 신씨의 세거지는 18세기까지 서원리라는 구역으로 독립되어 그 안에 3~4개의 마을을 포함하고 있었다. 이것은 지방 유력 가문의 세력범위가 그대로 행정촌으로 형성된 사례로 볼 수도 있다. 그러나 이곡면의 里들은 거의가 비슷한 규모로 편제되어 있으며, 광무양안 단계에서는 이 서원리도 서원상리, 서원하리, 노은, 신흥 등 자연촌락 단위로 분리되고 있다. 즉 서원리의 형태는 특별한 경우가 아니라 이곡면 전체의 특징에 포함되는 경우라고 하겠다.

이처럼 里들이 여러 촌락을 포함하며 광역으로 형성되는 형태는 진천읍에서 떨어진 외곽의 里에서 공통적으로 나타나는데, 백곡면, 만승면 지역에서도 같은 현상을 볼 수 있다.

사례 4) 문방면

문방면은 진천읍 남서쪽 면으로 진천읍과 초평면 사이에 있다. 면의 규모는 中上 정도이다. 북쪽은 진천읍내와 가깝지만 남서쪽으로 길게 뻗었다. 도로나 거리상으로 남서쪽은 읍내에서 보면 좀 외지다.

1914년 당시엔 五更, 城周, 內窟, 外窟, 所加, 魚龍, 文上, 美來, 東德, 蒼垈, 楸洞, 思岩, 孟洞, 栗溪, 虎岩, 陽岩, 內龍, 長頭, 月湖, 梨治, 平沙, 通山의 22개 동리가 있었다.

---

28) 『한국지명총람(충북편)』, 491쪽.

여지도서		양안 및 1914년	
지명	호수	지명	호수
오경리	22	五更(五更洞 22)	22
성주리	44	성주(성주문리, 성주문대, 竹田坌* 裳谷洞 등)	44
내굴리	104	내굴(내굴대81)	81
외굴리	46	외굴(외굴대, 25)	25
소가리	80	소가리(8), 內洞(7) 양암(6), 맹동(7), 호암(35) 추동(7) 長頭(長頭坌, 長頭店, 15)	85
어룡리	65	어룡(16), 월호(20), 소강정(45)	81
문상리	50	문상(13), 동덕(9), 미래(20), 舊年坌(10)	51
연래리	170	梨治 平沙 通山	

* 죽전은 성주문 서쪽의 평야이다.

문방면은 좀 복잡한 구성을 하고 있어서 복원이 쉽지 않다. 五更과 城周, 外窟里는 이미 『여지도서』 단계에서부터 자연촌락을 바탕으로 이루어졌던 것 같다. 오경은 현재 초평 저수지에 수몰되었다. 이 지역은 초평면에 더 가까운 지역인데, 문방면에 홀로 떨어졌다.

내굴은 현재의 구곡지역으로 양안에서도 81호의 단일 촌락으로 매우 큰 마을인데, 경계가 분명치 않다. 외굴은 내굴에 인접한 마을인데 둘을 분리한 이유를 알 수 없다.

어룡리는 가장 북쪽으로 백곡천 남단에 위치한 지역이다. 그 아래 약간의 산지에 문상리가 있다. 연래리는 170호의 큰 里이다. 그러나 전혀 유관한 지명이 없다. 하지만 전체적으로 볼 때 다른 리의 위치가 남서쪽 초평면과의 경계에 위치한 지역과 완전히 떨어져 있으므로 이 부근의 梨治, 平沙, 通山을 넓게 포괄한 지역이라고 보아도 틀림없다. 이 지역은 문방면 최남단 지역이라는 사연 외에는 특별한 사족의 거주지나 특이 지형이 없는데, 지도상으로 보면 전체 문방면의 1/4 정도 지역을 하나의 里로 묶었다.

전체적으로 북쪽에는 작고 다양한 촌락이 형성되고 남쪽으로 내려오면 산지가 형성되면서 촌락 간의 거리가 멀어진다. 밀집된 지역은 작은 단위로 묶고, 떨어진 지역은 광역으로 묶었다.

문방면의 사례는 자연촌락의 독립과 광역의 里가 사족의 세거지나 특수한 목적이 아닌 오직 거리적, 지리적 요인만으로도 다양하게 나타난다는 것을 보여주는 사례라고 생각된다.

사례 5) 초평면

초평면은 진천군 남서쪽에 위치한 면으로 면적 상으로는 진천군에서 이곡, 월촌면 다음 가는 넓은 면이다. 그런데 초평면은 십자로 형성된 진천군의 도로망에서 약간 비켜나 있을 뿐 아니라 산곡과 하천, 평야가 적절히 발달하였다. 전통적으로 이 같은 지역은 사족들의 세거지로 인기가 높다. 초평면도 예외는 아니어서 경주 이씨, 경주 최씨가 등 이곡면의 평산 신씨가를 제외하고, 진천군의 유력한 사족가문은 거의가 이

여지도서		양안 및 1914년	
지명	호수	지 명	호
통동리	82	虎踰嶺(5), 봉암(9), 삼선(23), 상통(11), 삼성평(0), 하통평(0), 臺巖坪(4), 大坪(3), 龍洞(18)*, 龍洞坪(1)	74
영곡리	36	상영(9), 하영(35), 죽현(7)*	51
금한리	71	驅谷(0), 金谷(31), 묵방곡(0), 서당리(1), 新坪(18)*	50
수문리	56	구성리(12) 구성리계(1) 金村新坪?(3) 洑峴附水門(8), 福谷(6), 四方坪店?(1), 수문(14), 수문전평(0), 수문평(5), 輻洞(8)	58
생곡리	58	광덕평, 금당평, 막사동?(0), 구곡동?(1), 부창(24)*, 생곡(26), 蓮村(8), 응박곡(0)	59
양촌리	29	매산동(5), 문암천변(0), 비내곡(0), 양촌(19)	24
지전리	44	동잠(0), 사곡(25), 어근계(0), 지전리(24), 지전평(0), 영수사곡(1)	50
불암리	137	斜山(13), 斜山店生(1), 八里(16), 小道(23), 竹亭(8), 畵巖垈(36), 畵巖坪(1)	98
미정		挽斗南里(4), 鳳樓洞(1), 三峙(12), 漁隱(17), 연소동(1)	35
합	513		499

292 제3부 향촌사회와 지방지배구조 변화

지역에 둔거했다.
 그런 까닭에선지 里의 구성에서도 특이한 형태를 보인다.
 생곡리는 양안 상의 촌락으로는 현재의 용정리에 있는 생곡, 연촌, 금당, 부창으로 비정된다. 경주 이씨가의 세거지인 양촌은 현재의 용정리 양촌(20)과 이시발의 신도비가 세워져 있는 碑內谷, 매산동(5)이라고 생각된다.

<그림 4> 초평면의 리와 경계 복원도

지전리는 역시 현재의 용정리 지전마을을 중심으로 東쪽을 포함한 지역이었다고 보여진다.

수문리 또한 진천군에 속한 대표적인 사족마을로 최석정이 은퇴하여 살던 마을이다. 최석정은 이곳에 芝山書院을 세워 서원말이라고 불리기도 한다.29) 현재의 금곡리에 속한 이동, 수문(14), 수문평(5), 狱峴附水門(8), 九星里界 등지로 비정된다.

그런데 『여지도서』단계에서 이미 분화해 있는 생곡, 양촌, 지전리는 모두 경주 이씨의 세거지라는 특징이 있다. 양촌은 경주 이씨가의 중심이 되는 지역으로 선조 때의 중신인 李時發의 세거지이다.30) 현재에도 이 지역에 그의 묘와 신도비가 있다. 生谷은 양촌에서 분화한 경주 이씨의 집성촌으로 경주 이씨 9대조의 호가 生谷이어서 생곡리가 되었다고 한다. 지전리도 생곡과 같은 경우이다.

이 3개의 리는 모두 현재의 초평면 용정리 내에 포함된 지역으로 서로 경계를 접하고 있다. 생곡과 양촌의 거리는 700m이며, 지전리도 양촌에서 겨우 500m 떨어진 동네이다. 양안에서도 양촌리과 같은 嚴字丁에 포함되어 있다.31)

이처럼 두 지역이 경계를 맞대고 있고, 같은 경주 이씨의 집성촌이며, 두 리의 호수를 합쳐도 다른 리 1개의 호수밖에 되지 않을 정도로 작은 규모임에도 불구하고 양촌과 생곡, 지전은 별개의 里로 나뉘어져 있다.

그 중에서도 제일 중심이 되는 양촌리가 자연촌락인 양촌이라는 단일 촌락을 중심으로 편제된 반면,32) 지전리와 수문리는 주변의 촌락을

---

29) 진천군청, 「진천읍유래」(http : //www.jincheon.go.kr/child/main_03_6_4_07.html).
30) 『鎭川郡誌』, 1418쪽.
31) 양안에서 같은 字丁에 속해 있다고 해서 행정구역이 반드시 일치하는 것은 아니다. 이 같은 불일치의 의미에 대해서는 앞으로 좀 더 깊은 탐구기 필요할 것 같다.

보다 넓게 부속하고 있다. 즉 가장 강력한 촌락이 자연촌락 단위로 먼저 독립하고, 파생된 촌락이 주변 촌락을 넓게 거느리며 지역촌의 중심인 행정부락의 기능까지 감당하고 있는 것이다. 이것도 사족세력이 강한 지역이 보다 넓게 주변을 지배할 것이라는 일반적인 이해와 달라지며,33) 사족의 세력범위와 면리의 구획이 대립적이라는 인식과도 차이가 난다. 오히려 양촌리는 자신들의 자연촌락을 행정단위로 하고, 주변 촌락을 배제함으로써 면리제라는 틀로써 자신의 영역을 보존하고 있다. 이것은 지역사회에서 지방세력의 권력이 독자적인 세력범위가 아니라 국가권력에 의한 특혜와 보호라는 방식으로 시행되고 있음을 보여주는 것이다.34)

---

32) 碑內谷은 양촌 입구에 이시발의 신도비가 있는 곳이 분명하다. 碑內谷은 별개의 촌락 같으나 현지를 답사해 보면 사실상 같은 자연촌락군에 속한다. 夫昌은 양촌과 접경한 이시발이 딸에게 양도해 준 땅에 세워진 촌락이다(『진천군지』, 663쪽). 부창이 양촌에 편입된 것 같지는 않다. 왜냐하면 부창은 24호나 되는 촌락이어서 양촌에 속했으면 양촌리의 호수가 40호가 넘어가며 부창과 양촌 사이에 생곡이 위치하고 있기 때문이다.

33) 李海濬 교수가 진주지방의 사례를 조사한 바에 의하면 임진왜란 이전의 里는 방위면제 하에서 자연촌 5~6개를 관할하는 지역촌으로서 비교적 균등하게 분포하고 있었다. 그러나 임진왜란 이후 많은 자연촌락들이 사족들의 거주지로 분속, 통합된다고 하였다. 특히 이러한 통합은 호구나 田地와 같은 합리적 요인보다는 사족의 존재여부에 좌우된다고 하였다(李海濬, 『조선시기 촌락사회사』, 민족문화사, 1996, 41~42쪽). 그러나 진천군의 사례는 이와는 전혀 반대의 양상을 보여준다. 이것은 재지사족과 수령권, 국가지배와 면리제와의 관계가 지역마다 일정하지는 않았다는 것을 보여주는 사례인 동시에 재지사족과 국가권력과의 관계를 대립적으로 볼 수만은 없다는 점을 보여준다고 하겠다. 그러나 이는 앞으로 보다 많은 사례를 통해 고찰할 필요가 있다고 생각된다.

34) 17, 18세기 이후 촌락의 分化, 分洞이 확산되는 경향은 이미 앞선 연구에서 지적되었다. 그리고 그 원인으로 개간 내지는 농지 확대로 인한 새로운 촌락형성, 동족촌락이 분가나 이주를 통한 신설, 부세나 마을 주도권을 둘러싼 갈등에 의한 분동, 보다 근본적으로는 사족지배질서의 이완, 생산력 발전을 통한

이들 지역 외에 사족 거주지가 아닌 지역은 보다 광역으로 구성된다. 통동리는 현재의 신통리 일대로 상통, 하통, 연소동, 삼선동, 봉암, 신평 등지를 포함한다고 보여지는 바, 이 里를 구성하는 촌락들이 상대적으로 넓게 분포되어 있다.

더욱 특이한 곳은 불암리[35]로 이곳은 마땅한 지명이 발견되지 않는다. 그러나 전체 구도로 보면 초평면 남쪽, 지금의 초평저수지가 있는 화산리 일대의 지명이 보이지 않는 것으로 보아 이 일대의 촌락을 묶은 것 같다. 이곳에 해당하는 규모가 큰 촌락으로는 畵嚴坪, 小道垈, 生八里 등이 있다. 이 촌락들은 각기 호수가 30호가 넘고, 경작조건도 좋으며, 주민들도 상대적으로 부유한 편인데도 불구하고, 양촌, 지전, 생곡리 등과 달리 광역의 지역이 하나의 里로 묶여 있다.

4. 맺음말 : 18~19세기 面里制의 변화와 그 의미

지금까지 고찰한 결과를 토대로 面里制의 변화과정에 대한 역사적 의미를 기존의 견해와 대비하여 살펴 보고자 한다.

조선후기에서 한말에 이르는 시기에 지방제도나 면리제 개혁에 관한 특별한 법령이나 조치가 발견되지 않는다. 때문에 이 시기에 면리제에 대한 정부차원의 특별한 개혁이나 노력은 부족했다고 이해되어 왔다. 그리하여 광무개혁기에 지방제도 개혁이 잠시 시도되나 실현되지 못하고 결국 일제에 의한 지방제도 개혁을 통해 불완전하고, 식민지 지배라

농민과 촌락의 성장(자생력의 확보), 동족촌락과 비동족촌락의 갈등과 대립, 정부의 촌락단위의 수취체제 강화 등 여러 요인이 지적되고 있다(李海濬, 앞의 책, 74~76쪽) 그 중에서도 대표적인 견해는 사족지배질서의 이완인데, 초평면의 현상은 이 같은 견해와 반대되는 모습을 보여준다.

35) 『여지도서』에서 畵嚴을 佛嚴으로 잘못 오기했을 가능성도 있다.

는 왜곡된 형태로 근대적 외피를 갖추게 된다고 생각해 왔다.

그러나 『여지도서』와 양안의 면리제 변화를 고찰한 결과 18세기부터 광무개혁기까지 면리제는 꾸준히 변화, 발전하고 있음을 알 수 있다.

면제에서는 자연경계와 생활권을 기준으로 하는 합리적인 경계조정이 꾸준히 진행되었다. 남변면과 북변면의 면계가 꾸준히 변화해 온 사례는 불합리한 편제를 조정하는 데 관청과 관유지, 관둔전이 주요한 역할을 하고 있음을 볼 수 있는데, 이것은 경계의 합리적 조정에 관이 의도적이고 적극적으로 참여했음을 짐작하게 한다.

한편 읍치의 규모를 보면 의외로 읍치가 상당히 작고 좁았음을 알 수 있었다. 특히 읍성을 건축한 지역은 국가에서 일정 면적을 자의적으로 설정할 수도 있었겠으나 진천과 같이 읍성이 없는 지역에서는 관아와 그 부근 일부의 지역만이 읍치로 포함되어 있었다. 이것은 앞으로 보다 많은 사례를 집적하고, 그 의미를 추구해야 할 문제라고 생각된다.

里의 경우, 이 시기 里가 자연촌락 단위로 끊임없이 분화하는 과정을 자연촌락이 성장, 발달하여 인위적인 구성인 지역촌 즉 광역의 행정구역에서 분화, 독립하는 과정으로 이해하고 있다. 이 역시 이 시기 면리제 개혁에 대한 정부의 관심과 노력을 경시하는 태도와도 일정한 관련이 있다고 생각된다.

그러나 양안을 통해 보면 광역으로 묶여 있는 지역 내에도 30호 이상의 촌락이 수 개씩 존재하고 있으며, 이들 지역의 지리적 요건이나 유래를 보아도 이러한 촌락들이 모두 『여지도서』 편찬 이후 광무양안의 작성시기 사이에 새로이 성장한 촌락이라고 볼 수는 없다.

게다가 『여지도서』 단계에서 이미 자연촌락 단위로 성립해 있는 지역이 있는데, 이런 촌락들은 행정중심지(이곡리), 특별한 지형적 사정(두건리, 석탄리), 혹은 사족세거지(수문, 양촌, 지전, 생곡) 등의 특징을 지니고 있다. 이 역시 지역촌에서 분리하여 자연촌이 성립한다는 가정과 맞지 않는다.

 더욱이 지역촌으로서의 里는 얼핏 보면 전혀 상이하고 다양한 형태를 포함하고 있으나 이러한 불균도 면별로 보면 상당한 일관성과 동일성을 갖추고 있다. 이상의 사례는 자연촌락을 기초로 한 里制의 분화가 자연촌의 성장에 의한 자율적이고 공동체적 질서의 반영이 아니라 이 역시 특정한 목적을 위해 인위적으로 설치된 구역임을 증명하며 국가의 의도적이고 꾸준한 관리와 주시 아래 발달해 온 것임을 보여주는 것이라고 하겠다.

 다만 面과 里 모두 읍치에서 멀수록 보다 광역으로 묶이고 그 크기나 주변 里와의 균형, 모양도 일정하지 않다. 『여지도서』 단계에서 보면 읍치에서 가깝고 특별한 사족세력도 없는 행정면, 덕문면은 가장 균일한 형태를 보여준다. 읍치에서 가깝지만 외곽지역으로 길게 뻗어 있는 문방면은 읍치에 가까운 북쪽과 남쪽의 里 편제 형태가 다르다. 이곡면과 초평면에는 보다 광역으로 里가 묶여 있다.

 이것은 읍치와의 거리, 지형, 교통 등이 면리제의 치밀성과 균일성에 크게 작용했음을 보여주는 것이면서, 18세기 면리제의 불완전성을 보여주는 사례이기도 하다. 그러나 이 같은 구조는 한말까지 꾸준히 개혁되어 광무양안 단계에서는 대다수의 里가 자연촌락 단위로 세분화되었다.

 그렇다고 해서 사족의 지배권이나 세력이 면리제 편성에서 전혀 작용하지 않은 것은 아니다. 북변면과 남변면의 사례, 이월면, 특히 초평면의 사례는 사족의 세거지가 면리제 편성에 일정한 영향을 끼치고 있음을 보여준다. 그러나 그것이 지금까지의 견해처럼 일방적이고 강력한 것은 아니며, 사족의 지배영역과 면리제가 대립하는 형태도 아니라 오히려 사족의 촌락이 광역지배를 일찌감치 포기하고 면리제에 참여해서 면리제를 통해 자연촌락 단위로 보호받는 형태로 이루어지고 있다.

마지막으로 진천군의 사례를 통해서 보면 면제는 국가에 의해 의도적으로 설치된 행정·수취단위이며, 里는 하향식으로 설치된 면제에 대비되는 자연적이며, 자율적, 상향적인 촌락질서의 구현이라는 해석은 재고할 필요가 있다고 생각된다. 里 역시 지역촌이든 자연촌이든 간에 면과 마찬가지로 국가의 조세수취와 군현운영의 편의를 위해 설정한 행정구역으로 이해해야 하며, 이러한 관점 아래 조선후기에서 한말에 이르는 면리제의 변화에 대해 접근할 필요가 있다고 생각된다.

이 같은 관점에서 보면 지역촌으로서의 里制가 촌락의 자연적인 성장에 의한 공동체적 영역, 혹은 촌락지배를 기초로 한 사족이나 특정세력의 지배영역으로 파악하는 견해에 대해서도 비판이 가능하다.

초평면의 양촌, 수문, 지전리 등은 이미 18세기부터 자연촌락을 단위로 한 작은 리로 먼저 독립하여 있었다. 이곡면의 서원리는 이들에 비하면 광역이지만, 그 내용을 보면 역시 평산 신씨가의 중심지인 노곡리와 서원을 중심으로 하는 촌락에 한정되어 있다.

양촌, 수문, 지전리 등이 자기 영역을 里로 확보하고 있다는 사실은 일단은 사족적 지배질서나 군현 내에서의 특권적 지위가 里制에 반영된 형태라고 볼 수 있다. 그러나 이들은 세 개의 里로 주변의 里보다 오히려 작게 분리되어 공동체적 관점에서 보면 오히려 약화되어 있다. 사족적 지배가 자신의 거주지역과 인근지역에 대한 특별하고 강력하며 배타적인 권력을 의미하거나, 자연촌에 바탕한 里의 구성이 촌락의 성장과 공동체적 기능의 확대를 의미한다면 생곡, 양촌, 지전리는 오히려 통합되었어야 마땅하다.[36]

---

36) 이영훈은 한말 자연촌에 기초한 리의 증가를 分洞, 分里의 과정으로 이해하면서 자연촌락의 성장이 공동체적 절서와 결합의 강화를 이루지 못하고 분리된 것이 촌락들이 班常의 구별이란 수직적 질서로 편제된 때문이라고 하였다. 그러나 용정리의 사례는 동일한 가계에 이 지역에서 가장 명망 있는 가문의 촌락이 오히려 분화의 선두에 서 있음을 보여준다.

그러나 광무양안을 통해 里의 규모와 경계를 복원해 보니 사족거주지가 특권을 누린다고 해도 里制로 반영된 부분이 각자의 집성촌을 중심으로 한 자연부락의 범주를 전혀 넘어서지 못하고 있으며, 오히려 이런 식으로 빨리 독립하려 한다는 점에 주목할 필요가 있다. 즉 그들의 특권은 국가권력이나 면리제 운영과 대립하는, 배타적이고 영역지배적이며 독립적인 권력이 아니라, 국가권력과 타협해서 자기 촌락에 한해 제한적 특혜를 누리는 형태에 불과하다는 것을 보여주는 사례라고 하겠다.

그런데 이 같은 결론을 보다 명확히 하기 위해서는 촌락 내부의 구조와 인적구성에 대한 고찰이 필요할 것이다. 그래야만 촌락 간의 관계, 사족거주지의 권력 형태, 흔히 얘기되는 촌락의 공동체적 관계와 그 변화과정에 대한 충분한 설명이 될 것이다. 하지만 그것은 보다 복잡하고 다양한 분석을 필요로 하므로 한 편의 논고에 수록하기는 곤란하다. 이 부분은 후고를 통해 살펴보고자 한다.

충북 진천의 향촌사회구조와 변동
－토지소유 및 경작관계를 중심으로－

임 용 한

1. 머리말

　조선시대 향촌사회구조에 대한 연구는 크게 보아 세 가지 방향에서 이루어졌다. 첫째는 향촌지배구조에 대한 연구로서 지역 양반층(또는 土姓)의 존재형태, 이들의 구성과 권력구조, 鄕約, 洞契, 향촌사회의 신분구성에 대한 연구가 이에 해당한다. 둘째는 촌락의 내부구성과 운영구조에 대한 연구이다. 이 분야에서는 촌락의 신분제적 편성, 촌락공동체에 대한 연구와 契, 두레와 같은 향촌운영 규약에 대한 연구가 집중적으로 진행되었다. 셋째로는 향촌사회 내부의 갈등구조에 대한 연구를 들 수 있겠다. 특히 한말 민란과 농민전쟁 발발과 관련하여 근대 세계에 대면한 각 계급의 지향과 행동에 많은 관심이 두어졌다.
　이 같은 연구를 진행하는 데 있어서 호적, 향안, 향약, 동계, 목민서 등의 자료가 이용되었다. 그런데 이상의 자료들은 토지소유와 경작관계를 파악하기가 곤란하다는 공통적인 어려움이 있다. 특히 한말의 주된 생산양식이 지주제이며, 사회모순의 주축이 농업문제에서 발생하고 있었던 점을 감안한다면, 토지소유와 경작관계는 향촌사회 내부의 대립구조, 촌락간의 관계와 편성원리, 촌락의 신분제적 구성, 권력구조 등에 대한 연구에서 필수적인 요소라고 할 수 있다.

예를 들어 향촌 지배층에 속하는 유력가문이라고 할 때 그들이 토지와 노비를 다수 소유하고 이것이 그들의 향촌사회에 대한 권력을 확보하는 데 주요한 요소가 되었다는 것은 인지할 수 있다. 하지만 그들의 토지소유가 구체적으로 어느 정도이며, 또한 그 토지를 매개로 촌락 및 경작인과 어떤 인적 네트워크를 맺고 있으며, 이것이 다른 중소지주, 또는 평민들과는 어떻게 다른지는 구체적으로 파악되지 않았다.

동성촌락, 또는 우리가 촌락공동체로 이해하는 촌락에 대해서도 같은 문제를 제기할 수 있다. 대부분의 연구는 계와 두레와 같은 협업체제, 촌락의 운영방식과 구성원에 대한 현지조사와 증언에 기초하였다.[1] 하지만 계와 두레는 일종의 협업규정으로 그것만으로는 촌락이 공동체적 구조를 갖추었다는 증거가 되지 못한다.

촌락의 공동체적 구속력이 어느 정도이고, 그 같은 촌락이 얼마나 분포하였는가를 규명하기 위해서는 촌락의 내부구성과 그들의 토지소유, 경작관계를 파악하는 것이 중요하다고 하겠다.

본고는 광무양안을 이용하여 이 같은 문제의 해명에 접근해 보고자 한다.[2] 양안은 해당 군현의 토지소유주 및 경작인, 地目, 토지의 위치와 규모, 촌락명 등 다양하고 입체적인 정보를 담고 있다. 그러나 지금까지 양안은 농업사 분야에서만 사용되었을 뿐 향촌사회 연구에는 활용되지 못하였다. 본고는 이 같은 사정에 착안하여 양안을 이용하여 경제적 측면에서의 향촌사회의 구조를 분석하고자 한다.

이 연구를 위하여 진천군 광무양안[3]을 dbase로 전산처리한 후 dbase

---

1) 이해준,『조선시기 촌락사회사』, 민족문화사, 1996, 212~214쪽.
2) 광무양안의 작성과정과 배경에 대한 연구로는 김용섭,『韓國近代農業史硏究』, 일조각, 1975 ; 한국역사연구회 근대사분과 토지대장연구반,『대한제국의 토지조사사업』, 민음사, 1995.
3)『忠淸北道鎭川郡量案』(奎17678), 量地衙門(朝鮮) 編, 15冊, 筆寫本, 1901.

프로그램을 사용하여 각종 데이터를 추출한 뒤 통계 처리하였다. 특히 dbase의 프로그래밍 기능[4]을 활용하여 지금까지의 양안연구에서 거의 사용하지 않던 복합적인 통계, 예를 들면 개인소유지의 지역별 분포와 비율, 개별 작인과 개별 지주와의 관계 등을 추출하였다.

이 통계를 통하여 다음과 같은 사항을 분석해 보고자 한다.

첫째 지주층의 토지가 특정 지역에 어느 정도로 집중되었는가를 살피는 것이다. 지역사회에서 개인의 사회적 지위와 권력을 규정하는 중요한 요소의 하나가 경제력이다. 조선후기 이래 상업의 성장과 농업과 상업의 연계를 무시할 수 없으나 조선사회에서 경제력을 규정하는 가장 기본적인 요소는 역시 토지소유였다. 고려·조선시대에도 장원과 농장이 늘 사회문제가 된 것은 그것이 경제적 성격을 넘어 정치적, 사회적 의미를 지니기 때문이었다. 따라서 한말 광무양안 단계에서 지주층의 토지집적이 어떤 형태와 규모로 이루어져 있는가를 살펴보도록 하겠다.

토지는 지주전호제에 기초한 경제적 관계와 경제외적 관계를 형성하는 매개이기도 하였다. 따라서 다음으로는 이 같은 토지를 경작하는 경작인의 경작지 분포와 시주와의 관계를 살펴보고자 한다.

다음으로 주요 촌락단위로 이 구조를 분석하여 이 같은 구조가 지역과 촌락에 따라 어떤 차이와 공통성을 보이는지를 살펴보고자 한다.

본 연구는 양안을 이용하여 향촌사회의 내부구조를 조망하고자 하는 최초의 연구이다. 통계와 분석방법에 선례가 없어 많은 망설임과 고민을 해야 했다. 그럼에도 불구하고 연구방법에 부족하고 의문스러운 점이 없을 수가 없다고 생각된다.

또한 양안을 통해 파악하는 토지소유와 경작관계가 향촌사회의 구

---

[4] 본 연구에 사용한 dbase 프로그램은 'visual foxpro6'이다.

성, 지주층과 경작인 간의 인적관계를 온전하게 구현한다고 볼 수는 없다. 일단 토지소유 관계가 개개인의 경제적 능력을 완전하게 대변하는 것은 아니다. 양안의 기록이 완전하다고 볼 수 없으며, 실제 권력과 예속관계에는 신분, 직업, 혈연, 학연 등 다양한 요소가 혼합되어 작용한다. 그러나 한말 대표적인 농업경영 방식이 지주전호제였고, 농민항쟁과 농민전쟁으로 이어지는 사회적 갈등은 토지문제를 주축으로 진행되었다. 그러므로 토지를 매개로 한 개인별, 촌락별 구성은 이 시기 사회를 이해하는 데 참고할 수 있는 한 가지 기준과 지표를 제공할 수는 있을 것이라고 생각된다.

2. 時主層의 토지 분포 형태 1
-여러 면에 토지를 분산시킨 경우

진천군의 총 현황을 보면 광무양안 작성 시에 진천군에는 15개의 면이 있었다.[5] 총결수는 368결 84부 8속이며, 면적은 약 7610.2정보이다. 진천군 양안에 등장하는 토지소유자(時主)는 총9,498명이다.[6] 이 중

---

[5] 진천군이 15개 면으로 형성된 시기는 명확하지 않다. 1758년에 작성한 『輿地圖書』에 15개 면이 다 나타나는 것으로 보아 최소한 18세기 경에는 면제가 정착하고 있었음을 알 수 있다. 기존의 연구사에서도 면리제의 정착을 17세기 이후로 보고 있다(이해준, 앞의 책, 24쪽 ; 오영교, 『조선후기 향촌지배정책연구』, 혜안, 2001). 15개 면은 1914년 군면 폐합에 따라 현재의 7개 면 체제로 변하였다(鎭川郡誌編纂委員會, 『鎭川郡誌』, 1994, 623쪽).

[6] 이 통계는 한글 성명을 기준으로 했다. 한글 성명의 경우 동명이인이 있을 가능성이 있으나 상층 토지소유자의 경우에는 동명이인이 포함될 경우를 점검하였다. 반면에 한자로 할 경우 동일인물을 제 각기 다른 한자로 기록하는 경우가 많다. 두 경우를 대조해 볼 때 한자를 잘못 쓴 경우가 더욱 많아 정확성이 오히려 떨어진다.

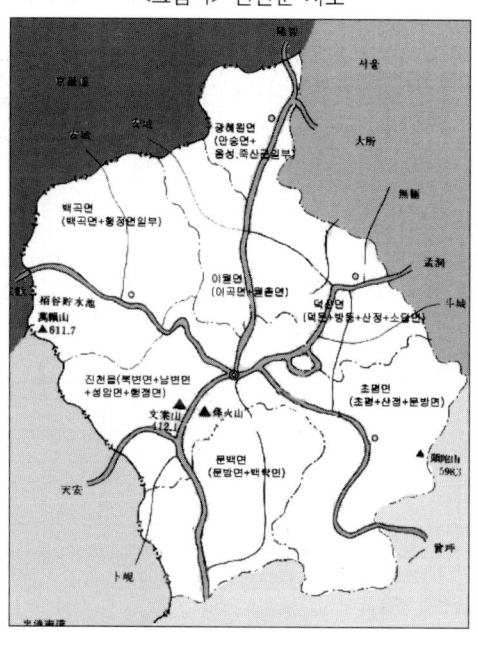

<그림 1> 진천군 지도

驛, 訓局, 宮房, 洞畓, 寺院과 같이 시주가 개인이 아닌 단체인 경우가 163건이어서[7] 순수한 개인 토지소유자는 9,335명이다.

먼저 이들의 토지가 몇 개 면에 분포하고 있는가를 살펴보았다. 단 여기서 대지를 포함하는 여부가 문제가 된다. 양안에는 田畓과 垈地가 구분되어 있는데, 양안을 보면 가옥 규모에 비해 대지가 넓은 경우가 종종 있고,[8] 대지에도 생산량을 나타내는 토지등급과 결부 수가 병기

---
[7] 양안에서는 관청이나 단체의 명을 기재할 때 동일한 곳을 다른 명칭으로 기재하거나 생략해서 쓴 경우가 있다. 예를 들어 양안에 등장하는 사찰은 영수사와 백련암 2곳이 있는데, 어떤 곳에는 단지 寺畓이라고 표기한 경우가 있다. 이 寺畓이 영수사나 백련암의 토지인지, 다른 사찰의 토지인지 확실하지 않다. 그렇기 때문에 이 단체의 숫자는 2~5개 정도의 오차가 있다.
[8] 진천군 양안에 의하면 將廳은 9칸 건물로 대지 면적이 574척이었고(진천군 양

<표 1> 진천군 면별 토지 규모 (수치는 1,000=1결 즉 12,345는 12결 34부 5속임)

면	총계(결)	전(결)	답(결)	대지(결)	戶	총계(정보)	전(정보)	답(정보)
남변면	131.879	46,707	75,213	9,959	385	253.336	106.893	131.790
북변면	198.919	31,964	164,023	2,932	172	360.637	88.545	267.473
덕문면	244.135	54,945	186,724	2,466	160	473.551	115.143	354.532
방동면	206.285	43,958	157,019	5,308	256	403.716	118.528	278.214
산정면	286.322	99,670	181,035	5,617	374	508.044	209.243	291.556
초평면	300.045	200,936	85,385	13,724	499	509.400	360.948	129.902
문방면	278.026	88,130	180,612	9,284	488	602.801	256.158	331.847
백락면	217.879	65,893	144,101	7,885	411	468.121	179.742	277.103
성암면	196.777	57,901	126,564	12,312	616	403.077	152.915	233.217
행정면	153.589	42,326	101,775	9,488	455	324.990	113.838	195.962
백곡면	275.997	95,434	159,858	20,705	926	697.120	292.674	371.249
이곡면	366.539	82,457	269,207	14,875	514	740.938	224.812	492.990
만승면	288.653	81,985	192,606	14,062	813	660.474	245.250	394.241
월촌면	340.412	85,114	245,586	9,712	478	762.171	252.747	494.186
소답면	202.951	41,952	151,012	9,987	222	441.856	121.940	304.763
총계	3,688.408	1,119,372	2,420,720	148,316	6,769	7,610.233	2,839.376	4,549.025

되어 있다. 이것은 대지 내에 텃밭 등 소규모 경작지를 포함하는 경우도 많고 혹은 폐가가 되면 경작지로 전환하는 경우도 있었기 때문이라고 생각된다. 따라서 일반 가옥은 대지도 전체 소유지에 포함시켰다. 다만 관청, 향교와 같은 공해와 사원의 대지는 통계에서 제외하였다.

<표 2>는 개인과 단체를 합하여 낸 통계이다. <표 3>은 개인 시주층의 토지분포 현황이며, <표 4>는 기관·단체의 분포 현황이다.

<표 3>을 보면 80.87%의 주민이 1개 면 내에 자기 토지를 소유하고 있다. 반면 2개 면 이상의 지역에 토지를 소유한 사람은 19.13%이다. 3

안 1책, 남변면 邑, 天字丁 7번<이하 天-7로 표기>), 이채의 가옥은 초가 12칸에 대지 432척이다(같은 책, 天-32). 그런데 인근에 있는 손기오 가옥의 경우 초가 2칸에 대지면적은 459척이다(같은 책 天-26). 대지면적에는 이런 경우가 일반적은 아니지만 간간이 발견된다.

개 면 이상 지역에 토지가 있는 사람도 547명이나 되며, 최고로 많은 경우는 11개 면에 자기 토지를 둔 지주도 있다.

<표 2> 면별 토지 분포 (전체)

구 분	전 체		5결 이상 소유자	
	인 원	백분율	인 원	백분율
1개 면	7,699	81.06	8	11.11
2개 면	1,252	13.18	13	18.06
3개 면	363	3.82	18	25.00
4개 면	104	1.09	13	18.06
5개 면	50	0.53	8	11.11
6개 면	14	0.15	4	5.56
7개 면	7	0.07	1	1.39
8개 면	3	0.03	3	4.17
9개 면	5	0.05	3	4.17
10개 면	0	0.00	0	0.00
11개 면	1	0.01	1	1.39
계	9,498	100.00	72	100.00

<표 3> 면별 토지분포 (개인)

구 분	전 체		5결 이상	
	인 원	백분율	인 원	백분율
1개 면	7,549	80.87	7	10.00
2개 면	1,249	13.38	13	18.57
3개 면	362	3.88	18	25.71
4개 면	99	1.06	13	18.57
5개 면	46	0.49	7	10.00
6개 면	14	0.15	4	5.70
7개 면	7	0.07	1	1.43
8개 면	3	0.03	3	4.29
9개 면	5	0.05	3	4.29
10개 면	0	0.00	0	0.00
11개 면	1	0.01	1	1.43
계	9,335	100.00	70	100.00

<표 4> 면별 토지분포 (기관, 단체)

		기관, 단체명	비 고
1개 면	150	명례궁, 서원, 관둔, 작청, 군수, 형청, 마청, 사령청, 훈련원, 원각 및 각종 종답, 위답, 동전(창고, 호장청)	창고, 호장청은 공해 뿐임
2개 면	3	마토, 영수사, 임씨위토	
3개 면	1	장청(대1)	장청 대지 1곳 포함
4개 면	4	역토, 교궁, 고마청, 군부	
5개 면	5	훈둔, 충훈둔, 군보, 둔토, 향청(대1, 전답4)	향청 대지 1곳 포함

자기 토지가 1개 면 내에만 있는 사람은 아무래도 토지의 절대량이 부족한 빈민층일 것이다. 반대로 여러 지역에 소유지를 분포시키기 위해서는 그만큼 다량의 토지가 있어야 할 것이다. 그러므로 대략적으로 보면 토지의 소유량과 분포지의 수는 비례한다고 하겠다. 그러나 자세히 검토해 보면 이와 상치되는 경우도 많으며, 토지소유량과 분포지의

<표 5> 7개 면 이상 토지분포자의 소유면적 (기관포함)

소유랭킹	이름	소재한 면 수	소유면적(결)
1051	김덕순	7	665
295	김영순	7	1,603
382	김정선	7	1,481
51	이경삼	7	5,476
596	이채	7	1,243
229	주치수	7	2,450
177	채규준	7	3,115
5	신귀	8	24,129
30	신백만	8	8,477
7	이종건	8	12,821
34	김변옥	9	6,860
349	김성운	9	1,496
82	이순종	9	4,715
43	이종근	9	6,981
47	이한웅	9	7,594
12	채규봉	11	12,866

수가 비례적으로 일치하지는 않았다. 이 점을 좀 더 구체적으로 살펴보자.

최다 분포를 기록한 사람은 11개 면에 토지를 소유한 蔡奎鳳이다. 그의 총 소유지는 12결 86부 6속으로 기관을 포함한 진천군 전체 지주 중 12위에 해당한다. 그의 토지의 면별 분포를 보면 <표 6>과 같다.

<표 6> 채규봉의 면별 소유토지

소재면	결수	백분율	보유가옥
계	12,866	100	23
산정면	6,455	50.2	4
초평면	1,935	15.0	0
소답면	1,622	12.6	0
행정면	967	7.5	6
성암면	903	7.0	12
만승면	328	2.5	0
남변면	302	2.3	1
월촌면	150	1.2	0
이곡면	112	0.9	0
방동면	70	0.5	0
북변면	22	0.2	0

채규봉의 토지는 산정면에 50%(6결 45부 5속)가 집중되어 있으며, 초평면과 소답면에 27.6%가 있다. 따라서 11개 면이라는 수치가 무색하게 실제로는 이 3개 면에 소유토지의 77.6%가 몰려 있다.

채규봉 다음으로 토지를 분포시킨 사람은 9개 면에 토지를 소유한 5명으로 김변옥, 이종근, 이한웅, 이순종, 김성운이다. 의외로 이들은 상위의 지주는 아니다. 이한웅이 7.6결의 토지를 소유했으며, 김변옥, 이종근이 6결대, 이순종은 4.7결이며, 이순종은 겨우 1.5결에 불과하다. 이들의 토지소유 형태도 채규봉과 유사하여 보통 1개 면에 50% 이상의 토지를 소유하고, 나머지 토지는 2개 면 정도에 15~20% 정도의 토지를 소유하였다. 유일한 예외는 김변옥인데, 방동면에 약 40%의 토지를 소유하고, 나머지 면에 5~11% 정도로 토지를 분포시켰다. 상대적으로는 좀 더 고르게 토지가 분포했지만 크게 다르다고 볼 수는 없다.

 8개 면에 토지를 보유한 사람은 신귀(24결), 이종건(12.8결)과 신백만(8.4결)이다. 이종건은 진천군에서 7위의 지주로 2~3개 면에 대부분의 토지를 소유한 것은 다른 사람들과 같지만 성암면에 37.7%(4결 83부 7속), 월촌면에 25%(3결 21부)를 소유하여 다른 사람에 비해 집중비가 조금 낮고, 다른 면에도 5~10% 정도로 일정량의 토지가 분포하였다. 신백만은 채규봉과 같은 형태로 덕문면에 43.1%(3결 65부 2속), 산정면과 북변면에 각각 14.7%,(1결 24부 3속), 14.0%(1결 18부 4속) 정도의 토지를 소유하였다. (신귀는 후술하겠다.)

 7개 면 토지소유자는 모두 7명인데, 이들은 이상하게 소유토지량이 더욱 낮아 소지주급이다. 이경삼만이 5.4결을 소유하였고, 채규준이 3결, 나머지 5인은 모두 1~2결의 지주이며, 김덕순은 66부에 불과하다. 이들 중 채규준만이 4개 면에 토지를 12~30% 정도로 분포하고 있을 뿐 나머지 사람들은 1~2개 면에 토지를 집중소유하고 있다.

 지금까지 11개 면에서 7개 면에 토지를 분산 소유하고 있는 사람들의 토지분포 형태를 살펴보았다. 여기서 두드러진 특징은 크게 2가지이다. 첫째, 토지의 분산규모에 비해 의외로 이들의 소유 토지는 많지 않다. 이들 중 상위급의 지주는 5위인 신귀와 7위인 이종건과 12위인 채규봉이다. 이들 외에는 30위권 내에 드는 인물이 한 명도 없다. 심지어 7개 면에 토지를 소유하고 있는 김덕순의 토지소유량은 66부에 불과하다.

 둘째로 이들이 많은 지역에 토지를 소유하고는 있지만 실제 면별 토지소유량을 따져 보면 1개 면에 50% 이상의 토지를 집중시키고, 2개 면 정도에 30% 정도가 있다. 그 외의 지역에 있는 토지는 극소량이다.

그나마 이들 대부분은 중소지주에 불과하여 이들 지역의 소유면적은 지극히 낮다.

물론 약간의 예외는 있어서 최고 소유지역에도 30% 정도의 토지만 소유하고, 나머지 지역에 비교적 고르게 분포한 경우가 있기는 하다. 대표적 인물이 이종건, 김변옥 등이다. 하지만 이런 소유형태는 3~4명에 불과하다.

여기서 시각을 바꾸어 진천의 상위 지주들의 토지소유 형태를 살펴보도록 하겠다. 개인으로서 진천 최고지주는 44.9결을 소유한 이경팔이다.9)

<표 7> 이경팔의 토지분포

면	결수	백분율
계	27,017	100
방동면	703	2.6
행정면	8,027	29.7
이곡면	16,222	60
월촌면	988	3.7
소답면	1,077	4

그는 5개 면에 토지를 소유하고 있는데, 지금까지 살펴본 6개 면 이상의 지주들보다 토지 집중도가 높아서 이곡면에 60%, 행정면에 약 30%의 토지를 소유하였다.10)

---

9) 이경팔의 토지와 작인 현황에 대해서는 최윤오, 「대한제국기 광무양안의 토지소유와 농업경영에 관한 연구」, 『역사와 현실』 58호, 2005. 12, 324~325쪽.
10) 진천군 양안에는 '李景八'과 '李敬八'이라는 2명의 이경팔이 등장한다. 두 사람 다 상당한 토지를 소유하고 있다. 이 두 사람이 동일인인지는 약간의 의문이 있다. 그러나 이들의 이름이 인접지역에서 중복되고, 작인 중 중복되는 사람이 많은 것으로 보아 동일인의 인명을 잘못 기재한 것으로 생각된다. 만약 이들이 다른 인물이라고 할 때 총 소유면적에서는 차이가 나지만 이 글의 과제인 토지집중도에서는 별 문제가 없다.

2위인 안대복은 산정면 三台店에 15칸 가옥을 보유한 것으로 보아서11) 산정면12) 사람인 듯한데, 그의 가계에 대해서는 현재의 진천군 향토사학자들도 잘 알지 못하는 것으로 보아 평범한 가계 출신이라고 생각된다. 그는 24.6결의 소유지가 있는데, 이경팔과 마찬가지로 5개 면에 토지가 분포하였다. 하지만 그도 자기 근거지인 산정면에 60.7%를 소유하였고, 초평면에 20%, 소답면에 11.3%를 소유하여 실제로는 3개 면 정도에 대부분의 소유지가 있었다.

<표 8> 안대복의 토지분포

면	결수	백분율
계	24,618	100
덕문면	1,395	5.7
방동면	593	2.4
산정면	14,940	60.7
초평면	4,919	20
소답면	2,771	11.3

24결을 소유한 申橺는 진천의 대표적인 명문 세족인 평산 신씨가의 인물이다.13) 그는 전체 순위로는 5위지만 기관을 제외한 개인 순위로는 3위의 지주이다. 평산 신씨가는 17세기 초반 영의정으로 추증된 신잡이 이곳에 이주하여 이곡면 노은리에 동족마을을 건설한 것을 계기로 진천에 정주하였다.14) 광무양안을 작성하던 당시에도 신씨가는 중앙 관

---

11) 『鎭川郡量案』 5冊, 山井面·三台店(剅-6).
12) 산정면은 1914년 지방제도 개혁 때 덕산면과 초평면으로 편입되었다(『鎭川郡誌』, 649쪽).
13) 이하 이들의 가계 및 이력과 토지소유에 대해서는 신영우, 「한말 진천의 평산 신씨가와 토지소유」(본서 수록)를 참조하였다.
14) 평산 신씨의 진천 세거는 1608년 신잡이 지금의 이월면 노곡리 논실로 낙향하면서부터이다. 현재 이곳에 그의 사당인 老隱影堂과 노은영당 아래 그가 살았던 초가의 집터 등이 남아 있다. 이곳의 지명인 논실도 노은이 거주한 곳이라

료를 배출하였는데, 대표적인 인물이 申櫶과 그의 아들 申正熙이다.
申櫶는 평산 신씨가의 30세 손으로 蔭仕로 관직에 나아가 1890년(고종 27) 義禁府都事를 거쳐 監造官을 역임하였다.15)

<표 9> 申櫶의 토지분포

면	결수	백분율
계	24,129	100
남변면	1,404	5.8%
북변면	4,195	17.4%
행정면	1,445	6.0%
백곡면	4,316	17.9%
이곡면	4,872	20.2%
만승면	1,496	6.2%
초평면	910	3.8%
덕문면	5,491	22.8%

신귀는 8개 면에 토지를 소유하였다. 하지만 그도 역시 4개 면의 토지는 미미하고, 나머지 4개 면에 78.3%의 토지가 집중되어 있다. 다만 이 4개 면에 17~22.8%의 토지를 고르게 분포시킨 점이 지금까지 살펴본 사람들과는 다르다. 그가 앞선 지주들처럼 한 지역에 50%가 넘는 토지집중도를 보이지 못한 이유는 그의 일가인 평산 신씨가가 이곡면에 집단으로 거주했던 탓이라고 생각된다. 실제로 이곡면의 토지소유를 보면 신헌의 손자인 신갑균이 약 8결의 토지를 소유했으며, 그 외에도 申橵(7.3결), 申喆熙(6.1결), 申兢熙(5.1결) 등이 신귀보다 더 많은 토지를 소유하였다.
진천군에 18결의 토지를 소유한 한규설은 한말 총리대신을 역임한 한규설16)과 동일인으로 명백한 부재지주이다.

는 뜻에서 붙이신 것이나.
15) 『平山申氏忠憲公系譜』, 234쪽 ; 『常山誌』 下, 蔭仕條.

<표 10> 한규설의 토지분포

면	결수	백분율
계	18,229	100
남변면	1,431	7.9
북변면	1,353	7.4
방동면	330	1.8
이곡면	263	1.4
월촌면	14,421	79.1
소답면	431	2.4

그의 토지는 6개 면에 나뉘어 있지만 실제로는 가장 높은 집중도를 보여주어서 월촌면에 79.1%를 소유하였다. 나머지 지역은 양도 미미하고 서로 분산된 소규모의 필지이다.

6결(또는 13결)을 소유한 閔泳駿은 고종대에 한성판윤과 궁내부 대신을 지내고 중추원의장을 역임한 閔泳徽(1852~1935)일 가능성이 높다.17) 충주양안에 의하면 민영준은 인근인 충주에도 수십 결 이상의 토지를 소유하고 있었다.

<표 11> 민영준의 토지분포

면	토지	백분율
계	6,240	100
문방면	193	3.1
성암면	3,375	54.1
이곡면	110	1.8
만승면	2,477	39.7
월촌면	85	1.4

양안에 등장하는 민영준이 민영휘가 아니라고 해도 그가 소유한 30

---

16) 최윤오, 「대한제국기 광무양안의 토지소유와 농업경영에 관한 연구」, 『역사와 현실』 58, 2005, 326쪽.
17) 閔泳徽의 초명이 閔泳駿이었다.

채의 가옥이 모두 2~4칸짜리 초가에 불과한 것을 보면 진천에 거주지가 없는 부재지주인 것만은 틀림이 없다. 그의 토지는 5개 면에 나뉘어 있는데, 성암면에 54%, 만승면에 약 40%의 토지를 가지고 있다.

그런데 진천군 양안에는 閔泳俊으로 표기된 또 한 명의 민영준이 있다. 이 閔泳俊은 오직 소답면 1개 면에만 등장하며 7결의 토지를 지니고 있다. 이 두 사람이 동일인물인지는 확실하지 않다. 그런데 이 두 번째 민영준은 진천군 전체에 가옥을 한 채도 소유하지 않고 있다. 따라서 그가 민영휘가 아닌 다른 사람이라고 해도 부재지주임은 분명하다. 따라서 두 사람이 동일인물이라면 민영준은 성암면과 만승면이 아닌 성암면과 소답면, 만승면에 90% 정도의 토지를 집중한 셈이 된다.

지금까지 여러 면에 토지를 분산시킨 인물들의 토지분포 형태를 살펴 보았다. 여러 면에 토지를 분산시킨 인물은 상대적으로 많은 토지를 소유한 지주층이지만 토지분산 형태와 토지소유 규모가 일치하지는 않는다. 11개에서 7개 면에 토지를 분산한 사람들 중에 진천군 내에서 10위권 안에 드는 지주는 한 명뿐이었다. 이들 중에는 전체 소유지가 1결 정도밖에 되지 않는 인물도 있었다.

여러 개의 면에 토지를 나누어 소유하고 있다고 해도 실제 그 규모를 살펴보면 1개 면에 50% 이상의 토지가 집중되고, 전체적으로는 2~3개 면에 70~90%의 토지를 두는 경우가 대부분이었다. 그러므로 몇 개 면에 토지를 두었느냐는 문제는 실제로는 큰 의미가 없고 2~3개 면에 자기 토지의 대부분을 배치하는 경우가 일반적이다. 다만 약간의 예외로 40% 이상의 토지를 둔 면이 없고 상대적으로 고르게 토지를 분포한 경우가 있기는 하다. 그러나 이런 경우는 매우 드물며 상위지주보다는 중소 이하의 지주층에서 이런 경향이 나타난다. 또 이들은 전체 토지소유 규모가 작아서 비율은 고르게 분포해도 실제 면에 있는 토지소유량이 많지는 않다.

최상위의 토지소유자들은 과도하게 토지를 분산시키는 것을 자제하고 5~6개 면 정도에 토지를 소유하고 있었다. 분포 비율을 보면 토지집중도는 과도하게 분산한 중소지주들에 비해 더욱 높다. 이경팔과 안대복의 예에서 보듯이 이들은 각기 1개 면에 60% 이상의 토지를 집중시켰고, 이들은 총소유지가 많아 절대면적도 매우 높다.

하지만 세부적으로 보면 이들의 토지가 집중되는 방식은 지주층의 신분과 사회적 조건에 따라 대별되는 모습을 보여준다. 이경팔, 안대복 등 일반 지주들은 1개 면에 토지를 집중시키는 경향을 보여주었다.

반면 유력 씨족가문의 경우는 일반적인 예상과 달리 1개 면에 대한 토지집중도가 오히려 떨어진다. 진천의 대표적인 세족이며 동성촌락의 구성원인 신귀는 자신의 근거지인 이곡면에 29%의 토지만을 배치했으며 3개 면에 26% 정도로 고르게 분산시켰다. 이는 이곡면에는 신귀 외에도 신씨가의 유력 인사들이 여러 세대가 존재했기 때문이다. 따라서 이들은 가문적으로 보면 1개 면에의 토지집중도가 높지만 개인으로는 토지지배 비율이 오히려 떨어진다.

최상의 지주 중에는 재지지주와 부재지주가 섞여 있다. 특이한 점은 재지지주보다 부재지주의 토지집중도가 더 높다는 사실이다. 대표적인 경우가 한규설과 민영휘(민영준)이다. 특히 한규설은 월촌면에만 80%의 토지를 집중시켰다. 민영준은 2개 면에 75%, 혹은 3개 면에 90%의 토지를 집중시켰다.

3. 時主層의 토지분포 형태 2
　　－1개면에만 토지를 소유한 경우

진천군의 토지소유자 중에서 1개 면 안에만 토지를 소유하고 있는 사람은 7,549명으로 전체 시주의 80.9%이다. 이들을 다시 토지소유 규모에 따라 분류한 것이 아래의 <표 12>이다.

<표 12> 1개 면 토지소유자의 소유규모별 분석

구 분	1개 면 소유자의 수	백분율(%)	전체 소유자의 수	백분율(%)	1개면소유자/ 전체(%)
5결 이상	7	0.09	70	0.75	10.0
5결~2결	63	0.83	209	2.24	30.1
2결~1결	183	2.42	442	4.73	41.4
50부 이상	506	6.70	881	9.44	57.4
50부~25부	987	13.07	1,449	15.52	68.1
25부 미만	5,803	76.87	6,284	67.32	92.3
계	7,549	100.00	9,335	100.00	80.9

이 표에 의하면 진천군 토지소유자의 80.9%가 1개 면에 토지를 소유하고 있다. 따라서 대부분의 농민은 1개 면 내에 토지를 소유하고 있다고 하겠다. 그 이유는 당연히 이들의 토지소유 규모가 극히 영세하기 때문이다. 1개 면에만 토지를 소유한 사람이 80.9%인데, 진천군 토지소유자의 82.8%가 50부 미만의 토지소유자들이다.

이를 세부적으로 보면 진천군 전체에서 50부~25부 사이의 소유지를 보유한 사람은 1,449명이다. 이 중 68.1%인 987명이 1개 면 내에만 토지를 소유하고 있다. 2개 면 이상에 토지를 소유하고 있다고 해도 상당수는 면의 경계선상에 사는 주민들이 양쪽 경계 너머로 토지를 소유한 경우가 있을 수 있다는 점을 감안하면 사실상 한 지역에 토지를 소유하고 있는 농민의 비율은 더욱 높아질 것이다.

25결 미만을 소유한 농민들은 그 비율이 더욱 높아진다. 전체 6,284명 중 92.3%에 해당하는 5,803명이 1개 면 내에 소유지를 보유하고 있다.

그러나 그럼에도 불구하고 이 통계에서 주목되는 경우는 그 반대의 경우이다. 1결~2결 사이의 지주층에서도 41.4%가 1개 면에 자기 소유지를 보유하고 있다. 2결에서 5결 사이의 지주층 중에도 30.1%가 1개 면 내에 토지를 집중하고 있다. 5결 이상의 대지주는 진천군 전체에서 70명인데, 이중 10%인 7명이 1개 면 내에 토지를 집중시키고 있다. 특히 이들 5결 이상의 대지주들을 보면 7개 면 이상으로 토지를 분산 보유한 인물들보다 총소유면적이 더 높다.

<표 13> 6결 이상 지주 중 1개에만 토지를 소유한 지주의 소유지역 및 소유면적

소유순위	이름	소유면적	소유지역
8	조백만	12,437	소답면
17	조창호	11,521	산정면
37	조용희	7,363	북변면
64	권복득	6,991	산정면
48	김진관	6,928	월촌면
49	한도철	6,701	소답면
71	채규칠	6,441	산정면

12결 지주인 조백만은 소답면에 토지를 집중하고 있는데, 소답면 중에서도 현재의 덕산면 신척리 뒷골, 가척동(현재의 가재울) 주변에 토지가 몰려 있다. 그의 소유 가옥도 거의가 가척동에 있는 것으로 보아 주거지도 가척동으로 추정된다. 즉 자신의 주거지 일대에 토지를 집중시켜 놓은 대표적인 사례라고 하겠다. 더욱이 가척동의 전체 토지가 6결 36부 8속인데, 이 중 조백만의 토지가 3결 81부 5속으로서 전체 토지의 59.9%가 그의 소유이다.

조창호는 산정면에 토지를 소유하고 있는데, 이곳 역시 거의 전부가 지금의 덕산면 지역이다. 다만 조백만 보다는 토지분포가 넓어서 두촌리, 기전리, 석장리, 구산리 일대에 토지가 분포하고 있다. 산정면 後寺洞에 12칸 가옥을 보유한 것으로 보아 이곳이 그의 주거지라고 보여지는데, 후사동에는 1결 17부 9속의 토지를 소유하고 있다. 후사동의 전체 토지가 7결 92부 7속이므로 이 마을 토지의 14% 정도가 그의 토지이다.

조용희는 북변면, 주로 백암천변 평야지역에 토지를 모았는데, 벽암, 장관, 성석리에 토지가 있다. 벽암은 백암천 남단이고 장관과 성석리는 백암천 북단이다. 그 역시 토지가 조백만에 비해서는 분산되어 있다.

권복득은 지금의 덕산면 구산리 일대인 上九洞, 下九洞에 토지를 집중 소유했다. 하지만 그 외에도 현재의 초평면 오갑리 등 여러 마을로 분산되어 있다. 따라서 토지가 1개 면 내에 집중은 되어 있지만 실질적인 집중도는 위의 인물들보다 떨어진다. 김진관과 한도철의 경우도 같다. 채규철은 이름으로 보아서는 11개 면에 토지를 소유한 채규봉과 일족관계가 아닌가 하는 추측이 드는데, 채규봉과는 전혀 다른 소유형태를 보여준다. 그의 토지는 덕산면 화산리와 구산리에 주로 분포하였다.

1개 면에 대한 토지소유량을 보면 1개 면에만 토지를 소유한 지주가 여러 면에 토지를 소유한 지주들보다 오히려 토지집중도가 높다는 점이 주목된다. 최고 지주이며 각기 5개 면에 토지를 소유한 이경팔과 안대복이 자신의 근거지인 이곡면과 산정면에 각기 약 16결, 15결의 토지를 소유하였다. 채규봉은 산정면에 6결 45부 정도를 소유했다. 6개 면 이상에 토지를 분포시킨 지주 중에서 이 3인을 제외하고는 누구도 1개 면에 6결 이상의 토지를 집중 배치한 지주는 없다.

나머지 분산형 지주들의 경우는 총소유량도 이들보다 못할 뿐 아니라 1개 면에 대한 집중도는 더욱 떨어진다. 채규봉을 제외한 나머지 14명 중에서 제일 나은 집중도를 보여주는 사람이 8개 면에 토지를 소유한 이종건으로 총 12.8결의 소유시 중 성암면에 4결 83부 7속을 소유하였다. 8결 정도의 지주인 신백만은 덕문면에 3결 65부 2속을 소유한 것이 최대이다.

이상의 결과를 정리하면 진천군 상위 지주층의 토지분포 형태에서는 매우 대별되면서도 공통적인 특징이 있음을 알 수 있다. 즉 토지의 분산과 집중이라는 형태에서 보면 15개 면 중 11개 면에 토지를 소유한 분산형이 있는가 하면, 12결에서 6결이라는 적지 않은 토지를 1개 면에서만 소유하는 집중형도 있었다.

그런데 내용적으로 보면 7개 면 이상의 면에 토지를 소유한 경우라고 해도 1~3개 면에 소유지의 대부분이 몰려 있다. 그나마 4~5결 이상의 토지를 집중시킨 경우는 1개 면 정도에 불과하다(진천군 1개 면의 평균 토지는 약 246결 정도로서 10결이면 면 전체 토지의 4% 정도에 해당한다).

따라서 1개 면에 토지를 소유했든 7개 면 이상에 토지를 소유했든 진천군의 지주층은 1개 면 정도에 최대 4결에서 16결 정도의 토지를 집중시키고 있다는 공통된 특징을 보여준다. 기관을 제외하고 개인지주로서 1개 면 내에 5결 이상의 토지를 소유하고 있는 사람은 43명인데, 진천군 최고 지주인 이경팔이 이곡면에 16결, 행정면에 8결을 소유한 경우를 제외하고는 그 누구도 2개 면 이상에 5결 이상의 토지를 동시에 소유한 경우는 없었다.

다만 이곡면의 신씨가와 이곡면의 이경칠, 이경팔, 산정면의 채규칠, 채규봉, 채규달처럼 이름으로 미루어 일가로 보이는 인물들 여러 명이 토지를 집중 소유하는 경우는 발견된다. 이들의 소유지를 합하면 전체 면의 토지의 이 경우는 개인보다 일가의 영향력이 보다 강했을 것이라고 추정할 수 있다. 그러나 이런 경우도 1개 면의 범주를 넘어서지 않으며, 이런 사례도 드물다.

이상의 결과를 보면 토지와 경작관계를 매개로 한 지주층의 권력내지는 영향력이 1개 면의 영역을 벗어나지 못했다는 것을 알 수 있다. 물론 토지와 경작관계를 매개로 한 권력 내지 영향력이 구체적으로 어떤 것이며, 이 시기 사회에서 어떤 역할을 하였느냐는 부분이 아직 명확하지는 않다. 또 사회적 권력과 영향력에는 토지소유와 경작관계 이외의 여러 가지 요소가 작용한다.

그러나 어떻든 이상의 결과는 地主佃戶制를 기축으로 운영되는 사회에서 지주적 권력이 1개 면의 영역을 벗어나기는 어려움을 말해준다. 특히 광무양안이 작성되던 한말·개화기는 전통사회 체제와 관습에 대한 회의가 더욱 커져가던 시기였다. 그러나 그럼에도 불구하고 토지소유구조로 보면 관직과 가문에 기초한 전통적 권위를 지니지 못한 향리나 일반 지주층의 경우는 그들의 사회적, 경제적 영향력을 확대하거나 군의 운영에서 그들의 영향력을 발휘하기가 더욱 어려울 수밖에 없었다.

전통적 지배층이 아닌 경우 자신들의 사회적, 경제적 영향력을 확산시킬 수 있는 여건의 하나가 상업과 유통경제에의 참여이다. 사실 양안은 이 부분을 검증할 수 없다는 약점이 있으며, 이런 조건은 지역에 따라 큰 차이가 있었을 것이다. 하지만 상대적으로 상업과 유통업이 활발하지 못하고, 소상품생산에 기초한 자연경제의 영향력이 강한 지역에서는 지주층의 영향력 내지는 경제적 지배력이 面界를 넘어서기가 더욱 어려웠을 것이라는 짐작은 가능하다. 일반적으로 지방사회의 운영단위는 군이었다는 점을 감안하면 이 같은 사정은 한말·개화기의 사회문제와 개혁, 향촌사회 세력의 행동방식을 이해하는 데에 여러 가지 시사점을 던져준다고 생각된다.

4. 향촌사회 내부에서의 時主와 作人 관계

지금까지 지주층의 토지소유 형태를 토지집중이라는 측면과 관련해서 살펴보았다. 이 절에서는 지주와 작인과의 관계를 집중과 분산이라는 측면에서 살펴보고자 한다. 일반적으로 작인이 1명의 지주에 전속되어 있을 때 그 지주에 대한 예속성이 높다고 볼 수 있다. 더욱이 그것이 생활의 場인 촌락을 매개로 형성되어 있을 때는 지주에 대한 의존 및 예속성의 강도와 범위가 더욱 높다고 할 수 있겠다.

<표 14> 작인별 시주 현황

시주 수	자소작농		소작농	
	작인수	백분율	작인수	백분율
1명	1,725	40.20%	2,983	68.70%
2명	1,009	23.51%	767	17.66%
3명	634	14.78%	339	7.81%
4명	337	7.85%	135	3.11%
5명	221	5.15%	62	1.43%
6명	137	3.19%	35	0.81%
7명	75	1.75%	5	0.12%
8명	57	1.33%	5	0.12%
9명	29	0.68%	6	0.14%
10명	14	0.33%	3	0.07%
11명	16	0.37%	2	0.05%
12명	16	0.37%	0	0.00%
13명	8	0.19%	0	0.00%
14명	3	0.07%	0	0.00%
15명	4	0.09%	0	0.00%
16명	1	0.02%	0	0.00%
17명	0	0.00%	0	0.00%
18명	2	0.05%	0	0.00%
19명	1	0.02%	0	0.00%
20명	1	0.02%	0	0.00%
21명	0	0.00%	0	0.00%
22명	0	0.00%	0	0.00%
23명	0	0.00%	0	0.00%
28명	1	0.02%	0	0.00%
계	4,291		계	4,342

진천군 양안에 기재된 작인의 수는 총 11,834명이다. 이중 순수한 자영농이 3,201명이며, 자소작농이 4,291명, 순수한 소작농이 4,342명이다.18)

자소작농의 경우 본인을 제외하고 2명 이상의 시주의 땅을 경작하고 있는 사람이 약 60%에 달한다. 자신을 포함하면 3인 이상의 소유지를 경작하는 셈이다. 진천군의 경우 자작농을19) 포함해도 소유지가 50부 이하의 빈농이 80%에 달한다.20) 이처럼 소량의 토지를 경작하는 사람들이 많음에도 불구하고 2명 이상의 시주의 땅을 경작하는 사람이 60%를 넘는다는 것은 매우 높은 수치라고 생각된다.

순수한 소작농의 경우는 이 비율이 떨어져서 2명 이상의 시주의 땅을 경작하는 경우가 약 31% 정도이다. 양자를 합하면 1명의 시주의 땅을 경작하는 사람은 54.5% 정도이고 나머지 45.5% 정도가 2명 이상의 시주의 땅을 경작하고 있다.

반면 자기 땅도 없고 온전히 1명의 시주의 땅을 경작하며 살아가는

---

18) 이 통계를 보면 시주의 수가 10명이 넘는 사람도 수십 명이 된다. 가장 많은 경우는 28명의 시주의 땅을 경작하고 있다. 이 경우 동명이인이 있을 수도 있지만 그렇다고 해도 근10명 이상의 시주의 땅을 경작하는 셈이 된다. 한 개인이 이 많은 땅을 경작한다는 것은 상식적으로 불가능하다. 이 경우 두 가지 추정이 가능하다. 하나는 이 사람이 재소작을 주는 경우이다. 순수한 소작농의 경우는 10인 이상 시주의 땅을 경작하는 경우가 거의 없는 것도 참고가 된다. 또 하나는 1家의 호주의 명의로 양안에 기재를 하고 실재로는 자녀와 친인척이 소작을 하는 경우이다. 실제로는 이 2가지 경우가 섞여 있을 가능성이 높다고 생각되나 이 문제는 차후 더 세밀한 검토를 통해 판정해야 할 것으로 생각된다.
19) 진천군의 자작농 비율과 규모에 대해서는 최윤오, 「대한제국기 진천군 양안의 자작농과 경영시주」, 『한국사연구』 132호, 2006. 3, 230-231쪽 참조.
20) 진천군 농민을 상중하로 3분해 볼 때 0.5정보 이하의 빈농이 75%였다(최윤오, 「대한제국기 광무양안의 토지소유와 농업경영에 관한 연구」, 『역사와 현실』 58호, 2005. 12, 315쪽).

사람은 2,983명으로 자소작을 포함한 전체 시작의 34.6% 정도이다.

이상의 사실은 작인층에 대한 시주층의 지배력이 분산될 수밖에 없다는 사실을 말해준다. 물론 양안의 기재사항이 완전하다고는 볼 수 없으므로 누락된 인물이 있을 수 있다. 1명의 작인이 2명 이상의 시주의 땅을 경작한다고 기재된 경우 1호의 호주가 대표명의로 기재하였지만 실제로는 부자나 친인척 간에 분가, 분담하여 시주의 땅을 경작함으로써 사실상으로는 1명의 시주의 땅을 전적으로 경작하는 경우도 있다고 생각된다.

그러나 이런 점을 감안한다고 하여도 2인 이상의 시주의 땅을 경작하는 사람들이 상당히 많았던 것은 사실이다. 또 자기 토지가 전혀 없는 소작인보다 자소작농에게서 이러한 비율이 두드러지게 높은 것 또한 양안이 이 같은 경향을 사실적으로 반영하고 있음을 보여주는 증거라고 생각된다.

그렇다면 1개 면에 5결 이상의 토지를 집중시키고 있는 상위지주들의 작인들은 어떠할까? 이경팔의 경우 129명의 작인을 거느리고 있다. 이들 중 이경팔의 토지만을 경작하는 사람은 37명(28%)이다. 시주가 2명인 경우는 29명, 3명인 경우는 22명, 4명 이상인 경우가 무려 41명으로 진천군 전체 평균치를 상회한다. 이것은 대지주일수록 경영이 안정적인 작인을 선호하고, 그러다 보니 중답주도 많이 거느리게 된 결과가 아닌가라고 생각된다. 그러나 그렇기 때문에 오히려 작인에 대한 전속적인 지배력은 약화되고 있다.

2위 지주인 안대복의 경우는 122명의 작인이 있는데, 이들의 시주비율도 이경팔과 거의 같이 나타난다. 신귀는 130명의 작인이 있는데, 이들의 시주비율 역시 진천의 평균비율을 상회한다.

그렇다면 특정한 촌락을 단위로 했을 때 시주와 작인과의 관계는 어떻게 나타날까? 개개의 촌락은 동성촌락과 각성촌락이 있고, 동성촌락이라고 해도 사족가문이 지배하는 촌락과 그렇지 못한 촌락이 있어 형성배경과 사회적 조건은 매우 다양하다. 따라서 이 부분은 다양하고 풍부한 사례를 심층적으로 검토할 필요가 있을 것이다. 그러나 이 모든 부분을 한 편의 논고에서 다루기는 곤란하므로 본고에서는 촌락의 공동체적 관계나 지배력이 높다고 보여지는 대표적인 촌락의 경우를 상정해서 살펴보도록 하겠다.

현재의 초평면 생곡리의 경우 총 토지면적은 25결 16부이다. 그런데 이 마을은 모든 가옥이 李圭哲의 소유로 되어 있다.[21] 또 이규철은 총 3결 정도의 토지를 소유하였는데, 자기 소유지의 85%를 생곡리에 두고 있으며,[22] 이규철 이외에는 생곡리에 50부 이상의 토지를 소유한 사람이 없다. 유일하게 박순례라는 여인이 1결 37부의 토지를 소유하고 있는데, 박순례 역시 타지역에 전혀 토지가 없는 것으로 보아 이씨가의 여인일 가능성이 높다고 생각된다.

이 마을의 토지를 경작하는 작인은 모두 49명이다. 이들 중 20명이 이씨이다. 이씨라고 해서 모두 이규철의 일가라고 볼 수는 없겠지만, 이씨의 비율이 높은 것은 사실이다. 이는 이들의 자작지 비율에서도 나타난다. 49명 중 자기 땅만 경작하는 자작농이 7명, 자소작을 포함해서 자작지가 있는 사람이 39명으로 타지역에 비해 비율이 높다.

마을의 대표자격인 이규철의 작인을 살펴보면 이규철의 작인은 총 24명이다. 이들 중에는 일가로 보이는 이씨가 6명이다. 타성의 작인 중에서도 권순원, 권치준, 최백겸, 최백선, 최백두와 같이 서로 간에 일가로 보이는 인물이 대다수이다. 이들 중에는 처가나 사돈관계 등 인척이

---

21) 진천의 대표적인 사족 촌락은 이월면 노곡리를 중심으로 하는 신씨가, 이시백의 후손이 거주하는 초평면의 양촌리 등을 들 수 있다. 그러나 이 지역에 대해서는 별고의 논문들이 존재하므로 본고에서는 생략하였다.
22) 생곡리는 경주 이씨가의 세거지인 양촌리와 인접한 마을이다. 그러나 현재는 이씨가가 모두 떠나 완전한 각성 촌락으로 바뀌어 있다.

나 친족적 관계에 있는 인물도 있을 것이라고 생각된다. 또한 이규철 자신이 작인으로 되어 있는 필지도 11곳이나 되는데, 이는 모두 생곡에 위치한다. 이 토지는 실제 자신이 경작하기보다는 노비를 시켜 경영했을 가능성도 높다고 생각된다.

이외의 작인들도 경작지의 소유주에서 일정한 규정성을 보인다. 대부분이 이규철과 박순례의 토지를 함께 경작하고 있으며, 이 중 6명이 영수사와 안대복의 토지를 함께 경작하고 있다. 특히 최백겸 형제는 거의가 영수사와 안대복의 토지를 함께 경작한다.

이처럼 이규철의 작인은 일정한 규칙성을 보여주고 있다. 작인의 선정에 혈연과 같은 특정한 요인이 반영된 결과일 것이다. 그런데 이들 중 절반에 가까운 11명이 초평면 이외의 지역에 경작지를 가지고 있다. 진천의 2위 지주인 안대복의 경지를 경작하는 인물이 5명이나 되는데, 이로 미루어 보면 이씨가와 안대복 간에 특정한 관계가 있었을 가능성도 있다. 그러나 그렇다 하더라도 이규철의 작인 25%가 대지주인 안대복의 작인이기도 하다는 것은 이들에 대한 이규철의 지배력에 저해 요인으로 작용할 수도 있다.

이규철의 경우는 진천군에서 가장 특수한 형태이다. 경주이씨의 세거지로 대표적인 사족 마을인 양촌이나 지전리에서도 시주와 작인 간에 이와 유사한 관계가 발견되지 않는다. 양촌과 지전리는 생곡보다도 더 씨족적 질서가 강해 보이는 지역임에도 불구하고 시주와 작인과의 관계는 더욱 다양하다. 자소작인을 포함해서 1명의 지주의 땅을 경작하는 사람은 8명(16%)에 불과하다. 시주가 2인인 사람이 10명(20%), 3인 이상인 사람이 24명이나 된다.

더욱이 이런 비율이 이씨가 인물이 많기 때문도 아니다. 이 마을의 타성인은 29명인데, 이들 중에서도 2명 이상의 시주의 땅을 경작하는 사람이 21명이나 된다.

다음으로 소답면 가척동을 살펴보겠다. 이곳은 무려 12결의 토지를 1개 면에 분포시키고 있는 조백만의 근거지로 마을 토지의 59%가 조백만의 소유인 곳이다.

이 마을의 작인은 모두 50명이다. 이 중 1명의 시주의 땅을 경작하는 사람이 11명에 불과하다. 이 역시 전체 평균치보다 현저히 낮다. 2명의 시주의 땅을 경작하는 사람이 9명, 3명 이상의 시주의 땅을 경작하는 사람이 24명이다.

이상의 결과를 보면 마을의 재산 구성이나 작인의 구성에서 인위적, 혈연적 요소가 잘 드러나는 생곡과, 마을 전체 토지에서 1인 소유지의 비율이 제일 높다시피 한 가척동에서 오히려 지주와 작인과의 관계는 평균치를 크게 상회할 정도로 다원적이다. 이것은 우리가 흔히 생각하는 혈연을 기초로 한 촌락공동체 개념과도 크게 어긋나며, 지주전호제를 매개로 하는 지주와 작인과의 관계가 생각처럼 일방적이거나 간단하지 않음을 보여주는 것이라고 하겠다.

이러한 현상이 이 시기에 발생한 새로운 현상인지 조선후기로부터 이어져 온 현상인지 광무양안의 분석만으로는 확정할 수 없다. 이 점을 명확히 하기 위해서는 조선후기의 양안과의 비교분석이 필요할 것이나 그것이 자료적 제한도 크고 방대한 작업을 요구하므로 한 편의 논고에서 다루기는 무리이다.

그러나 광무양안 만을 보아도 진천군의 최고 상위지주는 전통 양반가가 아닌 인물들이 차지하고 있으며, 대표적인 사족촌락들도 그 내부 구성을 보면 종족적 원리가 지주-전호관계를 확고하게 지배하지 못하고 있다. 지금까지 종족마을의 지배가 마을의 토지 및 재산에 대한 압도적 우위와 지주-전호관계의 신분적 구성을 매개로 이루어지고, 종족의 성씨와 비종족 성씨 간의 토지소유의 균등과, 지주-전호관계의 변화,[23] 分洞, 개간 등을 통한 신흥촌락의 성장[24] 등이 전통적 동성촌락에서 종족적 지배질서의 쇠퇴과정으로 이해되어 왔다는 점을 감안하면 광무양안에서 보이는 촌락 구성 및 지주-전호관계의 다원화 역시 조선 후기 이래 발전해 온 신분제의 해체, 평민지주의 등장, 전통사족 세력의 쇠퇴와 신흥양반가의 등장, 서민층의 발전과 성장이라는 역사적 추이와 무관하지 않다고 생각되며, 지주-전호관계의 다원화라는 현상을 이 시기 변화의 현상적 지표의 하나로 추가할 수 있다고 생각된다.

5. 맺음말

지금까지 광무양안에 의거하여 진천군 지주층의 토지분포 및 집적 형태와 시주와 작인과의 관계에 대해 살펴보았다. 그 결과를 간단히 정리하는 것으로 결론을 대신하고자 한다.

먼저 지주층의 토지집적 형태를 보면 외형상으로는 여러 면에 토지를 분산시키는 형태와 1개 면에 집중하는 상반된 형태가 있음을 알 수 있다. 그런데 6, 7개 면 이상에 과도할 정도로 토지를 분산시킨 인물들 중에는 5결 이상의 지주가 2명밖에 되지 않았다. 정작 진천의 상위지주들은 최고 지주들이 겨우 5개 면에, 그 이하의 지주들은 1~2개 면에 토지를 집중시키는 방식을 보여준다.

또 다수의 면에 토지를 분산시킨 지주들도 내용을 살펴보면 아주 소량의 토지를 흩어놓은 것이고 실제로는 1~2개 면에 토지의 60~70% 이상을 집중시켜 놓았다. 양으로 보면 5결 이상의 토지를 지닌 지주 중에서 5결 이상의 토지를 2개 면에 걸쳐 소유한 사람은 최고 지주인 이경팔 1명뿐이고 나머지 지주들은 1개 면에 5결을 둔 것이 최고의 분포

---

23) 김일철 외, 『종족마을의 전통과 변화』, 백산서당, 1998, 143~145쪽.
24) 이해준, 앞의 책, 71~73쪽.

였다.
 따라서 토지집적량으로 보면 대부분의 지주가 1~2개 면에 자기 소유지를 집중시켜 놓는 것이 일반적인 형태였고, 그 규모도 5결에서 최대 16결이었다.
 이것은 토지지배라는 형태로 볼 때는 진천군의 지주 중에서 1개 면 이상의 지역에서 영향력을 발휘할 수 있는 인물이 거의 없었다는 것을 말해준다. 이러한 상황은 한말·개화기에 관직과 학연, 가문적 배경이 미약한 향리, 서민 출신의 지주들이 군의 운영과 변화에 참여하기에 장애요인으로 작용했을 것이다. 더욱이 상업과 유통경제가 활발하지 못한 지역에서는 이들의 경제적, 사회적 영향력을 확산시키기는 더욱 어려웠을 것이다.
 지주와 작인과의 관계에서 1명의 작인이 1명의 시주의 땅을 전적으로 경작할 때는 그 예속력이 더욱 높아진다고 볼 수 있다. 그런데 전체적으로 80% 이상의 농민이 50부 이하의 토지를 소유할 정도로 빈농층이 많았음에도 불구하고, 1명의 시주의 땅만을 경작하는 순소작인은 34% 정도에 불과했다. 이것은 이 시기가 오면 시주층이 토지경작을 매개로 작인에 대한 전속적인 지배력을 행사하기가 이미 쉽지 않은 상태로 되어 있음을 말해준다.
 대지주들의 경우 작인들의 전속성은 오히려 더 떨어진다. 이들의 작인층을 보면 2인 이상의 시주의 땅을 경작하는 인물이 평균치를 2배 이상 웃돌 정도로 많고 4인 이상의 시주와 관계를 맺고 있는 인물의 비율도 대단히 높다. 이는 지주들이 경영 안정을 위해 재산과 노동력이 상대적으로 안정되어 있는 작인들을 선호한 결과라고 생각된다.
 따라서 광무양안이 작성되던 시기에는 지주층의 토지집적 규모도 줄어들고 집적된 토지도 1개 면의 범주를 넘어서지 않는다. 그나마 상대적으로 토지를 집중시키고 있는 지주층의 경우에는 토지집적과는 반대로 그 토지를 경작하는 작인들은 오히려 경제적 궁박성이나 지주에 대한 예속성이 타 지주의 농민에 비해 약화되어 있음을 보여준다.

지주전호제를 매개로 하는 토지와 인식적 예속을 보완하는 장치가 촌락 혹은 촌락공동체적 요인이라고 할 수 있다. 그런데 종족적 구성이 두드러지거나 지주의 개인 소유지의 비율이 극단적으로 높은 촌락에서도 시주와 작인의 관계는 예상과는 반대로 나타난다. 이런 촌락일수록 1명의 시주에 전속된 작인의 비율은 평균치보다 낮고, 다수의 시주와 관계를 맺고 있는 경우가 높게 나타났다.

특히 광무양안에서는 전통적 동성촌락에서도 지주-전호관계의 다원화라는 현상이 진행되어 있음을 볼 수 있었다. 이는 조선후기 이래 꾸준히 지속되어 온 신분제의 해체와 서민층의 성장, 이로 인한 촌락 구성 및 전통적인 향규, 향안에 의해 유지해 온 촌락 운영 및 촌락 간의 관계 변화와 같은 맥락에서 이루어진 것으로 이 시기의 사회변화를 보여주는 새로운 지표가 될 수 있다고 생각된다.

이상의 고찰은 진천군에 국한된 사례라는 한계를 지닌다. 또한 작인층의 분석에 있어서는 보다 다양한 시주와 촌락의 구성관계를 살펴보고 싶었으나, 전체적 구성과 지면의 한계상 대표적인 사례를 적출하는 것으로 만족할 수밖에 없었다. 하지만 이 같은 연구가 지속적으로 누적되고 심화된다면 지방사회의 현실과 매커니즘을 이해하는 데에 큰 도움이 될 것이라고 생각한다. 본고에서 미진했던 부분은 앞으로 지주가 개개인의 사례와 작인층, 촌락별 분석을 통해 보완하고자 한다.

충청북도 군제 개편과 지방군의 역할

서 태 원

1. 머리말

　충청북도[1])에 해당되는 조선후기 忠淸左道에는 청주에 兵營과 中營 (淸州鎭營)이, 그리고 충주에 後營(忠州鎭營)이 설치되어, 국방 및 치안의 기능 등을 담당하였다. 그러다가 갑오개혁의 연장선상에서 1895년 舊軍制가 폐지되고 새로운 군대가 창설되는 가운데, 1896년 충청북도 청주에도 지방대가 설치되었다. 그 후 청주지방대는 1900년 명칭이 청주진위대로 바뀌고, 대한제국의 자주적 근대화 및 일제의 조선 식민지화 정책 등과 관련하여 軍人 數의 증감이 이루어지다가 1907년 군대해산 때 폐지되게 된다.
　갑오개혁 이후 대한제국까지 군사제도에 대한 연구는 이 시기의 군제를 종합적으로 살핀 연구를 비롯하여 원수부·무관학교·중앙군·지방군 등에 대한 개별적인 연구 등 다양한 측면에서 진행되었다.[2]) 그리

＊ 이 논문은 『한국사연구』 136(2007년 3월)에 수록된 「갑오개혁 이후 충청북도 지방군-청주지방대와 진위대를 중심으로-」를 수정·보완한 것임.
1) 충청북도라는 도명은, 甲午改革 때 8道를 없애면서 설치된 23府가 1896년 13 道로 개정되는 가운데 채택되었다(『內部請議書』(奎17896), 내각 편록과 편, 4 책, 건양 원년 8월 4일).
2) 갑오개혁 이후 대한제국까지의 군사제도에 대한 연구사 정리와 관해서는 서 인한, 『대한제국의 군사제도』, 서울 : 혜안, 2000, 13~19쪽이 참고가 된다.

하여 '갑오개혁 이후 일본과 러시아와 관련된 군제의 개편, 대한제국의 성립과 자주적 군사력 강화, 러일전쟁 후 조선의 식민지화와 연관된 군제의 축소와 폐지' 등이 종합적으로 해명되었다.[3] 아울러 황제의 군 통수권 장악을 위한 원수부 설치,[4] 무관학교의 설립목적과 실상,[5] 대한제국기 군대의 성격은 황제권 보위 및 치안이라는 점,[6] 자주적 근대화 및 일제의 한국지배와 관련된 중앙군과 지방군의 증감,[7] 1907년 解散 군인들의 저항과 의병운동에의 참여,[8] 원주진위대의 인적·물적 구조와 기능[9] 등이 밝혀졌다.

하지만 갑오개혁 이후 1907년 군대해산까지 충청북도 지방군에 대한 연구는 거의 이루어지지 않았고, 비록 원주진위대에 대한 사례연구가

---

3) 鄭求福, 「甲午改革 以後의 新軍制」, 『韓國軍制史-近世朝鮮後期篇』, 서울 : 육군본부, 382~429쪽 ; 서인한, 위의 책, 2000.
4) 정하명, 「한말 원수부 소고」, 『논문집』 5, 서울 : 육군사관학교, 1967.
5) 임재찬, 『구한말 육군무관학교 연구』, 서울 : 제일문화사, 1992 ; 차문섭, 『조선시대 군사관계연구』, 서울 : 단대출판부, 1996, 288~343쪽.
6) 조재곤, 「대한제국기 군사정책과 군사기구의 운영」, 『역사와 현실』 19, 1996.
7) 차문섭, 앞의 책, 1996, 112~121쪽 ; 홍배식, 「구한말 진위대 연구」, 단국대 석사학위논문, 1979, 47~48쪽.
8) 성대경, 「한말의 군대해산과 그 봉기」, 『성대사림』 1, 1965 ; 성대경, 「정미의병의 역사적 성격」, 『대동문화연구』 29, 1994 ; 金義煥, 「정미년(1907) 조선군 대해산과 반일의병투쟁」, 『향토서울』 26, 1966 ; 金義煥, 『義兵運動史-韓末을 中心으로-』, 서울 : 박영사, 1974, 87~128쪽 ; 박성수, 「제2차 의병전쟁」, 『독립운동사연구』, 서울 : 창작과 비평사, 1980 ; 강병식, 「한말 군대해산 이후의 의병활동에 대한 일연구-1907~1908-」, 『한성사학』 2, 1984 ; 신용하, 「민긍호 의병부대의 항일무쟁투쟁」, 『한국독립운동사연구』 4, 1990 ; 권구훈, 「한말 의병의 참가계층과 그 동향-후기의병의 성격변화와 관련하여-」, 『한국독립운동사연구』 5, 1991 ; 오영섭, 「한말의병운동에 대한 새로운 이해」, 『軍史』 52, 2004, 82~87쪽 ; 서태원, 「대한제국기 원주진위대 연구」, 『호서사학』 37, 2004, 208~213쪽 ; 왕현종, 「1907년 이후 원주 진위대의 의병 참여와 전술변화」, 『역사교육』 96, 2005.
9) 서태원, 위의 논문, 2004, 190~208쪽.

있지만 특정 지역의 지방군을 대상으로 한 연구도 매우 적은 실정이다. 따라서 이 시기 지방군의 구조와 기능에 대한 이해는 물론이고, 충청북도를 비롯한 각 지역 지방군의 특성 등을 이해하는 것에도 미흡하였다고 여겨진다.

이에 본고에서는 첫째, 갑오개혁 이후 충청북도 청주지방대와 진위대의 설치연혁을 통해 이 시기 지방군제 변천에 대한 전체적인 흐름을 파악해 보고, 둘째, 청주지방대와 진위대의 인적·물적 구조를 통해 지방군에 대한 제도사적인 이해를 꾀하며, 셋째, 청주지방대와 진위대의 기능을 통해 충청북도 지방군의 성격 등을 살펴보려 한다.

2. 청주지방대·진위대의 설치연혁

조선후기 충청좌도 즉 충청북도에는 淸州에 兵營과 5鎭營 중 中營이, 그리고 忠州에 5鎭營 중 後營이 설치되었는데, 「湖西圖」10)를 통해 청주와 충주의 지리적 특성을 살펴보면 다음의 <그림 1>과 같다.

즉 청주는 충청도의 중앙에 위치하므로 유사시 영남과 호남의 두 길을 단속하여 일본군이 서울로 북상하는 것을 저지하고 영남과 호서의 도적을 체포하는 것 등에 유리한 지역이었다.11) 때문에 조선전기 倭變을 해변에서 막기 위해 서해안 海美에 설치된 兵營을 1651년(효종 2) 청주로 移轉하고,12) 5鎭營 중 中營도 설치함으로써 국방 및 도적체포

---

10) 『輿地圖』(1736~1767) 2冊, 湖西圖.
11) 『宣祖實錄』 권67, 28년 9월 壬申 ; 『宣祖實錄』 권107, 31년 12월 癸丑 ; 『仁祖實錄』 권37, 16년 7월 壬申.
12) 충청병영의 청주 移轉에 대해서는 서태원, 「朝鮮後期 海美鎭營研究」, 『歷史敎育』 92, 2004, 129~135쪽 ; 임선빈, 「조선후기 內浦地域의 統治構造와 外官 -洪州牧을 중심으로-」, 『湖西史學』 40, 2005, 24~26쪽 ; 서태원, 「朝鮮後期

의 효율성 등을 증대시키려 하였다. 아울러 충주도 天險의 요새인 조령 아래이면서 남한강의 상류에 위치한 국방 및 교통 등의 요지13)이므로 5鎭營 중 後營을 설치한 것이다. 물론 충청우도(충청남도)에도 '保寧의 水營, 洪州의 前營, 海美의 左營, 公州의 右營' 등이 설치되어 서해안 방어와 치안유지 등을 담당하였다.

<그림 1> 湖西圖

그러다가 1895년 3월 1일 각 도 감영·병영·수영 등에 보관된 兵符와 마패를 반납하게 하고, 7월 15일 삼도수군통제영·兵營·水營·鎭營·鎭堡의 폐지령에 이어 8월 2일 舊營 소속 해산군인에게 군장이나 군기 등을 반납하라는 軍部令 2호가 반포되는 가운데 충청북도에 위치한 병영과 진영 등도 폐지되게 된다.14) 물론 옛 군대를 대신하여 1895

清州鎭營硏究」,『湖西史學』42, 2005, 59~61쪽 등이 참고가 된다.
13)『仁祖實錄』권36, 16년 3월 庚午.

년 9월 왕성수비를 전담하는 중앙 친위대 2개 대대와 지방 鎭撫나 邊境 수비를 담당하는 진위대 2개 대대가 평양부와 전주부에 창설되었다.15)

하지만 옛 충청도를 비롯하여 경상도·경기도·황해도·강원도·함경도 지역에는 지방군이 전혀 없고, 전주와 평양에 설치된 2개 진위대 군병 數는 888명에 불과하다는 점에서 군인의 수가 매우 적었다. 비록 이 시기의 군인은 모두 직업군인이라는 점에서 대부분 농사를 짓다가 교대로 군 복무를 하였던 조선후기의 군인에 비해 질적인 면에서 우수하다고 해도, 18세기 충청도 1개 도의 지방군 수가 30,658명16)라는 점을 감안하면 지방군의 수가 너무 축소되었다. 이러한 현상은 국가재정의 어려움이나 갑오개혁 때 지방에 치안을 담당하는 경찰이 설치된 것17) 등과도 관련이 있겠지만, 군사력을 약화시켜 조선을 식민지화하려는 일본의 의도가 반영되었기 때문이라고 생각된다. 아울러 비록 군대를 근대식으로 개혁하는 것이라고 하더라도 군인 수가 지나치게 축소됨으로써 국방이나 치안의 임무를 적절히 수행하는 데에 어려움이 야기되었다. 실제로 乙未事變과 단발령을 계기로 原州나 洪州 등에서 의병봉기가 일어났을 때, 그 지역에는 지방군이 설치되지 않았으므로 중앙 친위대가 출동18)하게 되어 국왕 및 왕실 호위 등이 약화되는 문

---

14) 조선후기 지방군제의 폐지와 관련해서는 서인한, 앞의 책, 2000, 43~53쪽이 참고가 된다.
15) 『官報』號外(奎 17289), 4책, 勅令, 開國 504년 9월 14일.
16) 18세기 충청도 군인 수 30,658명은 馬兵保를 제외한 公州監營 군병 5,606명(『輿地圖書』上, 忠淸道, 觀察營, 軍兵條), 淸州兵營 3,397명 및 청주진영 4,485명·충주진영 4,447명·홍주진영 4,459명·공주진영 4,297명·해미진영 3,967명(『輿地圖書』上, 忠淸道, 兵馬節度營, 軍兵條)으로 구성되었다.
17) 『內閣請議書』(奎17721), 내각 편록과 편, 5책, 開國 504년 5월 26일 ; 차선혜, 「대한제국의 경찰제도의 변화와 성격」, 『역사와 현실』 19, 1996, 75~85쪽
18) 『請議存案』(奎 17243) 의정부 편, 1책, 건양 1년 1월 10일.

제점이 초래되었다.

때문에 친위대를 확대 개편하는 것은 물론이고, 俄館播遷 후 1896년 5월 30일 친위대와 진위대의 편제를 본 떠 지방 구식 군졸들을 지방대에 편성시키는 조치를 취하였다.[19] 즉 충청북도 청주의 200명을 비롯하여 '통영·북청에 각각 400명, 대구·강화에 각각 300명, 공주·해주·춘천에 각각 200명, 강계에 100명' 등 2,300명의 병졸과 87명의 장교·하사관을 지방대에 편성하도록 하였다. 그리하여 평양과 전주의 진위대 888명을 포함하여 지방군은 3,275명으로 증가하게 되었다. 이어 1896년 8월 26일 충주·홍주 등에 각각 150명의 지방군을 설치하게 한 지방대 설치령이 반포되었지만,[20] 9월 24일 공주·충주·홍주·춘천·원주·강계·상주 등 7개 지방대 폐지령이 내려져 지방대 병력은 1,800명으로 감소되었고,[21] 충청도에는 충청북도 청주에만 200명의 지방대가 존속하게 되었다. 그러다가 高宗이 1897년 2월 20일 러시아 공사관으로부터 돌아온 후 지방군사력을 강화하기 위해 그 해 6월 공주 등 8개 지방대를 추가로 설치[22]하면서, 충청도에는 충청북도 청주지방대 200명과 충청남도 공주지방대 639명이 주둔하게 되었다. 비록 1896년 13道로 개정될 때 충청좌도에 속했던 '문의·직산·천안·목천'이 충청남도에, 그리고 충청우도에 속했던 옥천이 충청북도에 편입되면서 충청북도에 소속된 군은 충청남도에 비해 20개 적었고,[23] 청주지방대의 군인 수가 공

---

19) 『官報』 345호(奎17289), 12책, 勅令 23호, 건양 원년 6월 6일 토요일.
20) 『官報』 415호(奎17289), 12책, 勅令 59호, 건양 원년 8월 28일 금요일.
21) 『官報』 458호(奎17289), 16책, 勅令 63호, 건양 원년 10월 19일 월요일.
22) 『各部請議書存案』(奎17715), 의정부 편, 3책, 건양 2년 6월 7일.
23) 조선후기 충청좌도에 해당되는 읍은 청주진영에 속한 '청주·문의·회인·보은·청산·황간·영동·진천·청안·직산·천안·목천' 및 충원(충주)진영에 속한 '충원(충주)·제천·음성·영춘·단양·청풍·연풍·괴산' 등 20개였다 (『輿地圖書』上, 忠淸道, 兵馬節度營, 軍兵條). 그러다가 1896년 23부제가 13도제로 개정되면서 생긴 충청북도에는 청주진영에 속하였던 '문의·직산·천

주지방대에 비해 적었지만 충청북도와 충청남도를 대표하여 청주와 공주에 각각 지방대가 설치되어 충청도의 국방과 치안 등을 담당하게 된 것이다.

이어 1898년 12월 地方鎭撫와 邊境守備를 전담할 14개 지방대대 즉 충청북도 청주를 비롯한 수원·강화·공주·광주·대구·안동·고성·해주·황주·안주·원주·북청·종성의 군병 수를 409명(大隊本部 및 2개 중대 400명, 曲號隊 9명)으로 통일하면서,24) 청주지방대의 경우 군병 수가 209명 증가하였다. 더욱이 1900년(光武 4) 7월 지방 군대의 명칭이 모두 진위대로 통일되는 가운데,25) 청주지방대는 진위 제2연대 제2대대로 개편되고 군인 수도 1,029명으로 크게 증가하였다.26) 이렇게 진위대 군인의 數가 최고에 달하게 된 것은 자주독립과 근대화를 지향하는 光武改革의 强兵策이었다.27) 하지만 러일전쟁에서 승리한 일본은 조선을 식민지화하는 데 방해가 되는 대한제국의 군대를 1905년 크게 감축하는 가운데 청주진위대의 군인 수도 615명으로 축소

안·목천'이 충청남도에 포함되고 대신 충청우도 공주진영에 속하였던 옥천이 충청북도에 편입되면서, 충청북도는 17개 군 그리고 충청남도는 37개 군이 소속되게 되었다(『內部請議書』(奎17896), 내각 편록과 편, 4책, 건양 원년 8월 4일).
24) 『各部請議書存案』(奎17715), 의정부 편, 9책, 광무 2년 12월.
25) 『各部請議書存案』(奎17715), 의정부 편, 15책, 광무 4년 7월 21일, "本年七月二十一日 詔曰 地方各軍隊之或稱鎭衛或稱地方者 有非軍容齊一之規也 幷稱鎭衛隊 令元師府 聯隊編制 以入事命矣欽奉詔勅悧와 鎭衛聯隊編制悧勘 勅令案을 會議에 提出事".
26) 청주가 속한 진위 제2연대 편성표는 아래와 같다(『各部請議書存案』(奎17715), 의정부 편, 15책, 광무 4년 7월 21일).
　　진위 제2연대 경기 수원
　　　　제1대대 경기 수원
　　　　제2대대 충청북도 청주
　　　　제3대대 전라북도 전주
27) 홍배식, 앞의 글, 1979, 47쪽.

하였고, 1907년 군대해산을 단행하는 과정에서 진위 제2대대인 청주진위대도 해산되게 된다.28)

3. 청주지방대·진위대의 구조

청주지방대·진위대의 구조에 대해서는 군인 수가 가장 많았던 1900년 청주진위대 자료를 중심으로29) 청주지방대가 처음 창설된 1896년30) 및 지방대 군인 수가 409인으로 통일된 1898년 자료31) 등과 비교하여, '군병의 종류와 數 및 品階와 대우, 經費와 財源' 등에 대해 살펴보려 한다.

1) 軍兵의 종류와 數 및 品階와 대우

1896년 및 1898년 청주지방대, 그리고 1900년 청주진위대 군병의 종류와 數 및 품계와 대우에 대해, <표 1> 官等과 職名 및 연도별 軍人數와 월급을 통해 살펴보면 다음과 같다.

먼저 군병의 종류와 數에 대해 알아보자. 군병은 品階를 받은 '대대장 참령, 중대장 정위, 소대장 참위, 대대장 부관인 부위' 및 품계를 받지 못한 하사(정교·부교·참교)와 병졸 등으로 구분되며, 군병의 수는 지방대 시절인 '1896년 208인, 1898년 409인', 그리고 1900년 진위대 시절에는 1,029인이었다. 1900년 청주진위대 군인의 수가 청주에 처음 지

---

28) 서인한, 앞의 책, 2000, 257·271쪽.
29) 『各部請議書存案』(奎17715), 의정부 편, 15책, 광무 4년 7월 21일.
30) 『官報』345호(奎17289), 12책, 勅令 23호, 건양 원년 6월 6일 토요일 ;『日省錄』건양 원년 4월 18일.
31) 『各部請議書存案』(奎17715), 의정부 편, 9책, 광무 2년 12월.

<표 1> 官等과 職名 및 연도별 軍人 數와 월급

官等	職名	1896년	1898년	1900년
參領 (3品階)	大隊長	1人, 77元 35錢	1人, 77元 15錢	1人, 77元 35전
副尉 (6品階)	副官	1人, 34元	1人, 34元	1人, 34元
一·二·三 等軍司	餉官	*1등군사 : 정위와 월급 同	1人(2·3등 군사) *2등군사 : 부위와 월급 同	2人 *3등군사 : 참위와 월급 同
正尉 (3品階)	中隊長		2人, 46元 75錢(1인당)	5人, 46元 75錢(1인당)
參尉 (6品階)	小隊長	1人, 28元 5錢	4人, 28元 5錢(1인당)	20人(*副參尉), 28元 5錢(1인당)
正校		1人, 7元	2人, 9元(1인당)	6人, 9元(1인당)
副校		2人, 6元(1인당)	11人, 7元 50錢(1인당)	7元 50錢
參校		2人, 5元(1인당)	18人, 6元 50錢(1인당)	73人(*副參校), 6元 50錢(1인당)
兵卒		200人, 3元(1인당)	360人, 3元(1인당)	900人, 3元(1인당)
합계		208人	400人	1008人
曲號隊				
副校			1人	1人
曲號手			4人	10人
鼓手			4人	10人
합계			9人	21人
총 합계		208人, 9220元 80錢	409人, 21792元 60錢	1029人, 52816元 20錢

* 『官報』345호(奎17289), 12책, 勅令 23호, 건양 원년 6월 6일 토요일 ; 『日省錄』건양 원년 4월 18일 ; 『各部請議書存案』(奎17715), 의정부 편, 9책, 광무 2년 12월 ; 『各部請議書存案』(奎17715), 의정부 편, 15책, 광무 4년 7월 21일.

방대가 설치되었던 1896년 및 전국 지방대 군인 수가 통일되었던 1898년에 비해 크게 증가한 것은, 자주적 근대화를 달성하기 위한 대한제국의 군사력 강화 의도를 잘 보여준다.

물론 1900년 청주진위대의 군병 1,029인은, <표 2>의 『輿地圖書』에 수록된 18세기 충청좌도(충청북도)의 군병 수 12,329명[32]과 비교해 보면 너무 적은 숫자이다. 하지만 兵營・鎭營 등 조선후기 지방군은 대부분 평소에는 농사를 짓다가 4番으로 나누어 1달 근무한 후 교대하는 正兵[33]처럼 상비병이 아니었다는 점에서, 급료를 받으면서 항상 훈련을 받고 군대에 복무하는 청주진위대 군인이 질적인 면에서 훨씬 우수하였다고 볼 수 있다.

다음으로 청주지방대와 진위대 군병의 品階[34]와 대우를 살펴보면 다음과 같다. 첫 번째로 대대장인 參領은 3品階로 1900년 진위대 시절 俸給으로 매달 77元 35錢을 받았는데, 지방대였던 1896년 77원 35전 및

[32] 『輿地圖書』上, 忠淸道, 兵馬節度營, 軍兵條를 통해 兵營 및 淸州와 忠原(忠州)鎭營의 軍兵數에 대해 살펴보면 다음과 같다.

<표 2> 兵營 및 淸州鎭營과 忠源(忠州)鎭營 軍兵의 종류와 數

兵種	兵營		淸州鎭營(中營)	忠原<忠州>鎭營(後營)
	軍兵의 數 (牙兵元軍)	軍兵의 數 (新選元軍)	軍兵의 數	軍兵의 數
別將		2인	2인	2인
千摠			3인	3인
把摠	2인	2인	6인	6인
哨官	8인	15인	33인	31인
知穀官		2인	1인	2인
旗鼓官		2인	1인	x
旗牌官	20인	45인	58인	60인
敎師			x	30인
訓導			x	10인
馬兵		817명	714명	617명
步軍	1,128명	1,354명	3,667명	3,686명
합계	1,158명	2,239명	4,485명	4,447명

[33] 『大典會通』 권4, 兵典, 番次都目, 正兵條.
[34] 『日省錄』高宗 31년 12월 4일, "勅曰陸軍將官職制邊行 大將從正一品階 副將正二品階 參將從二品階 正領・副領・參領・正尉以上三品階 副尉・參尉以上六品階 正校・副校・參校以上階外".

1898년 77원 15전에 비해 별 차이가 없었다. 1900년도 경기와 충청도 지역의 1석당 米價가 8.75원~12.5원 정도였다는 점을 감안하면,35) 대대장인 참령은 대략 쌀 6~8석 정도에 해당되는 월급을 받았음을 알 수 있다. 이러한 참령의 월급은 <표 3> 營將 일행의 散料에서 알 수 있듯이 조선후기 正3品 營將의 1朔 料米가 12斗 그리고 營將의 奴子 4명에게 매달 각각 料米 6斗가 지급된 점 등과 비교해보면,36) 조선후기 영장에 비해 대한제국 참령이 더 나은 대우를 받았음을 알 수 있다.

두 번째로 중대장인 正尉는 3品階로 一等軍司와 마찬가지로 1900년 진위대 시절에는 매달 46元 75錢을 받았는데, 1898년 지방대 때에도 46원 75전이었다는 점에서 정위의 봉급은 변화가 없었다. 副尉는 6品階로 2等軍司와 마찬가지로 1900년에 매달 34원을 받았는데, 1896년과 1898년에도 34원이었다는 점에서 월급은 전혀 오르지 않았다. 參尉는 (1900년에는 副參尉로 표기됨) 3等軍司와 마찬가지로 1900년 매달 월급으로 28원 5전을 받았는데, 1896년과 1898년에도 28원 5전이었다는 점에서 변화가 없었다. 하지만 <표 3> 營將 일행의 散料에서 보았듯이 조선후기 營將을 수행하는 軍官은 1朔에 料米 9斗를 제공받고 군관의

---

35) 하원호, 『한국근대 경제사연구』, 서울 : 신서원, 1997, 260쪽.
36) 『承政院日記』155冊, 孝宗 10년 2월 6일 丁卯 ; 『慶尙道邑誌』4책, 晋州 ; 한국학문헌연구소편, 『韓國地理志叢書 : 邑誌 경상도편①』, 서울 : 아세아문화사, 1982, 167쪽.

<표 3> 營將 일행의 散料

散料의 1년 총액	약 84石(料米·粥米 69石 9斗, 太米·代米 14石6斗)
매 달 지급내역	營將(1員) : 料米 12斗
	奴子(4명) : 각각 料米 6斗
	戰馬(2필) : 각각 太 9斗·代米 4斗 五升·粥米 6斗
	卜馬(1필) : 太 6斗·代米 3斗
	군관(2員) : 각각 米 9斗
	군관의 奴子(2명) : 각각 料米 6斗
	군관의 騎馬(2필) : 각각 太 6斗·代米 3斗·粥米 3斗

奴子 2명에게도 각각 6斗가 제공되었다는 점에서, 대한제국의 尉官도 조선후기 군관에 비해 대우가 나았음을 알 수 있다.

　세 번째로 품계를 받지 못했던 下士인 '正校·副校·參校'와 일반 병사들의 월급에 대해 살펴보자. 正校는 1900년 진위대 시절에는 매달 9元의 월급을 받았는데 지방대 시절인 1898년에도 9원이었다는 점에서 변화가 없었지만, 1896년 청주지방대 창설 당시에는 7원이었다는 점에서 1896년에 비해서 1898년 월급이 2원 인상되었다. 副校도 1900년에는 7원 50전으로 1898년에 비해 변화가 없었지만, 1896년에는 6원이었다는 점에서 1896년에 비해서 1898년 월급이 1원 50전 올랐다.[37] 參校 역시 1900년 월급이 6원 50전이었는데 1898년에도 6원 50전이었다는 점에서 변화가 없었지만, 1896년에는 5원이었다는 점에서 1896년에 비해서 1898년 월급이 1원 50전 인상되었다. 下士인 정교·부교·참교의 봉급은 1898년 지방대나 1900년 진위대 시기가 같았으나, 1986년 지방대 창설 때에 비해서는 1898년 지방대 시절에 월급이 1원 50전~2원 인상되었음을 알 수 있다.

　일반 병졸의 경우 1900년 진위대 시기의 월급이 3원이었고 1896년과 1898년 지방대 시기에도 3원이었다는 점에서 변화가 없었다. 驛이 폐지된 후 遞傳夫(우체부)의 급료가 15兩(1元은 5兩)이라는 점[38]에서 일반 병사는 우체부와 같은 급료를 받았음을 알 수 있다. 따라서 비록 하사관의 월급이 1896년에 비해 1898년 지방대 시기에 인상되었지만, 지방대 시절과 진위대 시절 하사관들과 일반 병졸들은 대부분 쌀 1석에도 미치지 못하는 월급을 받았다는 점에서 장교들에 비해서 생활이 곤궁

---

37) 1900년 '진위연대 편제에 대한 청의(『各部請議書存案』(奎17715), 의정부 편, 15책, 광무 4년 7월 21일)'에서 大隊附를 보면 부참교 73인만 나와 있고 부교의 숫자는 없으나, 봉급표에서는 부교의 봉급 7원 50전이 수록된 것으로 보아 부참교는 부교와 참교의 숫자를 합한 것이 아닌가 생각된다.

38) 『驛土所關査員質報存』(奎17896) 농상공부 편, 7책, 광무 원년 10월 13일.

하였음을 짐작할 수 있다.

2) 經費와 財源

첫 번째로 1900년 청주진위대의 경비 내역을 1896년과 1898년 지방대 시절과 비교하여 <표 4> 경비 명칭과 연도별 액수를 통해 살펴보면 다음과 같다.

<표 4> 경비 명칭과 연도별 액수

경비명칭	1896년	1898년	1900년
俸給給料	9,220元 80錢	21,792元 60錢	52,816元 20錢 (將官俸給 : 12964元 20錢) (士卒給料 : 39852元)
將官服裝費	* 800元(被服費)	300元	1,645元
士卒被服費		7,110元	14,275元
飯米費		7,408元 80錢	27,594元
副食品費		6,300元	18,250元
溫契柴料		600元	1,500元
消耗費		240元	600元
馬飼料		288元	288元
(馬匹及)馬裝料		46元	136元
補(保)繢費		600元	1,500元
治療費		120元	200元
雜費			
旅費	120元	300元	150元
演習費		120元	200元
埋葬費		60元	100元
新設費	* 124元 2錢(廳費)		1,000元
修理費			5,000元
총계	10,264元 82錢	45,285元 40錢	125,254元 20錢

* 『官報』345호(奎17289), 12책, 勅令 23호, 건양 원년 6월 6일 토요일 ; 『日省錄』건양 원년 4월 18일 ; 『各部請議書存案』(奎17715), 의정부 편, 9책, 광무 2년 12월 ; 『各部請議書存案』(奎17715), 의정부 편, 15책, 광무 4년 7월 21일.

우선 1896년과 1898년 지방대 시절에 비해 1900년 진위대의 경비가 현저하게 많이 책정된 것이 주목된다. 1900년 청주진위대 군인 수는 1,029인으로, 1896년의 208인 및 1898년 409인이었던 지방대 시절에 비해 군병의 수가 크게 증가하였으므로 경비도 많이 책정된 것이다. 반면 지방대가 창설되었던 1896년 경비가 가장 적었던 것은 군병의 數가 제일 적은 데다가 창설된 시기가 5월 30일이므로 1년간의 경비도 아니었으며, 경비에서 큰 비중을 차지하는 음식비 등 여러 항목이 누락되었기 때문이다.

다음으로 1900년 청주진위대의 1년 경비로는 월급을 비롯하여 복장비·피복비 및 飯米費·副食品費 등으로 125,254元 20錢이 사용되었다. 전체 경비 중에서 '將校와 士卒의 월급 52,816원 20전은 약 42.17%, 음식비 45,844원은 약 36.60%, 被服費 15,920원은 약 12.71%'를 차지하였는데, 1898년 지방대 시절에도 전체 경비에서 '월급(약 48.12%)·음식비(약 30.27%)·피복비(약 16.6%)'를 차지하였다는 점에서 군인의 俸給給料·食品費·被服費가 경비의 대부분을 차지한 것은 마찬가지였다. 반면 1900년 진위대 경비에서 연습비 200원은 '치료비 200원·매장비 100원' 등과 함께 전체 경비 중 매우 적은 비중을 차지하는데, 진위대의 군사력을 제대로 강화하기에는 부족한 예산이라고 생각된다. 한편 1900년 진위대 경비 중 新設費 1,000원과 修理費 5,000원은 병영을 새로 설치하거나 기존의 건물을 수리하기 위한 비용인데, 1899년 해주지방대는 營舍建築費로 4,371원 8전을 신청하여 '大隊室(23間)·中隊室(11間)·庫舍馬房(21間)' 등 55間을 새로이 짓고 前 감영의 건물을 보수하여 炊飯室로 만들려는 비용 등으로 사용하려 하였다.[39]

두 번째로 1900년 청주진위대를 비롯하여 지방대 시절 經費에 충당

---

[39] 『各部請議書存案』(奎17715), 의정부 편, 11책, 광무 3년 8월 5일.

되는 재원 즉 재정적 토대에서 중요한 역할을 한 것은, 청주진위대와 지방대가 위치한 청주군과 청주 인근 郡 및 군병이 파견된 郡의 公錢이었다. 公錢은 結錢이나 戶錢인데, 청주군을 비롯한 각 군은 公錢으로 청주지방대나 진위대 경비를 지불한 뒤 上納하는 公錢에서 그 액수만큼을 제하였다. 公錢에서 큰 비중을 차지하는 結錢에는 일반 토지를 비롯하여 驛土나 폐지된 각 營이나 鎭・堡 屯土의 賭錢 등이 포함되었다.40) 驛土는 1897년 3월부터 1898년 11월 탁지부로 넘어가기까지 군부41)가, 그리고 1895년 폐지된 각 營이나 鎭 등의 屯土는 1897년 6월부터42) 1899년 6월 내장사로 이속되기까지 지방대에서 관할한 바 있다.43) 아울러 각 營이나 鎭 등에 속했던 殖利錢도 지방대에 이속되었고, 보령군은 驛馬 4필의 값 159냥을 청주지방대에 제공하기도 하였다.44)

우선 청주군이 청주지방대와 진위대에 지불한 경비를 <표 5>를 통해 살펴보면 다음과 같다.

즉 청주군은 1898년 양력 1월부터 12월까지의 청주지방대 경비 75,311兩 4錢 및 여러 곳의 出駐費로 9,797兩 3錢 5分을 책정하여 1896년 結稅錢 상납분에서 그 액수만큼 제해 달라고 요청했다가, 청주지방

---

40) 鎭營의 토지로 청주지방대에 이속된 경우로는 청주군 長房村 屯土를 들 수 있는데(『忠淸北道各郡報告』 2책, 光武 4년 10월 11일 및 12월 26일 ; 『各司謄錄』 8책, 忠淸道篇 3, 국사편찬위원회편, 서울 : 민족문화사, 1983, 629・663~664쪽), 1906년 長房屯 元賭租는 61石 14斗 8升이었다(『忠淸北道各郡報告』 12책, 光武 10년 12월 17일 ; 『各司謄錄』 9冊, 忠淸道篇 4, 국사편찬위원회편, 서울 : 민족문화사, 1983, 326쪽).
41) 김양식, 『근대권력과 토지 - 역둔토 조사에서 불하까지 -』, 서울 : 해남, 59~61쪽.
42) 『各部請議書存案』(奎17715), 의정부 편, 3책, 건양 2년 6월 7일.
43) 『宮內府去來案文牒』(奎17882), 궁내부 편, 7책, 광무 3년 6월 25일.
44) 『驛訓指』(奎17898의 1), 농상공부 편, 2-5책, 광무 4년 1월 27일.

<표 5> 청주군이 청주지방대와 진위대에 제공한 公錢

연도	公錢의 액수
1898	51,322兩 4錢(10,264元 40錢 8里)
1898(6월~12월)	10,626元 85錢 4里
1898	995元 87錢 5里(피복비)
1900(1월~3월)	6,000元 22錢 2里
1903	23,659元

* 『公文編案』(奎18154), 탁지부 편, 40책, 광무 원년 12월 ;『宮內府去來案文牒』(奎17882), 궁내부 편, 7책, 광무 3년 6월 5일 ;『公文編案』(奎18154), 탁지부 편, 40책, 광무 2년 5월 27일 ;『公文編案』(奎18154), 탁지부 편, 40책, 광무 2년 9월 16일 ;『訓令存(編)案』(奎17876), 탁지부 편, 6책, 광무 3년 12월 14일) ;『訓令存(編)案』(奎17876), 탁지부 편, 8책, 광무 7년 2월 14일.

대 경비는 51,322兩 4錢으로 이미 확정해서 통보했으니 증액은 불가하고 各處 出駐費는 軍部의 조회를 받아 計減하라는 지령을 받았다.[45] 이를 통해 청주군은 1898년 적어도 51,322兩 4錢(10,264원 40전 8리) 이상을 청주지방대의 경비로 지출했음을 알 수 있다. 실제로 청주군은 청주지방대 경비로 1898년 6월부터 12월까지 매달 1,518元 12錢 2里[46](7개월로 환산하면 10,626원 85전 4리), 1898년 1년 피복비도 995원 87전 5리[47]를 지급하였다.[48] 아울러 1900년 1월부터 3월까지의 경비로 6,000원 22전 2리[49]를 지급하였고,[50] 1903년에는 청주진위대의 경비로

---

45) 『公文編案』(奎18154), 탁지부 편, 40책, 광무 원년 12월 ;『宮內府去來案文牒』(奎17882), 궁내부 편, 7책, 광무 3년 6월 5일.
46) 『公文編案』(奎18154), 탁지부 편, 40책, 광무 2년 5월 27일.
47) 『公文編案』(奎18154), 탁지부 편, 40책, 광무 2년 9월 16일.
48) 비록 1월부터 5월까지 매달 청주군이 지방대에 제공하는 공전 액수가 다를 수 있지만, 위 금액을 12개월로 계산하고 피복비를 더했을 경우 '19,213원 33전 9리'가 되는데 이것은 1898년 전체 경비 '45,285원 40전'의 약 42.427%를 차지한다.
49) 『訓令存(編)案』(奎17876), 탁지부 편, 6책, 광무 3년 12월 14일.
50) 비록 청주군이 진위대에 제공하는 공전은 분기별로 다를 수 있지만 위 금액을

23,659원을 지불하였다.[51]

물론 조선후기에도 청주에는 충청병영과 청주진영(中營)이 위치하였으므로 경제적 부담이 컸다. 즉 淸州牧은 충청병영에 '需米 500石 및 雜米 450石'[52]은 물론이고, 청주진영에도 '需米 49石 13斗 8升 및 雜米 130石을 비롯하여 饌價米·고기·종이·기름'[53] 등을 제공함으로써 청주진영에 소속된 읍 중에서 가장 부담이 컸다. 때문에 1670년(顯宗 11) 청주목사였던 南九萬은, 청주진영에 소속된 읍이 교대로 營將의 供饋

12개월로 계산하면 약 '24,000원 88전 8리'로, 1900년 전체 경비 '125,254원 20전'의 약 19.162%를 차지한다.
51) 『訓令存(編)案』(奎17876), 탁지부 편, 8책, 광무 7년 2월 14일.
52) 『湖西邑誌』(1871년), 淸州, 「兵營事例」; 한국학문헌연구소편, 『韓國地理誌叢書 : 邑誌 忠淸道篇②』, 서울 : 아세아문화사, 1984, 465쪽.
53) 『湖西邑誌』(1871년), 淸州, 「中營事例」; 한국학문헌연구소편, 『韓國地理誌叢書 : 邑誌 忠淸道篇』, 서울 : 아세아문화사, 1984, 466쪽을 통해 그 내용을 표로 정리해보면 다음과 같다.

<표 6> 청주진영의 재원과 지출내용

수입원	지출내용
청주목 (진영 소재지)	稅肉 : 90斤(小朔 87斤, 夏三朔 60斤) 牛油 : 22斤 8兩(小朔 21斤 12兩, 夏三朔 14斤 8兩) 醬太 : 3石(1년 需用) 需米 : 49石 13斗 8升 饌價米 : 48石 11斗 7升 6合 雜米 : 130石 馬料(每朔) : 太 2石(小朔 1石 14斗) 豆 6斗(小朔 5斗 8升) 租 4石 1斗 5升(小朔 3石 14斗 5升 5合) 閏朔料米 : 9石 9斗 4升 鋪陳價(春秋) : 米 8石 1斗 7合 租 6石 12斗
청주진영 소속 읍	狀啓紙 3束, 別白紙 112束, 皮紙 1束 10張 黃筆 12柄, 白筆 36柄 眞墨 48丁 朱土 1斗 5升

를 담당함으로써 청주목의 부담을 경감시켜 달라는 상소를 올리기도 하였다.54)

다음으로 청주지방대와 진위대의 인근 郡 및 군병이 일시적으로 파견되었거나 주둔하였던 郡이 경비나 주둔비용으로 지불한 公錢에 대해 살펴보면 <표 7>과 같다.

<표 7> 청주지방대・진위대 인근 郡이나 駐屯 兵이 있었던 郡에서 제공한 公錢

연 도	군 명	公錢의 액수
1897	직산군	1,438元 90錢
1897	괴산군	1,438元 90錢
1897	영동군	1,953兩
1898	영동군	10,558兩 5錢
1900	옥천군	1,000元
1900	진천군	1,002元 22錢 2里
1900	보은군	1,000元
1900	충주군	1,221錢 19錢 2里

* 『訓令存(編)案』(奎17876), 탁지부 편, 3책, 건양 2년 5월 17일 ;『訓令存(編)案』(奎17876), 탁지부 편, 12책, 건양 2년 5월 14일 ;『公文編案』(奎18154), 탁지부 편, 63책, 건양 2년 6월 23일 ;『公文編案』(奎18154), 탁지부 편, 40책, 광무 2년 4월 18일 ;『公文編案』(奎18154), 탁지부 편, 87책, 광무 4년 1월 23일 ;『訓令存(編)案』(奎17876), 탁지부 편, 6책, 광무 3년 12월 14일.

즉 직산군55)과 괴산군56)은 1897년 4월 1일부터 6월 말일까지 3개월 간의 청주지방대 주둔 병참비용으로 각각 公錢 1,438원 90錢을 지출하였고, 영동군은 청주지방대 주둔 병참 日費로 1897년 1,953냥(390원 6전)을 1896년 結錢에서,57) 그리고 1898년에는 10,558냥 5전(2,111원 61

---

54) 南九萬,『藥泉集』권4, 疏箚, 淸州陳弊訴.
55)『訓令存(編)案』(奎17876), 탁지부 편, 3책, 건양 2년 5월 17일.
56)『訓令存(編)案』(奎17876), 탁지부 편, 12책, 건양 2년 5월 14일.
57)『公文編案』(奎18154), 탁지부 편, 63책, 건양 2년 6월 23일.

전)을 1896년 結錢과 戶錢에서 지출하였다.58) 이어 1900년 1월부터 3월까지 청주지방대 經費로 옥천군은 1,000원,59) 진천군은 1,002원 22전 2리,60) 보은군은 1,000원61)을 지불하였다. 한편 충주군은 1900년 兵站費로 1,221전 19전 2리를 지불하였는데,62) 連原驛 公廨는 1905년 경리원 관할로 넘어가기까지 청주지방대와 진위대 支派兵站所로 활용되었다.63)

4. 청주지방대·진위대의 기능

조선후기 충청좌도에는 청주에 병영과 5鎭營 중 中營이, 그리고 충주에는 後營이 설치되어 국방·치안유지·對民支援의 기능 등을 담당하였다.64) 그러다가 1895년 조선후기 지방군이 폐지된 후, 충청북도에는 1896년 청주에만 지방대가 창설되었고 1900년 명칭이 청주진위대로 바뀌었다. 청주지방대와 진위대도 조선후기 兵營 및 청주진영·충주진영과 마찬가지로 국방 및 치안유지의 기능 등을 담당하였는데, 그러한 사실은 1898년 12월 지방대와 진위대의 편제개정에서 '전국 각 도의 府

---

58) 『公文編案』(奎18154), 탁지부 편, 40책, 광무 2년 4월 18일.
59) 『公文編案』(奎18154), 탁지부 편, 87책(옥천군), 광무 4년 1월 23일.
60) 『公文編案』(奎18154), 탁지부 편, 87책(진천군), 광무 4년 1월 23일.
61) 『公文編案』(奎18154), 탁지부 편, 87책(보은군), 광무 4년 1월 23일.
62) 『訓令存(編)案』(奎17876), 탁지부 편, 6책, 광무 3년 12월 14일.
63) 『忠淸南北道各郡報告』 11책, 光武 9년 3월 21일(국사편찬위원회 편, 『各司謄錄』 9冊, 忠淸道篇 4, 서울 : 민족문화사, 1983, 228쪽) ; 『忠淸南北道各郡報告』 11책, 光武 9년 4월 16일(국사편찬위원회 편, 『各司謄錄』 9冊, 忠淸道篇 4, 서울 : 민족문화사, 1983, 230쪽) ; 『忠淸南北道各郡報告』 11책, 光武 9년 5월 7일(국사편찬위원회 편, 『各司謄錄』 9冊, 忠淸道篇 4, 서울 : 민족문화사, 236쪽).
64) 서태원, 앞의 글, 2005, 59~72쪽.

와 郡에서 地方鎭撫와 邊境守備를 전담하기 위해 지방대와 진위대를 설치한다'[65])는 것에서 알 수 있다. 그런데 이 시기는 외국 군대와 조선 군대가 전쟁을 치루는 시기가 아니었고, 청주는 해안가나 국경이 아니라 충청도 내륙의 중앙에 위치하였으므로 청주지방대와 진위대의 기능은 국방보다는 치안유지의 측면이 돋보인다. 즉 청주지방대와 진위대는 경찰력으로 해결하기 어려운 규모가 큰 도적이나 동학교도 및 의병의 체포 등을 중점적으로 담당하였다.

먼저 충청북도 보은군에서는 1894년 東學의 소요가 있은 후 여러 차례 禍를 입다가, 1896년 봄부터 수시로 출몰하던 匪類가 6월 25일 人家에 불을 지르고 인명을 砲殺하며 公錢(1895년 結錢 155兩 및 1896년 봄 戶錢 30兩)과 軍器를 탈취하는 사건이 발생하였다.[66] 이에 청주지방대 병력 20명과 砲軍 35명이 보은군의 防守를 담당하게 되었는데, 7월 23일 匪類 수십 명이 보은군 왕래면 임곡리에서 소요를 일으키자 청주지방대 군인과 포군이 이들을 추격하여 격파하였다. 당시 청주지방대 군인은 매일 1兩을, 그리고 砲軍은 8錢을 보은군으로부터 지급받았다.[67] 보은군수는 계속적인 防守를 위해 함림·원암 두 역 전답에 대한 賭錢[68] 징수를 보은군이 전담함으로써 舍音의 급료를 砲軍 放料로 활용하게 해달라고 요청하였고, 이듬해부터 그렇게 하라는 농상공부의 허락을 받았다.[69]

다음으로 火賊을 체포하기 위해 보은에 머물었던 청주지방대 巡哨

---

65) 『各部請議書存案』(奎17715), 의정부 편, 9책, 광무 2년 12월.
66) 『公文編案』(奎18154), 탁지부 편, 32책, 건양 원년 7월 7일 ;『驛土所關文牒來案』(奎17898의 2), 농상공부 편, 3책, 건양 원년 8월.
67) 『公文編案』(奎 18154), 탁지부 편, 32책, 건양 원년 7월 12일.
68) 1896년 丙申條 報恩郡의 驛土 賭錢은 3,217냥 7전 2푼이었다(『驛訓指』(奎17898의 2), 농상공부 편, 2-1책).
69) 『驛土所關文牒去案』(奎17898의 2), 농상공부 편, 1책, 건양 원년 9월 17일.

兵丁 20명이 尙州 경계로 이동한 직후인 1900년 3월 5일, 俗離寺 승려가 보은군수에게 大邱에서 기도하기 위해 절을 방문한 14명이 매우 수상하다고 보고하였다.70) 이에 보은군수는 巡校 및 首書記 李漢鎬 등을 보내게 되었는데, 그 때 軍需外劃錢의 督納을 위해 보은에 와 있었던 청주지방대 下士 1인 및 병정 1명도 함께 체포에 참여하여 수상한 사람 14명 중 11명을 체포하였다. 이어 3월 6일에도 청주지방대 巡哨 兵丁 5명이 俗離寺 부근을 수색하여 9명을 추가로 체포하였다. 더욱이 이들은 염주가 그려진 여러 색의 크고 작은 깃발을 지녔고 무리도 적지 않는 등 後患이 염려되었으므로, 청주지방대 巡哨 兵丁 20명 이외에 10명의 군병을 추가시켜 殘黨의 체포를 계속하도록 하였다. 그런데 체포된 자의 魁首 徐定萬은 금년 정월에 속리산 천왕봉과 삼례 삼도봉에서 기도를 드렸고 이번에 속리사에서 불공을 드린 후, 명성황후와 동학의 최선생을 위해 상복을 입고 7일 일제히 상경하여 그들의 억울함을 풀어주고 日人도 축출하려 하였다고 진술하였다. 따라서 이들은 동학교도이면서 명성황후를 시해한 일본에 대해 강한 적대감을 품고 있다고 여겨진다. 梅泉 黃玹도 報恩郡 郡吏 李漢鎬가 淸州隊와 연합하여 活貧黨 30여 명을 逐捕하고 靑山郡에서는 東匪 3人을 체포하였는데, 이들의 무리 수천 명은 寒食에 천왕봉에 모여 崔濟愚의 제사를 지내고 경성으로 향하려 하였다고 서술한 것에서 보은에서 체포된 서정만 등을 活貧黨으로 보면서도 동학과의 관련성을 지적하였다.71)

또 1900년 음력 3월 7일 軍費外劃의 일로 영동군에 머물던 청주지방대 下士 1인 및 병정 1명은 本郡의 포수와 함께 영동군 동면 미당 및 황간 서면 송원 등에 나타난 수상한 사람 30~40명 중 19명을 체포하였는데, 상복·염주 능을 지닌 이들은 '동학교도(10명)·卜軍(4명)·行商

---

70) 『司法稟報(乙)』(奎17279), 법부 편, 24책, 광무 4년 4월 11일.
71) 黃玹, 『梅泉野錄』 권3, 光武 4년 庚子, 活貧黨.

(1명)・才人(4명)'이었고 출신지는 知禮가 17명으로 가장 많았다.72)

물론 지방의 치안유지는 지방대나 진위대는 물론이고 砲軍이나 경찰 등도 담당하였으며, 청주지방대나 진위대 군인들은 오히려 불법 행위를 한 경우도 있었다. 즉 1904년 청주진위대의 병정이 청주군 廣所에 나타나 진위대에 公錢을 공급하기 위한 것이라며 채취한 금을 빼앗았고,73) 청주진위대 餉官 이희복은 병사를 부추겨 멋대로 총을 쏘게 하면서 조세를 강제로 걷는 데에 관여했다고 하여 월권행위로 고소를 당하기도 하였다.74) 더욱이 1904년 3월 충청북도 黃澗에서 일본이 京釜線을 설치하는 공사 현장에 조선과 일본의 浮浪者와 亂暴者가 모여들어 지역주민을 구타하고 재산을 약탈하는 일이 발생했을 때, 일본 헌병도 조선의 치안유지에 관여하였다는 점75)에서 대한제국의 치안권이 일본에게 침해당하고 있음을 알 수 있다.

한편 을사조약이 체결된 다음해인 1906년 5월 민종식 등이 이끄는 洪州義兵 수백 명이 홍주성을 굳게 지키자, 청주진위대 위관 1명이 1소대 병력을 통솔하여 홍주군에 가서 예전에 巡哨兵을 담당하였던 20명과 연합하여 의병을 진압하였다.76) 1905년 乙巳保護條約으로 인하여 대한제국이 일본에게 국권을 빼앗기고 있는 상황에서도, 대한제국의 군대는 국권을 되찾기 위해 봉기한 의병을 진압하는 모순을 보인다.

하지만 이러한 모순은 1907년 군대해산 후 많은 해산 군인들이 의병활동에 동참함으로써 해소되었다고 생각된다. 비록 청주진위대의 경우,

---

72) 『司法稟報(乙)』(奎17279), 법부 편, 24책, 광무 4년 4월 29일.
73) 『忠淸北道各郡報告』 9冊, 光武 8년 1월 5일(국사편찬위원회 편, 『各司謄錄』 9冊, 忠淸道篇 4, 서울 : 민족문화사, 158쪽).
74) 『起案』(奎17746), 의정부 편, 10책, 광무 8년 12월.
75) 『忠淸南北道來去案』 2책, 光武 8년 6월 18일(국사편찬위원회 편, 『各司謄錄』 8冊, 忠淸道篇 3, 서울 : 민족문화사, 498쪽).
76) 『照會』(奎17823), 의정부 편, 8책, 광무 10년 5월 25일.

강원도 원주진위대의 「前原州鎭衛隊士卒名案 軍警歸順幷兵符」처럼 '의병활동을 하다가 사망한 사람 21명, 귀순하지 않고 계속 저항한 사람 13명, 귀순한 사람 155명'[77] 등, 해산군인의 의병활동 참여를 종합적이면서 구체적으로 기록한 자료는 거의 보이지 않는다. 그렇지만 1907년 '청주 본대의 장교 7인 및 하사·병졸 153인은 8월 4일, 공주분견대의 장교 1인 및 하사·병졸 101인은 8월 6일, 홍주분견대의 장교 1인 및 하사·병졸 50인은 8월 10일에 해산'[78]하려는 계획에 따라 청주진위대가 해산되자, 해산병 상당수는 의병활동에 동참하였다고 생각된다. 즉 청주진위대 解散兵 李用成은 1907년 8월 24일 의병에 합류하였다가 1908년 2월 충북 선유위원 송기용이 청주에서 선유 활동을 할 때 귀순하였고,[79] 하사 출신인 韓廣文은 원주진위대 해산병 4~5명을 비롯하여 24~25명을 인솔하고 레경톤총 10정 및 실탄 700~800발 그리고 火繩銃 등을 지니고 1907년 음력 12월경부터 원주·충주·음죽 등에서 활약하였다.[80] 아울러 청주진위대 해산병 金圭煥 등이 이끄는 의병 중 5명은 1909년 8월 21일 오후 총을 휴대하고 진천군 소답면 한천리 시장 부근까지 침투하여 일본상인 4명을 살해하려다 실패한 후 진천 주재 순사 및 헌병의 추격을 뿌리치고 달아났고, 같은 날 오후 7시경 총을 휴대한 의병 數名은 음성군 맹동면에 침입하여 면장의 아들 1명을 납치하였는데 그들 역시 김규환 등의 부대원으로 추측되었다.[81] 또 보

---

77)「前原州鎭衛隊士卒名案 軍警歸順幷兵符」,『各道郡報告』(奎18020), 내각(朝鮮) 편, 1책.
78) 서인한, 앞의 책, 2000, 270~271쪽.
79)『各道郡來報』(奎17982의 4), 내각 편, 1책, 융희 2년 2월 12일.
80) 국사편찬위원회 편,『한국독립운동사』자료 11, 의병봉기 4, 1982, 隆熙 2년 (1908, 明治 41) 5월, 京畿道.
81)『한국독립운동사』자료 15, 의병봉기 8, 국사편찬위원회편, 1987, 隆熙 3년 (1909, 明治 42) 8월, 忠淸道.

은·청주·상주·성주·거창 등 충청북도와 경상도에서 활약한 盧炳大 주도하의 의병부대에도, 청주진위대의 해산병은 경성시위대 해산병 등과 함께 참여하였다.82) 그밖에도 비록 해산군인은 아니지만 청주진위대 상등병 출신으로 1906년(광무 10) 충청북도 옥천분파소의 주임 순검으로 근무하다가 이듬해 2월 면직된 金亨植은, 8월 28일 의병장 金雲樓가 보은군을 내습하였을 때 부하가 되어 활약한 바 있다.83) 이렇게 근대식 훈련과 무기84)를 지닌 해산군인들이 의병운동에 참여하는 것은 의병과 군인 간의 대립과 갈등이 해소되고, 의병의 무장력과 전투력이 향상된다는 점 등에서 의병운동이 양적·질적 측면에서 발전을 이루게 된다.

5. 맺음말

이상에서 갑오개혁 이후 충청북도 군제 개편과 지방군의 역할에 대해 청주지방대와 진위대를 중심으로 살펴보았다. 그 내용을 간단히 요약해보면 다음과 같다.

---

82) 『朝鮮獨立運動』 Ⅰ, 민족주의운동편, 제1편, 의병운동 44호, 隆熙 2년 8월 17일 ; 정휘창, 『대구경북 항일독립운동사』, 1991, 60쪽 ; 이태룡, 『의병 찾아가는 길』Ⅱ, 서울 : 다물, 1995, 322쪽.
83) 국사편찬위원회 편, 『한국독립운동사』 자료 16, 의병봉기 9, 1987, 隆熙 3년 (1909, 明治 42) 12월, 忠淸道.
84) 초기 의병들이 사용하던 화승총은 비가 오거나 습기가 차면 사용할 수 없고 사정거리는 70m에 불과하며 숙달된 포수도 1분에 1발밖에 쏠 수 없었는데, 1905년 일본이 개발한 메이지 38년식 소총은 유효사거리 360m에 1분당 8~10발을 발사할 수 있었다. 따라서 비록 청나라 등에서 근대식 무기를 밀수입하여 사용하기도 하였지만, 모젤 소총이나 무라다 소총 등을 지닌 해산 군인들이 의병에 합류하면서 의병들의 무장력이 개선되었다(국방군사연구소, 『한국무기발달사』, 1994, 588~594쪽).

첫째, 1895년 舊軍制가 폐지되고, 새 지방군으로 진위대가 평양과 전주에 각각 1대대씩 창설되었다. 하지만 설치지역이나 군인의 수가 너무 적었으므로 1896년 5월 친위대와 진위대의 편제를 본 떠 구식 군졸들로 편성된 8개 지방대를 전국에 설치하면서 충청북도 청주에도 200명의 지방대가 설치되었다. 그러다가 1898년 전국 지방대의 정원이 409명으로 통일되는 가운데 청주지방대의 군인 수도 409명이 되었고, 1900년 7월 진위대와 지방대의 명칭이 진위대로 통일되면서 청주지방대는 진위 제2연대 제2대대로 개편되고 군병의 數도 1,029명으로 크게 증가하였다. 이러한 군사력 증강은 자주적 근대화를 달성하려는 대한제국의 의지를 잘 보여주었다. 하지만 露日戰爭에서 승리한 일본이 조선을 식민지화는 데에 방해가 되는 대한제국의 군대를 감축하면서 청주진위대의 군인도 615명으로 축소되고, 1907년 군대를 해산할 때 청주진위대도 해산되게 된다.

둘째, 청주지방대와 진위대의 구조에 대해 '지방대가 창설되었던 1896년의 자료, 지방대의 군병 數가 통일되었던 1898년의 자료, 가장 많은 군병 수를 보이는 1900년 청주진위대의 자료'를 중심으로 정리해 보면 다음과 같다.

먼저 1900년 7월 청주진위대 군인 수는 1,029명으로 1896년 및 1898년 청주지방대에 비해 크게 증가했는데, 강력한 군사력이 뒷받침되지 않고는 자주적인 근대화를 이룰 수 없다고 여겨 대한제국은 군사력의 강화에 힘쓴 것이다. 비록 『輿地圖書』의 18세기 충청북도 병력 12,329명(병영 3,397명・청주진영 4,485명・충주진영 4,447명)과 비교하면 적은 숫자이지만, 평소에는 농사를 짓다가 교대로 근무하는 군인이 대부분을 차지하는 조선후기의 지방군과는 달리 청주진위대 군인은 모두 직업군인이라는 점에서 질적인 면에서 우수하였다. 아울러 3품계인 대대장 참령의 봉급 77원 35전을 비롯하여 3품계 정위 및 6품계 부위・참위 등 진위대 장교는 조선후기 營將이나 軍官에 비해 많은 봉급을 받았고, 품계를 받지 못했던 하사관은 대부분 쌀 1석 값보다 적은 9元 이하를, 그리고 일반 병사는 체전부(우체부)와 같은 3원의 급료를 받았다는 점에서 장교에 비해 생활이 어려웠음을 짐작할 수 있다.

다음으로 1898년 지방대 시절과 마찬가지로 1900년 진위대 經費에서 군인들의 '봉급(약 42.17%) · 피복비(약 36.6%) · 음식비(약 12.71%)'가 차지하는 비중이 높았으며, 연습비(200원)가 매우 적다는 점에서 군사력을 제대로 강화하는 데에는 어려움이 있었다고 생각된다. 이러한 경비를 조달하기 위한 청주진위대의 주요한 財源은 지방대 시절과 마찬가지로, 진위대가 위치한 청주군과 부대 인근의 郡 그리고 군병이 주둔하였던 郡의 公錢이었다. 우선 청주군은 1898년 6월부터 12월까지 매달 1,518元 12錢 2里(7개월 : 10,626원 85전 4리) 및 1년 피복비로 995원 87전 5리를 지급하였고, 1900년 1월부터 3월까지의 경비로 6,000원 22전 2리 그리고 1903년 청주진위대 경비로 23,659원을 지불하였다. 따라서 이런 사실을 감안하면 청주지방대와 진위대가 위치한 청주군의 부담이 매우 컸음을 알 수 있다. 아울러 직산군과 괴산군은 1897년 4월부터 6월까지 청주지방대 주둔 병참비용으로 각각 公錢 1,438원 90전을, 영동군은 청주지방대 주둔 병참 日費로 1897년 1,953냥(390원 60전) 및 1898년 10,558냥 5전(2,111원 61전)을 지불하였다. 이어 1900년 1월부터 3월까지 청주지방대 經費로 옥천군은 1,000원, 진천군은 1002원 22전 2리, 보은군은 1,000원을, 충주군은 1900년 청주지방대의 兵站費로 1,221전 19전 2리를 지불하였다. 그 밖에도 1897년 3월부터 1898년 11월까지 역토를 군부가 관할하고, 폐지된 營과 鎭 등에 속했던 둔토를 1897년 6월부터 1899년 6월까지 지방대가 관할하면서 청주지방대도 이러한 토지에 대한 賭錢을 경비로 활용하기도 하였다.

셋째, 청주지방대와 진위대는 조선후기 충청북도의 兵營 · 鎭營 등과 마찬가지로 국방 및 치안유지의 기능을 담당하였는데, 특히 도적이나 동학교도의 체포 및 乙巳義兵의 진압 등 치안유지와 관련된 역할이 두드러졌다. 하지만 청주진위대 병정은 청주 광산에서 불법적으로 금을 빼앗거나 자신들의 담당 업무가 아닌 세금 징수에 관여하였다고 고소를 당하기도 하였고, 지방의 치안유지는 경찰이나 砲軍도 담당하였다. 더욱이 1904년 경부선 철도공사 현장이었던 충청북도 황간에서는 일본 헌병도 치안유지에 참여했다는 점에서 대한제국의 치안권이 일본에게 침해당하는 문제점도 노출되었다.

한편 乙巳保護條約으로 국권을 잃었음에도 불구하고, 대한제국의 청주진위대 군인은 오히려 국권을 회복하려는 의병을 진압하는 모순을 보인다. 그렇지만 1907년 군대해산을 계기로 근대식 훈련과 무기를 지닌 청주진위대 해산군인들이 의병운동에 동참함으로써, 의병과 군인간의 모순이 해소되고 의병들의 무장력과 전투력이 향상된다는 점 등에서 의병운동이 양적·질적인 면에서 발전하게 되었다.

부록_ 진천양안의 표

이충세·임용한

I. 면별 전답 및 대지 현황

〈표 1〉 전품별 토지가옥 면적
〈표 2〉 전품별 토지가옥 비율
〈표 3〉 전품별 면적 현황(단위 : 척수)
〈표 4〉 전품별 면적 비율 (단위 : 척수)
〈표 5〉 전품별 면적 현황 (단위 : 결부)
〈표 6〉 전품별 면적 비율 (단위 : 결부)
〈표 7〉 면별 토지면적(단위 : 척수)
〈표 8〉 면별 토지면적 비율(단위 : 척수)
〈표 9〉 면별 토지면적 (단위 : 결부)
〈표 10〉 면별 토지면적 비율(단위 : 결부)
〈표 11〉 면별 전답 비율
〈표 12〉 면별 토지, 가옥 및 물레방아 현황
〈표 13〉 면별 전품 및 면적 현황 (1등급)
〈표 14〉 면별 전품 및 면적 현황 (2등급)
〈표 15〉 면별 전품 및 면적 현황 (3등급)
〈표 16〉 면별 전품 및 면적 현황 (4등급)
〈표 17〉 면별 전품 및 면적 현황 (5등급)
〈표 18〉 면별 전품 및 면적 현황 (6등급)
〈표 19〉 면별 전품 및 면적 현황 (一易)
〈표 20〉 면별 전품 및 면적 현황 (二易)
〈표 21〉 면별 전품 및 면적 현황 (三易)

II. 면별 위토 설치 현황

〈표 22〉 위토 설치 현황
〈표 23〉 위토 면적 및 소유주

III. 면별 동답 설치 현황

〈표 24〉 동답 경작 현황

IV. 개인별 전답 소유 및 경작 현황

〈표 25〉 소유면적 별 시주 현황(1~500위)
〈표 26〉 경작면적 별 시작 현황(1~500위)

V. 관아 및 사원 설치 현황

〈표 27〉 관아 설치 현황
〈표 28〉 사원전 위치 및 경작현황

VI. 개인 가옥 및 물레방아, 주점 현황

〈표 29〉 호(戶) 소유 현황 및 비율
〈표 30〉 호(戶) 소유 100인의 토지·가옥 소유현황
〈표 31〉 기와집 위치 및 소유 현황
〈표 32〉 물레방아 소유자 토지·가옥 소유현황
〈표 33〉 물레방아 위치 및 소유 현황
〈표 34〉 주점 설치 현황

* 부록의 콤머는 모두 제거하고 붙여 씁니다.

I. 면별 전답 및 대지 현황

<표 1> 전품별 토지가옥 면적

구분\전품	토지가옥 면적(척수)				토지가옥 면적(결수)				필지수
	합계	전	답	가대	합계	전	답	가대	
1	160894	7555	108102	45237	16101	762	10811	4528	207
2	4140413	350044	3298859	491510	351928	29702	280495	41731	3512
3	16888954	2596921	12943670	1348363	1181547	181661	905396	94490	11675
4	22061499	6418970	15530758	111771	1213204	353043	854027	6134	11926
5	17730004	9387584	8311603	30817	709113	375471	332399	1243	11608
6	8513089	7031225	1475804	6060	213714	176285	37239	190	7819
一易	189395	167253	22142	0	2277	2011	266	0	197
二易	225	225	0	0	2	2	0	0	1
三易	86147	71623	14524	0	522	435	87	0	105
합계	69770620	26031400	41705462	2033758	3688408	1119372	2420720	148316	47050

*결부 표기의 예 : 3688408은 3688결 40부 8속임.

**이하 부록의 통계는 아래의 원칙에 따라 최종 수정을 거친 결과이다(따라서 본문의 통계와 다른 부분이 있다).

1. 한자 이름이 달리 표시된 인물의 경우 같은 인물로 처리함(예 : 安大卜, 安大福 등).
2. 한자 이름이 달리 표기된 기관이나 공동체의 경우 통일시켜 처리함(예 : 勳屯, 勳屯田, 勳屯田畓 등).
3. 이외 한자 원문의 판독이 어려운 경우 제외시켜 처리함.

<표 2> 전품별 토지가옥 비율(단위 : %)

구분\전품	토지가옥 면적(척수)				토지가옥 면적(결수)				필지수
	합	전	답	가대	합계	전	답	가대	
1	0.23	0.03	0.26	2.22	0.44	0.07	0.45	3.05	0.44
2	5.93	1.34	7.91	24.17	9.54	2.65	11.59	28.14	7.46
3	24.21	9.98	31.04	66.30	32.03	16.23	37.40	63.71	24.81
4	31.62	24.66	37.24	5.50	32.89	31.54	35.28	4.14	25.35
5	25.41	36.06	19.93	1.52	19.23	33.54	13.73	0.84	24.67
6	12.20	27.01	3.54	0.30	5.79	15.75	1.54	0.13	16.62
一易	0.27	0.64	0.05	0.00	0.06	0.18	0.01	0.00	0.42
二易	0.00	0.00	0.00	0.00	0.00	0.00	0.00	0.00	0.00
三易	0.12	0.28	0.03	0.00	0.01	0.04	0.00	0.00	0.22
비율	100	100	100	100	100	100	100	100	100

<표 3> 전품별 면적 현황(단위 : 척수)

전품	총면적	전	답	대지	필지수
1	160894	7555	108102	45237	207
2	4140413	350044	3298859	491510	3512
3	16888954	2596921	12943670	1348363	11675
4	22061499	6418970	15530758	111771	11926
5	17730004	9387584	8311603	30817	11608
6	8513089	7031225	1475804	6060	7819
一易	189395	167253	22142	0	197
二易	225	225	0	0	1
三易	86147	71623	14524	0	105
합계	69770620	26031400	41705462	2033758	47050

<표 4> 전품별 면적 비율 (단위 : 척수)

전품	총면적	전	답	대지	필지수
1	0.23%	0.03%	0.26%	2.22%	0.44%
2	5.93%	1.34%	7.91%	24.17%	7.46%
3	24.21%	9.98%	31.04%	66.30%	24.81%
4	31.62%	24.66%	37.24%	5.50%	25.35%
5	25.41%	36.06%	19.93%	1.52%	24.67%
6	12.20%	27.01%	3.54%	0.30%	16.62%
一易	0.27%	0.64%	0.05%	0.00%	0.42%
二易	0.00%	0.00%	0.00%	0.00%	0.00%
三易	0.12%	0.28%	0.03%	0.00%	0.22%
합계	100.00%	100.00%	100.00%	100.00%	100.00%

<표 5> 전품별 면적 현황 (단위 : 결부)

전품	총면적	전	답	대지	필지수
1	16101	762	10811	4528	207
2	351928	29702	280495	41731	3512
3	1181547	181661	905396	94490	11675
4	1213204	353043	854027	6134	11926
5	709113	375471	332399	1243	11608
6	213714	176285	37239	190	7819
一易	2277	2011	266	0	197
二易	2	2	0	0	1
三易	522	435	87	0	105
합계	3688408	1119372	2420720	148316	47050

<표 6> 전품별 면적 비율 (단위 : 결부)

전품	총면적	전	답	대지	필지수
1	0.44%	0.07%	0.45%	3.05%	0.44%
2	9.54%	2.65%	11.59%	28.14%	7.46%
3	32.03%	16.23%	37.40%	63.71%	24.81%
4	32.89%	31.54%	35.28%	4.14%	25.35%
5	19.23%	33.54%	13.73%	0.84%	24.67%
6	5.79%	15.75%	1.54%	0.13%	16.62%
一易	0.06%	0.18%	0.01%	0.00%	0.42%
二易	0.00%	0.00%	0.00%	0.00%	0.00%
三易	0.01%	0.04%	0.00%	0.00%	0.22%
합계	100.00%	100.00%	100.00%	100.00%	100.00%

<표 7> 면별 토지면적(단위 : 척수)

면	총면적	전	답	대지	가옥
남변면	2322587	979991	1208255	134341	385
덕문면	4341514	1055631	3250346	35537	160
만승면	6055226	2248451	3614400	192375	813
문방면	5526483	2348452	3042375	135656	488
방동면	3701271	1086668	2550663	63940	256
백곡면	6391195	2683231	3403614	304350	926
백라면	4291737	1647874	2540476	103387	411
북변면	3306318	811784	2452195	42339	172
산정면	4657750	1918338	2672982	66430	374
성암면	3695409	1401923	2138138	155348	616
소답면	4050939	1117945	2794063	138931	222
월촌면	6987582	2317189	4530697	139696	478
이곡면	6792915	2061080	4519731	212104	514
초평면	4670183	3309173	1190946	170064	499
행정면	2979511	1043670	1796581	139260	455
계	69770620	26031400	41705462	2033758	6769

<표 8> 면별 토지면적 비율(단위 : 척수)

지역	총면적	전	답	대지
남변면	3.3%	3.8%	2.9%	6.6%
덕문면	6.2%	4.1%	7.8%	1.7%
만승면	8.7%	8.6%	8.7%	9.5%
문방면	7.9%	9.0%	7.3%	6.7%
방동면	5.3%	4.2%	6.1%	3.1%
백곡면	9.2%	10.3%	8.2%	15.0%
백라면	6.2%	6.3%	6.1%	5.1%
북변면	4.7%	3.1%	5.9%	2.1%
산정면	6.7%	7.4%	6.4%	3.3%
성암면	5.3%	5.4%	5.1%	7.6%
소답면	5.8%	4.3%	6.7%	6.8%
월촌면	10.0%	8.9%	10.9%	6.9%
이곡면	9.7%	7.9%	10.8%	10.4%
초평면	6.7%	12.7%	2.9%	8.4%
행정면	4.3%	4.0%	4.3%	6.8%
전체	100.0%	100.0%	100.0%	100.0%

<표 9> 면별 토지면적 (단위 : 결부)

지역	총면적(결부)	전	답	대지
남변면	131879	46707	75213	9959
덕문면	244135	54945	186724	2466
만승면	288653	81985	192606	14062
문방면	278026	88130	180612	9284
방동면	206285	43958	157019	5308
백곡면	275997	95434	159858	20705
백락면	217879	65893	144101	7885
북변면	198919	31964	164023	2932
산정면	286322	99670	181035	5617
성암면	196777	57901	126564	12312
소답면	202951	41952	151012	9987
월촌면	340412	85114	245586	9712
이곡면	366539	82457	269207	14875
초평면	300045	200936	85385	13724
행정면	153589	42326	101775	9488
계	3688408	1119372	2420720	148316

<표 10> 면별 토지면적 비율(단위 : 결부)

지역	총면적(결부)	전	답	대지
남변면	3.6%	4.2%	3.1%	6.7%
덕문면	6.6%	4.9%	7.7%	1.7%
만승면	7.8%	7.3%	8.0%	9.5%
문방면	7.5%	7.9%	7.5%	6.3%
방동면	5.6%	3.9%	6.5%	3.6%
백곡면	7.5%	8.5%	6.6%	14.0%
백락면	5.9%	5.9%	6.0%	5.3%
북변면	5.4%	2.9%	6.8%	2.0%
산정면	7.8%	8.9%	7.5%	3.8%
성암면	5.3%	5.2%	5.2%	8.3%
소답면	5.5%	3.7%	6.2%	6.7%
월촌면	9.2%	7.6%	10.1%	6.5%
이곡면	9.9%	7.4%	11.1%	10.0%
초평년	8.1%	18.0%	3.5%	9.3%
행정면	4.2%	3.8%	4.2%	6.4%
전체	100.0%	100.0%	100.0%	100.0%

<표 11> 면별 전답 비율

구분 면	척수			결부		
	전	답	대지	전	답	대지
남변면	42.2%	52.0%	5.8%	35.4%	57.0%	7.6%
덕문면	24.3%	74.9%	0.8%	22.5%	76.5%	1.0%
만승면	37.1%	59.7%	3.2%	28.4%	66.7%	4.9%
문방면	42.5%	55.1%	2.5%	31.7%	65.0%	3.3%
방동면	29.4%	68.9%	1.7%	21.3%	76.1%	2.6%
백곡면	42.0%	53.3%	4.8%	34.6%	57.9%	7.5%
백락면	38.4%	59.2%	2.4%	30.2%	66.1%	3.6%
북변면	24.6%	74.2%	1.3%	16.1%	82.5%	1.5%
산정면	41.2%	57.4%	1.4%	34.8%	63.2%	2.0%
성암면	37.9%	57.9%	4.2%	29.4%	64.3%	6.3%
소답면	27.6%	69.0%	3.4%	20.7%	74.4%	4.9%
월촌면	33.2%	64.8%	2.0%	25.0%	72.1%	2.9%
이곡면	30.3%	66.5%	3.1%	22.5%	73.4%	4.1%
초평면	70.9%	25.5%	3.6%	67.0%	28.5%	4.6%
행정면	35.0%	60.3%	4.7%	27.6%	66.3%	6.2%
전체	37.3%	59.8%	2.9%	30.3%	65.6%	4.0%

<표 12> 면별 토지, 가옥 및 물레방아 현황

구분 면	면적(척수)				면적(결수)				가옥현황				춘
	총면적	전	답	대지	총결수	전	답	대지	호	칸수			
										초	와	합	
남변면	2322587	979991	1208255	134341	131879	46607	75213	9759	385	1677	165	1851	2
덕문면	4341514	1055631	3250346	35537	244135	54945	186724	2466	160	551	0	551	0
만승면	6055226	2248451	3614400	192375	288663	81985	192606	14062	813	2564	20	2584	10
문방면	5526483	2348452	3042375	135656	278026	88130	180612	9284	488	1680	26	1706	6
방동면	3701271	1086668	2550663	63940	206285	43958	157019	5308	256	927	0	927	2
백곡면	6391195	2683231	3403614	304350	275997	95434	159858	20705	926	3898	0	3898	9
백락면	4291737	1647874	2540476	103387	217879	65893	144101	7885	411	1314	0	1314	0
북변면	3306318	811784	2452195	42339	198919	31964	164023	2932	172	554	0	554	5
산정면	4657750	1918338	2672982	66430	286322	99670	181035	5617	374	1401	8	1409	3
성암면	3695409	1401923	2138138	155348	196777	57901	126564	12312	616	1669	8	1677	7
소답면	4050939	1117945	2794063	138931	202951	41952	151012	9987	222	839	0	839	4
월촌면	6987582	2317189	4530697	139696	340412	85114	245586	9712	478	1628	0	1628	4
이곡면	6792915	2061080	4519731	212104	366539	82457	269207	14875	514	2156	85	2241	4
초평면	4670183	3309173	1190946	170064	300045	200936	85385	13724	499	1732	107	1839	7
행정면	2979511	1043670	1796581	139260	153589	42326	101775	9488	455	1517	40	1557	7

<표 13> 면별 전품 및 면적 현황 (1등급)

면	등급	전결수	답결수	대지결수	계
남변면	1	19	304	1404	1727
만승면	1	52	0	2007	2059
문방면	1	43	0	251	294
방동면	1	32	0	0	32
백곡면	1	34	0	0	34
북변면	1	31	1062	0	1093
산정면	1	40	3803	0	3843
성암면	1	90	0	58	148
소답면	1	20	0	0	20
월촌면	1	64	0	0	64
이곡면	1	190	4777	125	5092
초평면	1	93	302	148	543
행정면	1	54	563	535	1152
계		762	10811	4528	16101

<표 14> 면별 전품 및 면적 현황 (2등급)

면	등급	전결수	답결수	대지결수	계
남변면	2	34	5706	1037	6777
덕문면	2	766	20558	0	21324
만승면	2	0	119	2304	2423
문방면	2	258	14491	448	15197
방동면	2	9	18110	4951	23070
백곡면	2	6	0	0	6
백락면	2	28	7102	4355	11485
북변면	2	662	52036	0	52698
산정면	2	418	52012	5469	57899
성암면	2	506	4711	8969	14186
소답면	2	0	13027	1881	14908
월촌면	2	25	0	0	25
이곡면	2	548	35044	1048	36640
초평면	2	26442	38643	10627	75712
행정면	2	0	18936	642	19578
계		29702	280495	41731	351928

<표 15> 면별 전품 및 면적 현황 (3등급)

면	등급	전결수	답결수	대지결수	계
남변면	3	5983	38356	7321	51660
덕문면	3	21857	87997	2392	112246
만승면	3	2779	55838	8387	67004
문방면	3	1888	83663	7519	93070
방동면	3	1010	80782	210	82002
백곡면	3	3131	26141	19632	48904
백락면	3	4713	54332	3121	62166
북변면	3	4077	76961	2851	83889
산정면	3	16144	71596	127	87867
성암면	3	3039	56788	2955	62782
소답면	3	414	30947	7995	39356
월촌면	3	3092	73175	9597	85864
이곡면	3	8433	104969	13090	126492
초평면	3	102142	35138	2830	140110
행정면	3	2959	28713	6463	38135
계		181661	905396	94490	1181547

<표 16> 면별 전품 및 면적 현황 (4등급)

면	등급	전결수	답결수	대지결수	계
남변면	4	26247	26948	195	53390
덕문면	4	19778	44891	62	64731
만승면	4	21433	90711	1266	113410
문방면	4	27395	63817	879	92091
방동면	4	15947	42158	147	58252
백곡면	4	16357	71014	478	87849
백락면	4	19866	64138	409	84413
북변면	4	10792	21848	62	32702
산정면	4	60074	50148	21	110243
성암면	4	18922	52497	262	71681
소답면	4	12887	77123	21	90031
월촌면	4	15310	121711	41	137062
이곡면	4	21557	87431	521	109509
초평면	4	50362	7953	0	58315
행정면	4	16116	31639	1770	49525
계		353043	854027	6134	1213204

<표 17> 면별 전품 및 면적 현황 (5등급)

면	등급	전결수	답결수	대지결수	계
남변면	5	10757	3694	2	14453
덕문면	5	8656	26360	12	35028
만승면	5	33301	44800	86	78187
문방면	5	38041	16475	116	54632
방동면	5	19671	14890	0	34561
백곡면	5	46411	50903	524	97838
백락면	5	29043	14901	0	43944
북변면	5	10427	10252	9	20688
산정면	5	22080	3476	0	25556
성암면	5	27058	12377	65	39500
소답면	5	17854	26829	90	44773
월촌면	5	44809	50560	74	95443
이곡면	5	35273	34170	88	69531
초평면	5	17367	3166	99	20632
행정면	5	14723	19546	78	34347
계		375471	332399	1243	709113

<표 18> 면별 전품 및 면적 현황 (6등급)

면	등급	전결수	답결수	대지결수	계
남변면	6	3629	205	0	3834
덕문면	6	3802	6918	0	10720
만승면	6	24156	1137	12	25305
문방면	6	20025	2079	71	22175
방동면	6	7289	1079	0	8368
백곡면	6	29400	11794	71	41265
백락면	6	12243	3628	0	15871
북변면	6	4832	1773	10	6615
산정면	6	914	0	0	914
성암면	6	8244	180	3	8427
소답면	6	10771	3025	0	13796
월촌면	6	21814	140	0	21954
이곡면	6	16394	2739	3	19136
초평면	6	4354	167	20	4541
행정면	6	8418	2375	0	10793
계		176285	37239	190	213714

<표 19> 면별 전품 및 면적 현황 (一易)

면	등급	전결수	답결수	대지결수	계
남변면	一易	38	0	0	38
덕문면	一易	86	0	0	86
만승면	一易	264	1	0	265
문방면	一易	45	0	0	45
백곡면	一易	93	6	0	99
북변면	一易	1143	91	0	1234
성암면	一易	42	11	0	53
소답면	一易	6	61	0	67
이곡면	一易	62	77	0	139
초평면	一易	176	16	0	192
행정면	一易	56	3	0	59
계		2011	266	0	2277

<표 20> 면별 전품 및 면적 현황 (二易)

면	등급	전결수	답결수	대지결수	계
백곡면	二易	2	0	0	2

<표 21> 면별 전품 및 면적 현황 (三易)

면	등급	전결수	답결수	대지결수	계
문방면	三易	435	87	0	522

II. 면별 위토 설치 현황

<표 22> 위토 설치 현황

시주	시작	면	지명	자정	자번	지목	전품	면적(결)
姜氏位土	鄭喜然	백락면	下大藤後坪	唱	39	답	4	238
姜氏位土	韓占地	만승면	晦安里	趙	83	답	4	40
姜氏祭田	劉在一	만승면	龜巖	傾	15	전	4	22
姜氏祭田	劉在一	만승면	龜巖	傾	16	답	4	54
孔氏位畓	南明俊	백곡면	寺谷	席	191	답	5	27
孔氏位畓	南明俊	백곡면	寺谷	席	193	답	5	11
郭氏墓	吳春山	만승면	梨木洞	假	15	전	6	58
郭氏位土	張春成	만승면	斗得坪	密	61	전	6	53
權氏位土	文成犯	만승면	聖住洞	多	78	전	7	17
金墓田	林千卜	만승면	晚竹里	多	12	전	6	22
金墓田	金情萬	만승면	後谷	多	14	답	6	29
金墓田	鄭平習	만승면	晚竹里	多	60	답	5	23
金墓田	李昌九	만승면	晚竹里	多	61	대	3	12
金墓田	鄭平習	만승면	晚竹里	多	62	전	5	42
金氏墓	韓在學	만승면	旺峙	覇	58	답	4	263
金氏墓	金冠甫	만승면	晦安里	趙	77	전	6	16
金氏墓	李丹丁	만승면	梨木前坪	橫	134	전	6	24
金氏墓	金四兄	만승면	梨木前坪	橫	139	전	6	3
金氏墓	李月丁	만승면	鷹峰洞	假	70	답	5	102
金氏墓	李月丁	만승면	梨木坪	途	6	전	6	58
金氏墓	吳寅伯	만승면	無愁里酒店	滅	37	전	6	18
金氏位土	金奇釗	문방면	月湖坪	宜	34	답	3	162
金氏位土	金德伊	문방면	月湖坪	宜	35	전	5	70
金氏位土	金七德	문방면	月湖坪	宜	36	답	3	11
金氏位土	金七德	문방면	月湖坪	宜	38	답	3	55
金氏位土	金七德	문방면	月湖坪	宜	40	답	4	39
金氏位土	金七得	문방면	月湖坪	宜	42	답	4	38
金氏位土	金位畓	문방면	月湖坪	宜	44	답	3	45
金氏位土	蔡敬三	백락면	陵谷坪	而	45	답	3	172
金氏位土	宋千北	백락면	板郞洞坪	詠	85	전	6	12
金氏位土	蔡斗漢	백락면	板郞洞坪	詠	87	전	5	48
金氏位土	蔡永元	백락면	板郞上坪	樂	4	답	4	84
金氏位土	蔡斗漢	백락면	板郞上坪	樂	6	답	4	23
金氏位土	林魯眞	백락면	板郞上坪	樂	23	답	4	18
金氏位土	林魯眞	백락면	板郞上坪	樂	24	답	4	85

金氏位土	朴日金	백락면	牛潭坪	貴	2	답	4	219
金氏位土	金壬辰	백락면	下泮上坪	貴	56	대	3	3
金氏位土	金時顯	백락면	下泮上坪	貴	57	대	2	9
金氏位土	鄭道漢	백락면	下泮上坪	貴	58	대	2	9
金氏位土	韓應五	백락면	下泮上坪	貴	59	대	2	8
金氏位土	金時榮	백락면	下泮上坪	貴	60	대	2	10
金氏位土	鄭仁壽	백락면	下泮上坪	貴	61	대	2	8
金氏位土	金時榮	백락면	下泮上坪	貴	62	전	2	6
金氏位土	金時珍	백락면	下泮上坪	貴	63	대	2	6
金氏位土	朴漢赫	백락면	下泮上坪	貴	64	전	3	5
金氏位土	鄭榮先	백락면	下泮上坪	貴	66	전	3	5
金氏位土	林春燮	백락면	下泮上坪	貴	77	대	2	11
金氏位土	金商鎭	백락면	下泮上坪	貴	78	대	2	14
金氏位土	柳基贊	백락면	下泮上坪	貴	79	대	2	11
金氏位土	金時淵	백락면	下泮坪	賤	17	전	3	173
金氏位土	金化西	백락면	銀城東坪	卑	7	전	5	57
金氏位土	崔判成	백락면	中山坪	卑	13	답	5	57
金氏位土	金化西	백락면	中山坪	卑	21	전	4	46
金氏位土	金石每	백락면	中山坪	卑	34	답	3	89
金氏位土	尹德汝	백락면	銀城洞初入	卑	57	전	5	94
金氏位土	尹德汝	백락면	銀城坪	上	18	전	5	25
金氏位土	尹德汝	백락면	銀城坪	上	28	답	4	50
金氏位土	金化信	백락면	銀城上谷坪	上	65	답	4	84
金氏位土	金成根	백락면	銀城洞	和	15	전	5	26
金氏位土	金應凡	백락면	銀城洞	和	65	대	2	11
金氏位土	金聖元	백락면	銀城洞	和	66	대	2	10
金氏位土	朴君必	백락면	銀城洞	和	70	대	2	20
金氏位土	尹正道	백락면	銀城洞	和	87	대	2	14
金氏位土	金聲振	백락면	安適谷	睦	42	전	6	13
金氏位土	尹一甫	백락면	銀城後坂郎坪	夫	44	답	4	21
金氏位土	尹一甫	백락면	土玉谷	夫	66	답	4	30
金氏位土	金君明	백락면	土玉谷	夫	83	답	5	47
金氏位土	鄭喜然	백락면	介保坪	唱	54	대	4	73
金氏位土	金榮善	백락면	介保坪	唱	55	답	4	73
金氏位土	李錫雨	백락면	下大蔭前坪	婦	7	답	3	165
金氏位土	金奎和	백락면	下大蔭前坪	婦	31	답	3	91
金氏位土	金必性	백락면	下大蔭前坪	婦	44	답	3	165
金氏位土	金敏性	백락면	下大蔭前坪	婦	52	대	2	44

金氏位土	金東元	백락면	下大蔭前坪	婦	55	대	2	21
金氏位土	金奎錫	백락면	下大蔭前坪	婦	56	대	2	19
金氏位土	金榮善	백락면	下大蔭前坪	婦	57	대	2	10
金氏位土	金奎杓	백락면	下大蔭前坪	婦	58	대	2	26
金氏位土	金東鳳	백락면	下大蔭前坪	婦	59	대	2	12
金氏位土	金奎錫	백락면	下大蔭前坪	婦	60	전	5	7
金氏位土	金龍性	백락면	下大蔭前坪	婦	61	대	2	18
金氏位土	李文景	백락면	下大蔭洞坪	隨	83	전	4	60
金氏位土	李洪雨	백락면	下大蔭洞坪	隨	91	답	3	30
金氏位土	李有卜	백락면	巴郎谷上下坪	入	29	전	5	132
金氏位土	朴成甫	백락면	中驛谷	奉	37	전	5	38
金氏位土	朴成甫	백락면	驛谷下坪	奉	51	전	5	31
金氏位土	任化一	백락면	新里上下坪	母	7	대	3	26
金氏位土	吳石甫	백락면	新里上下坪	母	8	대	3	20
金氏位土	河眞卜	백락면	新里上下坪	母	9	대	3	12
金氏位土	韓德尹	백락면	新里上下坪	母	10	대	3	25
金氏位土	韓德尹	백락면	新里上下坪	母	11	전	4	12
金氏位土	吳石甫	백락면	新里上下坪	母	12	전	4	10
金氏位土	吳正必	백락면	新里上下坪	母	13	대	4	17
金氏位土	朴成甫	백락면	新里上下坪	母	14	대	4	12
金氏位土	吳正必	백락면	新里上下坪	母	15	전	4	6
金氏位土	姜子有	백락면	新里上下坪	母	16	전	4	12
金氏位土	權奇鳳	백락면	新里上下坪	母	17	대	3	17
金氏位土	吳正春	백락면	新里上下坪	母	18	대	3	20
金氏位土	姜子有	백락면	新里上下坪	母	19	대	3	4
金氏位土	李性九	백락면	新里上下坪	母	20	대	3	8
金氏位土	吳景春	백락면	新里上下坪	母	38	전	4	153
金氏位土	吳石甫	백락면	新里上下坪	母	39	전	4	16
金氏位土	韓士淵	백락면	山直坪	諸	52	답	4	30
金氏位土	韓士淵	백락면	上谷	諸	53	답	6	22
金氏位土	韓士連	백락면	大浪谷	諸	54	대	3	15
金氏位土	金好然	백락면	大浪谷	諸	55	대	3	10
金氏位土	韓士連	백락면	大浪谷	諸	56	답	6	5
金氏位土	韓士年	백락면	大浪谷	諸	57	전	6	7
金氏位土	韓士連	백락면	大浪谷	諸	59	전	6	9
金氏位土	韓士連	백락면	山直前坪	諸	67	답	4	23
金氏位土	蔡用汝	백락면	下湫坪	孔	95	답	5	35
金氏位土	蔡用如	백락면	玉山上坪	懷	18	답	3	90

金氏位土	韓在鶴	만승면	旺峙	覇	53	답	3	189
金祭田	柳元甫	북변면	三更坪	閏	12	전	5	18
金祭畓	柳京五	북변면	連三坪	歲	2	답	4	73
金氏宗畓	金寬一	덕문면	石灘里牟實溪坪	唐	6	답	5	77
金宗田	金商弼	덕문면	石灘里牟實溪坪	唐	64	전	4	89
金氏宗畓	金鍊鉉	초평면	通山坪	惡	28	답	2	81
金氏宗畓	金得鉉	초평면	龍洞坪	惡	35	답	2	67
金氏宗畓	金得鉉	초평면	龍洞坪	惡	39	답	3	54
金氏宗畓	金得鉉	초평면	龍洞	惡	66	답	2	205
金氏宗畓	金在福	초평면	三星坪	積	21	답	3	49
金氏宗畓	金恒鉉	초평면	三星坪	積	42	답	4	47
金氏宗畓	金順哲	초평면	亭子坪	非	17	답	2	89
金氏宗畓	金順哲	초평면	亭子坪	非	24	답	5	22
金氏宗畓	崔致㐫	초평면	亭子坪	非	25	답	2	174
金氏宗畓	崔卜得	초평면	亭子坪	非	32	답	2	57
金氏宗畓	金光淵	백락면	下大蔭前坪	婦	54	대	2	19
金氏宗畓	任士某	백락면	上大蔭下洞	訓	16	답	3	50
金氏宗畓	閔寬國	백락면	上大蔭下洞	訓	24	답	2	63
金祭田	朴五成	북변면	舍廊坪	閏	29	대	3	31
金祭田	李石晩	북변면	舍廊坪	閏	31	전	4	61
金祭田	朴東方	북변면	舍廊坪	閏	32	대	3	12
金祭田	李文壽	덕문면	上德里	芥	14	전	3	71
金祭田	金己年	초평면	頤谷	形	49	전	4	92
金宗田	林千金	덕문면	石灘里牟實溪坪	唐	69	대	3	12
金宗田	金每㐫	덕문면	石灘里牟實溪坪	唐	70	대	3	14
金宗田	林驗丹	덕문면	石灘里牟實溪坪	唐	71	대	3	12
金宗田	崔小三	덕문면	石灘里牟實溪坪	唐	72	대	3	20
金宗田	金巡文	덕문면	石灘里牟實溪坪	唐	73	대	3	20
金宗田	金貴男	덕문면	石灘里牟實溪坪	唐	74	전	3	15
金宗田	姜今㐫	덕문면	石灘里牟實溪坪	唐	75	전	3	7
金宗田	趙汝寬	덕문면	石灘里牟實溪坪	唐	76	대	3	11
金宗田	崔翼元	덕문면	石灘里牟實溪坪	唐	77	전	3	14
金宗田	姜金㐫	덕문면	石灘里牟實溪坪	弔	11	전	3	15
金宗田	金貴每	덕문면	石灘里牟實溪坪	弔	62	전	5	9
金宗田	金己年	초평면	頤洞	形	63	전	3	125
金宗田	金永眞	초평면	九星里界	空	9	전	3	72
金宗田	金正西	초평면	九星里界	空	10	전	3	48
金宗田	李鍾哲	초평면	九星里界	空	12	전	3	56

金宗田	金永眞	초평면	九星里界	空	13	전	3	136
金宗田	金在洪	초평면	錦村新坪	谷	9	전	3	171
金宗田	金甲卜	초평면	錦村新坪	谷	12	전	3	80
金宗田	金圭鉉	초평면	福谷	傳	11	전	3	82
金宗田	金永贋	초평면	福谷	傳	23	전	3	85
金宗田	金冑鉉	초평면	金谷	傳	59	전	3	36
金宗田	金永翔	초평면	金谷	傳	63	대	2	19
金宗田	金在洪	초평면	金谷	傳	69	전	3	62
金宗田	金冑鉉	초평면	金谷	傳	71	전	2	19
金宗田	金冑鉉	초평면	金谷	傳	73	대	2	24
金宗田	金在洪	초평면	金谷	傳	74	대	2	43
金宗田	金初鉉	초평면	金谷	傳	75	대	2	16
金宗田	金瑀鉉	초평면	金谷	傳	76	대	2	29
金宗田	金初鉉	초평면	金谷	傳	77	전	3	15
金宗田	金永贋	초평면	金谷	傳	79	전	3	136
金宗田	朴元西	초평면	金谷	傳	81	전	4	92
金宗田	鄭萬信	초평면	金谷	傳	85	전	4	34
金宗田	金創鉉	초평면	書堂谷	傳	88	전	5	69
金宗田	金在黃	초평면	書堂谷	傳	90	전	5	16
金宗田	金萬如	초평면	虎踰嶺	聲	30	전	3	175
金宗田	金永贋	초평면	墨方谷	聲	40	전	4	186
金宗田	金初鉉	초평면	墨方谷	聲	41	전	5	51
金宗田	金珪鉉	초평면	長峴	虛	25	전	5	50
金宗田	姜萬業	초평면	長峴	虛	26	전	6	73
金宗田	姜元集	초평면	長峴	虛	27	전	4	156
金宗田	金萬卜	초평면	三仙坪	堂	43	전	3	102
金宗田	金崇鉉	초평면	通山坪	惡	26	전	4	68
金宗田	金在卜	초평면	通山坪	惡	29	전	4	75
金宗田	金得鉉	초평면	龍洞坪	惡	40	대	3	16
金宗田	金得鉉	초평면	龍洞坪	惡	41	전	3	101
金宗田	金鍊鉉	초평면	龍洞	惡	43	전	4	82
金宗田	金在卜	초평면	龍洞	惡	48	대	2	15
金宗田	金得鉉	초평면	龍洞	惡	49	전	4	29
金宗田	金範鉉	초평면	龍洞	惡	50	대	2	22
金宗田	金在鍊	초평면	龍洞	惡	51	대	2	4
金宗田	金洪鉉	초평면	龍洞	惡	52	대	2	18
金宗田	金斌鉉	초평면	龍洞	惡	53	대	2	20
金宗田	金義鉉	초평면	新坪	福	16	전	4	86

金宗田	鄭學西	초평면	裏坪	慶	10	전	3	88
金宗田	鄭成七	초평면	至樂坪	尺	70	전	3	91
金宗田	金邦鉉	초평면	至樂坪	璧	28	전	5	31
金宗田	金冑鉉	초평면	亭子坪	非	6	전	4	76
南氏墓位	鄭五成	만승면	下新坪	弱	20	전	6	30
南氏墓位	李丹丁	만승면	梨木前坪	橫	135	전	6	46
南氏位土	金士一	백락면	銀城坪	上	24	전	5	27
南氏位土	金思一	백락면	銀城洞	和	17	전	5	64
南氏位土	金思一	백락면	銀城洞	和	20	전	5	18
南氏位土	金士一	백락면	銀城洞	和	26	전	5	22
南氏位土	河大源	백락면	銀城洞	和	51	대	2	9
南氏位土	金士極	백락면	銀城洞	和	52	대	2	28
南氏位土	金基西	백락면	銀城洞	和	54	대	2	20
南氏位土	姜景恒	백락면	銀城洞	和	76	대	2	12
南氏位土	金士一	백락면	銀城洞	和	89	답	3	75
南氏位土	金士一	백락면	銀城洞	和	97	답	4	19
南氏位土	金士克	백락면	茅沙谷	下	42	답	5	71
南氏位土	金士克	백락면	安適谷	睦	43	전	5	88
南氏位土	金士克	백락면	安適谷	睦	49	전	5	21
南氏位土	金士克	백락면	安適谷	睦	51	전	5	12
南氏位土	趙順日	만승면	下新坪	弱	19	전	5	62
南宗田	李今丹	덕문면	下加里	道	71	전	3	448
文氏位土	金登龍	만승면	中巖後坪	滅	190	전	6	18
文宗田	文正敦	초평면	燕巢洞	聽	45	전	4	88
閔氏位土	申元審	백락면	陵谷坪	而	48	답	3	148
閔氏位土	宋千北	백락면	板郎洞坪	詠	73	전	4	37
閔氏位土	金應五	백락면	板郎上坪	樂	20	답	4	29
閔氏位土	金應五	백락면	板郎上坪	樂	22	답	4	51
閔氏位土	崔判成	백락면	下泮上坪	貴	42	전	4	144
閔氏位土	金明心	백락면	銀城前坪	和	104	답	3	44
閔氏位土	尹正成	백락면	銀城前坪	下	20	답	4	44
閔氏位土	金士允	백락면	茅沙谷	下	53	전	4	51
閔氏位土	尹士吉	백락면	銀坂	下	72	답	3	50
閔氏位土	尹景成	백락면	銀城後坪	睦	5	답	4	76
閔氏位土	尹景成	백락면	銀城後坪	睦	8	답	4	94
閔氏位土	尹景成	백락면	安適谷	睦	47	전	5	77
閔氏位土	金浩然	백락면	安適谷	睦	57	답	4	107
閔氏位土	金明化	백락면	安適谷	睦	61	답	4	136

朴氏位土	金化信	백락면	銀城洞	和	13	답	5	54
朴氏位土	金化信	백락면	銀城洞	和	18	전	5	32
朴氏位土	金成鎭	백락면	銀城洞	和	98	답	3	28
朴氏位土	金聖玄	백락면	茅沙谷	下	39	답	5	83
朴氏位土	尹士辰	백락면	丹渠上谷	睦	30	답	4	54
朴氏位土	金化臣	백락면	銀城後坂郞坪	夫	56	전	6	40
朴氏位土	李聖學	백락면	下大蔭後坪	唱	24	답	4	24
朴氏位土	朴丙哲	백락면	石洑前後坪	兒	59	전	5	55
朴氏位土	朴喜榮	백락면	石洑玉山兩坪	孔	39	답	4	46
朴氏祭畓	柳聖連	북변면	舟頭坪	陽	61	답	5	63
朴宗田	朴齊夏	초평면	新坪竹笛谷	積	51	전	4	47
朴宗畓	朴疇壽	초평면	新坪	緣	52	답	4	132
朴氏宗畓	朴伊鳳	백락면	下大蔭後坪	唱	14	답	4	23
朴氏宗畓	朴宗畓	월촌면	溫水谷	漠	63	답	4	114
朴氏宗畓	朴宗畓	월촌면	溫水谷	漠	63	답	5	36
朴氏宗畓	朴宗畓	월촌면	四松亭坪	馳	7	답	4	98
朴氏宗畓	朴宗畓	월촌면	四松亭坪	馳	13	답	3	202
朴氏宗畓	朴宗畓	월촌면	東谷前坪	宗	45	전	6	41
朴祭畓	柳聖連	북변면	舟頭坪	陽	67	답	4	232
朴宗田	朴齊晟	초평면	新坪	福	18	전	4	140
朴宗田	朴齊英	초평면	新坪	緣	57	전	3	604
朴宗田	朴乾陽	초평면	上永	善	20	전	4	40
朴宗田	朴齊晟	초평면	裏坪	慶	22	전	5	63
裵氏位土	張漢甲	백락면	安適谷	睦	50	전	3	34
裵氏位土	曹景七	백락면	安適谷	睦	60	전	4	35
孫氏宗畓	孫甲千	덕문면	石灘里牟實溪坪	有	38	답	5	61
孫氏宗畓	孫承根	초평면	燕巢洞	聽	63	답	2	130
宋氏位土	金隱甫	백락면	大浪谷	諸	61	답	4	139
申墓畓	林容哲	만승면	三箭坪	晉	7	답	5	112
申墓田	嚴福汝	만승면	晩竹里	多	3	전	6	27
申氏墓位	朴道一	만승면	下新里	弱	65	전	5	47
申氏位土	林得春	백락면	葛灘洞	殊	64	대	3	28
申氏位土	林漢鼎	백락면	葛灘洞	殊	65	대	3	12
申氏位土	金和汝	백락면	葛灘洞	殊	67	대	3	5
申氏位土	姜善馨	백락면	葛灘洞	殊	68	대	3	19
申氏位土	姜蘭馨	백락면	葛灘洞	殊	69	대	3	3
申氏位土	林五夛	백락면	葛灘洞	殊	70	대	3	11
申氏位土	朴日金	백락년	葛灘洞	殊	71	대	3	17

申氏位土	張已先	백락면	銀城洞初入	卑	51	답	5	30
申氏位土	張已先	백락면	銀城洞初入	卑	54	전	5	41
申氏位土	張已先	백락면	銀城坪	上	4	전	5	18
申氏位土	張南山	백락면	銀城洞	和	9	전	6	7
申氏位土	張已先	백락면	銀城後坂郞坪	夫	41	답	4	88
申氏祭田	李成玉	만승면	美里坪	傾	42	답	4	17
申氏祭田	李成玉	만승면	美里坪	傾	44	답	4	109
申氏宗畓	李成玉	만승면	月臺坪	回	26	답	4	176
申樫宗畓	趙學仙	월촌면	城坪	門	26	답	5	91
沈氏位土	林昌祚	백락면	板郞洞坪	詠	78	전	4	10
沈氏位土	林昌祚	백락면	板郞洞坪	詠	84	전	6	21
沈氏位土	安卜大	백락면	上大蔭下坪	傳	55	답	2	87
沈氏位土	安卜大	백락면	上大蔭下坪	傳	57	답	2	51
沈氏位土	李一臣	백락면	壽谷坪	比	70	전	6	7
沈氏位土	李一臣	백락면	壽谷坪	比	71	답	5	69
沈氏位土	李一臣	백락면	壽谷坪	比	72	전	6	9
沈氏位土	金性謨	백락면	大上洞	比	73	대	3	16
沈氏位土	李洪提	백락면	大上洞	比	74	대	3	14
沈氏位土	李一臣	백락면	大上洞	比	75	대	3	15
沈氏位土	趙石來	백락면	大上洞	比	76	대	3	25
沈氏位土	金眞伯	백락면	大上洞	比	77	대	3	17
沈氏位土	金男連	백락면	大上洞	比	78	대	3	22
沈氏位土	蔡相仁	백락면	大上洞	比	80	전	6	5
沈氏位土	趙石來	백락면	大上洞	比	81	전	6	5
沈氏位土	李一伸	백락면	石泑前後坪	兒	12	전	6	11
沈氏位土	李一伸	백락면	石泑前後坪	兒	16	전	5	13
沈氏位土	李一伸	백락면	石泑前後坪	兒	21	답	6	40
沈氏位土	李一伸	백락면	石泑前後坪	兒	23	전	6	26
沈氏位土	李一伸	백락면	石泑前後坪	兒	24	답	6	31
沈氏位土	安五秉	백락면	玉山前坪	孔	88	대	2	10
梁氏位土	金性元	백락면	銀城坪	上	27	전	6	6
嚴氏宗畓	趙奇連	덕문면	中里	師	56	전	3	68
嚴氏宗畓	韓京化	덕문면	石灘里牟實溪坪	虞	40	답	5	117
嚴氏宗畓	嚴三龍	덕문면	石灘里牟實溪坪	虞	49	답	5	128
吳氏墓	朴永根	만승면	外金前坪	橫	2	전	6	30
吳氏墓	尹辰甲	만승면	泑坪	橫	14	전	6	21
吳氏墓	李正水	만승면	山岐泑坪	橫	26	전	6	12
吳氏墓	吳順男	만승면	山岐泑坪	橫	30	전	6	22

吳氏墓	李正水	만승면	山岐汏坪	橫	32	답	5	21
吳氏墓	吳順男	만승면	山岐汏坪	橫	34	답	5	54
吳氏墓	吳敬在	만승면	山岐谷	橫	45	답	5	36
吳氏墓	朴允甫	만승면	鵲坪	橫	62	전	6	27
吳氏墓	李丹丁	만승면	梨木前坪	橫	133	전	6	49
吳氏墓	吳起興	만승면	鍾懸谷	假	84	답	4	67
吳氏位土	崔判成	백락면	下泮坪	賤	70	전	4	53
吳氏位土	金成眞	백락면	中山坪	卑	25	답	3	42
兪氏墓	李今三	만승면	梨木前坪	假	91	전	6	12
柳氏位土	金明心	백락면	茅沙谷	下	47	전	5	76
劉氏位土	趙和心	만승면	東幕谷	覇	44	전	5	80
劉祭畓	劉桂順	북변면	連三坪	餘	21	답	3	82
兪氏宗畓	李在弘	덕문면	上德里	薑	14	답	4	191
尹哥位土	金演成	백곡면	石峴	鬱	60	전	6	20
尹墓畓	李汝成	만승면	山岐谷	橫	47	답	5	32
尹氏墓位	吳龍安	만승면	無愁里	滅	5	답	5	13
尹氏位土	金時榮	백락면	下泮坪	賤	67	전	4	78
尹氏位土	姜正行	백락면	釜谷坪	和	126	답	4	63
尹氏位土	姜正行	백락면	銀城前坪	下	22	전	6	8
尹氏位土	鄭致明	만승면	上新洞	濟	120	답	4	22
尹宗田	金之遠	초평면	佳樂谷	禍	30	전	3	229
尹宗田	尹順明	초평면	佳樂谷	禍	37	전	3	209
李氏墓	朴萬眞	만승면	下新坪	弱	15	전	5	73
李氏墓	金正甫	만승면	斗得坪	密	42	전	6	47
李氏墓	鄭士元	만승면	山岐汏坪	橫	39	전	6	36
李氏墓	朴春梅	만승면	鵲坪	橫	75	전	6	21
李氏墓	趙申興	만승면	鵲坪	橫	88	전	6	41
李氏墓	李丁順	만승면	梨木洞	假	20	전	6	25
李氏墓	李丁順	만승면	梨木洞	假	22	답	5	8
李氏墓	金德五	만승면	沙器店谷	滅	108	전	6	13
李氏墓	洪三如	만승면	中巖後坪	滅	187	전	6	16
李氏位土	李鴻來	백락면	陵谷坪	而	44	답	3	167
李氏位土	李聖珪	백락면	板郞洞坪	詠	93	답	4	83
李氏位土	趙景化	백락면	吹羅坪	殊	30	답	5	53
李氏位土	李有正	백락면	葛灘洞	殊	84	전	4	125
李氏位土	洪奇凡	백락면	新村	別	15	답	4	116
李氏位土	金錫榮	백락면	可竹坪	尊	30	답	3	113
李氏位土	金錫榮	백락년	可竹坪	尊	36	전	4	139

李氏位土	張應五	백라면	銀城坪	上	9	답	4	36
李氏位土	金正先	백라면	銀城洞	上	45	답	3	112
李氏位土	尹士吉	백라면	銀城洞	和	7	답	4	27
李氏位土	尹士吉	백라면	銀城洞	和	8	전	6	20
李氏位土	張應五	백라면	銀城洞	和	29	전	4	22
李氏位土	尹德七	백라면	銀城洞	和	48	대	2	13
李氏位土	鄭春五	백라면	銀城洞	和	49	대	2	27
李氏位土	金德華	백라면	銀城洞	和	50	대	2	21
李氏位土	尹光汝	백라면	銀城洞	和	58	대	2	12
李氏位土	趙公一	백라면	銀城洞	和	59	대	2	7
李氏位土	金士允	백라면	銀城洞	和	63	대	2	7
李氏位土	尹德甫	백라면	銀城洞	和	67	전	5	9
李氏位土	尹致星	백라면	銀城洞	和	68	전	5	13
李氏位土	金正善	백라면	銀城洞	和	71	대	2	15
李氏位土	金明心	백라면	銀城洞	和	72	대	2	11
李氏位土	張億及	백라면	銀城洞	和	73	대	2	9
李氏位土	金聲鎭	백라면	銀城洞	和	81	대	2	13
李氏位土	張應五	백라면	銀城洞	和	82	대	2	14
李氏位土	金聖淵	백라면	銀城洞	和	85	대	2	8
李氏位土	張漢甲	백라면	銀城洞	和	88	대	2	12
李氏位土	張應五	백라면	銀城洞	和	90	답	3	36
李氏位土	尹士鎭	백라면	銀城洞	和	92	답	3	32
李氏位土	張應五	백라면	銀城洞	和	95	전	4	17
李氏位土	尹德汝	백라면	銀城前坪	和	122	답	3	28
李氏位土	李有貞	백라면	釜谷坪	和	129	답	4	48
李氏位土	尹正成	백라면	銀城前坪	下	4	답	4	52
李氏位土	鄭元七	백라면	茅沙谷	下	52	전	5	53
李氏位土	尹正成	백라면	茅沙谷	下	54	전	4	121
李氏位土	金萬山	백라면	丹渠上谷	睦	11	전	6	51
李氏位土	尹士辰	백라면	丹渠上谷	睦	19	답	5	11
李氏位土	曹文日	백라면	丹渠上谷	睦	24	답	4	44
李氏位土	尹正成	백라면	丹渠上谷	睦	28	답	4	82
李氏位土	張應五	백라면	安適谷	睦	48	전	5	116
李氏位土	尹正道	백라면	安適谷	睦	58	답	4	41
李氏位土	金士兼	백라면	銀城後坂郎坪	夫	19	전	5	54
李氏位土	張應五	백라면	土玉谷	夫	70	답	4	87
李氏位土	李元甫	백라면	下大蔭洞坪	隨	44	대	2	7
李氏位土	李舜敎	백라면	下大蔭洞坪	隨	61	답	3	63

李氏位土	沈宜禮	백락면	堯谷	受	15	답	4	85
李氏位土	朴元景	백락면	巴郞谷上下坪	入	68	답	5	79
李氏位土	吳自一	백락면	磨玉洞坪	儀	23	답	3	27
李氏位土	申哲均	백락면	電坪	姑	44	전	4	137
李氏位土	吳子日	백락면	錫舟坪	叔	13	전	5	25
李氏位土	吳子日	백락면	安適谷	猶	10	답	3	214
李氏位土	金學天	백락면	漁隱前坪	子	68	답	6	34
李氏位土	朴元實	백락면	漁隱前坪	子	70	답	6	8
李氏位土	朴元實	백락면	漁隱前坪	子	71	답	6	28
李氏位土	金萬石	백락면	漁隱前坪	子	72	전	6	8
李氏位土	金學天	백락면	漁隱前坪	子	73	전	6	3
李氏位土	金學天	백락면	漁隱前坪	子	74	답	5	66
李氏位土	金學天	백락면	漁隱前坪	子	75	전	6	19
李氏位土	朴完實	백락면	漁隱前坪	子	77	전	5	33
李氏位土	朴完實	백락면	漁隱前坪	子	78	전	5	23
李氏位土	朴完實	백락면	漁隱前坪	子	79	전	5	4
李氏位土	朴完實	백락면	漁隱前坪	子	80	전	5	7
李氏位土	金億哲	백락면	漁隱前坪	子	81	대	3	7
李氏位土	金學天	백락면	漁隱前坪	子	82	전	6	11
李氏位土	金學天	백락면	漁隱前坪	子	83	전	5	195
李氏位土	朴元實	백락면	漁隱前坪	子	84	전	5	99
李氏位土	金學天	백락면	漁隱前坪	子	87	답	5	29
李氏位土	朴元實	백락면	漁隱前坪	子	88	답	5	189
李氏位土	金學天	백락면	鳳巖川西坪	比	2	답	5	54
李氏位土	金學天	백락면	鳳巖川西坪	比	3	전	5	70
李氏位土	曹已奉	백락면	鳳巖川西坪	比	9	답	5	3
李氏位土	金德壽	백락면	鳳巖下坪	兄	6	답	4	56
李氏位土	尹德立	백곡면	栗木洞	涇	26	대	3	50
李氏位土	尹德立	백곡면	栗木洞	涇	27	전	6	16
李氏位土	許枰	백곡면	栗木洞	涇	28	대	3	15
李氏位土	劉結元	백곡면	栗木洞	涇	29	대	3	17
李氏位土	文聖萬	백곡면	栗木洞	涇	30	대	3	10
李氏位土	金敎元	백곡면	栗木洞	涇	31	대	3	20
李氏位土	尹德立	백곡면	栗木洞	涇	32	전	5	68
李氏位土	李氏位畓	백곡면	深橋坪	啓	112	답	6	94
李氏位土	姜哲熙	백곡면	大谷	弁	58	전	5	38
李氏位土	朴元春	백락면	漁隱前坪	子	81	대	3	37
李氏位土	金元甲	백락면	漁隱前坪	子	81	대	3	11

李氏位土	金學成	백락면	漁隱前坪	子	81	대	3	26
李氏位土	金學奉	백락면	漁隱前坪	子	81	대	3	11
李氏祭畓	李君詹	북변면	沙尾坪	騰	8	답	3	97
李氏祭畓	李祭畓	덕문면	上德里	芥	51	답	3	247
李氏宗畓	許成五	덕문면	上德坪	重	11	답	4	194
李氏宗畓	李元伯	덕문면	上德坪	重	18	답	4	145
李氏宗畓	吳正甫	덕문면	上德里	薑	33	답	4	73
李氏宗畓	李巡去	덕문면	上德里	薑	46	전	6	43
李氏宗畓	李元白	덕문면	上德里	薑	58	답	5	92
李氏宗畓	李在根	덕문면	上德里	海	18	답	6	66
李氏宗畓	李順臣	덕문면	上德里	海	19	답	6	59
李氏宗畓	李宗畓	덕문면	上德里	海	37	답	6	69
李氏宗畓	李聖天	덕문면	上德里	海	52	답	6	23
李氏宗畓	李德甫	덕문면	石灘里牟實溪坪	唐	40	전	4	92
李氏宗畓	金公三	덕문면	石灘里牟實溪坪	民	19	답	6	45
李氏宗畓	變石今	덕문면	上加里	問	45	전	3	49
李氏宗畓	李上吉	덕문면	上加里	問	58	답	4	74
李氏宗畓	金順愛	덕문면	下加里	道	67	전	3	42
李氏宗畓	沈宜禮	백락면	板郞上坪	盆	47	전	5	84
李氏宗畓	李氏宗畓	백락면	板郞上坪	盆	56	전	6	6
李氏宗畓	李殷雨	백락면	金介谷峴	夫	88	답	5	74
李氏宗畓	李鍾哲	백락면	下大蔭前坪	婦	28	답	3	41
李氏宗畓	李聖學	백락면	下大蔭洞坪	隨	43	대	2	11
李氏宗畓	李聖西	백락면	下大蔭洞坪	隨	50	대	2	10
李氏宗畓	李順教	백락면	下大蔭洞坪	隨	51	답	2	30
李氏宗畓	李舜教	백락면	下大蔭洞坪	隨	69	전	5	36
林氏位土	趙公允	덕문면	中里	帝	2	답	3	40
林氏位土	金百孫	문방면	月湖坪	暎	30	답	4	48
林氏位土	林貴壁	문방면	月湖坪	暎	38	답	4	75
林氏位土	金百孫	문방면	月湖坪	暎	40	답	3	80
林氏位土	林五卜	문방면	月湖坪	暎	44	답	3	112
林氏位土	金大澤	문방면	月湖坪	暎	45	답	3	135
林氏位土	金仁玉	문방면	月湖坪	暎	46	답	4	100
林氏位土	林申興	문방면	寒沙坪	終	56	답	4	84
林氏位土	林位畓	문방면	月湖坪	宜	3	답	3	88
林氏位土	崔五分	문방면	月湖垈	宜	54	답	3	131
林氏位土	金漢石	백락면	吹羅坪	殊	41	전	5	22
林氏位土	金漢石	백락면	梨渠里谷	殊	44	답	5	8

林氏位土	金漢石	백락면	梨渠里谷	殊	46	답	5	49
林氏位土	趙任卜	백락면	葛灘洞	殊	66	대	3	70
林氏位土	金和汝	백락면	葛灘洞	殊	78	전	4	137
林氏位土	林用燮	백락면	下泮坪	賤	28	전	5	36
林氏位土	林用燮	백락면	下泮坪	賤	30	전	3	182
林氏位土	林氏位土	백락면	下泮坪	賤	39	전	4	38
林氏位土	林成基	백락면	下泮坪	賤	44	답	3	42
林氏位土	林培承	백락면	下泮坪	賤	45	답	3	76
林氏位土	林培承	백락면	下泮坪	賤	46	전	3	95
林氏位土	林成基	백락면	下泮坪	賤	47	전	4	30
林氏位土	林培承	백락면	下泮坪	賤	55	전	3	17
林氏位土	林監釗	백락면	下泮坪	賤	57	전	3	4
林氏位土	金時憲	백락면	下泮坪	賤	58	대	2	19
林氏位土	金致九	백락면	上泮後谷	禮	58	답	3	239
林氏位土	咸允瑞	백락면	可竹坪	尊	26	답	4	91
林氏位土	林漢鍾	백락면	可竹坪	尊	32	답	4	21
林氏位土	林漢鍾	백락면	可竹坪	尊	33	답	4	52
林氏位土	林德允	백락면	可竹坪	尊	39	전	4	70
林氏位土	林德允	백락면	可竹坪	尊	44	전	4	35
林氏位土	金德化	백락면	中山坪	卑	29	전	5	54
林氏位土	金化汝	백락면	銀城前坪	下	23	답	4	129
林氏位土	金德化	백락면	銀城前坪	下	27	답	4	160
林氏位土	金化汝	백락면	銀城前坪	下	28	답	4	70
林氏位土	金化汝	백락면	銀城前坪	下	31	전	6	7
林氏位土	金化汝	백락면	銀城前坪	下	38	전	6	16
林氏位土	金萬山	백락면	丹渠上谷	睦	17	전	6	23
林氏位土	沈宜臣	백락면	堯谷	受	20	답	4	111
林氏位土	南明俊	백곡면	寺谷	席	192	답	5	14
任祭畓	李正必	북변면	武章坪	閏	49	답	4	90
林氏祭畓	林申興	덕문면	中里百楊坪	官	6	전	4	24
林氏祭畓	沈元一	덕문면	石灘里	國	45	답	4	149
林氏宗畓	李用西	덕문면	中里	師	57	전	3	76
林氏宗畓	林桂丹	덕문면	山直里	周	3	전	5	73
林氏宗畓	林好永	덕문면	山直里	周	7	전	6	40
林氏宗畓	金漢石	백락면	吹羅前後坪	樂	82	답	3	124
林氏宗畓	金漢石	백락면	吹羅前後坪	樂	87	답	4	8
張位土	鄭行一	월촌면	卜龍坪	巖	18	전	4	78
鄭氏墓位	金敬三	만승면	上新洞前坪上分基	濟	63	전	5	84

鄭氏墓位	金敬三	만승면	上新洞	濟	118	전	6	24
鄭氏墓位	金允執	만승면	上新洞	濟	127	전	4	84
鄭氏墓位	任赤釗	만승면	飛鴉坪	士	67	전	5	71
鄭氏位土	沈宜平	백락면	板郞洞坪	詠	76	전	5	25
鄭氏位土	沈宜平	백락면	板郞洞坪	詠	77	전	5	23
鄭氏位土	沈光西	백락면	吹羅前後坪	樂	29	답	4	56
鄭氏位土	沈光西	백락면	吹羅前後坪	樂	30	답	4	42
鄭氏位土	曹文一	백락면	土玉谷	夫	65	답	4	77
鄭氏位土	金太景	백락면	新里後谷	奉	7	답	5	45
鄭氏位土	李五公	백락면	山直後坪	伯	75	답	5	77
鄭氏位土	韓德甫	백락면	山直後坪	伯	77	전	6	17
鄭氏位土	黃奉學	백락면	安適谷	猶	15	답	4	114
鄭氏位土	李大吉	백락면	漁隱洞	子	58	전	5	48
鄭氏位土	馬允鳳	백락면	漁隱前坪	子	67	전	5	50
鄭氏位土	馬允鳳	백락면	漁隱前坪	子	76	답	5	137
鄭氏位土	金萬石	백락면	漁隱前坪	子	85	전	5	9
鄭氏位土	李致三	백락면	漁隱前坪	子	86	답	5	224
鄭氏位土	金元和	백락면	鳳巖川西坪	比	1	답	5	78
鄭氏位土	馬允鳳	백락면	鳳巖川西坪	比	4	전	5	32
鄭氏位土	馬允鳳	백락면	鳳巖川西坪	比	6	답	5	69
鄭氏位土	馬允鳳	백락면	鳳巖川西坪	比	7	답	5	108
鄭氏位土	馬允鳳	백락면	鳳巖川西坪	比	8	답	5	113
鄭氏位土	金已信	백락면	鳳巖川西坪	比	11	전	6	42
鄭氏位土	金萬石	백락면	鳳巖川西坪	比	14	전	5	23
鄭氏位土	黃宜學	백락면	鳳巖川西坪	比	15	답	4	92
鄭氏位土	黃宜學	백락면	鳳巖川西坪	比	18	답	4	91
鄭氏宗畓	沈光西	백락면	陵谷坪	而	32	답	3	169
鄭氏宗畓	孫士先	만승면	土哭否村	合	34	전	4	71
趙墓田	尹千山	만승면	晚竹里	多	64	전	5	27
趙墓田	尹千山	만승면	晚竹里	多	66	전	6	12
趙墓田	尹千山	만승면	晚竹里	多	67	전	7	3
趙氏墓	洪桂丹	만승면	梨木洞	假	16	전	5	20
趙氏墓	李丁順	만승면	魚隱洞	假	58	답	5	107
趙氏墓	金德老	만승면	無愁前坪	滅	21	답	5	31
趙氏位土	趙칢卜	덕문면	中里	帝	3	답	4	25
趙氏位土	李百允	백락면	下大蔭後坪	唱	52	답	4	46
趙氏位畓	趙氏位畓	백락면	介保坪	唱	69	답	3	90
趙氏位土	金東雨	백락면	下大蔭前坪	婦	4	답	3	97

趙氏位土	徐正日	백락면	下大蔭前坪	婦	13	답	3	43
趙氏位土	吳五石	백락면	山直前坪	諸	87	전	3	11
趙氏位土	吳五石	백락면	山直前坪	諸	99	전	4	61
趙氏祭畓	曹文一	덕문면	上德里	淡	65	전	3	84
趙氏祭畓	趙德永	덕문면	上德里	鱗	60	전	3	43
趙氏祭畓	趙聖範	덕문면	次上坪	潛	3	전	3	29
趙氏祭畓	趙元春	덕문면	次上里	潛	4	대	3	20
趙氏祭畓	趙公允	덕문면	次上里	潛	5	대	3	13
趙氏祭畓	趙宗田	덕문면	次上里	翔	85	전	4	46
趙氏祭畓	金用得	덕문면	次上里	龍	19	답	3	141
趙氏宗畓	趙自允	덕문면	上德里	醎	40	전	6	12
趙氏宗畓	趙基賢	덕문면	石灘里牟實溪坪	有	47	답	5	56
趙氏宗畓	趙春甫	덕문면	石灘里牟實溪坪	唐	49	전	4	72
朱宗田	朱基榮	초평면	三峙	因	57	전	3	87
朱氏宗畓	李成用	백락면	巴郎谷上下坪	入	26	답	4	40
蔡氏墓	趙化心	만승면	晦安里	趙	95	전	6	14
蔡氏位土	任士某	백락면	登草谷	訓	54	전	5	10
蔡氏位土	金浩一	백락면	安適谷	猶	28	답	5	2
千氏位土	曹景七	백락면	安適谷	睦	62	답	4	31
崔墓石	崔作仁	만승면	晚竹里	多	9	전	6	15
崔氏位土	林華然	백락면	可竹坪	尊	35	전	5	92
崔氏位土	朴喜安	백락면	下大蔭後坪	唱	21	답	4	66
崔氏宗畓	金今丹	덕문면	上加里	道	22	전	6	31
韓氏位土	李文景	백락면	下大蔭後坪	唱	34	답	4	106
許墓田	申近汝	만승면	斗得坪	密	71	답	5	77
許氏墓	鄭士元	만승면	山岐洑坪	橫	56	전	6	50
許氏墓	崔國京	만승면	鵲坪	橫	97	전	6	20
許宗畓	鄭春卜	덕문면	下加里	道	67	전	3	38
許宗畓	李万金	만승면	外金泉前坪	困	92	답	4	48
玄氏位土	權福伊	이곡면	桑林洞	桓	79	전	6	20
洪氏位土	徐景仁	백락면	吹羅坪	殊	2	답	3	226
洪氏位土	徐景仁	백락면	吹羅坪	殊	8	답	4	127
洪氏位土	洪正則	백락면	銀城東坪	卑	1	답	4	186
洪氏位土	洪貴每	백락면	中山坪	卑	30	답	4	194
洪氏位土	洪貴每	백락면	中山坪	卑	33	답	3	93
洪氏位土	金化西	백락면	銀城坪	上	13	전	5	36
洪氏位土	金華西	백락면	銀城洞	和	53	대	2	19
洪氏位土	金化西	백락면	銀城前坪	下	5	답	4	94

洪氏位土	金化西	백락면	銀城前坪	下	10	답	4	48
洪氏位土	金化西	백락면	銀城後坪	下	80	답	5	28
洪氏位土	趙萬億	백락면	丹渠上谷	睦	21	전	5	26
洪氏位土	金應凡	백락면	土玉谷	夫	62	전	6	68
洪氏宗畓	洪海龍	덕문면	石灘里	制	49	전	5	51
洪氏宗畓	洪亥用	덕문면	石灘里	文	9	전	6	28
洪氏宗畓	洪海龍	덕문면	石灘里牟實溪坪	虞	7	답	4	72
洪氏宗畓	洪巡先	덕문면	石灘里牟實溪坪	虞	17	전	5	68

<표 23> 위토 면적 및 소유주

소유주	총면적(결)	전	답	대지	가옥	필지수
李氏位土	3988	1496	2197	295	20	81
金宗田	4195	3779	0	416	23	71
金氏位土	3873	1073	2247	553	34	91
林氏位土	2810	766	1955	89	2	40
鄭氏位土	1592	269	1323	0	0	23
李氏宗畓	1358	352	985	21	2	22
洪氏位土	1145	130	996	19	1	12
閔氏位土	1088	309	779	0	0	14
金氏宗畓	1143	89	1035	19	1	15
朴宗田	847	847	0	0	0	4
朴宗田	693	88	605	0	0	8
金氏墓	484	119	365	0	0	7
南氏位土	548	314	165	69	4	15
沈氏位土	504	107	278	119	7	21
吳氏墓	339	161	178	0	0	10
李氏墓	280	272	8	0	0	9
朴氏位土	416	127	289	0	0	9
嚴氏宗畓	313	68	245	0	0	3
林氏宗畓	321	189	132	0	0	5
南宗田	448	448	0	0	0	1
鄭氏墓位	263	263	0	0	0	4
尹宗田	438	438	0	0	0	2
趙氏位土	373	72	301	0	0	7
趙氏祭畓	376	202	141	33	2	7
申氏位土	279	66	118	95	7	12
洪氏宗畓	219	147	72	0	0	4

姜氏位土	278	0	278	0	0	2
任祭畓	263	24	239	0	0	3
金祭田	267	224	0	43	2	5
朴祭畓	232	0	232	0	0	1
趙氏墓	158	20	138	0	0	3
柳氏位土	156	156	0	0	0	2
金墓田	128	64	52	12	1	5
鄭氏宗畓	240	71	169	0	0	2
兪氏宗畓	191	0	191	0	0	1
尹氏位土	171	86	85	0	0	4
申氏宗畓	176	0	176	0	0	1
趙氏宗畓	140	84	56	0	0	3
孫氏宗畓	191	0	191	0	0	2
南氏墓位	76	76	0	0	0	2
崔氏位土	158	92	66	0	0	2
許氏墓	70	70	0	0	0	2
申墓畓	112	0	112	0	0	1
宋氏位土	139	0	139	0	0	1
郭氏墓	58	58	0	0	0	1
申氏祭田	126	0	126	0	0	2
申樫宗畓	91	0	91	0	0	1
郭氏位土	53	53	0	0	0	1
朱宗田	127	87	40	0	0	2
韓氏位土	106	0	106	0	0	1
許墓田	77	0	77	0	0	1
金祭田	91	18	73	0	0	2
文宗田	88	88	0	0	0	1
朴氏祭畓	63	0	63	0	0	1
吳氏位土	95	53	42	0	0	2
裵氏位土	69	69	0	0	0	2
張位土	78	78	0	0	0	1
許宗畓	86	38	48	0	0	2
權氏位土	17	17	0	0	0	1
趙墓田	42	42	0	0	0	3
姜氏祭田	76	22	54	0	0	2
崔氏宗畓	31	31	0	0	0	1
李氏位土	85	0	0	85	4	4
申氏墓位	47	47	0	0	0	1

劉祭畓	82	0	82	0	0	1
申墓田	27	27	0	0	0	1
孔氏位畓	38	0	38	0	0	2
尹哥位土	20	20	0	0	0	1
尹墓畓	32	0	32	0	0	1
玄氏位土	20	20	0	0	0	1
文氏位土	18	18	0	0	0	1
崔墓石	15	15	0	0	0	1
千氏位土	31	0	31	0	0	1
蔡氏墓	14	14	0	0	0	1
兪氏墓	12	12	0	0	0	1
尹氏墓位	13	0	13	0	0	1
蔡氏位土	12	10	2	0	0	2
梁氏位土	6	6	0	0	0	1

III. 면별 동답 설치 현황

<표 24> 동답 경작 현황

명칭	경작자	면	리	자호	지번	전답	전품	척수	결수
洞畓	朴善長	남변면	邑	天	127	전	4	2139	118
洞畓	權君信	남변면	邑	天	128	대	4	400	22
洞畓	金成必	남변면	上里	地	51	전	4	3506	193
洞畓	徐明云	남변면	上里	地	52	전	4	1136	62
洞畓	柳守植	남변면	淸巨里坪	黃	29	전	5	2461	98
洞畓	張舜必	남변면	下馬坪	宇	29	전	5	2294	92
洞中	權允五	남변면	塔洞前坪	日	43	답	4	3182	175
洞中	朴仁先	남변면	鳶峙坪	日	72	답	5	1869	75
洞畓	金一天	남변면	鳶峙坪	月	39	전	4	1480	81
洞畓	鄭彥用	남변면	乞味坪	盈	19	전	5	2666	107
洞畓	朴先甫	남변면	彌勒坪	宿	21	답	2	1176	100
洞畓	鄭元實	북변면	武章坪	閏	41	답	3	1069	75
洞畓	金學甫	북변면	連三坪	餘	27	답	2	2301	196
洞畓	李士準	북변면	水渠坪	成	25	답	6	583	15
洞畓	宋水奉	북변면	連三坪	成	42	전	5	861	34
洞畓	鄭性一	북변면	下坪	歲	21	답	3	2484	174
洞畓	崔聖必	북변면	下坪	歲	36	답	4	1382	76
洞畓	李甲成	북변면	下坪	歲	41	전	6	1679	42
洞畓	金聖三	북변면	連三坪	調	2	전	3	1209	85
洞畓	朴二日	북변면	連三坪	調	3	전	3	1178	82
洞畓	安春京	북변면	舟頭坪	陽	19	전	6	10868	272
洞畓	權君先	북변면	舟頭坪	雲	24	답	3	1969	138
洞畓	方元三	북변면	舟頭坪	雨	12	답	3	3705	259
洞畓	安春京	북변면	九非內	雨	37	답	2	3441	292
洞畓	金成集	북변면	舟頭坪	金	6	답	3	2480	174
洞畓	鄭公名	북변면	將基坪	麗	8	전	5	3045	122
洞畓	安春卿	북변면	將基坪	麗	10	전	4	2800	154
洞畓	趙在奉	북변면	支石坪	水	2	전	4	5757	317
洞畓	權君先	북변면	支石坪	劒	23	답	3	5525	387
洞畓	李應天	북변면	支石坪	巨	57	답	3	924	65
洞畓	李應天	북변면	皆兀坪	珠	36	전	7	492	6
洞畓	李德甫	덕문면	上德里	薑	2	답	3	899	65
洞畓	李德甫	덕문면	上德里	海	3	답	4	1136	62
洞畓	李元先	덕문면	上德里	함	39	답	6	1610	40

洞畓	金云信	덕문면	上德里	淡	61	전	4	2860	157
洞畓	廉明連	덕문면	中里	帝	8	답	2	1475	125
洞畓	李始卜	덕문면	中里	帝	19	답	3	1605	112
洞畓	洪千汝	덕문면	中里三台坪	人	13	답	3	408	29
洞畓	朴文甫	덕문면	中里三台坪	人	19	답	3	522	37
洞畓	林方貴	덕문면	中里三台坪	人	31	답	6	2205	55
洞畓	洪千汝	덕문면	中里三台坪	皇	1	전	3	890	62
洞畓	朴聖業	덕문면	中里三台坪	皇	69	전	4	765	42
洞畓	朴聖業	덕문면	中里三台坪	始	5	전	3	720	50
洞畓	金得萬	덕문면	石灘里	始	70	답	5	1130	45
洞畓	朴元甲	덕문면	石灘里	制	45	답	5	1430	57
洞畓	朴正心	덕문면	石灘里	文	15	답	4	1474	81
洞畓	李用丹	덕문면	石灘里	文	32	답	4	1125	62
洞畓	崔成甫	덕문면	石灘里	字	5	전	4	469	26
洞畓	金春用	덕문면	石灘里	字	19	답	3	2736	192
洞畓	梁占孫	덕문면	石灘里	字	23	답	5	1866	75
洞畓	朴巡五	덕문면	石灘里	乃	30	답	3	2190	153
洞畓	李興俊	덕문면	石灘里	服	2	답	3	456	32
洞畓	朴聖業	덕문면	石灘里	服	12	전	3	340	24
洞畓	張成老	덕문면	石灘里	服	34	답	3	1955	137
洞畓	金元才	덕문면	石灘里	依	1	답	3	1444	101
洞畓	梁公執	덕문면	石灘里	依	2	답	3	960	67
洞畓	朴五月	덕문면	石灘里	依	22	답	3	2300	161
洞畓	朴文甫	덕문면	石灘里	裳	30	답	3	2576	180
洞畓	孫萬山	덕문면	石灘里	裳	46	전	4	8799	484
洞畓	金聖五	덕문면	石灘里	推	29	답	4	2328	128
洞畓	李興俊	덕문면	石灘里	讓	13	답	3	1300	91
洞畓	朴聖業	덕문면	石灘里	國	4	전	5	900	36
洞畓	黃黃登	덕문면	石灘里	國	30	답	3	1200	84
洞畓	黃黃登	덕문면	石灘里	國	33	답	4	1755	97
洞畓	金云執	덕문면	石灘里牟實溪坪	有	28	답	5	782	31
洞畓	金元京	덕문면	石灘里牟實溪坪	唐	33	전	4	1156	64
洞畓	趙卜添	덕문면	石灘里牟實溪坪	弔	10	전	3	1020	71
洞畓	孫信天	덕문면	石灘里牟實溪坪	民	13	답	5	3420	137
洞畓	韓京化	덕문면	山直里上細橋坪	發	27	답	3	1762	123
洞畓	崔致壽	덕문면	山直里上細橋坪	殷	4	답	3	2260	158
洞畓	李興俊	덕문면	山直里上細橋坪	殷	6	답	3	3192	223
洞田	朴聖吉	방동면	上谷坪	歸	16	전	6	832	21
洞畓	高永甫	방동면	濕池洞	身	40	전	5	250	10

洞畓	高奉哲	산정면	五來大坪	大	7	답	3	795	56
洞畓	洞畓	산정면	金垈坪	女	9	전	5	800	32
洞畓	洞畓	산정면	金垈坪	女	17	전	5	1000	40
洞畓	鄭日采	산정면	後寺洞	慕	10	전	5	196	8
洞畓	吳聖圭	산정면	後寺洞	慕	20	전	5	100	4
洞田	金振珏	산정면	花田洞	彼	3	전	5	450	18
洞畓	高春化	초평면	金塘坪	作	2	전	2	1425	121
洞畓	金元八	초평면	金塘坪	作	12	전	2	2124	181
洞畓	李正順	초평면	生谷	建	65	답	3	1188	83
洞田	李德順	초평면	頤谷	形	47	전	4	1932	106
洞畓	尹玉同	초평면	錦村新坪	空	31	전	3	1080	76
洞田	楊柳水	초평면	四方坪店	競	35	전	4	984	54
洞田	九星洞田	초평면	靈水寺谷	資	49	전	6	875	22
洞田	水門洞田	초평면	靈水寺谷	資	52	전	5	1690	68
洞田	李卜每	초평면	芝田坪	日	16	전	6	2888	72
洞田	朴順五	초평면	梅山洞	孝	4	전	3	3077	215
洞畓	金元甫	초평면	竹井坪	深	12	전	3	4498	315
洞畓	洞畓	문방면	小道坪	溫	32	전	4	990	54
洞畓	竹亭洞田	문방면	小道坪	溫	33	전	4	1078	59
洞畓	竹亭洞田	문방면	立巖坪	似	25	전	6	657	16
洞畓	竹亭洞田	문방면	立巖坪	似	27	전	5	649	26
洞畓	金七德	문방면	月湖垈	令	37	전	4	5720	315
洞田	鄭元五	백락면	下泮坪	賤	18	전	3	1104	77
洞田	林宗學	백락면	道長谷	別	74	전	5	462	18
洞畓	李元實	백락면	下大蔭後坪	唱	12	답	4	1474	81
洞畓	金永範	백락면	雲坪	傳	26	답	5	800	32
洞畓	金百大	백락면	雲坪	傳	27	전	5	1080	43
洞田	沈相元	백락면	嘉郎坪	懷	58	전	6	546	14
洞田	沈相源	백락면	嘉郎坪	懷	61	전	5	900	36
洞畓	安同民	성암면	松亭坪	慈	10	답	4	999	55
洞畓	金在孫	성암면	聖巖垈	慈	83	답	3	910	64
洞田	朴允京	성암면	加巖里	隱	111	전	6	222	6
洞畓	徐元春	성암면	瓦坪	義	116	전	4	329	18
洞畓	韓基成	행정면	文案坪	好	37	답	5	1476	59
洞中	宋景西	행정면	新昌坪	靡	44	전	5	396	22
洞中	宋景西	행정면	新昌坪	都	5	답	5	1035	41
洞中	鄭成模	행정면	明信垈坪	西	12	답	4	1348	74
洞畓	鄭萬億	행정면	明信垈	西	55	전	4	551	30
洞中	楊民赫	행정면	伴雲巖	二	40	전	6	630	16

洞畓	洞畓	행정면	斗建前店	卯	37	답	1	5625	563
洞中	金辨哲	행정면	斗建左坪	面	5	답	4	1661	91
洞畓	金德順	백곡면	開平前坪	觀	6	답	4	1536	84
洞田	金商鉉	백곡면	佳馬沼坪	寫	16	전	6	418	10
洞田	朴敬春	백곡면	佳馬沼坪	寫	17	전	6	1750	44
洞田	金殷必	백곡면	內九水洞	寫	86	대	3	613	43
洞田	金遠成	백곡면	內九水洞	寫	87	전	5	864	35
洞田	朴仁先	백곡면	內九水洞	寫	89	전	5	625	25
洞田	朴仁先	백곡면	內九水洞	寫	90	전	5	324	13
洞畓	金判成	백곡면	曲朴洞	內	22	답	4	1125	62
洞田	金道成	백곡면	陣城洞	內	58	전	5	2100	84
洞田	金道成	백곡면	陣城洞	內	61	전	6	900	23
洞畓	張九西	백곡면	大三北邊洞	內	72	대	3	450	32
洞畓	金時白	백곡면	大三北邊洞	內	73	대	3	342	24
洞畓	李順先	이곡면	梨谷垈	封	64	전	4	1288	71
洞畓	李順先	이곡면	梨谷垈	封	65	전	4	330	18
洞畓	李夢如	이곡면	守坪前坪	縣	16	전	5	490	20
洞畓	金嶺南	이곡면	栢洞	千	88	전	5	1408	56
洞畓	李順京	이곡면	馬驅坪	世	37	답	4	1440	79
洞田	河斗元	이곡면	日永坪	阿	7	전	6	930	23
洞畓	吳聖之	이곡면	日永坪	阿	13	전	6	1250	31
洞畓	洞畓	만승면	米里坪	父	37	전	5	2646	106
洞畓	洞畓	만승면	牛浦坪	父	60	전	6	2250	56
洞畓	權今成	만승면	中嚴前坪	途	49	전	6	928	23
洞畓	安德成	만승면	沙場洞	途	67	답	5	3000	120
洞畓	金明石	월촌면	自來下坪	禹	27	답	3	1005	70
洞畓	崔南山	월촌면	自來下坪	禹	29	답	3	846	59
洞畓	洞畓	월촌면	防築下	曠	54	답	3	1520	106
洞畓	洞畓	월촌면	美谷坪	我	13	답	5	600	24
洞畓	李明壽	소답면	下木洞下木後坪	貢	1	답	5	1586	63
洞田	洞田	소답면	下木洞下木後坪	貢	36	전	6	1680	42
洞畓	洞畓	소답면	下木洞下木後坪	貢	37	전	6	449	11
洞田	朴成甫	소답면	桂陽坪	庸	19	전	5	975	39
洞田	朴成甫	소답면	桂陽坪	庸	25	전	5	2040	82
洞畓	洞畓	소답면	大月坪	鑑	26	답	6	2296	57
洞田	洞田	소답면	妙峯洞	厥	51	전	5	4125	165

IV. 개인별 전답 소유 및 경작 현황

<표 25> 소유면적 별 시주 현황(1~500위)

순위	시주	결수합	전결수	답결수	대지결수	가옥	물레방아
1	驛土	54816	6452	45944	2420	77	0
2	李景八	27017	4459	21426	1132	41	0
3	安大卜	24618	8186	15701	731	36	0
4	台朗驛土	23845	3309	19587	949	31	0
5	申橚	20799	1868	18474	457	18	0
6	韓圭卨	18229	2216	15776	237	12	0
7	金進達	16041	0	16041	0	0	0
8	閔永駿	13628	2701	10046	881	30	0
9	洞畓, 洞田	13156	5971	7064	121	4	0
10	蔡奎鳳	12866	2809	9521	536	23	0
11	李鍾健	12821	2299	9729	793	30	0
12	蔡奎進	12654	2114	10330	210	8	0
13	趙伯萬	12437	508	11468	461	11	1
14	趙太卜	12188	6491	4955	742	32	0
15	鄭一春	11857	906	10814	137	12	0
16	趙昌鎬	11521	1662	9740	119	11	0
17	鄭道源	11520	2544	8783	193	10	1
18	李相卨	11390	3374	7315	701	11	0
19	申甲均	11254	1225	9451	578	16	1
20	李宗承	10548	668	9880	0	0	0
21	閔元植	10214	2595	6813	806	26	0
22	申哲熙	9954	2258	7573	123	7	0
23	申萬吉	9806	2269	7295	242	15	0
24	申貞福	9758	1301	7736	721	17	0
25	林石凡	9487	1855	7127	505	30	1
26	李景七	9418	750	8599	69	2	0
27	任大俊	9298	1473	7352	473	29	0
28	崔能孫	9112	559	8496	57	3	0
29	申百萬	8477	617	7691	169	7	0
30	車得錫	8346	1002	7255	89	1	0
31	申橓	8290	1629	6221	440	10	0
32	朴承德	8246	3542	3346	1358	33	0
33	李順卜	8139	426	7713	0	0	0
34	李敏承	7850	1828	5911	111	7	0
35	林章福	7645	1259	6170	216	14	0

36	李漢膺	7594	1030	6234	330	14	0
37	韓百釗	7589	1528	6034	27	1	0
38	趙用熙	7363	726	6637	0	0	0
39	蔡奎達	7262	945	6056	261	15	0
40	李相穆	7197	1020	6065	112	9	0
41	權卜得	6991	1248	5565	178	11	0
42	李宗根	6981	381	6576	24	2	0
43	尹用甫	6978	1412	5293	273	15	0
44	申貞萬	6951	558	6311	82	4	1
45	申學二	6950	92	6695	163	7	0
46	金鎭觀	6928	997	5600	331	11	1
47	申億萬	6927	1763	5021	143	8	0
48	金卞玉	6860	1207	5653	0	0	1
49	韓道喆	6701	854	4686	1161	20	0
50	趙資明	6630	302	6328	0	0	0
51	李大卜	6531	583	5948	0	0	0
52	蔡奎七	6441	510	5931	0	0	0
53	朴夢述	6297	2105	4192	0	0	0
54	蔡奎選	6283	921	5199	163	6	0
55	林貴丹	6184	716	4843	625	18	0
56	李根濫	5949	1320	4569	60	4	0
57	沈正澤	5888	731	4906	251	6	0
58	申用均	5863	646	4684	533	13	0
59	金貴得	5799	1852	3947	0	0	0
60	李德汝	5795	1891	3435	469	18	0
61	徐廷哲	5729	1035	4150	544	20	0
62	鄭周永	5727	220	4834	673	13	0
63	崔能善	5613	842	4572	199	8	0
64	李景三	5476	1709	3701	66	3	0
65	閔晩植	5395	770	4491	134	2	0
66	明禮宮	5357	0	5357	0	0	0
67	申兢熙	5280	2251	2876	153	10	0
68	鄭敎源	5180	429	4645	106	9	1
69	金儀京	5142	1085	2921	1136	32	0
70	李宗太	5105	1252	3241	612	43	0
71	李善夏	5102	1575	3149	378	18	0
72	李萬石	5077	1436	3495	146	7	0
73	李明圭	5045	1196	3563	286	16	0

74	金梯植	4992	929	3631	432	22	0
75	李春大	4975	167	4781	27	1	0
76	金周景	4966	761	3942	263	17	0
77	金世鉉	4787	1474	3027	286	11	0
78	金肯玄	4749	1625	3124	0	0	0
79	蔡洪石	4744	1047	3543	154	10	0
80	李興吉	4736	827	3909	0	0	0
81	李順宗	4715	1845	2856	14	1	0
82	金三鉉	4680	2707	1893	80	2	0
83	申成熙	4628	1277	3273	78	3	0
84	鄭雲商	4578	159	4362	57	1	0
85	申挾	4561	361	4098	102	4	0
86	朴晉陽	4537	2545	1992	0	0	0
87	申宰均	4536	566	3865	105	2	0
88	南致元	4518	750	3657	111	5	1
89	金在莘	4485	2966	1436	83	4	0
90	蔡奎弘	4436	568	3827	41	1	0
91	李正七	4393	317	3929	147	10	0
92	校宮	4354	739	3056	559	23	0
93	蔡命錫	4347	405	3748	194	13	0
94	閔春三	4331	2130	2065	136	5	0
95	鄭守仁	4326	901	3310	115	3	1
96	鄭萬龍	4295	223	4072	0	0	0
97	申樫	4246	355	3808	83	4	0
98	洪巡弼	4213	1009	2523	681	36	0
99	李喜相	4211	757	3403	51	3	0
100	金宗田	4195	3779	0	416	23	0
101	金大賢	4167	1559	2488	120	3	0
102	鄭寅獻	4132	10	4122	0	0	0
103	閔春萬	4105	885	3220	0	0	0
104	李氏位土	4073	1496	2197	380	24	0
105	蔡興錫	4050	1301	2593	156	8	0
106	朴興卜	4031	791	3240	0	0	0
107	鄭卜龍	4019	721	3298	0	0	0
108	朴勝文	3995	2140	1656	199	10	0
109	任善準	3974	888	2825	261	13	0
110	申大卜	3922	105	3817	0	0	0
111	沈明燮	3909	605	3242	62	2	0

112	李光德	3908	261	3498	149	6	0
113	尹圭燮	3882	66	3816	0	0	0
114	金氏位土	3873	1073	2247	553	34	0
115	洪成福	3842	211	3589	42	2	0
116	坊築	3839	3839	0	0	0	0
117	蔡奎元	3785	609	3044	132	6	0
118	李奉九	3766	2654	579	533	19	0
119	李能孫	3748	231	3495	22	1	0
120	李儀天	3744	2559	1001	184	4	0
121	李允用	3725	261	3464	0	0	0
122	申元集	3705	823	2640	242	5	0
123	林甲卜	3697	176	3521	0	0	0
124	鄭儀得	3697	1562	1984	151	4	0
125	李順三	3694	793	2654	247	14	0
126	李善長	3655	683	2776	196	5	0
127	李相翼	3606	481	2883	242	11	0
128	申二同	3550	545	2730	275	2	0
129	朴山石	3527	160	3367	0	0	0
130	鄭雲洛	3502	1044	2340	118	4	0
131	申珏凞	3446	1052	2338	56	2	1
132	南一萬	3411	499	2673	239	8	0
133	金演觀	3405	525	2809	71	3	0
134	申永凞	3401	914	2487	0	0	0
135	李順必	3382	798	2179	405	6	0
136	李禹奎	3379	654	2421	304	12	0
137	朴成卜	3378	199	3179	0	0	0
138	蔡奎龍	3372	629	2682	61	4	0
139	閔京卜	3369	0	3369	0	0	0
140	蔡奎應	3323	268	2759	296	7	0
141	崔丙台	3307	1033	2274	0	0	0
142	林玉每	3302	1074	2070	158	5	0
143	李根英	3240	929	2187	124	14	0
144	蔡相肅	3236	746	2242	248	9	0
145	鄭元夏	3203	476	2679	48	2	0
146	李元七	3181	1249	1620	312	10	0
147	郭鎭泳	3179	471	2708	0	0	0
148	申鳳凞	3176	420	2591	165	8	0
149	李圭成	3161	1293	1623	245	13	0

150	金用世	3159	649	2240	270	15	0
151	李季夏	3159	615	2060	484	25	0
152	鄭圭源	3154	727	2199	228	4	0
153	朴元祚	3149	519	2630	0	0	0
154	李相臣	3138	60	3045	33	3	0
155	蔡圭駿	3115	890	2225	0	0	0
156	徐喆淳	3101	972	1955	174	9	0
157	金在潤	3096	1799	1280	17	1	0
158	朴大卜	3056	1153	1809	94	2	1
159	李命北	3055	1988	1062	5	1	0
160	李承雨	3039	1207	1711	121	7	1
161	李範奎	3035	822	1739	474	27	0
162	林在鎬	2994	613	2381	0	0	0
163	洪正植	2972	1044	1724	204	10	0
164	韓仁浩	2943	568	2262	113	5	0
165	柳基鎬	2935	523	2362	50	5	0
166	李用業	2918	1864	1054	0	0	0
167	李圭喆	2904	1035	950	919	23	1
168	劉漢杓	2900	761	1768	371	9	0
169	趙承鎬	2900	1028	1872	0	0	0
170	申元均	2896	370	2316	210	6	0
171	李順七	2887	456	1861	570	34	0
172	權永孫	2878	897	1871	110	5	0
173	李圭熙	2868	501	2247	120	5	1
174	申杙	2864	65	2763	36	1	0
175	蔡奎龍	2860	1170	1690	0	0	0
176	朴昌云	2842	11	2605	226	19	0
177	申謙熙	2841	553	2233	55	2	0
178	申億均	2838	215	2623	0	0	0
179	姜文琮	2816	1835	499	482	28	0
180	金太植	2816	743	2063	10	1	0
181	申局	2810	664	1957	189	6	0
182	林氏位土	2810	766	1955	89	2	0
183	鄭五長	2801	1	2743	57	5	0
184	李奉得	2792	521	2228	43	4	0
185	朴汝天	2785	444	2041	300	20	0
186	閔泳順	2773	221	2487	65	2	0
187	李陽夏	2771	321	2450	0	0	0

188	蔡箕錫	2765	510	2114	141	5	0
189	申斗星	2758	428	2294	36	2	0
190	朴興壽	2743	542	1875	326	12	1
191	申重鉉	2730	233	2416	81	4	0
192	朴順禮	2727	2144	583	0	0	0
193	李宗九	2707	532	1986	189	1	0
194	李在成	2683	141	2542	0	0	0
195	申央凞	2649	395	2240	14	1	0
196	申錫命	2645	731	1802	112	8	0
197	李上吉	2642	1007	1567	68	3	0
198	林錫鎭	2640	1024	1355	261	15	0
199	尹恒義	2628	692	1909	27	1	0
200	鄭樞澤	2611	1179	1018	414	15	0
201	尹永根	2605	391	2214	0	0	0
202	金兌玄	2597	1183	1414	0	0	0
203	申丁龍	2596	333	2137	126	4	0
204	李世每	2587	751	1755	81	4	0
205	金眞玉	2579	946	1473	160	9	0
206	朴寅壽	2563	462	2012	89	3	0
207	金甲卜	2536	1599	937	0	0	0
208	鄭哲安	2528	661	1689	178	15	0
209	訓屯	2522	364	2052	106	6	0
210	尹相學	2521	544	1588	389	18	0
211	李春太	2497	1555	800	142	2	0
212	金基弘	2490	563	1927	0	0	0
213	鄭致寬	2487	566	1921	0	0	0
214	申觀釗	2480	251	2229	0	0	0
215	車萬丏	2479	0	2479	0	0	0
216	崔起燮	2477	0	2477	0	0	0
217	林明壽	2460	650	1810	0	0	0
218	鄭逐先	2455	700	1688	67	6	0
219	朱致守	2450	699	1579	172	12	0
220	金萬石	2447	365	2073	9	1	0
221	愼圭晟	2432	240	2082	110	9	1
222	申丁釗	2430	0	2430	0	0	0
223	李鎬必	2426	338	2088	0	0	0
224	申盆均	2425	514	1911	0	0	0
225	朴小巡禮	2423	513	1910	0	0	0

226	蔡相默	2415	0	2415	0	0	0
227	鄭寅寬	2414	402	1891	121	9	0
228	崔甘用	2405	206	2199	0	0	1
229	書院田畓	2393	736	1644	13	1	0
230	李正丹	2388	736	1303	349	16	0
231	吳咸泳	2380	311	2010	59	3	0
232	李北卜	2380	732	1622	26	1	0
233	吳泰泳	2375	968	923	484	14	0
234	閔星植	2373	616	1757	0	0	0
235	金鳳奎	2348	934	1404	10	1	0
236	李三孫	2346	1015	1233	98	3	0
237	閔泳商	2335	338	1736	261	15	0
238	柳致道	2334	480	1854	0	0	0
239	申德亨	2331	0	2331	0	0	0
240	柳晦根	2328	0	2328	0	0	0
241	鄭卜用	2317	109	2208	0	0	0
242	柳光烈	2311	248	1877	186	10	0
243	金順敬	2309	476	1833	0	0	0
244	洪承憲	2275	715	1220	340	21	0
245	趙重鼎	2261	0	2261	0	0	0
246	李學洙	2258	595	1528	135	9	0
247	朴性實	2257	1183	1047	27	1	0
248	金演夏	2253	453	1800	0	0	0
249	申正鉉	2248	379	1823	46	1	0
250	林奇秀	2241	276	1965	0	0	0
251	閔衡植	2240	518	1722	0	0	0
252	李赤金	2234	950	947	337	14	0
253	李根佑	2230	607	1494	129	8	0
254	申在熙	2229	327	1782	120	3	1
255	忠勳屯	2229	123	2089	17	1	0
256	朴來春	2217	696	1470	51	3	0
257	朴軒陽	2213	1237	926	50	3	0
258	鄭聖澤	2210	250	1324	636	17	0
259	鄭八卜	2204	51	2153	0	0	0
260	金成五	2182	596	1586	0	0	0
261	愼元成	2173	677	1459	37	2	0
262	李東寧	2172	582	1515	75	3	0
263	車興萬	2171	42	2129	0	0	0

264	蔡疇錫	2171	532	1449	190	3	0
265	申瓊均	2160	281	1795	84	2	0
266	李德佑	2158	437	1660	61	1	0
267	吳昌根	2146	228	1918	0	0	0
268	吳成根	2135	696	1239	200	6	0
269	洪寅華	2125	204	1761	160	4	0
270	鄭萬興	2123	557	1238	328	12	0
271	李今哲	2101	136	1908	57	4	0
272	申從均	2097	582	1299	216	19	0
273	崔云京	2094	983	1111	0	0	0
274	邊卜萬	2091	342	1749	0	0	0
275	李鍾哲	2082	535	1452	95	8	0
276	李興元	2080	1217	758	105	9	0
277	崔萬出	2076	1294	765	17	1	0
278	金昌來	2075	1220	789	66	1	0
279	李凡元	2065	444	1445	176	6	0
280	朴宗福	2061	194	1867	0	0	0
281	鄭化春	2058	159	1899	0	0	0
282	閔宗植	2055	267	1788	0	0	0
283	李在鳳	2053	486	1380	187	12	0
284	靈壽寺	2051	52	1979	20	1	0
285	李承圭	2049	666	1383	0	0	0
286	吳用達	2048	1037	1011	0	0	0
287	柳萬旡	2045	160	1885	0	0	0
288	李卜成	2038	197	1716	125	4	0
289	柳晋烈	2017	1035	686	296	12	1
290	鄭同元	2017	687	1330	0	0	0
291	金仁貴	2016	839	1177	0	0	0
292	申商均	2009	1303	496	210	8	0
293	申命北	1989	167	1794	28	1	0
294	韓萬成	1988	129	1859	0	0	0
295	申應卜	1984	988	946	50	3	0
296	金柱泳	1982	942	914	126	12	0
297	洪萬植	1982	37	1945	0	0	0
298	李觀洙	1980	528	1321	131	8	0
299	趙命祿	1978	160	1818	0	0	0
300	金千卜	1976	820	1156	0	0	0
301	申士一	1976	136	1840	0	0	0

302	沈億卜	1975	311	1664	0	0	0
303	金祖鉉	1974	1235	681	58	3	0
304	吳大根	1969	88	1881	0	0	0
305	鄭東必	1969	356	1545	68	1	0
306	鄭謙源	1966	662	1188	116	4	0
307	李發伊金	1957	814	950	193	8	0
308	鄭善文	1940	406	1370	164	4	0
309	李元實	1937	858	995	84	2	0
310	李敬五	1931	0	1931	0	0	0
311	金明壽	1921	155	1754	12	1	0
312	申仁熙	1921	390	1516	15	1	0
313	李範周	1913	275	1607	31	1	0
314	李敏洙	1912	325	1473	114	5	0
315	李興祿	1907	783	1124	0	0	0
316	鄭碩鎔	1894	447	992	455	22	0
317	尹孝植	1891	335	1487	69	4	0
318	李鳳學	1888	0	1888	0	0	0
319	金億年	1885	1100	603	182	6	0
320	申澤秀	1881	438	1283	160	4	0
321	蔡奎哲	1881	455	1302	124	4	0
322	朴祥云	1878	323	1555	0	0	0
323	李魯成	1877	373	1282	222	11	0
324	金昕植	1875	46	1829	0	0	0
325	尹應七	1872	1020	802	50	1	0
326	林丁大	1863	412	1213	238	15	0
327	蔡悌默	1863	289	1574	0	0	0
328	鄭順卿	1860	323	1537	0	0	0
329	申聖云	1857	0	1857	0	0	0
330	韓卜萬	1856	303	1553	0	0	0
331	金龍虎	1844	780	799	265	9	0
332	李京卜	1843	551	1035	257	11	0
333	閔兢植	1826	568	1204	54	2	0
334	黃回淵	1825	76	1749	0	0	0
335	朴琦東	1824	47	1777	0	0	0
336	趙元圭	1817	353	1464	0	0	0
337	金正甫	1813	318	1433	62	2	1
338	申學成	1812	76	1736	0	0	0
339	朴敬老	1811	784	867	160	8	0

340	朱富術	1811	874	937	0	0	0
341	李巖回	1809	340	1469	0	0	0
342	李鉢金	1805	804	820	181	9	1
343	朴今成	1797	586	1211	0	0	0
344	林五釗	1787	513	1097	177	10	0
345	申益卜	1780	754	1026	0	0	0
346	申可均	1776	369	1327	80	4	0
347	李大夏	1769	1380	389	0	0	0
348	雇馬廳	1766	419	1347	0	0	0
349	申斗均	1761	243	1485	33	1	0
350	鄭春月	1754	0	1754	0	0	0
351	孫萬植	1752	1001	507	244	20	0
352	鄭春五	1745	461	1284	0	0	0
353	鄭元鳳	1744	455	1289	0	0	0
354	李根容	1740	139	1472	129	7	0
355	鄭昌鎔	1739	236	1503	0	0	0
356	李仁行	1726	679	954	93	5	1
357	金胄玄	1724	838	843	43	1	0
358	李元三	1720	737	903	80	6	0
359	權義玉	1719	510	836	373	10	0
360	鄭萬甲	1717	284	1433	0	0	0
361	林卜每	1714	238	1476	0	0	0
362	金元白	1712	484	980	248	9	0
363	蔡孝默	1708	281	1003	424	17	0
364	李敬化	1703	247	1352	104	5	0
365	李來復	1699	458	961	280	12	0
366	金春明	1687	732	955	0	0	0
367	劉東明	1683	717	954	12	2	0
368	蔡景石	1683	231	1354	98	6	0
369	金寬禧	1682	778	857	47	1	0
370	沈禹澤	1682	456	1072	154	1	0
371	金進祥	1679	527	1088	64	1	0
372	李常洙	1665	516	1041	108	4	0
373	趙漢敏	1665	584	893	188	13	0
374	李卜每	1659	992	657	10	1	0
375	鄭用伊	1658	302	917	439	14	0
376	沈長用	1651	582	966	103	8	1
377	朴汝善	1650	130	1447	73	3	0

378	申大江	1648	0	1648	0	0	0
379	林正哲	1647	429	1218	0	0	0
380	李象雨	1636	0	1636	0	0	0
381	蔡馨默	1632	377	1207	48	2	0
382	韓興喆	1630	665	764	201	6	0
383	林一禮	1619	398	1190	31	2	0
384	李福伊	1616	1528	88	0	0	0
385	李初博	1614	28	1344	242	9	0
386	朴勝麟	1612	667	945	0	0	0
387	李興洙	1610	385	1175	50	3	0
388	李執善	1606	445	1132	29	1	0
389	柳基豊	1605	108	1497	0	0	0
390	金永壽	1603	809	794	0	0	0
391	曹用煥	1601	845	756	0	0	0
392	崔石卜	1595	212	1333	50	2	0
393	鄭氏位土	1592	269	1323	0	0	0
394	李萬業	1589	311	1018	260	11	0
395	朴道天	1583	339	1168	76	4	0
396	李用卜	1583	457	1126	0	0	0
397	趙桂得	1583	0	1583	0	0	0
398	申正九	1582	651	863	68	7	0
399	宋萬出	1580	859	721	0	0	0
400	吳大福	1561	18	1543	0	0	0
401	鄭文得	1553	705	530	318	15	0
402	廉春心	1549	853	586	110	3	0
403	林二今	1548	606	731	211	14	0
404	金裕承	1546	204	1342	0	0	0
405	崔聖鈺	1546	714	832	0	0	0
406	金應五	1545	776	769	0	0	0
407	趙德老	1545	196	1349	0	0	0
408	申萬哲	1543	43	1500	0	0	0
409	李子裕	1542	1026	501	15	1	0
410	閔泳洙	1535	192	1343	0	0	0
411	林萬丐	1535	413	1105	17	1	0
412	朴承實	1530	376	1154	0	0	0
413	李石崇	1529	464	779	286	13	0
414	李興大	1528	203	1282	43	4	0
415	金善敬	1527	345	1173	9	1	0

416	李相杞	1521	435	973	113	8	0
417	金興云	1518	158	1360	0	0	0
418	柳興烈	1517	188	1329	0	0	0
419	金乙卜	1516	108	1391	17	2	0
420	林萬采	1513	345	1131	37	2	0
421	梁萬成	1511	459	933	119	9	0
422	李致明	1511	284	1202	25	1	0
423	李正源	1510	164	1346	0	0	0
424	閔伊鎬	1509	321	1188	0	0	0
425	朴同權	1508	348	1160	0	0	0
426	申興先	1506	969	537	0	0	0
427	李來益	1500	627	768	105	6	0
428	金聖云	1496	374	1110	12	1	0
429	兪學濬	1492	180	1312	0	0	0
430	李長吉	1492	340	1152	0	0	0
431	沈相郁	1491	183	1287	21	1	0
432	洪宗悳	1491	0	1491	0	0	0
433	朴命今	1490	235	1255	0	0	0
434	申蔓	1490	0	1490	0	0	0
435	李致賢	1490	299	1191	0	0	0
436	林冕洙	1485	203	1282	0	0	0
437	金海泳	1483	257	774	452	15	0
438	李德甫	1482	647	835	0	0	0
439	金正先	1481	804	677	0	0	0
440	李鍾浩	1481	385	796	300	13	0
441	南相翊	1479	51	1428	0	0	0
442	楊性水	1478	580	716	182	6	0
443	李八用	1478	359	973	146	8	0
444	李宅洙	1477	416	1024	37	1	0
445	崔文伯	1477	155	1213	109	6	0
446	洪理燮	1475	476	999	0	0	0
447	金顯模	1472	353	1031	88	8	0
448	金致福	1469	235	1234	0	0	0
449	朴順汝	1463	407	1056	0	0	0
450	李基稙	1463	739	528	196	8	0
451	鄭誠源	1461	129	1320	12	1	0
452	文基昌	1457	166	1263	28	1	0
453	林今丹	1452	468	903	81	6	0

454	權永日	1451	467	943	41	1	0
455	尹明學	1450	0	1450	0	0	0
456	卞上春	1444	1444	0	0	0	0
457	趙光鎬	1443	434	1009	0	0	0
458	朴魯壽	1442	351	1091	0	0	0
459	李大吉	1441	379	972	90	5	0
460	崔鍾黃	1440	1265	175	0	0	0
461	尹奇水	1439	572	867	0	0	0
462	李南卜	1438	368	1070	0	0	0
463	李正修	1437	341	959	137	3	0
464	辛亨執	1432	108	890	434	1	0
465	李敬順	1431	1288	66	77	5	0
466	鄭雲卓	1431	227	1098	106	6	0
467	金順石	1429	426	1003	0	0	0
468	梁公弼	1422	259	1163	0	0	0
469	朴正魯	1421	146	1275	0	0	0
470	李石晩	1420	543	853	24	1	0
471	李聖云	1417	33	1384	0	0	0
472	李起俊	1416	402	833	181	6	0
473	金貞植	1405	514	877	14	1	0
474	邊千孫	1405	584	792	29	3	0
475	李致衡	1405	396	849	160	2	0
476	崔甲㠯	1405	637	768	0	0	0
477	愼學九	1404	383	879	142	5	0
478	尹柱燮	1404	0	1404	0	0	0
479	金宗卜	1396	448	937	11	1	0
480	魚英善	1396	356	1040	0	0	0
481	申辰	1395	81	1314	0	0	0
482	朴季祿	1394	469	776	149	3	0
483	李穃	1392	169	1097	126	6	0
484	林今每	1391	446	597	348	16	0
485	高奉祚	1390	574	816	0	0	0
486	吳興根	1389	177	1126	86	4	0
487	劉丙云	1388	77	1282	29	2	0
488	李敬先	1388	199	1164	25	1	0
489	金相弼	1385	282	1024	79	5	0
490	尹甲㠯	1385	334	763	288	17	0
491	李興卜	1380	1082	298	0	0	0

492	鄭正集	1377	489	888	0	0	0
493	李鎬臣	1369	668	701	0	0	0
494	柳眞業	1368	401	871	96	5	0
495	李甲東	1368	233	1135	0	0	0
496	盧駿遠	1367	41	1136	190	1	0
497	朴時中	1366	0	1366	0	0	0
498	李氏宗畓	1358	352	985	21	2	0
499	李基哲	1354	917	347	90	5	0
500	鄭元心	1350	28	1322	0	0	0

<표 26> 경작면적 별 시작 현황(1~500위)

순위	시작	결수합	전결수	답결수	대지결수
1	韓百釗	6618	1528	5090	0
2	李奉得	5752	677	5066	9
3	鄭秀延	5494	603	4891	0
4	金甲得	5287	266	5013	8
5	金鎭寬	4923	445	4400	78
6	柳得卜	4860	255	4567	38
7	金成五	4826	1184	3476	166
8	李順卜	4553	644	3866	43
9	金永守	4454	990	3342	122
10	金春明	4129	1330	2702	97
11	趙昌鎬	3996	280	3678	38
12	李元三	3940	926	2878	136
13	李元七	3897	1252	2536	109
14	李承孝	3717	387	3310	20
15	金周景	3609	677	2861	71
16	朴元西	3544	1029	2440	75
17	李化春	3521	584	2827	110
18	李仁甫	3509	43	3466	0
19	李德甫	3505	1075	2349	81
20	金元京	3372	1056	2258	58
21	林春明	3353	640	2627	86
22	李元實	3252	858	2363	31
23	李順必	3220	703	2306	211
24	蔡奎進	3137	500	2531	106
25	蔡奎應	3117	268	2759	90
26	金承有	3106	1031	2042	33

27	尹應七	3098	237	2804	57
28	閔元植	3089	1150	1863	76
29	鄭水永	3064	290	2729	45
30	鄭上卜	3040	271	2736	33
31	李文伯	2951	399	2502	50
32	李根英	2895	703	2175	17
33	姜先必	2858	1128	1705	25
34	金元白	2858	1552	1199	107
35	李萬石	2830	748	2008	74
36	李敬長	2822	76	2746	0
37	李順七	2821	456	2327	38
38	朴聖三	2813	346	2421	46
39	金千卜	2805	883	1884	38
40	吳希天	2796	547	2219	30
41	李鍾哲	2778	690	1988	100
42	蔡圭哲	2775	451	2184	140
43	金眞玉	2742	887	1774	81
44	金文伯	2736	415	2243	78
45	李順三	2721	815	1837	69
46	蔡奎鳳	2711	509	2096	106
47	金致京	2698	139	2531	28
48	李元伯	2686	450	2205	31
49	宋石同	2660	338	2287	35
50	申橃	2641	745	1758	138
51	金順景	2629	556	2007	66
52	沈廷澤	2622	387	2154	81
53	金萬石	2616	336	2149	131
54	李敬化	2608	93	2461	54
55	李巡善	2603	677	1885	41
56	曺致明	2586	701	1796	89
57	李明甫	2534	879	1633	22
58	李宅汝	2534	2089	392	53
59	金眞用	2531	192	2324	15
60	金大賢	2523	1292	1125	106
61	李範起	2518	811	1660	47
62	李善如	2518	438	2034	46
63	李致良	2498	408	2013	77
64	李德原	2472	972	1412	88

65	李上吉	2463	903	1508	52
66	李學水	2452	548	1708	196
67	鄭同元	2451	579	1845	27
68	尹允甫	2449	288	2147	14
69	李千奉	2412	552	1852	8
70	朴魯壽	2373	430	1905	38
71	李儀天	2372	1266	953	153
72	李明春	2368	302	2035	31
73	李仁石	2347	323	2014	10
74	金演觀	2336	578	1705	53
75	鄭致寬	2315	475	1830	10
76	姜文琮	2311	1362	883	66
77	李明奎	2302	424	1843	35
78	李德在	2288	881	1358	49
79	羅仁化	2272	492	1746	34
80	金三鉉	2252	966	1243	43
81	金聖九	2250	393	1776	81
82	李聖云	2237	160	2054	23
83	李順西	2236	566	1600	70
84	金德玄	2234	107	2005	122
85	韓壽萬	2229	0	2229	0
86	金巡汝	2228	491	1727	10
87	金基弘	2224	554	1652	18
88	李士元	2218	218	1900	100
89	郭奇協	2208	584	1523	101
90	李順宗	2204	554	1636	14
91	金正先	2201	793	1360	48
92	金先甫	2153	248	1884	21
93	金胄玄	2150	721	1405	24
94	金德順	2149	319	1721	109
95	高致三	2141	489	1622	30
96	金龍西	2127	654	1394	79
97	李元西	2111	396	1630	85
98	李敬元	2087	294	1732	61
99	李石晩	2084	608	1452	24
100	金德壽	2080	411	1607	62
101	廉禮西	2076	450	1626	0
102	金聖甫	2072	375	1499	198

103	李用卜	2069	457	1596	16
104	河明云	2069	151	1888	30
105	金三孫	2062	490	1572	0
106	金仁貴	2062	839	1177	46
107	羅元卿	2048	259	1762	27
108	劉東明	2048	717	1307	24
109	申重鉉	2046	233	1774	39
110	徐明云	2044	199	1738	107
111	李德汝	2043	535	1407	101
112	孫聖德	2040	207	1833	0
113	金順㝡	2037	1262	759	16
114	李乙卜	2037	0	2037	0
115	蔡相肅	2037	700	1285	52
116	金卜石	2032	132	1874	26
117	蔡奎達	2031	688	1343	0
118	李㝡今	2030	164	1849	17
119	李贊汝	2030	266	1746	18
120	劉聖甫	2026	1309	611	106
121	池成五	2016	511	1492	13
122	吳咸泳	2011	311	1665	35
123	李元必	2010	383	1577	50
124	任善準	2007	629	1338	40
125	柳元三	1991	122	1845	24
126	李德順	1990	304	1674	12
127	鄭鶴西	1979	488	1458	33
128	李鍾德	1978	248	1703	27
129	申在凞	1976	289	1642	45
130	李万五	1960	391	1526	43
131	李官水	1957	528	1396	33
132	李石崇	1952	490	1425	37
133	李大執	1947	246	1683	18
134	趙公允	1947	722	1194	31
135	柳基先	1941	216	1664	61
136	柳巖回	1939	388	1536	15
137	安大福	1931	223	1663	45
138	金大云	1928	313	1544	71
139	金順明	1923	96	1748	79
140	李聖文	1921	177	1665	79

141	申學均	1919	260	1630	29
142	金善敬	1906	655	1187	64
143	朴善長	1905	481	1400	24
144	金成七	1903	561	1204	138
145	李漢龍	1900	205	1648	47
146	鄭善文	1900	411	1437	52
147	李聖三	1892	888	970	34
148	趙承鎬	1892	1028	847	17
149	田子中	1891	254	1621	16
150	韓興喆	1888	430	1421	37
151	李敏洙	1882	284	1504	94
152	朴萬辰	1875	472	1391	12
153	金石崇	1868	205	1652	11
154	李今喆	1868	270	1572	26
155	朴順卜	1859	696	1163	0
156	洪巡先	1856	298	1535	23
157	朴來春	1855	567	1250	38
158	李文壽	1855	471	1356	28
159	李聖化	1853	114	1661	78
160	金用世	1850	627	1136	87
161	李順石	1848	374	1350	124
162	池同成	1833	387	1372	74
163	黃敬三	1828	212	1606	10
164	金在成	1826	600	1176	50
165	柳光烈	1826	379	1329	118
166	朴云在	1823	0	1823	0
167	金千石	1819	720	1047	52
168	蔡奎元	1818	590	1174	54
169	李承雨	1816	479	1286	51
170	柳寅喆	1806	467	1296	43
171	李仁洙	1798	509	1255	34
172	金白云	1784	320	1451	13
173	沈億卜	1784	213	1571	0
174	池完哲	1777	200	1563	14
175	鄭先良	1774	942	832	0
176	金正甫	1771	410	1303	58
177	李成玉	1771	122	1630	19
178	鄭萬石	1749	226	1484	39

179	蔡奎善	1748	227	1436	85
180	李順業	1745	939	782	24
181	韓仁浩	1741	568	1110	63
182	申喆熙	1739	1510	78	151
183	金一汝	1731	362	1360	9
184	李景三	1731	330	1366	35
185	李景七	1726	62	1664	0
186	金成玉	1719	358	1334	27
187	鄭允弼	1719	402	1299	18
188	李圭成	1715	837	805	73
189	曺用煥	1715	891	803	21
190	金億年	1714	930	710	74
191	金聖云	1713	606	1095	12
192	金正玉	1711	1000	697	14
193	林貴丹	1710	347	976	387
194	金化西	1708	661	1020	27
195	張化春	1707	305	1376	26
196	金文一	1703	232	1471	0
197	孫卜金	1703	285	1406	12
198	金順化	1702	234	1442	26
199	金益煥	1701	318	1319	64
200	朴寅壽	1700	165	1480	55
201	李成九	1696	192	1460	44
202	金泰植	1689	310	1365	14
203	吳大月	1689	652	1019	18
204	李逢吉	1688	0	1515	173
205	林石凡	1677	581	1055	41
206	金成眞	1674	427	1208	39
207	李産錫	1673	953	695	25
208	李三孫	1670	998	589	83
209	蔡奎弘	1662	439	1182	41
210	申公眞	1657	369	1261	27
211	崔君三	1657	107	1514	36
212	林明西	1654	203	1408	43
213	鄭春五	1654	125	1455	74
214	申澤秀	1653	360	1153	140
215	崔京七	1652	0	1607	45
216	金致云	1651	283	1061	307

217	金大吉	1647	198	1449	0
218	李云仙	1640	184	1415	41
219	鄭八萬	1640	505	1135	0
220	崔早京	1639	1206	416	17
221	李北卜	1635	562	1047	26
222	趙聖德	1633	657	968	8
223	梁德允	1626	631	973	22
224	李雲西	1622	255	1351	16
225	梁士弘	1621	231	1339	51
226	李相杞	1619	418	1167	34
227	李致衡	1617	396	1172	49
228	鄭化春	1616	199	1315	102
229	申山信	1606	66	1518	22
230	李春實	1597	1222	350	25
231	沈禹澤	1595	384	1033	178
232	李永甫	1595	642	935	18
233	金眞㐌	1594	0	1594	0
234	姜熙善	1591	588	991	12
235	金羲鉉	1591	1181	391	19
236	張包卿	1591	235	1206	150
237	金完吉	1589	13	1550	26
238	金興孫	1589	140	1403	46
239	陸鍾大	1588	458	1103	27
240	金演夏	1580	419	1131	30
241	嚴正善	1580	143	1416	21
242	鄭錫源	1579	210	1351	18
243	李子裕	1576	1026	501	49
244	金德甫	1574	398	1116	60
245	李正壽	1574	496	1014	64
246	金春實	1573	338	1181	54
247	金致仙	1572	504	996	72
248	申錫命	1572	225	1323	24
249	鄭萬哲	1571	0	1571	0
250	邊千孫	1560	368	1186	6
251	張化西	1559	63	1496	0
252	金順石	1557	530	1003	24
253	李順化	1555	131	1311	113
254	金興云	1554	176	1378	0

255	朴遠根	1554	284	1221	49
256	金宜敬	1553	325	1205	23
257	李伊賢	1552	336	1216	0
258	金鈺鉉	1549	647	871	31
259	申寬均	1546	427	1008	111
260	李卜萬	1546	638	794	114
261	蔡周錫	1545	425	1120	0
262	金明先	1543	324	1180	39
263	趙重愚	1541	357	1155	29
264	金三喆	1540	228	1312	0
265	金元八	1539	1176	344	19
266	林奉今	1539	492	1047	0
267	崔云先	1539	783	699	57
268	朴道天	1537	339	1168	30
269	李治三	1537	139	1340	58
270	金春三	1536	177	1326	33
271	金文益	1535	691	844	0
272	金聖西	1535	88	1385	62
273	吳泰泳	1534	326	1137	71
274	李來復	1526	430	989	107
275	申佑賢	1523	139	1354	30
276	李德每	1520	266	1227	27
277	李敬順	1519	1271	188	60
278	梁命基	1516	247	1269	0
279	申正云	1514	745	757	12
280	金八用	1509	167	1306	36
281	廉春心	1509	707	726	76
282	崔萬出	1503	1030	451	22
283	金德五	1502	286	1182	34
284	金明化	1499	564	865	70
285	盧萬迪	1496	537	945	14
286	吳自一	1496	220	1276	0
287	金云善	1492	415	1036	41
288	崔鍾黃	1492	1317	175	0
289	李致賢	1490	299	1191	0
290	申成熙	1486	493	891	102
291	李聖官	1486	388	1064	34
292	申貴先	1485	1247	217	21

293	孫萬植	1484	958	507	19
294	金進祥	1481	504	913	64
295	林元實	1481	157	1312	12
296	李執善	1479	431	1017	31
297	金化春	1477	325	1097	55
298	柳致道	1477	235	1242	0
299	愼鼎九	1473	582	863	28
300	李明仙	1473	551	856	66
301	林二今	1473	578	878	17
302	李澤秀	1471	499	935	37
303	朴元春	1469	143	1269	57
304	申益模	1463	258	1167	38
305	申致俊	1462	544	918	0
306	閔伊鎬	1460	321	1139	0
307	林占禮	1460	501	944	15
308	劉秉祿	1457	479	953	25
309	崔元甲	1457	743	689	25
310	崔正七	1456	0	1456	0
311	金聖祿	1455	222	1190	43
312	金海泳	1455	218	1139	98
313	金振海	1446	456	950	40
314	林萬丟	1441	413	1011	17
315	朴齊政	1433	1026	365	42
316	吳榮哲	1433	443	909	81
317	吳有泳	1432	304	1116	12
318	林天甫	1427	204	1223	0
319	金在天	1426	257	1140	29
320	李萬大	1424	446	943	35
321	金元七	1422	241	1166	15
322	曹聖元	1420	249	1110	61
323	金德化	1418	383	961	74
324	柳有善	1418	123	1291	4
325	李長吉	1418	340	1078	0
326	金成集	1416	163	1176	77
327	蔡奎憲	1416	373	982	61
328	金卜三	1415	527	863	25
329	金己年	1413	524	846	43
330	梁萬成	1413	508	884	21

331	金春一	1411	1008	350	53
332	趙德永	1411	478	915	18
333	趙新興	1411	274	1119	18
334	金元石	1409	337	1047	25
335	鄭聖七	1409	888	465	56
336	柳元夏	1405	34	1345	26
337	李圭熙	1404	380	964	60
338	李成近	1404	569	790	45
339	崔石卜	1404	212	1142	50
340	李暘雨	1403	823	552	28
341	李丹伊	1400	358	1031	11
342	梁性水	1399	571	811	17
343	李範龜	1399	369	1004	26
344	李聖國	1399	349	1038	12
345	權卜得	1397	231	1144	22
346	申益卜	1396	415	864	117
347	安二玄	1395	1373	0	22
348	尹汝水	1393	702	666	25
349	張元之	1393	404	970	19
350	金宗卜	1391	412	937	42
351	李卜每	1390	890	438	62
352	金巡文	1388	372	970	46
353	金祖鉉	1388	891	464	33
354	金性寬	1387	591	782	14
355	朴明云	1387	380	985	22
356	李九玄	1387	23	1358	6
357	李來益	1386	526	844	16
358	韓道喆	1386	375	1011	0
359	金永基	1385	737	635	13
360	林汝善	1385	1240	116	29
361	金尙必	1381	291	1064	26
362	蔡衡錫	1381	36	1345	0
363	申億萬	1380	489	863	28
364	金太山	1377	447	926	4
365	李春大	1377	416	934	27
366	申興先	1376	810	537	29
367	朴興壽	1373	384	896	93
368	趙漢敏	1372	479	811	82

369	朴齊英	1369	990	344	35
370	馬順汝	1364	408	956	0
371	李士用	1362	613	694	55
372	沈長用	1360	527	812	21
373	金元一	1359	197	1095	67
374	李牛卜	1357	155	1166	36
375	鄭時遠	1354	124	1185	45
376	朴昌興	1353	516	837	0
377	李敬先	1352	380	922	50
378	李聖奎	1351	223	1128	0
379	曹德三	1351	211	1090	50
380	李和信	1349	721	81	547
381	銀城洞	1346	0	1346	0
382	姜俊熙	1344	616	693	35
383	安春景	1344	451	872	21
384	柳貴卜	1339	535	640	164
385	吳興根	1338	177	1126	35
386	崔致水	1338	536	790	12
387	朴水卜	1336	273	1045	18
388	南一遠	1335	948	387	0
389	朴致瑞	1334	1033	282	19
390	朴甘龍	1333	497	755	81
391	金春百	1331	141	1169	21
392	金應西	1330	207	1091	32
393	李相宰	1330	457	787	86
394	崔玉丹	1330	506	782	42
395	鄭容海	1328	384	886	58
396	高義中	1326	424	887	15
397	李宗卜	1326	205	1022	99
398	鄭萬億	1326	252	1038	36
399	尹卜萬	1325	229	1068	28
400	金允化	1321	316	964	41
401	元萬哲	1320	183	1137	0
402	陳在春	1320	201	1112	7
403	柳致水	1317	249	1031	37
404	朴孟壽	1314	277	991	46
405	高奉學	1312	162	1138	12
406	金卿順	1312	533	699	80

407	李承圭	1312	573	725	14
408	禹成汝	1310	31	1265	14
409	金致觀	1309	225	1037	47
410	朴士兼	1309	367	942	0
411	宋萬出	1308	587	721	0
412	金京淑	1306	365	913	28
413	申命北	1306	146	1132	28
414	朴德男	1305	331	974	0
415	金德心	1303	153	1150	0
416	崔化善	1303	145	1138	20
417	吳明順	1302	536	731	35
418	李命北	1302	363	939	0
419	崔正云	1302	396	886	20
420	李圭哲	1301	331	773	197
421	李春泰	1299	563	656	80
422	金千萬	1293	373	886	34
423	盧命石	1292	241	1019	32
424	李万春	1292	463	774	55
425	金化三	1290	442	833	15
426	愼學九	1290	403	879	8
427	朴化實	1289	143	1128	18
428	李鍾洙	1289	338	915	36
429	金元先	1288	298	954	36
430	尹允西	1287	482	766	39
431	趙允化	1287	485	776	26
432	李來殷	1285	234	1031	20
433	蔡奎七	1285	421	809	55
434	金國甫	1279	281	943	55
435	李致德	1278	215	1014	49
436	金龍集	1277	0	1237	40
437	金德釗	1276	456	794	26
438	奉善從	1274	196	1078	0
439	柳基鎬	1273	403	847	23
440	李文一	1273	753	508	12
441	柳眞業	1272	401	871	0
442	張德三	1271	184	1069	18
443	朴春梅	1270	492	771	7
444	申俊熙	1270	176	1042	52

445	崔萬儀	1269	698	571	0
446	李正先	1268	501	683	84
447	李今丹	1267	826	441	0
448	池用五	1267	250	989	28
449	金春卿	1266	245	954	67
450	李在鳳	1266	486	728	52
451	任聖官	1266	153	1090	23
452	鄭三哲	1266	154	1112	0
453	朴仲連	1265	184	1044	37
454	鄭太山	1263	475	689	99
455	崔鳳學	1262	503	740	19
456	卞英俊	1259	95	1146	18
457	李小陽孫	1257	344	913	0
458	宋卜同	1254	816	383	55
459	李春奉	1254	273	882	99
460	吳國瑞	1253	396	824	33
461	金鳳伊	1252	147	1105	0
462	鄭東日	1252	321	904	27
463	鄭順京	1252	154	925	173
464	林世業	1251	377	863	11
465	林明先	1250	196	1038	16
466	高仁培	1248	67	1152	29
467	趙德圭	1248	659	553	36
468	李萬甫	1246	21	1212	13
469	李鍾建	1246	311	742	193
470	朴春實	1243	365	845	33
471	陳中甫	1243	59	1147	37
472	金聖俊	1241	152	1072	17
473	趙榮鎬	1241	114	1120	7
474	金八月	1240	560	680	0
475	盧駿遠	1239	41	1185	13
476	孫仲江	1239	0	1232	7
477	梁士有	1237	248	915	74
478	蔡孝默	1234	281	910	43
479	沈承禹	1229	112	1110	7
480	鄭大福	1229	139	1034	56
481	李興元	1226	1020	206	0
482	金化心	1225	464	735	26

483	金貞植	1224	429	765	30
484	閔春三	1224	835	341	48
485	安起良	1223	443	762	18
486	李應天	1222	303	865	54
487	金浩然	1221	307	856	58
488	朴石圭	1221	241	962	18
489	李根仁	1220	415	802	3
490	金周永	1218	561	635	22
492	兪哲潽	1217	144	984	89
493	李德奉	1214	319	895	0
494	嚴明甫	1213	281	866	66
495	崔明甫	1212	254	914	44
496	朴卜孫	1211	0	1211	0
497	柳明洙	1209	457	688	64
498	李奉哲	1208	316	883	9
499	申代	1207	65	1106	36
500	朴文甫	1206	927	239	40

V. 관아 및 사원 설치 현황

<표 27> 관아 설치현황

관아명	면	리	자호	지번	가대면적(척수)	전품	가대면적(결수)	칸수		
								초칸	와칸	칸합
관우	남변면	邑	天	1	3780	1	378	0	25	25
창고	남변면	邑	天	3	2106	1	211	0	9	9
내아	남변면	邑	天	4	1018	1	102	0	14	14
내아	남변면	邑	天	5	2400	1	240	0	36	36
작청	남변면	邑	天	6	1802	1	180	0	26	26
장청	남변면	邑	天	7	574	1	57	0	0	9
호장청	남변면	邑	天	13	413	1	41	4	0	4
향청	남변면	邑	天	50	529	1	53	0	8	8
옥대	남변면	上里	玄	5	560	4	31	-	-	-
장청	남변면	下里	玄	101	112	3	8	-	-	-

<표 28> 사원전 위치 및 경작현황

면	지명	자정	자번	지모	전등	면적(결)	시주	시작
덕문면	上德里	芥	50	답	2	89	靈壽寺	金德巡
덕문면	次上里	羽	12	답	4	123	靈壽寺	金基天
덕문면	中里	師	30	답	3	187	靈壽寺	趙聖德
덕문면	中里	帝	32	답	4	80	靈壽寺	裵元先
덕문면	中里三台坪	人	40	답	3	144	靈壽寺	崔伯兼
덕문면	石灘里	制	46	답	5	65	靈壽寺	趙癸乭
덕문면	石灘里	字	4	답	3	143	靈壽寺	崔伯先
덕문면	石灘里	字	15	답	4	127	靈壽寺	崔正伯
덕문면	石灘里	字	18	답	4	54	靈壽寺	金榮金
덕문면	石灘里	服	27	답	3	162	靈壽寺	宋正云
덕문면	石灘里	推	24	답	3	168	靈壽寺	崔伯道
덕문면	石灘里	位	1	답	3	196	靈壽寺	崔伯兼
덕문면	石灘里	位	4	답	3	187	靈壽寺	趙壽卜
덕문면	石灘里	位	11	답	3	190	靈壽寺	金正文
덕문면	石灘里	國	32	답	4	64	靈壽寺	崔千乭
초평면	靈水寺谷	資	47	대	6	20	靈壽寺	無
초평면	靈水寺谷	資	48	전	6	52	靈壽寺	僧勝湖
성암면	上木里垈	動	40	대	1	34	白蓮菴	白蓮菴
백곡면	靑鶴洞前坪	席	174	답	6	55	寺畓	尹順才

VI. 개인 가옥 및 물레방아, 주점 현황

<표 29> 호(戶) 소유 현황 및 비율

호수(戶數)	소유자수	비율	호수(戶數)	소유자수	비율
1	916	14.25%	23	2	0.03%
2	266	4.14%	24	0	0.00%
3	166	2.58%	25	1	0.02%
4	123	1.91%	26	1	0.02%
5	78	1.21%	27	1	0.02%
6	68	1.06%	28	1	0.02%
7	32	0.50%	29	1	0.02%
8	37	0.58%	30	4	0.06%
9	31	0.48%	31	0	0.00%
10	23	0.36%	32	2	0.03%
11	17	0.26%	33	1	0.02%
12	15	0.23%	34	1	0.02%
13	11	0.17%	35	0	0.00%
14	11	0.17%	36	2	0.03%
15	19	0.30%	37	0	0.00%
16	6	0.09%	38	0	0.00%
17	5	0.08%	39	0	0.00%
18	9	0.14%	40	0	0.00%
19	4	0.06%	41	1	0.02%
20	5	0.08%	42	0	0.00%
21	3	0.05%	43	1	0.02%
22	2	0.03%	총가옥수	6428	100.00%

<표 30> 호(戶) 소유 100인의 토지·가옥 소유현황

이름	소유면적(척수)		소유면적(결수)		호(戶)	가옥 칸수		
	토지	가대	토지	가대		초칸	와칸	칸합
李宗太	81793	7201	5105	612	43	142	0	142
李景八	449378	16025	27017	1132	41	153	0	153
安大卜	389358	8712	24618	731	36	146	0	146
洪巡弼	71376	8107	4213	681	36	167	0	167
李順七	41452	7188	2887	570	34	155	0	155
朴承德	119307	16985	8246	1358	33	118	10	128
金儀京	104180	14863	5142	1136	32	152	0	152
趙太卜	183658	10573	12188	742	32	142	0	142
閔永駿	255406	11838	13628	881	30	87	0	87

李鍾健	244231	10500	12821	793	30	111	0	111
李千萬	19830	8510	1141	599	30	112	0	112
林石凡	146321	7244	9487	505	30	104	0	104
任大俊	159374	6774	9298	473	29	100	0	100
姜文琮	71308	5969	2816	482	28	86	0	86
李範奎	71075	6759	3035	474	27	85	0	85
閔元植	189477	11509	10214	806	26	126	0	126
李季夏	65224	6893	3159	484	25	88	0	88
李圭喆	42394	10883	2904	919	23	68	12	80
蔡奎鳳	208210	7071	12866	536	23	88	0	88
金悌植	96560	6339	4992	432	22	89	0	89
鄭碩鎔	31184	6519	1894	455	22	99	0	99
李鍾七	17249	5329	887	394	21	65	0	65
趙景得	7414	4020	531	342	21	57	0	57
洪承憲	43275	4707	2275	340	21	56	26	82
朴汝天	44339	3963	2785	300	20	60	0	60
徐廷哲	95194	7974	5729	544	20	97	0	97
孫萬植	26342	2864	1752	244	20	63	0	63
申命漢	16585	4828	1133	408	20	79	0	79
韓道喆	115567	13667	6701	1161	20	105	0	105
閔丙億	22430	2924	1323	236	19	55	0	55
朴昌云	40259	2667	2842	226	19	61	0	61
申從均	39330	3087	2097	216	19	58	0	58
李奉九	66321	7617	3766	533	19	74	0	74
朴士兼	18821	4755	1191	332	18	59	0	59
申橸	281160	6544	16360	457	18	86	4	90
梁重元	10453	4313	554	242	18	43	0	43
尹相學	50868	4714	2521	389	18	63	0	63
李德汝	124069	6705	5795	469	18	86	0	86
李善夏	117749	5497	5102	378	18	58	0	58
李迪釗	6754	3331	421	284	18	52	0	52
林貴丹	106509	8026	6184	625	18	69	0	69
鄭海東	21065	4124	1290	350	18	53	0	53
金周景	74889	3368	4966	263	17	48	0	48
申貞福	154459	9756	9758	721	17	85	0	85
尹甲丕	32918	4169	1385	288	17	54	0	54
鄭聖澤	39393	7765	2210	636	17	60	0	60
蔡孝默	32323	5817	1708	424	17	59	0	59
權容哲	6804	3504	529	298	16	63	0	63

申甲均	190480	7498	11254	578	16	48	30	78
李明圭	92142	4183	5045	286	16	63	0	63
李順春	3734	2334	295	197	16	50	0	50
李正丹	43122	5467	2388	349	16	61	0	61
林今每	27639	4981	1391	348	16	72	0	72
金姓	5528	3213	382	273	15	35	0	35
金用世	55717	3850	3159	270	15	43	0	43
金海泳	26164	6455	1483	452	15	56	0	56
閔泳商	40366	3705	2335	261	15	71	0	71
孫基五	4934	4781	344	336	15	63	0	63
申萬吉	178975	3162	9806	242	15	54	0	54
申鉉九	15266	2933	730	206	15	42	0	42
尹用甫	117157	3231	6978	273	15	52	0	52
尹昌學	8181	3059	537	216	15	38	0	38
李若雨	18953	4223	1217	306	15	73	0	73
林卜釗	6198	4543	406	309	15	46	0	46
林錫鎭	38954	3442	2640	261	15	51	0	51
林丁大	43104	3374	1863	238	15	44	0	44
鄭文得	30649	3743	1553	318	15	60	0	60
鄭贊朝	9141	4692	505	331	15	43	10	53
鄭哲安	36013	2555	2528	178	15	49	0	49
鄭樞澤	56478	5912	2611	414	15	60	0	60
蔡奎達	110100	3173	7262	261	15	96	0	96
崔早京	12147	2976	990	252	15	46	0	46
申乙成	11784	3300	737	233	14	49	0	49
吳泰泳	44178	6550	2375	484	14	41	0	41
李根英	51723	1452	3240	124	14	58	0	58
李順三	60154	3534	3694	247	14	64	0	64
李赤金	36703	4369	2234	337	14	38	0	38
李漢膺	116340	3881	7594	330	14	58	22	80
林二今	31209	3142	1548	211	14	43	0	43
林章福	127129	3113	7645	216	14	42	0	42
鄭健源	19706	3364	1079	239	14	61	0	61
鄭用伊	27323	5223	1658	439	14	47	0	47
韓金山	20489	2084	1042	146	14	42	0	42
權萬哲	19010	2240	1073	159	13	36	0	36
金秉禧	18332	2102	828	111	13	36	0	36
申用均	100196	7468	5863	533	13	66	5	71
李圭成	51363	2890	3161	245	13	44	0	44

李石崇	26256	3368	1529	286	13	61	0	61
李鍾浩	28519	4268	1481	300	13	46	0	46
李之興	11192	2950	571	252	13	44	0	44
任善準	74652	3720	3974	261	13	56	0	56
鄭周永	99209	9604	5727	673	13	44	0	44
趙漢敏	36357	2672	1665	188	13	30	0	30
蔡命錫	70656	2752	4347	194	13	50	0	50
金永勳	15050	1953	1052	165	12	28	0	28
金柱泳	39037	1791	1982	126	12	36	0	36
朴興壽	43324	4237	2743	326	12	31	0	31
柳晋烈	38986	4200	2017	296	12	38	0	38
李來復	29588	4124	1699	280	12	43	0	43
李萬哲	16114	3028	1084	238	12	32	0	32

<표 31> 기와집 위치 및 소유 현황

면	지명	자정	자번	전품	면적	시주	시작	초칸	와칸	칸합	현지명
남변면	邑	天	1	1	3780	館宇	館宇	0	25	25	읍내
남변면	邑	天	3	1	2106	倉庫	倉庫	0	9	9	읍내
남변면	邑	天	4	1	1018	內喬	內喬	0	14	14	읍내
남변면	邑	天	5	1	2400	內喬	內喬	0	36	36	읍내
남변면	邑	天	6	1	1802	作廳	作廳	0	26	26	읍내
남변면	邑	天	50	1	529	鄕廳	鄕廳	0	8	8	읍내
남변면	邑	天	59	2	1119	李漢膺	李漢膺	11	22	33	읍내
남변면	校洞後坪	荒	3	1	1421	校宮	校宮	0	25	25	진천읍 교성리 교동
산정면	後寺洞	女	31	2	210	宋淳鳳	黃敬云	2	3	5	-
산정면	鳳臺	改	27	2	126	斗村里塾	無	0	5	5	덕산면 두촌리 봉대
초평면	生谷	德	24	2	2313	李圭哲	李圭哲	0	12	12	초평면 용정리 생곡
초평면	水門	端	66	2	418	李而敬	李而敬	0	8	8	초평면 금곡리 수문 (서원말)
초평면	金谷	傳	39	1	391	金在燦	金在燦	4	10	14	초평면 금곡리 금한
초평면	金谷	傳	44	1	1089	李相高	李相高	0	20	20	초평면 금곡리 금한
초평면	竹峴	寸	13	2	1300	朴勝德	朴勝德	3	10	13	초평면 영구리 죽현
초평면	靈水寺谷	資	47	6	810	靈水寺	無	0	15	15	초평면 영구리 영수암
초평면	寺谷	嚴	93	2	1600	李鍾元	李鍾元	0	12	12	초평면 용정리 동잠북동, 사방터들 남

초평면	寺谷	與	2	2	1320	李鉢伊	李範雨	20	20	40	초평면 용정리 동잠 북동, 사방터들 남
문방면	虎巖垈	辭	40	2	701	洪承憲	洪承憲	0	26	26	문백면 사양리 호암 마을
성암면	上木里垈	動	40	1	340	白蓮菴	白蓮菴	0	8	8	진천읍 상계리 먁수 마을(상목)
행정면	長管垈	邑	37	1	2449	李貞默	李貞默	0	40	40	진천읍 장관리 원장관
이곡면	老谷里垈	亦	58	3	720	申宰均	申宰均	5	4	9	이월면 노곡리 논실
이곡면	老谷里垈	亦	74	3	840	申楒	申楒	10	4	14	이월면 노곡리 논실
이곡면	老谷里垈	亦	79	3	784	申宰均	金一凡	5	4	9	이월면 노곡리 논실
이곡면	老谷里垈	亦	81	2	3150	申甲均	申甲均	0	30	30	이월면 노곡리 논실
이곡면	老谷里垈	聚	1	1	1253	申㪳	申㪳	5	13	18	이월면 노곡리 논실
이곡면	松峴前坪	微	53	3	960	驛土	申喆凞	0	30	30	
만승면	下新里	弱	48	2	770	申用均	申從均	15	5	20	이월면 신계리 아랫새울
만승면	瓦家村	漢	17	2	1008	鄭瓚朝	鄭瓚朝	0	10	10	만승면 죽현리 기와집말
만승면	大實垈	踐	34	2	484	洪致祿	洪致祿	2	5	7	만승면 실원리 대실

<표 32> 물레방아 소유자 토지·가옥 소유현황

시주	총소유지(척)	총소유지(결)	소유가옥
趙伯萬	240966	12437	11
鄭道源	209534	11520	10
申甲均	190480	11254	16
林石凡	146321	9487	30
金卞玉	125149	6860	0
金鎭觀	115879	6928	11
申貞萬	112416	6951	4
鄭敎源	90263	5180	9
南致元	86519	4518	5
鄭守仁	79541	4326	3
申珏熙	71981	3446	2
李圭熙	58121	2868	5
李承雨	54894	3039	7
崔甘用	47785	2405	0
申在熙	46301	2229	3
愼圭晟	45383	2432	9
沈長用	43529	1651	8
朴興壽	43324	2743	12
李圭喆	42394	2904	23
朴大卜	40901	3056	2
李仁行	39634	1726	5
柳晉烈	38986	2017	12
金正甫	31276	1813	2
李鉢金	30837	1805	9
申致俊	25061	1158	0
洪召史	21256	1023	0
姜俊熙	20997	1029	0
李千萬	19830	1141	30
尹柄先	17280	722	7
金鍾在	16076	1002	3
申石崇	15672	612	1
李來先	15311	1008	1
金永勳	15050	1052	12
金尙學	14736	593	2
申松	14052	524	0

金春吉	12043	759	0
金連化	10581	527	1
趙石崇	10459	360	0
徐延喆	9738	615	3
李暘雨	8210	412	0
金允化	6896	383	1
鄭爲然	6432	351	1
李圭祿	5550	312	0
朴東璞	5443	383	0
鄭明先	4528	217	0
韓衡錫	3887	193	0
閔貞鎬	3825	204	0
金有㧾	3780	102	0
朱德鎬	3651	253	1
金風星	3473	160	1
金悌善	3168	194	0
韓曠洙	3116	173	0
李有男	1716	69	0
金致業	1208	69	0
申長乘	780	20	0
李寅源	732	36	0
金鈺鉉	196	20	0
鄭玉文	169	17	0
金在卜	144	14	0
金在暄	144	14	0
金仲三	99	5	1
金安城	75	8	0
劉先必	75	5	0
趙德永	75	8	0
劉致仲	64	6	0
林順吉	37	4	0
金已成	36	4	0
鄭正五	27	3	0

<표 33> 물레방아 위치 및 소유 현황

면	지명	자정	자번	면적(척수)	시주	시작
남변면	石金坪	列	28	1716	李有男	李有男
남변면	笛峴前坪	冬	72	19	李來先	柳基先
북변면	連三坪	律	24	37	徐延喆	李石晩
북변면	藪內	調	8	153	崔甘用	李宗承
북변면	藪內	調	11	27	南致元	徐成五
북변면	牛塵內	調	81	27	鄭守仁	鄭守仁
북변면	外水砧坪	調	92	27	金仲三	金仲三
방동면	方洞前坪	邇	35	169	鄭道源	羅仁化
방동면	花城黃石谷坪	木	70	324	金變玉	金變玉
산정면	金垈坪	豈	14	138	鄭明先	鄭明先
산정면	長勝坪	貞	8	121	韓衡錫	韓衡錫
산정면	防築底坪	讚	18	144	李承雨	李宅夏
초평면	生谷	建	23	27	李圭哲	李圭哲
초평면	三峙	因	59	144	朱德鎬	朱德鎬
초평면	龍洞坪	惡	31	144	金在卜	金在卜
초평면	新坪	福	35	196	金鈺鉉	金鈺鉉
초평면	亭子坪	非	42	144	金在暄	金在暄
초평면	漁隱	競	6	144	朴大卜	朴大卜
초평면	梅山洞	敬	20	144	李鉢金	李鉢金
문방면	立巖坪	似	22	75	申治俊	申治俊
문방면	籠巖坪	不	98	27	鄭正五	鄭正五
문방면	新洑坪	淵	31	37	林順吉	林順吉
문방면	月湖坪	暎	42	75	趙德永	趙德永
문방면	小江亭垈	基	58	100	林錫範	洪承憲
문방면	文上店	學	27	100	金有乭	金有乭
성암면	驛里垈	投	62	61	朴東璇	鄭求源
성암면	松亭坪	慈	15	75	金永勳	申可卜
성암면	笠長洞垈	惻	127	91	金悌善	金基鎬
성암면	瓦坪	廉	10	108	李暘雨	李暘雨
성암면	大幕酒店垈	退	70	169	朴興壽	朴興壽
성암면	蓮坪	匪	57	108	韓曠洙	韓曠洙
성암면	下沐坪	心	34	144	李圭祿	李圭祿
행정면	汝亭前坪	物	13	88	鄭敎源	鄭敎源
행정면	斗建前坪	堅	50	100	李仁行	李仁行
행정면	下息垈	自	78	36	金鍾在	金鍾在
행정면	長管里垈	華	33	49	金宗在	金宗在

행정면	東幕谷	二	85	100	李寅源	李寅源
행정면	斗建前店	卯	14	100	李圭熙	李圭熙
행정면	松亭里坪	浮	60	64	劉致仲	李勉克
백곡면	開平前坪	樓	64	169	金允和	金允和
백곡면	外水門洞	傍	74	75	劉先必	劉先必
백곡면	穴巖前坪	傍	77	75	金尚學	金尚學
백곡면	下栢前坪	納	25	75	柳眞烈	柳眞烈
백곡면	德加坪	陛	7	780	申長乘	申長乘
백곡면	楡谷洞	轉	65	169	姜俊熙	姜俊熙
백곡면	毛里西邊里	承	85	108	金致業	金致業
백곡면	毛里東坪	明	31	27	鄭爲然	鄭爲然
백곡면	毛里東坪	明	57	27	金連化	金連化
이곡면	羅分坪	肥	28	100	李千萬	李千萬
이곡면	洗水坪	宅	24	100	沈長龍	沈長龍
이곡면	桑林洞	桓	66	150	尹柄先	尹柄先
이곡면	桑林洞	桓	76	36	申珏凞	申珏凞
만승면	當德洞	扶	47	75	金安城	鄭申福
만승면	頭頭坪	綺	11	36	洪召史	洪召史
만승면	頭頭坪	綺	15	36	申石崇	李成玉
만승면	頭頭坪	綺	21	36	申石崇	南白有
만승면	絳神坪	武	21	25	愼圭晟	愼圭晟
만승면	謹語坪	俊	51	25	申松	申松
만승면	洑坪	橫	21	48	趙石崇	金德三
만승면	光惠院市垈	邊	143	127	閔貞鎬	閔貞鎬
만승면	城軒坪	전	17	36	金已成	金已成
만승면	外堂	最	24	36	申貞万	申貞万
월촌면	城坪	雁	14	289	金鎭觀	申樫
월촌면	龍巖	池	17	169	鄭玉文	鄭玉文
월촌면	下新前坪	竝	10	169	申在熙	申在熙
월촌면	鼇頭村	載	37	300	金風成	金風成
소답면	加尺前坪	庶	1	19	趙伯萬	李萬釗
소답면	水春坪	勒	7	61	金正甫	金正甫
소답면	芹洑坪	辨	24	61	申甲均	申甲均
소답면	木新前坪	其	11	61	金春吉	金春吉

<표 34> 주점 설치 현황

면	리	현지명
이곡면	大幕酒店	
만승면	無愁里酒店	
백곡면	葉屯下酒店	
백곡면	龍津酒店	백곡면 용덕리 용진(점말?)
이곡면	長陽酒店	
이곡면	在席坪酒店	
백곡면	酒店	백곡면 사송리 점말
백곡면	中水門酒店	
백곡면	下栢酒店	
백곡면	下水門洞酒店	
백곡면	穴巖酒店	

찾아보기

ㄱ

가대 소유 104
가옥 분포 48
가옥소유와 토지소유 51
가옥 임대 98, 104
가옥 임차인 102
家作地主 80, 82, 93, 106
가작지주의 가대지 소유와 거주형태 97
각성바지 마을 134
갑오개혁 215, 220, 331, 332, 335
강당말 141
강릉 김씨 141, 160, 185
강화학파 196
개발없는 개발 19
개화파 220
經費 338
庚戌國恥 224
경영분해표 62
경영지주 23, 58, 69, 72, 75, 76, 80, 95, 98, 105
경영지주의 가대 소유 105
경영지주의 가옥 소유현황 103
경영지주층 32, 57
경영합리화 75, 80, 93, 100, 107
경영형부농층 57, 58, 63, 72
경영형 지주층 93

경영확대 70
경자양전사업 84
경작지 67
경제사 31
雇立制 250, 258, 259
雇馬制度 250, 254
賈馬廳畓 250
雇馬廳田畓 243, 250, 258
「告示文」 219
雇只노동 103
公須田 245
公錢 345, 348, 350, 356
官契 21
관아 53
광무개혁 19, 34
光武量案 17, 31, 39, 70, 241, 242, 243, 244, 247, 256
광무양전사업 19, 33, 39, 84
광작경영 58
괴산군 348, 356
교통로 27
교통망 32
交河 盧氏 141, 160
區長 178
군단위 연구 18
군대해산 331, 332, 338, 352, 357
군병의 종류 338

軍司　341
군사적 방어망　32
군인 수　338, 339, 355
군현단위 양안분석　18, 28
궁방전　23, 29
權在衡　218
근대성　34
起主　84
金永龜　121, 123, 124, 125, 180
金仁煥　121, 122, 171, 180

_ㄴ_

남변면　267, 270, 271, 272, 280
내재적 발전　35
내적 발전론　21
老谷　287
노곡리　150, 153
老院里　140, 153
『노원리 토지대장』　181
老隱影堂　144
논실(老谷)　140, 158, 159
논실 신씨　143, 158, 166, 183
농가세대　50
농민층 분해　56, 71, 73
농민층의 토지소유구조　41
농업개혁　21, 64
농업경영면적　62
농업경영 지대　40
농업고용 노동력　102, 107
농업소득　94, 100, 101, 103, 105
농업소득표　81
농업인구　48
농업지대　44, 71
농지개혁　25, 109, 179
농지개혁 원부　17

『農地償還臺帳』　112, 159, 180

_ㄷ_

대우　338
垈主　68
대토지소유자　66
대토지소유자들의 거주현황　52
大韓獨立促成國民會　175, 177
대한제국　242, 331, 332, 337, 357
대한제국기　241, 242, 257
대한청년단　178
덕문면　46
賭錢　247, 248, 256, 258
賭租　249, 256, 260
독기 김씨　141, 160
독지미마을　141
東萊 鄭氏　201
동족마을(집성촌)　159, 166
東學　350, 351
동학교도　357
동학농민혁명　215, 220

_ㄹ_

里　261, 262
里界　263
리유지　153
里制　281, 282, 298, 299

_ㅁ_

마름(舍音)　248, 249, 259
마름(夜音)　68
馬位田　245, 247
馬廳畓　243, 250

馬土　244, 250
面界　262, 263, 264, 268, 273
面農會　179
면단위 양안분석　29
面단위 연구　41
면리구조와 향촌사회 변동　32
面里制　261, 263, 295
면의원　184, 185
면장　163, 164, 175, 177
면장직　168
面會　179
面會議員　178
明禮宮　271
몰락농민층　59
무토지소유자　56
文僖公派　143
물레방아 현황　55
물레방아(舂)　54
閔泳駿　314, 316
閔泳徽　314, 316

_ㅂ

朴輔陽　235
朴駿彬　235
반지마을　141
方善容　165, 167, 170, 175
방아　54
백곡면　47
백곡천　267, 268, 271, 273, 277, 279, 290
백락면　244
百源書院　143
병작제 경영　72
병작지주　66, 67, 101
병졸　338, 342
보은군　349, 350, 356

봉건적 분해　84
俸給　340, 355, 356
副校　338, 342
부농경영　30, 62
부농층　22, 55, 56, 64, 72, 75
副尉　338
부재지주　22, 29, 53, 68, 98
부재지주 경영　72
북변면　267, 270, 271, 272, 278, 280
『分配農地簿』　112
분배농지 소유권 이전등기　125, 127
분산적 토지소유　23

_ㅅ

사전 방매　120, 121
사회사　24, 32
사회주의운동　177
산간지대　46, 47
삼수초등학교　276, 277, 279
三浦梧褸　221
상농　56
常山古蹟會　116, 122
常山 林氏　141, 160
『常山誌』　113, 140
상산 초등교　276
상인지주　56, 77
상향분화　30, 88
생곡　293, 296
생곡리　325
서민지주　77
선진적인 경영형태　71
선진적인 농업경영　41
성씨별 토지소유　24
소농경제　83, 89
소농층　56, 59, 83

소득단위 89
소빈농층 59
소빈농층의 인원비율 60
소유와 경영 90
소작 겸 자작농 83
소작권 248, 256
宋必滿 183
修理費 343, 344
순소작농 83
時主 86, 304, 317, 321, 323, 324, 329
식민지근대화론 19, 28
食品費 343
신간회 진천지회 171
신갑균 148, 149
申檠 143
신격 148
申慶澈 121, 122, 180
신고주의 33
申楙 148, 149, 312, 313, 316, 324
신궁희 148
신당이마을 141
申砬 145
新設費 343, 344
신성 148
申崇謙 142
申磏 143, 159, 312
신재균 148
申正熙 146, 210, 216, 218
신철희 148, 149
申橞 145, 159, 218
申橞 古宅 146, 165
신현표 175
申鴻周 218
十家作統法 219

_ㅇ

안대복 312, 316, 324, 326
양극화 30
양반지주 55
양안 108
양안기록 73
양안 상의 인물 49
양안 전체 분석의 방법론 21
양안 한계 73
量地衙門 17
양촌 292, 293, 295, 296, 298, 326
역답 54
驛屯土 242
역둔토 불하 169
역둔토 조사사업 242
역마 246
驛民 248
驛制 247, 248, 254, 258, 259
驛土 28, 150, 241, 242, 243, 248, 250, 251, 252, 253, 255, 256, 258, 259, 260, 345
역토 경작자 243, 251, 252, 254, 256, 259, 260
역토 조사사업 248
演習費 343, 356
延日 鄭氏 201
永九里 123
영동군 348, 351, 356
영세 빈농 56
오미동 류씨가 101
옥천군 349, 356
院 251, 258
월급 344
月村面 141, 159, 160, 161
位土 53, 119
유교지식인 32
有役人田 245

柳爾胄 101
을미사변 221
乙巳義兵 357
음식비 344, 356
읍내리 275, 278
邑治 271, 274, 276, 278
의병 354, 357
의병봉기 335
李建芳 200, 201, 216
李建昇 192, 201, 216
李建昌 192, 201, 216, 221
이경팔 66, 149, 311, 316, 320, 324
이곡리 288, 296
梨谷面 46, 141, 147, 159, 160, 161, 250, 257, 288, 316
李相卨 67, 199, 271
李錫晩 235
李時發 292, 293
李禑 235
이월면 24, 163
이월면 노원리 120
『梨月面要覽』 140, 173, 177, 178
이월지서 습격사건 176
李裕瑾 235
李裕璇 235
李鍾景 235
李鍾瀅 235
李寀 235
임노동 고용 82, 99

ㅈ

자영농 83
자영농 확보책 84
자영(소)지주 76
자작 겸 소작농 83

자작 겸 지주의 농업경영 99
자작농 58, 75, 78, 82, 87
자작농의 농업경영 105
자작농의 범주 83
자작 부농 63, 91, 106
자작 빈농 79, 82, 106
자작 상농 91, 106
자작 상농의 경영기법 107
자작 상농의 토지소유와 주거형태 93
자작 소농 79, 82, 88, 90, 106
자작지 경영 99
作人 321, 324, 326, 329
장양역 150, 244, 245, 246, 249, 250, 257, 258, 260, 287
장양역토 244
長陽酒店 250, 251, 258
재촌지주 25
「傳令湖西列邑」 220
전매농가 128
全州 李氏 德泉君派 200
전체사 40
正校 338, 342
정기당 216
정기석 197
鄭樂淳 198
鄭文升 196
鄭旭朝 198
鄭元夏 192, 195, 201, 204, 208, 221, 224, 225, 231, 235
正尉 338, 341
鄭闇朝 199, 200, 201, 235
鄭寅普 199, 200
鄭寅杓 26, 192, 198, 199, 200, 201, 205, 209, 212, 218, 220, 233, 235, 236
鄭齊斗 195
鄭太和 198

鄭憲謨 225, 233
趙公熙 235
朝鮮農業株式會社 170
朝鮮聖公會 181
趙哲夏 235
좌우대립 174
중간지대 45, 47
중농 56
중소지주 57, 99
地契 86
지방군 333, 335
지방대 27, 331, 336, 338, 342, 344
지방사 연구 17, 35
지방의회선거 184
지역사(지방사) 24, 40
지주간담회 114
지주경영 76
지주적 토지소유 22
지주층 56, 72
직산군 348, 356
직영지 경영 23, 69, 76, 93, 98, 103, 107
직영지 비율 96, 100
직영지 비율과 농업소득 107
직전법 84
진위대 27, 333, 335, 336, 337, 342, 344, 345, 354
진천공립보통학교 169
진천 관아 277
진천군 17, 241, 242, 243, 249, 257, 260, 349, 356
진천군 양안 42
진천군 역토 246
진천군의 100석 이상의 지주 64
진천군의 행정구역 44
진천군의 행정구역과 농업지대 43
『鎭川郡誌』 140

진천 농가 61
진천양안 243, 244
진천의 광무양안 249, 258
진천청년회 171, 172
진천현 지도 49
집성촌 25, 131, 140
집약적 농법 82, 106

_ㅊ

차경 70, 82
차지경쟁 63
參校 338, 342
參領 338, 340
參尉 338, 341
청주 333, 336
청주군 345, 356
淸州商業學校 121
청주지방대 331, 333, 336, 338, 340, 345, 348, 350, 351, 354
청주진위대 337, 338, 344, 346, 349, 352, 353
遞夫 248
遞傳夫(우체부) 247, 258, 342
초평면 47
草坪面 琴谷里 123, 126, 130, 132
초평면 영구리 25, 132, 133
촌락구성 22
촌락별 토지소유 24
촌락복원 26, 30
崔濟愚 216
『春耕臺雅集帖』 235
충주군 349, 356
충청북도 지방군 332
忠憲公 143
忠憲公派 143

치료비 344
치안유지 352

ㅌ

태랑역 150, 244, 245, 246, 258
태랑역토 244
台郞店 251
텃도지 92
討逆疏 221
『土地臺帳』 17, 31, 112, 140, 159
토지사정 152
「土地調査簿」 225
토지조사사업 33, 151

ㅍ

평균경영면적 63
平山 申氏 24, 142, 147, 158, 159, 163, 175, 177, 183, 185
平山 申氏家 139
평야지대 45
品階 338, 340, 355
豐山 洪氏 197, 201
被服費 343, 344, 356

ㅎ

하농 56
下士 338, 342, 351
하층빈농 71, 88
하향분화 28, 88
『한국충청북도일반』 42
韓圭卨 68, 210, 271, 272, 313, 316
韓圭稷 210
해산군인 354, 357

해주 오씨 177
許筠 99
許璡 218
挾戶 68
豪民 99
호민론 99
洪敬謨 209
홍문원 195, 216
洪承憲 26, 192, 195, 201, 202, 209, 211, 221, 226, 235
洪良浩 193
洪祐命 209
洪裕命 195
홍익주 194
洪正植 226
洪州義兵 352
火賊 350
黃澗 352
黃玹 215

저자 및 소속_가나다순

김성보 | 연세대학교 사학과 부교수
서태원 | 충북대학교 중원문화연구소 전임연구원
신영우 | 충북대학교 사학과 교수
이충세 | 충북대학교 컴퓨터과학과 교수
임용한 | 충북대학교 중원문화연구소 전임연구원
최윤오 | 연세대학교 사학과 부교수

광무양안과 진천의 사회경제 변동
신영우 편

2007년 7월 30일 초판 1쇄 발행

펴낸이 · 오일주
펴낸곳 · 도서출판 혜안
등록번호 · 제22-471호
등록일자 · 1993년 7월 30일

㉾ 121-836 서울시 마포구 서교동 326-26번지 102호
전화 · 3141-3711~2 / 팩시밀리 · 3141-3710
E-Mail hyeanpub@hanmail.net

ISBN 978-89-8494-314-8 93910

값 30,000원